KB193796

불교성전

불교성전

대한불교조계종

삼귀의

거룩한 부처님께 귀의합니다.
거룩한 가르침에 귀의합니다.
거룩한 스님들께 귀의합니다.

오계

첫째, 살아 있는 생명을 죽이지 말라.
둘째, 주지 않는 물건을 가지지 말라.
셋째, 삿된 음행을 하지 말라.
넷째, 거짓말을 하지 말라.
다섯째, 술을 마시지 말라.

佛教聖典 大韓佛教曹溪宗 宗正法語

建法幢立向上宗旨(건법당립향상종지)는 錦上添花(금상첨화)요
透過荊棘林(투과형극림)하고 解開佛祖縛(해개불조박)하면
得隱密田地(득은밀전지)리니.
諸天捧花無路(제천봉화무로)하고 外道潛窺無門(외도잠규무문)이라.
什麼人 恁麼來(십마인 임마래)오?

법의 깃발을 세우고 향상向上의 종지宗旨를 세움은
비단 위에 꽃을 더함이요.
가시덤불을 뚫어 지나가고
부처님과 조사의 얽힘을 풀어 열면
은밀한 땅을 얻으리니.
모든 하늘 천신이 꽃을 올리려 해도 길이 없고,
외도들이 가만히 엿보려 해도 문이 없는지라.
어떤 사람이 이렇게 옴인고?

석가모니 부처님께서 2,600년 전에 설산雪山에서 6년의 용맹정진 끝에 일념삼매에 들어 납월 팔일 새벽 동쪽 하늘에 반짝이는 별을 보고 깨달으신 광대무변한 그 진리의 법法은 감출 수도 없고 덮을 수도 없으며, 그때나 지금이나 미래제未來際가 다하도록 변함이 없음이라.

그러하나 세월이 흐름에 따라 시대의 조류가 바뀌고 삶의 방식이 달라짐에 따라 부처님의 가르침인 불교성전이 시절인연에 부합하고 중생들의 요구에 조응照應하여 새로이 편찬되니 부처님법이 높이 선양宣揚되고 면면부절綿綿不絶할 것이라.

모든 불자佛子여!

인생 백 년이 길다고 해도 화두참선하는 한나절의 한가로움에 미치지 못하니 부처님의 경지를 수용하고자 할진댄, '부모에게 나기 전에 어떤 것이 참 나인가?' 하고 이 화두를 일상생활 속에서 가나오나 앉으나 서나 일체처一切處 일체시一切時에 챙기고 의심하여 일념삼매가 지속되도록 노력하고 또 노력할지어다.

佛紀 2565(2021)年 2月

大韓佛敎曹溪宗 宗正 眞際 法遠

간행사

2019년 4월, 한국미래불교의 초석을 쌓는 불교성전편찬추진위원회가 출범한 이래 그 결실로 《불교성전》 발간이라는 뜻깊은 날을 맞이하였습니다. 성전 편찬 사업은 종정예하를 증명으로 모시고, 대덕스님과 각계의 전문가 삼십 분을 상임위원, 기획위원, 전문위원으로 초빙하여 현철賢哲한 지혜를 빈틈없이 받들어가며 진행됐습니다. 지난 2년간, 13차례의 중요한 회의를 거쳤고, 소규모 회의까지 합하면 서른 번 가까이 모여 공의를 모았습니다. 그리고 마침내 오늘, 삼보님과 사부대중 앞에 《불교성전》을 봉정하기에 이르렀습니다.

우리 불교의 경전은 팔만대장경이라 통칭되는 방대한 분량과 심오함으로 인해 불자들이 선뜻 접근하기가 어려웠습니다. 그래서 불자들이 이해하기 쉽도록 재구성한 한 권의 성전이 필요하다는 대중의 요구가 잇따랐습니다. 그간 '불교성전'이란 이름으로 기존에 다양한 판본이 출간된 바 있으나, 편찬 주체의 대표성, 내용의

정확성, 시대적 변화의 수용 여부 등에서 여러 가지 문제가 제기되었습니다. 그래서 종단적 차원에서 새로운 성전의 편찬을 주도하였습니다.

이번에 발간하는 《불교성전》은 경율론 삼장에 전하는 부처님과 선지식들의 주옥같은 말씀을 추린 것입니다. 대장경을 일람하여 법문을 발췌하고, 이를 다시 거듭 검토하여 공통분모를 선별하는 작업은 마치 옛날 역장譯場에서 범어 경전을 번역하던 스님들을 떠올리게 했습니다. 과거의 역장에는 범본 삼장을 읽고 풀이하는 역주譯主, 역주와 함께 그 의미를 살피는 증의證義, 문장의 정밀함을 살피는 증문證文, 범문을 자세히 살피는 범학승梵學僧, 현지어로 받아쓰는 필수筆受, 번역된 글을 문법에 맞게 구성하는 철문綴文, 범문과 한문을 대조하여 오류가 없도록 교정하는 참역參譯, 산만한 문장을 다듬고 정리하는 간정刊定, 번역된 문장을 아름답게 다듬는 윤문潤文 등 아홉 명의 소임자가 열의와 성심으로 성전 편찬에 참여하여 각자 그 역할을 훌륭히 수행하셨습니다.

세간에는 '인간을 인간답게 만드는 것이 책'이란 말이 있습니다. 저는 '불자를 불자답게 만드는 것이 불교성전'이란 말을 하고 싶습니다. 《불교성전》을 읽고 이해하는 과정을 통해 한 차원 더 신심이 깊어지리라 믿기 때문입니다. 《금강경》에서는 "경을 베끼고, 수지하며, 독송하고 남을 위해 설해준다면 그 복덕이 어떠하겠는가? 헤아릴 수 없을 만큼 복덕이 무량할 것이다"라고 하였습니다. 하물며 삼장의 정수를 추린 《불교성전》을 수지 독송하고 다른 사람들에게 권유하는 공덕이야 두말할 필요도 없을 것입니다.《불교성전》이 우리 불자님들의 신행 활동에 새로운 장을 열어드릴 것입니다.

이번 대작불사의 증명을 맡아주신 종정예하, 상임위원장으로 실무를 총괄하셨던 지홍 스님, 그리고 여러 대덕스님과 전문가 분들에게 감사의 말씀을 드립니다. 아울러 음으로 양으로 성전 편찬 사업을 돕기 위해 애쓰셨던 모든 분에게도 치하의 박수를 보냅니다. 청명한 불국토를 아우르는 전국 곳곳의 사찰 법회마다《불교성전》을 독송하고 연찬하면서, 함께하신 불자님들이 무명無明의 가슴을 훠돌아 법열法悅에 넘치는 날이 도래할 것을 기대하면서, 종단본《불교성전》의 원만회향을 삼보님과 사부대중에게 고합니다.

불기 2565(2021)년 2월

불교성전편찬추진위원회 추진위원장

대한불교조계종 총무원장

원행

편찬사

1700여 년 전, 석가모니 부처님의 가르침이 한반도에 전해진 이래, 불교는 무수한 사람들을 진리의 세계로 이끌어왔습니다. 그렇게 소중한 가르침이기에 우리 선조들은 여러 차례 대장경을 새겨 부처님의 가르침을 후대에 전해왔던 것입니다. 중국과 일본에서도 한문 대장경을 결집하였고, 남방에서는 팔리어로 대장경을 결집하였습니다. 이처럼 많은 나라에서 여러 차례에 걸쳐 대장경을 결집한 것이야말로 불교의 중요성을 보여주는 사례인 것입니다. 한반도에서 부처님의 가르침은 경전을 기록한 한자 위주로 전승되어 왔습니다.

그런데 현대에 들어서면서 그 사정이 조금씩 변해가고 있습니다. 우리 국민들은 한글 중심의 문화를 만들어 나가고 있는 것입니다. 오랫동안 한문을 대표적인 문자로 사용하였지만, 이제는 한문을 해석하는 것은 그만두고, 한글과 한자를 병기하는 것조차 낯설어하는 세상이 된 것입니다. 따라서 부처님의 가르침을 널리 알리기 위해서는 한글로 번역된 경전을 편찬하는 것이 필수적인 조건이 되었습니다. 동시에 팔리어로 기록된 초기경전의 중요성이 부각되면서, 이제는 새로운 교상판석이 요구되고 있습니다.

이러한 상황 때문에 불자들이 손쉽게 불교의 핵심적인 내용을 살펴볼 수 있도록 《불교성전》을 출간하자는 대중의 요구가 높아졌습니다. 한국 불교계에서는 1972년 동국역경원본 《불교성전》을 발간한 바 있습니다. 당시로서는 획기적인 사업이었으나, 어느덧 초판이 나온 지 50년 가까운 세월이 흘렀습니다. 이제는 시대의 흐름을 반영하는 새로운 《불교성전》을 발간하라는 사부대중의 요구를 더 이상 미룰 수 없는 시기가 된 것입니다.

그래서 우리 종단은 지난 2019년 4월 '불교성전편찬추진위원회'를 발족시키고, 성전 편찬 작업에 본격적으로 착수하였던 것입니다. 새롭게 대장경을 만든다는 각오로 교계의 대덕스님과 전문가 분들을 모시고 대작불사를 시작하였습니다. 이번에 발간하는 종단본 《불교성전》은 기존의 성전들과 중요한 차별점이 있습니다. 기존의 성전들은 초기경전, 대승경전, 선어록이라는 전통적인 시대 흐름대로 구성되어 있습니다. 그러나 종단본 《불교성전》은 각 주제별로 초기경전, 대승경전, 선어록 등을 망라하여 수록하였습니다. 그렇기 때문에 하나의 주제 안에서 여러 불교 전통의 교리를 한눈에 볼 수 있는 장점을 가지고 있는 것입니다. 이러한 작업 과정이 결코 쉽지만은 않았습니다만, 많은 분들의 순수한 열정과 의지 덕분에 원만하게 회향을 하게 되었다고 생각합니다. 감사드립니다.

부처님께서는 60명의 제자를 모아놓고 전법선언을 하시면서 “두 사람이 한 길로 가지 말라!”고 하셨습니다. 이 말씀은 더 많은 길로 전법의 여정을 떠나라는 적극적인 가르침입니다. 《불교성전》은 가장 뛰어난 전법 수단입니다. 정보통신이 발달하여 다양한 매체가 등장하고 있습니다만, 공신력을 갖춘 성전보다 더 뛰어날 수는 없다고 생각합니다. 마치 튼튼한 과일나무에서 많은 열매가 열리는 것처럼, 《불교성전》을 토대로 경전 독송 운동, 법회 자료, 신도 교육 자료, 전법 수단 활용 등 수많은 교화 방법이 개발되리라 믿습니다.

불교성전편찬추진위원회의 증명이신 종정예하, 추진위원장이신 총무원장스님을 비롯해서 상임위원, 기획위원, 전문위원으로 함께 해주신 많은 분들께 감사를 드립니다. 그리고 종단 안팎에서 저희를 격려해주시고, 때로는 아낌없는 질책을 보내주셨던 모든 분들께도 감사의 인사를 올립니다. 《불교성전》 발간 공덕을 모든 불자님들에게 회향하오며, 종단본 《불교성전》을 사부대중과 함께 삼보님 앞에 봉정하옵니다.

불기 2565(2021)년 2월

불교성전편찬추진위원회 상임위원장

대한불교조계종 포교원장

지홍

차례

5절 법의 바퀴를 굴리다

2절 삶이 힘든 이유

제3장 _ 보살의 길

1절 믿음은 공덕의 씨앗

제4장 _ 불국토 구현

1절 가장 소중한 생명

2절 불자의 삶

부록

일러두기

1. 이 성전은 경전 발췌가 기본이지만, 제1장은 여러 경전에서 발췌하여 서사식으로 구성한다.
2. 한역 삼장의 경우 《고려대장경》을 저본으로 하며, 《신수대장경》은 참고용으로 한다. 팔리어 삼장의 경우 PTS본을 저본으로 한다.
3. 한역 삼장 및 선어록의 경우 동국역경원 《한글대장경》과 《한국불교전서》의 번역 용례를 참조하고, 《금강경》과 《천수경》은 조계종 표준본을 인용한다.
4. 팔리어 삼장의 경우 경전은 초기불전연구원의 번역 용례를 참고하고, 율장은 한국빠알리성전협회의 번역 용례를 참고한다.
5. 초기경전과 대승경전의 용어가 상이한 경우 구마라집본의 한자음을 사용한다. 단, 통용되는 인명이나 지명은 익숙한 용어를 사용한다.
   예) 사리뿟따, 사리푸트라 → 사리불
   예) 라자가하 → 왕사성

제1장

거룩한 부처님

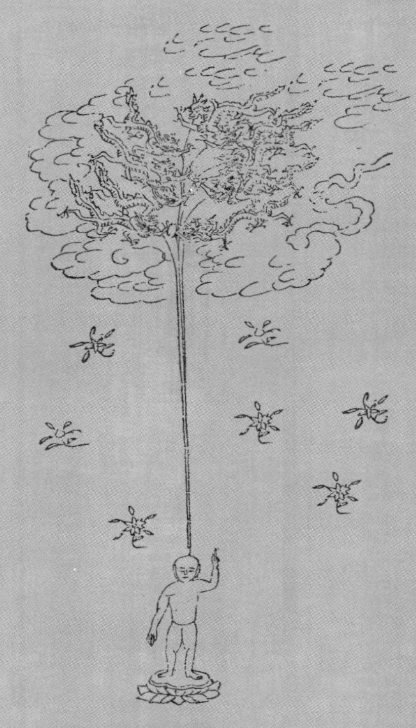

1절

끝없는 보살행

연등 부처님, 수기를 주시다

석가모니 부처님은 인류의 스승이시다. 부처님의 삶을 말하려면 아주 오래전 구도자(보살)로서 수없이 윤회하던 시절로 거슬러 올라가야 한다. 석가모니 부처님은 전생의 헤아릴 수 없는 세월 동안 평범한 사람으로 살다가 처음 부처 되는 길을 구한 이래로 나고 죽기를 반복하면서 탐욕에서 헤어나지 못하고 괴로움을 겪는 세상 사람들을 보며 안타까운 마음을 금하지 못하였다.

그러나 그들을 괴로움에서 구제하려면 무엇보다 스스로 먼저 탐욕과 어리석음의 길에서 뛰어나와야 하기 때문에 석가모니 부처님은 보살로 태어나는 세상에서마다 부지런히 수행하였다. 수행하면서도 괴롭거나 힘들다고 여기지 않았고, 마음을 비워 고요함을 즐기며 욕심을 내지 않고 자기 것을 덜어서 보시하고, 지극한 마음으로 계율을 지키며 겸손하여 자신을 낮추고, 모욕을 받더라도 참아내면서 용감하게 정진하였다. 지혜를 닦고 익히며 세상의 모든 생명들을 사랑하여 가난한 이를 가엾게 여기고 슬픔에 잠긴 이를 위로하며 중생을 보듬었고 부처님과 성자들을 만나면 지극한 마음으로 받들어 섬기면서 가르침을 받고 수행하였으니 이렇게 쌓은 공덕은 이루 헤아릴 수가 없었다.

그리하여 연등 부처님이 세상에 나셔서 가르침을 베풀던 때를 맞이하게 되었으니, 그때 석가모니 부처님은 선혜라는 이름을 가진 청년 구도자였다. 연등 부처님이 수많은 제자들을 거느리고 세상을 다니며 중생을 교화하시다 한 나라에 이르셨는데, 구도자 선혜는 마침 산과 숲에 살면서 고요히 선정을 닦고 세상의 지혜를 널리 구하며 지내고 있었다.

어느 날 선혜가 도시로 들어갔는데 사람들이 행복한 표정으로 길을 쓸고 물을 뿌리고 향을 사르는 등 여념이 없었다. 그가 까닭을 묻자 사람들이 대답하였다.

"연등 부처님이 오늘 오십니다. 그래서 부처님께 올릴 공양을 준비하느라 이렇게 분주합니다."

부처님이라는 이름을 듣는 순간 선혜의 마음에는 커다란 기쁨이 차올랐다. 그토록 찾아다니던 스승을 이제야 만날 수 있게 되었기 때문이다. 선혜는 간절히 바라던 부처님을 친견하는 자리에 정성스런 공양을 올리고자 했다. 하지만 왕이 도시의 모든 공양물을 자신이 올리려고 거두었으므로 선혜는 간신히 구리 여인에게서 꽃 일곱 송이를 마련할 수 있었다.

마침내 연등 부처님이 도시로 들어오셨다. 사람들이 밀물처럼 몰려들어 연등 부처님을 겹겹으로 에워싸는 바람에 구도자 선혜는 부처님 앞으로 나아가 꽃을 올릴 수가 없었다. 선혜의 안타까운 마음을 살피신 연등 부처님이 땅을 진창으로 만드시자 발이 더럽혀질까 염려한 사람들이 양쪽으로 갈라섰다. 비로소 선혜가 부처님 앞에 나아가서 다섯 송이 꽃을 흩뿌리자 꽃은 공중에 머물러 세상을 다 덮을 정도로 크고 아름다운 꽃일산으로 변해 연등 부처님 머리 위에서 활짝 펼쳐졌다. 이어서 남은 두 송이 꽃을 흩뿌리자 꽃은 부처님 두 어깨에 아름답게 자리하였다.

꽃을 올린 뒤 선혜는 머리를 풀어 진창을 덮고서 "부처님께서는 제 머리카락을 밟고 지나가소서"라고 청하였다. 연등 부처님이 "어찌 그대의 머리카락을 밟을 수 있겠는가"라며 사양하자 선혜는 말했다. "부처님만이 밟으실 수 있습니다."

연등 부처님이 구도자 선혜의 머리카락을 밟고 서서 웃으시니 입안에서 오색 광명이 나와 세상을 환히 비추었다. 이 광명이 칠흑같이 어두운 지옥까지 비추자 지옥의 중생들이 모두 괴로움을 벗어나 편안해졌다.

제자들이 여쭈었다.

"부처님은 헛되이 웃지 않으십니다. 지금 그 미소에는 어떤 뜻이 담겨 있는지 말씀해주십시오."

연등 부처님은 제자들에게 말씀하셨다.

"그대들은 이 구도자를 보는가? 이 사람은 수없는 세월 동안 맑고 깨끗한 법을 공부하여 그 마음을 잘 다스렸고 욕심을 버리고 진리를 지키며 세상을 향해 치우치지 않는 사랑을 베풀면서 공덕을 쌓고 서원을 품었는데 이제야 그 바람을 이루게 되었다.”

연등 부처님은 다시 선혜를 바라보시고 “그대는 지금으로부터 백 겁 후에 부처님이 되리니 명호는 석가모니라 하리라. 오탁악세 사바세계 중생을 교화하고 그들을 해탈케 하리니 지금의 나와 같으리라”라고 수기를 주셨다.

장차 부처가 되리라는 수기를 받은 선혜보살은 커다란 기쁨이 차올랐다. 부처님과 가르침에 대한 의심이 풀리고 욕망이 그쳤으며 고요히 선정에 드는 순간 생멸을 뛰어넘은 지혜를 얻었다. 그는 연등 부처님 발에 머리를 조아려 절을 올렸다.

이후 선혜보살은 사바세계에 태어나 석가모니 부처님이 되실 때까지 수없이 나고 죽기를 반복하였다. 태어나는 곳마다 위로는 깨달음을 구하는 구도자의 삶을 저버리지 않았고 아래로는 중생을 위해 기꺼이 모든 것을 베풀어 그들을 괴로움에서 구제하는 보살의 길을 걸었다. 사람으로 태어나기도 하고, 동물로 태어나기도 하면서 그 모든 생애에서 다른 이를 구제하고 어리석은 자를 일깨우며 자신을 희생하며 살았다.

황금빛 사슴으로 태어난 전생 이야기

아주 오래전 바라나시에 브라흐마닷타왕이 나라를 다스리고 있을 때 보살은 니그로다라는 이름을 가진 사슴으로 태어났다. 어미 사슴의 태에서 나올 때 온몸이 황금색을 띠었고, 생김새와 몸매는 말로 표현할 수 없을 정도로 빼어났다. 황금빛 사슴 니그로다는 오백 마리 사슴 떼를 거느리고 살고 있었다. 그리 멀리 떨어지지 않은 곳에 역시 황금색을 띤 사슴 한 마리가 오백 마리 무리를 거느리며 살고 있었고 이 사슴은 사카라고 불렸다.

그런데 사냥을 좋아한 브라흐마닷타왕은 고기가 없으면 밥을 먹지 못했다. 그래서 온 나라 사람들에게 하던 일을 모두 멈추고 자신을 위해서 날마다 사슴 한 마리를 사냥해서 바치도록 명했다.

"왕의 명을 따르려면 생계를 포기해야 한다. 그러니 넓은 동산에 사슴 떼를 몰아넣고 가두자. 그러면 왕에게 매일 한 마리씩 먹잇감으로 제공하는 일이 어렵지 않을 것이다."

사람들은 니그로다 사슴의 무리와 사카 사슴의 무리가 살고 있는 둘레에 커다란 그물을 쳐놓은 뒤에 그 속으로 사슴들을 몰아넣고 왕에게 보고했다. 브라흐마닷타왕은 동산으로 나아가 이 광경을 보다가 황금빛 사슴 두 마리를 보고 감탄하여 명했다.

"무슨 일이 있어도 저 두 마리는 죽이지 말라."

그 뒤로부터 왕은 몸소 동산으로 나아가 사슴 한 마리를 활로 쏘아서 잡았고 어떤 때는 요리사를 시켜 사슴 한 마리를 활로 쏘아 잡도록 명했다. 사슴들은 활을 보기만 해도 죽음의 두려움에 떨며 도망쳤고, 날아오는 화살에 맞아 병들고 쇠약해지다 죽어가기도 했다. 이 모습을 지켜본 니그로다 사슴이 사카 사슴에게 가서 말했다.

"수많은 사슴이 화살을 피해 도망 다니다 오히려 죽어가고 있다. 죽음을 피할 수 없다면 차라리 순서를 정하자. 하루는 우리 무리에서, 다음 날은 그대의 무리에서 차례로 자원하여 희생하면 순서가 아닌 사슴들이 공연히 다치는 일은 없을 것이다."

사카 사슴도 동의했다. 그리하여 순서를 정해서 두 무리 가운데 차례로 한 마리씩 자원하였다. 순서가 된 사슴이 얌전히 엎드려 있으면 요리사가 끌고 갔다.

어느 날 사카 사슴 무리 가운데 새끼를 밴 어미 사슴의 순서가 되었다. 어미 사슴은 자기들의 우두머리인 사카 사슴에게 가서 애원했다.

"나는 지금 새끼를 배었습니다. 새끼를 낳으면 둘이서 순서를 받을 테니 이번에는 건너뛰게 해주십시오."

사카 사슴은 말했다.

"그대의 순서를 다른 이에게 넘길 수는 없다. 그대가 희생하라."

어미 사슴은 보살인 니그로다 사슴에게로 가서 다시 한번 애원하였다. 그러자 니그로다 사슴이 말했다.

"그대는 돌아가시오. 내가 그대의 순서를 건너뛰게 해주겠습니다."

그러고 나서 자신이 나아가 목을 길게 빼고 엎드렸다. 요리사가 이 광경을 보고 왕에게 보고하자 왕은 즉시 달려와서 보살인 니그로다 사슴에게 물었다.

"사슴의 왕이여, 나는 그대의 목숨은 절대로 건드리지 않겠노라 다짐했다. 그런데 어째서 그대가 여기에 누워 있는가?"

"대왕이여, 새끼를 밴 암사슴이 와서 순서를 바꿔달라고 청하였기 때문이오. 그런데 나는 그의 죽음의 고통을 다른 이에게 덮어씌울 수 없었소. 그래서 내가 그 암사슴 대신 여기에 누워 있는 것이오. 다른 어떤 의심도 품지 마시오. 대왕이여."

"사슴 왕이여, 나는 그대처럼 인내와 자애와 연민의 마음을 갖춘 자를 인간들 속에서도 본 적이 없소. 일어서시오. 그대와 저 암사슴의 목숨을 지켜주겠소."

"우리 둘의 목숨은 지켜준다고 하지만 다른 무리의 목숨은 어찌하시겠습니까, 사람의 왕이여."

"사슴 왕이여, 다른 사슴들의 목숨도 모두 지켜주겠소."

"대왕이여, 이제 동산 안에 살고 있는 사슴들은 죽음의 두려움에서 풀려났습니다. 하지만 동산 밖에 살고 있는 다른 사슴들은 어떻게 하시겠습니까?"

"사슴 왕이여, 그들의 목숨도 지켜주겠소."

"대왕이여, 모든 사슴들이 이제 죽음의 두려움에서 풀려났습니다. 하지만 그 밖에 네 발 달린 동물들은 어쩌시렵니까?"

"그 동물들의 목숨도 지켜주겠소."

사슴 왕 니그로다는 나아가 하늘을 나는 새들, 물속에 사는 물고기들의 목숨까지도 지켜주겠다는 약속을 왕에게 받았다. 마침내 위대한 보살 니그로다 사슴 왕은 모든 생명을 안전하게 지켜주겠노라는 약속을 왕에게 받은 뒤 오계를 권하며 말했다.

“정의를 행하십시오, 대왕이여. 부모, 자식, 바라문이나 장자들, 도시와 지방 사람들에게 정의를 베풀고, 평등하게 실행한다면 다음 생에는 좋은 곳, 천상으로 갈 것입니다.”

니그로다 사슴 왕은 부처님의 덕을 찬양하는 노래와 함께 며칠에 걸쳐 왕에게 법문을 들려주고 난 뒤에 사슴 무리를 이끌고 숲으로 들어갔다. 보살인 니그로나 사슴 왕은 수명이 다하는 날까지 잘 지내며 사슴들과 함께 자신들이 지은 업을 따라서 다음 세상에 태어났다.

고기가 없으면 밥을 먹지 못하고 그로 인해 수많은 동물의 목숨을 빼앗는 일을 당연하게 여기고 즐겼던 브라흐마닷타왕은 살생을 멈추었고, 왕의 명에 따라 살생을 저질러야 했던 이들도 살생을 멈추고 생명을 돌보게 되었다. 사슴으로 태어난 보살은 약한 사슴들을 안전하게 지켜주었을 뿐만 아니라 사람들에게 생명의 소중함을 일깨워 살생을 멈추는 선업으로 나아가게 인도하였다.

비둘기를 품은 왕의 전생 이야기

보살은 또 다른 생에는 한 나라의 왕으로 태어나서 가여운 비둘기의 목숨을 살리려고 스스로를 희생한 적도 있다. 오랜 옛날 훌륭한 인품으로 세상을 다스리던 시비왕이 있었다. 그는 커다란 자비심을 베풀어 수많은 중생들을 보살폈다. 한편, 천상의 신 제석천은 시비왕의 자비심을 시험해보기로 하였다. 부하를 비둘기로, 자신은 매로 변하여 맹추격을 벌인 것이다. 매에게 쫓기던 비둘기가 다급한 나머지 시비왕에게 날아와 겨드랑이로 숨어들자 매가 시비왕에게 말했다.

"그 비둘기는 내 먹잇감이오. 어서 내놓으시오. 나는 지금 너무나 굶주려 있소."

시비왕이 비둘기를 품고서 말했다.

"나는 오랜 옛날부터 모든 생명을 구제하겠노라 다짐했다. 이 비둘기는 나를 의지하고 있으니 네게 내줄 수 없다."

"대왕께서 지금 모든 생명을 구제한다고 말씀하셨는데, 그 비둘기는 내 먹이입니다. 먹지 못하면 나는 살 수가 없는데, 이런 나는 모든 생명에 들어가지 않는단 말입니까?"

"네게 다른 고기를 주면 먹겠는가?"

"갓 잡은 더운 고기라면 먹겠습니다."

왕은 생각했다.

'갓 잡은 더운 고기를 구하려면 살아 있는 것을 죽여야 하는데 이것은 옳지 않다. 이 세상의 모든 것은 다 목숨이 있고 저마다 자기 목숨을 가장 아끼고 보호하지 않는가. 누굴 살리기 위해 누굴 죽여야 할 것인가. 내놓을 것은 내 몸밖에 없구나.'

그리하여 왕은 날카로운 칼을 가져와서 자기 다리 살을 베어 매에게 내밀었다. 매가 말했다.

"대왕께서는 온 세상 모든 중생을 평등하게 대하며 아낌없이 베푸시는 분입니다. 내가 비록 조그마한 새이지만 제대로 따져야 하겠습니다. 저울을 가지고 와서 과연 대왕께서 베어낸 그 살이 비둘기 무게와 같은지를 재봐 주시기 바랍니다."

왕은 곧 저울을 가져오도록 명하였다. 저울추를 가운데 달고 한쪽 접시에는 비둘기를 얹고 다른 쪽에는 자신의 다리 살을 올렸다. 그런데 다리 살이 비둘기보다 가벼웠다. 왕은 다시 자신의 두 팔과 옆구리 살을 베어서 저울 접시 위에 올렸다. 여전히 비둘기 무게보다 가벼웠다. 하는 수 없이 왕은 몸을 일으켜 저울 접시에 오르려 하였다. 그러다 기력을 잃고 발을 헛디딘 바람에 쓰러지고 말았다. 한참 만에 깨어난 왕은 스스로를 꾸짖었다.

"마음아, 나는 오랜 옛날부터 네게 시달리며 생사를 윤회하면서 온갖 고초를 맛보았지만 제대로 복을 짓지 못했다. 그런데 지금은 정진하여 보살행을 할 때이지, 게으름을 피울 때가 아니다."

이렇게 자기 마음을 꾸짖은 뒤 힘겹게 몸을 일으켜 저울 접시에 올랐다. 그리고 자신의 행동이 말할 수 없이 기뻤는데 왕이 기쁨을 일으키는 순간 온 세상이 진동하고 하늘에서 꽃비가 쏟아져 내렸다. 그리고 매가 제석으로 몸을 바꾸어 왕 앞에 모습을 드러내어 물었다.

"아무나 할 수 없는 이런 보살행을 무엇을 구하려고 하시는 것입니까? 왕 중의 왕이 되려고 하십니까, 하늘의 신이 되려고 하십니까? 아니면 세상에서 그 어떤 행복을 바라서 이런 행을 하시는 것입니까?"

그러자 보살인 시비왕이 말했다.

"그 어떤 영화로운 즐거움도 구하지 않습니다. 나는 이렇게 복을 지어서 훗날 부처님 도를 구하려고 합니다."

제석천이 다시 물었다.

"대왕께서는 지금 몸이 너무나 상해 있습니다. 혹시 후회는 없습니까?"

"없습니다."

"없다고 말씀하시지만 그 속마음을 누가 알겠습니까? 지금 대왕의 몸을 보니 기운이 달려서 이내 숨이 끊어질 것 같습니다. 그러면서 후회하지 않는다고 하시니 그 말씀이 진실한지 어떻게 증명하시겠습니까?"

그러자 보살인 시비왕이 서원을 세우며 말하였다.

"처음부터 끝까지 나는 후회하지 않았으니, 내가 원하는 결과를 얻을 것입니다. 내 말이 사실과 다르지 않다면 내 몸은 곧 회복될 것입니다."

이 서원을 마치자 몸은 곧 회복되었고 전보다 더 훌륭해졌다.

세상에 귀하지 않은 목숨은 없다. 먹고 먹히는 고리 속에서 누군가는 희생되어야 하지만 보살은 기꺼이 자신을 내던져 중생들의 먹이가 되고, 자기희생을 조금도 후회하지 않으면서 그 선업의 과보로 부처님 되기를 진심으로 바라는 사람이다.

인욕하는 수행자의 전생 이야기

보살은 또 어느 때인가는 숲에서 수많은 제자들을 거느리며 수행하는 사람으로서 살고 있었다. 그때 가리왕이 나라를 다스렸는데 매우 포악했다. 이 왕이 신하들과 궁녀들을 거느리고 숲으로 들어가 노닐다가 어느 결에 잠들고 말았다.

궁녀들은 잠든 왕을 버려두고 숲을 돌아다니다가 단정하게 앉아 깊이 사색에 잠긴 수행자를 보게 되었다. 그 모습에 저절로 공경하는 마음이 일어나 꽃을 따서 수행자에게 흩은 뒤에 둘러앉아 법문을 청해 들었다.

시간이 흘러 잠에서 깨어난 왕은 사방을 둘러봐도 궁녀들이 보이지 않자 네 명의 대신들을 거느리고 찾아다녔다. 여인들이 수행자를 둘러싸고 앉아 있는 모습을 본 순간 화가 치밀어 그에게 다가가 물었다.

"그대는 선정을 얻었는가?"

수행자가 답했다.

"아직 얻지 못했습니다."

"그대는 자비희사의 네 가지 마음을 얻었는가?"

"아직 얻지 못했습니다."

그러자 왕은 분노에 차서 소리를 질렀다.

"그런 경지를 얻지 못했다면 한낱 범부 중생일 뿐인데 어찌 감히 궁녀들과 어울리고 있는가? 대체 이 숲에서 무엇을 수행하고 있는 중인가?"

보살인 수행자가 답했다.

"잘 참고 견디는 인욕을 수행하고 있는 중입니다."

이 말을 들은 왕은 곧 칼을 빼 들어 그를 겨누면서 말했다.

"오호라, 인욕을 수행하고 있다니, 그럼 어디 시험해볼까?"

왕은 곧 수행자의 두 손을 잘랐다.

"어떠냐? 인욕할 만한가?"

이어서 수행자의 두 다리를 끊고는 물었다.

"이래도 인욕을 수행한다고 말할 것이냐?"

곧이어 그의 귀와 코를 잘랐다. 하지만 수행자는 얼굴빛 하나 달라지지 않았다. 그러자 수행자의 제자들이 두려워하며 스승에게 물었다.

"그런 고통을 당하고도 어찌 인욕하는 마음을 잃지 않으셨습니까?"

스승인 수행자가 말했다.

"마음이 고요하여 흔들리지 않는다."

이 말에 깜짝 놀란 가리왕이 다시 물었다.

"그대는 내게 화도 나지 않고 잘 참고 견딘다고 말했는데 과연 그런지 무엇으로 증명하겠는가?"

수행자가 말했다.

"내가 인욕하는 것이 진실하고 거짓되지 않았다면 내 몸에서 흐르는 피가 젖이 되고, 잘린 팔다리가 예전대로 회복될 것입니다."

수행자의 말이 끝나기 무섭게 피가 젖이 되고 몸은 회복되었다. 이 광경을 지켜본 가리왕은 겁에 질려서 칼을 내던지고 엎드려 말하였다.

"제가 크게 잘못했습니다. 어리석게도 훌륭한 수행자를 욕보였습니다. 제발 저를 가엾게 여겨 제 참회를 받아주십시오."

그러자 수행자는 말했다.

"대왕은 음욕에 눈이 멀어 칼로 내 몸을 해쳤지만 내 인욕은 땅처럼 굳건합니다. 훗날 내가 부처가 되면 가장 먼저 지혜의 칼로 당신의 삼독을 끊을 것입니다."

보살인 수행자는 자신의 말대로 미래 세상에 석가모니 부처님이 된 뒤 전생에 가리왕과 그를 따라온 네 명의 대신들이었던 저들을 찾아가 가장 먼저 교화하였으니 그들이 바로 녹야원의 다섯 비구들이다.

잘못하지 않았는데도 온갖 누명을 씌우고 괴롭히는 것이 세상의 인심이다. 부처가 되겠노라 다짐한 수행자는 이런 세상에 화를 내지 않고 핍박을 묵묵히 참고 견디면서도 무고한 이를 괴롭히는 자들을 일깨우고 교화하는 일을 멈추지 않았고 경전에서는 이와 같은 보살행을 이루 말할 수 없을 만큼 많이 행하였다고 전한다.

진리를 구하기 위해 목숨을 바친 전생 이야기

보살이 모든 선업과 보살행을 하는 이유는 오직 하나, 부처님의 깨달음을 얻기 위해서다. 가장 높고 바른 깨달음을 얻기 위해 보살은 자신을 끝없이 희생하면서도 진리의 가르침을 찾아 길을 나선다. 여느 사람들에게는 그저 귓가를 스치는 소리에 지나지 않더라도 깨달음을 찾아 나선 보살은 그것이 진리의 말씀인 줄 알아차린다. 그만큼 서원이 간절하기 때문이다.

보살은 어느 전생에서는 히말라야산에서 수행하는 자로 살아 간 적이 있었다. 그때 진리의 말씀 한 구절을 얻기 위해 기꺼이 자기 목숨을 바치는 일도 주저하지 않았는데, 그 전생 이야기를 살펴보자.

히말라야산에 홀로 살면서 수행으로 온종일을 보내는 구도자로 태어난 보살은 일찍이 부처님이 세상에 나셨다는 소식도 듣지 못했고 부처님의 가르침도 듣지 못했다. 홀로 용맹정진하는 가운데 어디선가 누군가가 자신에게 진실한 가르침을 들려주기만을 간절히 바라고 있었다. 이 구도자의 간절하고도 진지한 모습을 보고 천상의 제석천과 신들이 감탄하여 말하였다.

"천상의 신과 인간 세상 모든 사람들은 번뇌라는 독기에 시달리고 있다. 만일 세상에 부처라는 나무가 있다면, 모든 중생이 그 나무의 서늘한 그늘 아래로 모여들 것이다. 그러면 온갖 번뇌의 독기가 사라지리라. 저 구도자가 다음 세상에 부처가 된다면 천상의 신인 우리도 뜨거운 번뇌를 없앨 수 있을 텐데 과연 그렇게 될까? 중생이란 티끌 같은 이유만으로도 마음이 흔들리는 존재들이다. 그래서 제아무리 가장 높고 바른 깨달음을 얻겠다는 마음을 내더라도 끝내 이루는 자들은 흔치 않다. 지금 이 사람이 비록 용맹정진하고 있지만 과연 그 발심이 진실하고 흔들리지 않는지 시험해봐야겠다."

제석천은 곧 흉악한 나찰귀羅刹鬼의 모습으로 변해 히말라야산

근처로 내려가서 맑은 음성으로 이렇게 게송을 읊었다.

모든 것은 무상하니
이것은 일어나고 사라지는 법이다.

홀로 정진하던 수행자는 나찰의 노래를 듣는 순간 귀가 번쩍 뜨였고 말할 수 없는 기쁨에 차올랐다. 바다에 빠진 이가 배를 만난 듯, 목마른 이가 시원한 샘물을 만난 듯, 오래 갇혀 있던 이가 자유를 얻은 듯, 길 떠났던 이가 집에 돌아와 가족들이 기쁘게 맞이하는 듯 한없는 기쁨이 샘솟아난 수행자는 사방을 둘러보았다.

'누굴까? 누가 이런 게송을 읊었을까?'

하지만 보이는 것은 흉악하고 음산한 기색의 나찰뿐이었다.

"당신이 이 게송을 말하였소? 이런 가르침은 외도의 스승들 아래에서는 결코 들을 수 없는 것이오."

그러자 나찰귀가 말했다.

"내게 이 뜻을 묻지는 마시오. 난 지금 여러 날째 아무것도 먹지 못한 터라 제정신이 아니어서 헛소리를 한 것일 뿐이오. 아, 내게 힘이 있다면 허공을 날아서 저 높은 천상에 올라가 먹을 것을 구하련만 그렇게도 할 수 없어 이런 말이나 중얼거렸을 뿐이오."

보살은 다급하게 말했다.

"그대의 게송을 들으니 기뻐서 어찌할 바를 모르겠소. 하지만 뒷 구절이 있을 터인데 어서 마저 들려주시오. 그 게송 뒷부분을 마저 일러주면 나는 일생 동안 그대의 제자가 되겠소."

나찰귀는 천연덕스럽게 말했다.

"자기 생각만 하지 말고 내 사정도 헤아려주시오. 나는 정말 배가 고파서 게송 뒷부분을 말할 힘이 없단 말이오."

그러자 수행자가 물었다.

"그대는 무얼 먹으며 살아가고 있소?"

"나는 사람의 더운 살을 먹고 사람의 뜨거운 피를 마시오. 복이 없으니 이런 것만 먹고 살 수밖에요."

"그대가 그 게송 뒷부분을 마저 말해준다면 나는 그 게송을 듣고 나서 이 몸을 당신에게 공양 올리겠소. 나는 지금 가장 높고 바른 깨달음을 구하기 위해 이 부서지기 쉬운 몸을 버리고 견고한 몸으로 바꾸려 하오. 그러니 게송 뒷부분을 들려주시오."

나찰귀가 말했다.

"그렇다면 뒷부분을 들려주겠소. 잘 들으시오."

일어나고 사라짐이 소멸하면
열반의 즐거움이다.

나찰이 마저 들려주자 보살은 게송의 뜻을 깊이 마음에 새기고, 사방의 벽과 나무와 길에 이 게송을 써놓았다. 그런 뒤에 약속대로 나찰에게 제 몸을 주기 위해 옷매무새를 정돈하고 높은 나무로 올라갔다. 이때 나무신이 놀라서 물었다.

"대체 그 게송이 그대에게 무슨 이익이 있습니까?"

"이 게송은 과거와 현재와 미래의 모든 부처님께서 말씀하신 법으로, 모든 것이 실체가 없음을 말하는 것입니다. 나는 이 법을 위하여 목숨을 버리려는 것입니다. 이런 나의 공양은 명예나 권력, 재물이나 좋은 가문에 태어나기 위함이거나 인간 세상이나 천상의 즐거움을 얻기 위해서가 아닙니다. 깨달음을 이루어서 모든 중생들을 생사의 괴로움에서 구제하기 위함입니다."

보살은 다시 말하였다.

"인색하고 탐욕스런 자들은 모두 나와서 내가 지금 몸을 버리는 모습을 보시오. 아주 작게 보시하고는 그것을 뽐내는 사람들도 와서 내가 지금 게송 한 구절을 위해 아낌없이 목숨을 내던지는 모습을 보시오."

이렇게 말을 마친 뒤에 보살은 나무 아래로 몸을 던졌다. 그러자 그 몸이 땅에 닿기도 전에 나찰귀가 제석천의 본래 모습으로 돌아와서 그 몸을 받아 평지에 조심스레 내려놓은 뒤 찬탄하며 말했다.

"참으로 훌륭한 보살입니다. 당신은 한량없는 중생에게 이익을 주려고 칠흑 같은 무명 속에서 법의 횃불을 밝히려고 하신 분입니다. 제가 여래의 큰 법을 아끼느라고 당신을 번거롭게 해드렸으니 모쪼록 저의 잘못을 용서해주십시오. 당신은 틀림없이 내세에 가장 높고 바른 깨달음을 이룰 것이니 그때에 저희를 제도해주십시오."

제석천은 이렇게 말한 뒤 절을 올린 뒤에 모습을 감추고 사라졌다.

깨달음을 이루어 부처가 되기까지 얼마나 많은 생을 받고 또 죽음을 거쳤을까. 하지만 세세생생 보살은 자신의 한 생 한 생을 다른 이를 위해 아낌없이 보시하고, 계를 목숨보다 더 소중하게 지키고, 어떤 일을 당하여도 잘 참아내며, 정진을 쉬지 않고, 참선하는 일을 가장 중요한 일과로 여기고, 지혜를 구하였다. 한 사람이 부처가 되겠노라 원을 세우고 보살행을 쌓아가면 수많은 중생이 도움을 받고 마음의 의지처를 얻는다. 자기의 깨달음을 위하는 일이 곧 모든 생명을 돕고 살리는 일임을 알아서 부처가 되기까지 그 일을 멈추지 않는 보살은 이제 마지막 생을 앞두고 마침내 이 모든 선업과 보살행의 과보로 천상에 태어났다.

참고경전
《수행본기경》
《자타카》
《현우경》

2절

부처님 이 땅에 오시다

1항 _ 도솔래의상兜率來儀相

도솔천에서 사바세계로

이렇게 헤아릴 수 없는 공덕을 쌓은 보살은 어느덧 성불의 인연에 거의 이르렀다. 전생에 선업을 쌓은 과보로 도솔천에 나게 되었는데, 이곳에서 단 한 번의 생을 남겨두었기 때문에 일생보처보살이라 불린다. 성불하기 직전의 보살은 모두가 도솔천에 나게 되는데 그 이유는, 그보다 아래 하늘은 게으르기 때문에 적당한 장소가 아니고, 그보다 위 하늘은 선정을 많이 닦아 고요하지만 천상의 즐거움을 누리는 데에 빠져서 일체 중생을 위해 자비심을 내려 하지 않기 때문에 적당하지 않았다. 도솔천에 살고 있던 천신들은 일생보처보살로서 태어난 보살을 호명護明이라 불렀다. 호명보살이 도솔천에 나시자 위아래 하늘의 수많은 신들이 몰려와 가르침을 청해 들었다. 호명보살은 마침내 도솔천에서 수명을 다할 때가 되자 부처가 되기 위해 태어날 인간 세상을 관찰하였다.

호명보살은 도솔천에서 인간 세상에 태어날 시기와 태어날 국토와 지방과 가문과 어머니의 다섯 가지를 관찰한 뒤에 히말라야 산자락의 카필라국 정반왕의 가문에 마야왕비를 어머니로 하여 태어나는 일을 결정하였다. 보살은 도솔천 천신들이 겹겹이 에워싼 가운데 그곳을 떠나 카필라국 마야왕비의 태에 드셨는데 보살과 어머니를 보호하기 위해 하늘의 신들이 사방에서 모여들었다.

보살의 어머니 마야왕비는 천성적으로 계를 잘 지키는 분이어서 생명을 죽이지 않고, 주지 않은 것을 가지지 않으며, 그릇된 욕망에 휘둘리지 않고, 거짓말하지 않고, 술처럼 사람을 취하게 만드는 것을 마시지 않았으며, 보살이 어머니 태에 들어가신 뒤에는 바라는 것이 전부 갖추어졌고, 그 몸에 병이 사라져서 편안했고 마음이 행복해졌다. 그리고 자궁 안에 있는 보살의 사지와 감각 기관들을 환히 볼 수 있게 되었으니 마치 잘 다듬어진 투명하고 티 없는 보석알이 온갖 빛깔의 실에 꿰어 있으면 사람들이 꿰어진 실을 환히 보는 것과 같았다. 이 모든 일들은 어느 부처님에게서나 일어나는 당연한 법칙이다.

2항 _ 비람강생상毘藍降生相

룸비니에서 태어나시다

보살이 태에 깃든 지 열 달이 된 사월 팔일에 어머니 마야왕비는 룸비니 숲으로 나아가 거닐다가 아름다운 꽃이 활짝 핀 나무 아래에 이르렀다. 근심 없는 나무〔無憂樹〕라 불리는 그 나무의 꽃가지를 붙잡는 순간 태자를 출산하였다. 갓 태어난 태자는 어머니 몸에서 나오자마자 사방으로 일곱 걸음을 걷고 나서 한 손은 하늘, 한 손은 땅을 가리키며 외쳤다.

하늘 위, 하늘 아래
오직 나만이 존귀하다.
삼계三界가 모두 괴로움이니
내가 이를 편안케 하리라.

바로 그때 하늘과 땅은 크게 진동하고 온 세계가 환하게 빛났다. 천상의 신들이 태자를 호위하려 모여들었고 용왕 형제가 따뜻한 물과 찬물을 비처럼 내려 태자를 씻겨드렸다. 천상의 신들이 하늘 옷으로 태자를 감싸서 어머니 마야왕비 품에 안겨드리니 하늘에서 향기로운 꽃이 비처럼 내리고 아름다운 음악이 저절로 흘러나오는 가운데 왕비는 태자를 안고 궁으로 돌아왔다.

태자가 태어나자 아버지 정반왕은 크게 기뻐하며 모든 것을 다 이루었다는 뜻의 싯다르타라 이름을 지었다. 며칠이 지나 나라의 현자들을 불러 태자를 보이자 그들은 하나같이 이렇게 예언했다.

"대왕이시여, 이 아기는 위대한 사람이 지니는 서른두 가지 신체적 특징, 즉 삼십이상三十二相을 지니고 있습니다. 이런 모습이 있는 분에게는 두 가지 길이 앞에 놓여 있으니, 속세에 계시면 왕중의 왕이라 불리는 전륜성왕이 되어 온 세상 사람을 바른 법으로 다스릴 것입니다. 만약 집을 떠나 출가한다면 반드시 위없는 아라한〔應供〕, 완전히 깨달은 분〔正等覺〕, 명지와 실천을 구족한 분〔明行足〕, 피안으로 잘 가신 분〔善逝〕, 세간을 잘 알고 계신 분〔世間解〕, 가장 높은 분〔無上士〕, 사람을 잘 길들이는 분〔調御丈夫〕, 하늘과 인간의 스승〔天人師〕, 부처님〔佛〕, 세존〔世尊〕이 되실 것입니다. 그는 천상의 신들이나 악마, 인간 세상의 수많은 무리 가운데서 스스로 깨달음을 이루실 것입니다. 그리하여 중생을 위해 처음도 좋고 중간도 좋고 끝도 좋은 가르침을 의미와 형식을 갖추어 설법하시고, 맑고 티없는 수행의 모범을 보여 주실 것입니다."

세상의 축복 속에 태자를 낳았지만 어머니 마야왕비는 이레 만에 세상을 떠났다. 오랜 세월 계를 잘 지키고 덕행을 쌓은 결과로 도리천에 올랐는데, 훗날 태자가 부처님이 되신 후 도리천에 올라 어머니를 위하여 법문을 베푸시어 어머니 은혜에 보답하였다. 마야왕비가 세상을 떠나자 태자는 이모인 마하파자파티 고타미의 품에서 사랑과 정성으로 보살핌을 받으며 자라났다.

참고경전

디가 니까야《대전기경》
《불본행집경》
《사분율》
《수행본기경》
《자타카》

3절

세상의 괴로움을 보다

3항 _ 사문유관상四門遊觀相

농경제에서

싯다르타 태자는 영특하고 용맹하였다. 온갖 학문과 무예를 익히고 전술과 병법까지 두루 닦아서 스승의 찬탄을 받았고 석가족 다른 왕자들의 부러움을 샀다. 하지만 태자는 번잡하고 떠들썩한 생활을 좋아하지 않았고 고요한 곳을 찾아 깊은 사색과 명상에 잠기는 일이 잦았다.

농경제가 열린 어느 날, 태자는 신하들을 거느리고 마을로 내려갔다. 농부 한 사람이 땅을 갈아서 흙을 뒤집어엎는 모습을 지켜보다가 파헤친 흙에서 벌레가 꿈틀거리며 나왔는데 까마귀가 날아와 그 벌레를 쪼아 먹는 광경을 목격했다. 그런데 이어서 하늘을 날던 독수리가 까마귀를 채어 날아가 버렸다. 뜨거운 햇빛을 피하지 못하며 여윈 몸으로 밭갈이를 하는 농부와 꿈틀거리는 작은 생명들이 서로를 잡아먹는 모습을 지켜보다가 태자가 농부에게 물었다.

"쟁기질은 왜 하는 것입니까?"

"곡식을 심어서 수확해 나라에 세금을 바치기 위해서입니다."

태자는 그 말을 듣고 탄식했다.

'한 사람 때문에 백성이 근심하고 고생하는구나. 관리의 채찍질과 벌을 받게 될까 두려워 몹시 불안해하는구나. 목숨은 짧은데 근심은 길도다. 내뱉은 숨을 거두지 못하면 죽어서 이 세상을 떠나는데 다음에 어느 세상에 가게 될지 알지 못해 근심은 더욱 커져간다. 다섯 갈래의 생사윤회는 영원히 벗어날 길이 없으니 그 두려움을 무엇에 비유하랴. 태어났다 죽는 일의 두려움과 우환을 없앨 길은 없을까.'

태자는 시중드는 사람 없이 홀로 천천히 거닐다가 잎이 무성해서 그늘이 좋은 잠부 나무를 보고 그 나무 그늘 아래에 가서 두 발을 맺고 앉았다. 조용히 한곳을 응시하며 숨을 고르니 마음에 탐욕이 떠나고 착하지 않은 일들이 모두 사라졌고 고요하고 깊은 사색으로 나아갔으며 탐욕과 악함에서 떠난 기쁨과 즐거움이 일어나는 선정의 첫 번째 단계에 들었다.

태자가 홀로 나무 그늘 아래에 있다는 소식을 전해 듣고 황급히 달려간 아버지 정반왕은 조용히 참선에 들어 있는 아들의 모습에 자신도 모르게 예를 올렸다. 하지만 현자들의 예언처럼 태자가 성을 나가 수행자가 되지는 않을까 염려하는 마음이 커져갔다.

왕은 세상의 고통과 근심을 떠나 즐거움으로 가득한 환경을 태자에게 마련해주었다. 훗날 석가모니 부처님은 어릴 적 왕궁에서 지내던 때를 회상하며 제자들에게 말씀하셨다.

"비구들이여, 나는 참으로 행복하고 우아하고 정결하게 왕궁에서 지냈다. 내 아버지 집에는 연꽃이 피어난 연못들이 있었다. 나만을 위한 연못에는 희고 붉고 푸른 연꽃들이 활짝 피어 있었다. 언제나 최고급의 옷가지를 몸에 둘렀고 냉기나 열기, 먼지나 서리가 내 몸에 닿지 않도록 밤낮으로 새하얀 양산이 내 머리 위에 펼쳐졌다. 내게는 겨울용, 여름용, 우기용 궁전이 세 채 있었는데 우기 넉 달 동안 아름다운 악사들의 연주를 즐기면서 궁전을 내려오지 않았다."

부왕은 싯다르타 태자의 혼례를 서둘렀다. 이웃 나라 콜리야 성주의 딸 야소다라와 부부의 연을 맺으면 세속의 삶에 행복을 느끼고 출가의 뜻을 접을 것이라 생각했다.

사문유관 — 동문 밖에서 늙음을 마주치다

궁전에서 영화롭고 우아하게 지내던 어느 날 싯다르타 태자는 성문 밖으로 세상 유람을 나서기로 하였다. 아버지 정반왕은 태자의 나들잇길에 근심을 안겨줄 것은 치워버리고 깨끗하고 화려하게 거리를 치장하도록 명했다. 성의 동문 밖으로 나들이할 때 태자는 말끔하게 새로 닦은 길에 아름답게 치장한 사람들이 수레를 타고 오가는 모습을 보고 흡족했다. 사람들은 태자의 근엄한 자태와 아름다운 깃털로 장식한 행렬을 보고 환호했다.

그런데 천상의 신들은 태자가 어서 빨리 출가하여 부처님이 되기를 바랐다. 욕심과 성냄과 어리석음의 불길에 휩싸여 괴롭고 슬퍼하는 세상에 진리의 빛줄기를 내리시어 근심과 고통에서 중생을 구제해주기를 간절히 원했기 때문이다. 그리하여 천상의 신이 늙고 쇠약한 노인의 모습으로 변해서 환호하는 군중 앞에 홀연히 나타났다. 태자는 그 노인을 보고 놀랍고 괴이하게 여겨 마부에게 물었다.

"저 자는 누구기에 머리카락은 희고 등은 굽었으며, 눈은 어둡고 온몸을 지팡이에 의지한 채 비틀거리면서 걷는가? 젊던 몸이 갑자기 변해서 저런가? 아니면 태어날 때부터 저런 모습이었는가?"

마부가 망설이다 태자에게 답했다.

"육신이 변하고 기운마저 허약해져 근심은 가득하고 기쁨은 줄어들며, 모든 감각기관이 약해져서 즐거움이 없으니 이것이 늙은 모습입니다. 저 사람도 처음에는 어머니의 젖을 먹던 어린아이였고, 소년 시절에는 장난기가 가득하고 모습도 단정했으며 온갖 욕망을 누렸습니다. 그런데 세월이 흘러 지금은 몸이 쪼그라들고 늙어서 쇠약해진 것입니다."

태자는 탄식하면서 다시 물었다.

"저 사람만 늙고 쇠약해지는가? 아니면 누구나 저렇게 되는 것인가?"

"태자님도 그리될 것입니다. 세월이 흐르면 몸도 따라서 변하기 마련입니다. 젊은 사람도 늙어가는데 세상 사람들은 그 사실을 알면서도 자신만은 그렇게 되지 않기를 바랍니다."

태자는 늙고 쇠약해지는 괴로움에 대해 듣고 온몸의 털이 곤두섰으니 마치 벼락에 놀란 동물들이 이리저리 치달리는 것 같았다. 태자는 늙음이라는 괴로움에 마음이 얽매여 머리를 떨군 채 시름에 잠겼다.

'늙고 쇠약해지는 괴로움을 생각한다면 세상 사람들이 어찌 저렇게 행복하고 즐거울 수 있는가. 모든 것은 늙음 앞에 허물어져서 거기에 부딪치면 선택의 여지가 없다. 사람들은 자기 스스로 늙어가는 존재이고 똑같이 늙음을 극복하지 못했지만 다른 사람이 늙은 것을 보고서 고통스러워하고 피하면서 자신도 그리 되리라는 사실을 지나친다. 나 또한 실로 늙어가는 존재이고 늙음을 극복하지 못했으면서 다른 사람이 늙은 것을 보고서 고통스러워하고 피할 것이다. 이것이 과연 마땅한 일일까. 눈앞에서 그것을 뻔히 보면서도 자신에게 이런 일이 일어나리라는 것을 어째서 생각하지 않는가.'

이렇게 깊이 생각하자 태자에게는 젊음에 대한 도취가 완전히 사라졌다. 한 생각 할 때마다 늙고 쇠약함이 닥쳐오는 이 현실에서 무엇을 즐기며 웃고 떠들 것인가. 태자는 마부에게 명하여 궁전으로 수레를 돌리도록 하였다. 황혼 속에서 빈 묘지 사이로 돌아다니는 것 마냥 무엇을 하거나 어디에 머물러도 태자의 마음은 불안하기만 하였다.

사문유관—남문 밖에서 병듦을 마주치다

왕궁에 돌아와서 전혀 즐거워하지 않는다는 보고를 받은 아버지 정반왕은 태자가 다시 나가 놀기를 권했다. 신하들에게는 태자의 나들잇길을 전보다 더 훌륭하게 꾸미도록 명했지만 이번에도 천상의 신이 목숨만 간신히 부지한 병든 사람으로 변해서 길가에 나타났다. 팔다리는 뒤틀려 바싹 마르고 배는 부풀어 올랐으며, 구슬피 울면서 숨을 헐떡이며 신음하고 있는 그를 보고 태자가 마부에게 물었다.

"이 자는 어떤 사람인가?"

"이 자는 병에 걸린 사람인데, 팔다리가 모두 뒤틀리고 여위어 기운이 빠져서 견딜 수가 없어 이리저리 뒤척이며 남의 신세를 집니다."

태자는 불쌍하고 가여운 마음에서 물었다.

"이 사람만 병에 걸렸는가? 아니면 저런 사람이 또 있는가?"

"이 세상 사람이면 누구나 다 저리 됩니다. 몸이 있으면 병이 생기기 마련인데, 사람들이 어리석어 깨닫지 못하고 잠깐의 환락에 빠지는 것입니다."

마부의 대답을 듣자 태자의 몸과 마음은 두려움에 휩싸여 일렁이는 물결 속의 달처럼 요동쳤다.

'이 크나큰 고통의 세계에 살면서 내가 어떻게 편안할 수 있겠는가. 아! 슬프다. 세상 사람들이 어리석어 병이라는 도둑이 소식도 없이 찾아오건만 그런데도 기쁨을 느끼고 즐거워하는구나. 사람은 자기 스스로 병드는 존재이고 누구나 한결같이 병을 극복하지 못했지만 다른 사람이 병든 것을 보고서 고통스러워하고 피하면서 자신도 그리 되리라는 사실을 지나친다. 나 또한 실로 병드는 존재이고 병을 극복하지 못했으면서 다른 사람이 병든 것을 보고서 고통스러워할 것이며 피할 것이다. 이것이 과연 마땅한 일일까.'

이렇게 생각하자 태자에게 건강에 대한 도취가 완전히 사라졌다. 수레를 돌려 궁으로 돌아온 뒤 병의 고통을 생각했는데, 시름에 잠긴 태자의 모습은 마치 몸을 움츠리고 매를 기다리는 사람과 같았다. 태자는 한적한 궁전에 조용히 틀어박혀 세간의 즐거움을 멀리할 궁리만 했다.

사문유관—서문 밖에서 죽음을 마주치다

또 다른 어느 날 태자는 다시 서쪽 성문 밖으로 유람을 떠났다. 아버지 정반왕은 태자가 행차하는 길을 더 잘 손보고 더러운 것을 치우게 한 뒤, 마부에게 주위를 살피며 길을 가라고 명령했다. 이번에는 천상의 신이 죽은 사람으로 변했는데, 그 죽은 사람의 상여를 네 사람이 메고 구슬피 울면서 태자 앞에 나타났다.

"이것은 어떤 행렬이기에 뒤따르는 사람들이 슬퍼하며 울부짖는가?"

"사람이 죽어서 장례를 지내는 행렬입니다. 사람의 목숨이 끊어지면 정신은 가고 몸뚱이는 마른나무처럼 뻣뻣이 굳습니다. 그를 사랑한 가족과 친지들과 친구들이 그 죽음을 슬퍼하지만, 어느 결엔가 다 보기 싫어해 무덤들 사이에 내다 버립니다."

태자는 죽음이란 말을 듣자 마음이 아프고 슬픔이 몰려들어 마부에게 물었다.

"이 사람만 죽는 것인가? 세상 사람이 다 그런 것인가?"

"온 세상 사람이 다 죽습니다. 시작이 있으면 끝이 있는 법이니, 어른이나 젊은이나 어린이나 몸이 있으면 무너지기 마련입니다."

태자는 놀라고 슬퍼하며 수레 끝에 몸을 기댄 채 숨이 끊어질 듯이 탄식했다.

'세상 사람은 어찌 이리 하나같이 잘못하는가. 이 몸이 없어질 줄 뻔히 알면서도 오히려 생각 없이 방탕하게 살아가는구나. 마음은 말라빠진 나무나 돌이 아닌데 어째서 모두가 덧없음을 걱정하지 않는가. 사람은 자기 스스로 죽어가는 존재이고 누구나 한결같이 죽음을 극복하지 못했지만 다른 사람이 죽은 것을 보고서 고통스러워하고 피하면서 자신도 그리 되리라는 사실을 지나친다. 나 또한 죽어가는 존재이고 죽음을 극복하지 못했으면서 다른 사람이 죽은 것을 보고서 고통스러워하고 피할 것이다. 이것이 과연 마땅한 일일까.'

이렇게 깊이 생각하자 태자에게는 삶에 대한 도취가 완전히 사라졌다. 태자는 바로 수레를 돌려 돌아가자고 명령했다.

"지금 이렇게 놀 때가 아니다. 목숨이 끊어져 죽는 것이 기약이 없는데, 어떻게 함부로 놀 수 있겠는가!"

사문유관－북문 밖에서 출가자를 만나다

성으로 돌아와 시름에 찬 날들을 보내던 태자는 어느 날 다시 성 밖으로 유람하려고 수레에 올랐다. 태자가 수레를 타고 성문 북쪽으로 길을 나섰을 때 길에서 사문 한 사람을 만났다. 그는 머리를 깨끗이 깎고, 가사를 입고, 물병과 발우를 들고, 조용히 걸식하기 위해 길을 걷고 있었다. 태자는 그 사문을 보자 마부에게 물었다.

"저 사람은 어떤 사람이냐?"

마부가 대답했다.

"저 사람은 출가한 사람입니다. 저 사람은 마음이 착하고 행동이 착하며, 착한 곳에 머무르며, 몸과 입과 마음으로 짓는 업이 모두 깨끗합니다. 믿음이 있어 머리를 깎고 여래의 옷을 입으며, 속가를 떠나 열반의 길에 오르기 때문에 출가하였다고 합니다."

"너는 수레를 몰아 저 사문을 뒤따라가거라."

마부가 사문이 있는 곳으로 수레를 몰고 가자 태자가 사문에게 물었다.

"당신은 어떤 사람이며, 무엇 때문에 머리를 깎고 여느 사람들과는 다른 색의 옷을 입었으며, 손에는 주장자와 발우를 들고 걸식하면서 지냅니까?"

"나는 출가한 사람입니다. 항상 착한 마음으로 착한 행동을 닦아서 몸과 말과 마음이 모두 청정하도록 하며, 속가를 떠나서 열반의 길에 올랐기 때문에 출가한 사람이라고 부릅니다."

태자가 찬탄하면서 다짐하였다.

"참으로 훌륭하구나. 나도 저렇게 출가해야 되겠다. 성으로 돌아가서 그 일을 깊이 생각해보리라."

태자는 오랜 세월 청정한 지혜의 선업을 닦아 익히고 온갖 덕의 씨앗을 널리 심었으니, 이제야 그 서원이 꽃 피고 열매를 맺게 되었다. 싯다르타 태자는 사문을 보고 온 이후부터 왕궁이 제공하는 풍요와 환락을 즐기지 않고 더욱 사색에 잠기게 되었다. 태자가 자주 출가하려는 뜻을 내비치자 아버지 정반왕은 눈물을 흘리며 말렸다.

"무엇을 바라느냐. 성을 나간다면 언제나 돌아오겠느냐. 무엇을 바라는지 내게 말하라."

태자는 정반왕에게 말했다.

"바람이 네 가지 있습니다. 이 네 가지를 들어주신다면 저는 출가할 뜻을 접겠습니다. 첫째는, 저를 늙지 않게 해주십시오. 둘째는 저를 병들지 않게 해주십시오. 셋째는 저를 죽지 않게 해주십시오. 넷째는 제게 헤어짐이라는 것이 찾아오지 않게 해주십시오. 부왕께서 이 네 가지 바람을 들어주신다면 저는 절대로 출가하지 않겠습니다."

그러자 정반왕은 더욱 슬퍼하며 말했다.

"태자의 네 가지 바람을 어찌 들어줄 수 있는가. 이 세상 그 누구도 그걸 들어줄 수는 없다."

야소다라, 라훌라를 낳다

태자는 생로병사의 괴로움을 벗어나는 길을 찾아 자신도 행복하고 세상 사람들에게도 괴로움을 떠난 진정한 행복을 안겨주고픈 바람은 더욱 간절해졌다.

'재가의 삶이란 번잡하고 때가 낀 길이지만 출가의 삶은 열린 허공과 같다. 재가에 살면서 완벽하고 청정하고 소라고둥처럼 빛나는 청정범행을 실천하기란 쉽지 않다. 그러니 한시라도 빨리 출가하리라.'

그러던 어느 날, 야소다라 태자비가 아들을 낳았다. 태자비의 출산 소식을 전해 들은 정반왕은 신하를 보내어 태자에게 알렸다. 태자는 이 전갈을 듣자 "장애가 생겼다! 얽매임이 생겼다!"라고 탄식했다. 왕은 태자가 탄식했다는 말을 전해 듣고 아기의 이름을 장애라는 뜻의 '라훌라'라고 지었다.

4항 _ 유성출가상踰城出家相

성을 뛰어넘어 출가하다

이제 더는 수행을 미룰 수 없었다. 어느 날, 모두가 깊이 잠든 시각에 태자는 마부 찬나를 불렀다.

"지금 내 마음이 너무도 간절하니 말에 안장을 얹어 빨리 끌고 오라. 불사不死의 경지를 얻기 위해 성을 나가겠다."

찬나가 말을 끌고 오자 태자는 말에 올라 성문을 향해 달렸다. 사천왕이 달려와 말발굽 아래에 손을 받치니 소리가 나지 않았고, 겹겹이 잠긴 단단한 궁전 문도 천신의 신통력으로 저절로 열렸다.

부모의 사랑보다 무거운 것이 없고, 자식을 향한 사랑보다 깊은 것이 없으며, 수많은 사람들과 은혜와 사랑으로 얽히고 얽혔지만 태자는 미련을 두지 않았다. 성을 빠져나가 연꽃 같은 맑은 눈으로 부왕이 계신 궁전을 바라보며 다짐했다.

"생로병사를 벗어나지 못하면, 영원히 이런 인연 속에서 살지 않으리라."

그러자 모든 천신과 허공의 용들까지도 함께 기뻐하며 저마다 자신이 가진 힘의 광명으로 태자를 인도하며 가는 길을 밝혀주었다.

태자는 아노마강에 이르러 제 손으로 머리카락을 자르고, 지나는 사냥꾼과 옷을 바꿔 입었다. 부모가 눈물을 흘리며 말리는데도 수행자가 되려고 출가한 싯다르타 태자는 세상에 유익한 것〔善〕을 구하고 위없는 평화로운 경지를 찾아 길을 나선 사문이 되었다. 그의 나이 29세 때의 일이었다.

참고경전

《근본설일체유부 비나야파승사》
맛지마 니까야《삿짜까 긴 경》
본생담《멀지 않은 인연 이야기》
《불설보요경》
《불소행찬》
앙굿따라 니까야《편안함 경》
중아함 〈유연경〉

스스로 깨어나다

5항 _ 설산수도상雪山修道相

두 사람의 명상가를 찾다

생로병사의 괴로움을 절감하고 진정한 행복을 얻기 위해 성을 나온 싯다르타는 이제 태자가 아닌 사문 고타마 혹은 보살의 이름으로 구도의 길에 들어섰다. 사문 고타마는 먼저 당시 명상 지도자였던 알라라 칼라마와 웃다카 라마풋타를 찾아갔다. 그들이 최고 경지라 여기는 단계까지 어렵지 않게 도달하자 그들은 사문 고타마를 찬탄하면서 함께 교단을 이끌어가자고 제안했다. 하지만 사문 고타마는 그 제안을 받아들이지 않았다.

"이들이 최고의 경지라 여기는 선정의 단계에 들어갔지만 선정에 들어갔을 때만 평화로웠을 뿐, 선정에서 나오면 생로병사의 괴로움은 여전히 사라지지 않고 그대로이다. 이 길은 번뇌를 없애고 고요하고 밝은 깨달음의 경지로 나아가는 길이 아니다."

고행에 들어가다

사문 고타마는 그들의 가르침과 제안에 만족하지 않고 그곳을 떠나 가야 지방의 니련선하 강 근처 숲으로 갔다. 그곳에는 극단적인 고행에 임하는 수행자들이 많이 모여 살고 있었다. 사문 고타마는 그들과 함께 고행을 시작했다. 호흡을 참고 금식에 가까운 식사를 했고, 앉고 눕고 서 있는 것조차 마음에 집착과 탐욕을 불러일으킨다는 생각에서 날카로운 가시덤불에 누웠다. 지독한 절식과 고행으로 몸이 바짝 말라 나무둥치처럼 변해갔다. 철저하게 몸을 저버리기 위해 목욕도 하지 않았고 사람들을 피해서 지냈다.

훗날 석가모니 부처님은 고행하던 시절을 돌아보면서 제자들에게 말씀하셨다.

"음식을 아주 적게 먹자 내 사지는 넝쿨 마디나 깔라 풀 마디처럼 변해갔다. 엉덩이는 낙타 발처럼 되었고, 등뼈는 줄로 엮은 구슬처럼 되었고, 갈빗대는 오래된 집의 서까래가 허물어지듯 부서지고 허물어졌다. 적은 음식으로 인해서 내 눈빛은 깊은 우물 바닥의 물빛처럼 깊고 멀리 들어가 보였고, 내 머리 가죽은 익지 않은 쓴 호리병박이 바람과 햇빛에 시들 듯 시들어갔다. 적은 음식 때문에 뱃가죽이 등에 붙어버렸고 대소변을 보려면 머리가 앞으로 고꾸라졌다. 손으로 사지를 문지르면, 털이 뿌리까지 썩어서 몸에서 떨어져나갔다."

고행을 지켜보던 천상의 신들은 깊은 시름에 잠겼다. 어떤 신들은 '사문 고타마는 죽었다'고 했고, 어떤 신들은 '아직 죽지는 않았지만 죽어가고 있다'고 했고, 또 어떤 신들은 '사문 고타마는 깨달음의 경지에 들었다'고 했다. 그때 천상의 신들이 다가와서 말했다.

"존경하는 분이시여, 음식을 끊으면 안 됩니다. 만약 고행을 고집한다면 우리는 당신의 털구멍으로 천상의 음식을 공급해드릴 것입니다."

사문 고타마는 천상의 신이 제공하는 음식으로 연명한다면 고행을 속이는 것이라고 생각하여 그 제안을 거절했다.

태자비 야소다라는 남편의 고행 소식을 듣고 화려한 옷과 기름진 음식을 멀리하고 궁궐에서나마 자신도 수도자처럼 지냈다.

우유죽을 마시다

사문 고타마는 극단적인 고행을 6년 동안 이어갔다. 하지만 고행으로 몸만 축났고 괴로움만 더해갔으며 인간의 상태를 뛰어넘지도 못했고, 성자가 이룰 수 있는 지혜의 경지도 성취하지 못했음을 깨닫고 고행을 멈추었다.

'나는 이런 극심한 고행으로도 인간의 법을 초월하고 성자들이 얻는 특별한 지견知見도 얻지 못했다. 깨달음을 얻기 위한 다른 길이 없을까?'

그때 사문 고타마에게는 오래전 성에서 지내던 시절 농경제 의식을 거행할 때에 시원한 잠부 나무 그늘에 앉아서 욕망을 완전히 떨쳐버리고 해로운 법들도 버리고 떠난 뒤, 버리고 떠남에서 생겨나는 희열과 행복이 있는 선정에 머물렀던 기억이 떠올랐다.

'혹시 그것이 깨달음을 위한 길이 되지 않을까?'

이렇게 생각이 미치자 새로운 구도의 길을 걷기로 결심하였다.

'이것이 깨달음을 위한 길이다! 이 행복은 감각적 욕망들과도 상관없고 해로운 법들과도 상관없는데, 그것을 내가 왜 두려워하는가? 고행하느라 야윈 몸으로 그런 행복을 얻기란 쉽지 않다. 나는 쌀밥과 보리죽 같은 덩어리진 음식을 먹으리라.'

사문 고타마는 니련선하 강으로 가서 고행으로 더러워지고 지친 몸을 맑은 물로 씻었다. 강에서 나와 나무 아래에서 휴식을 취하고 있는데 마침 마을의 여인 수자타가 우유죽을 들고 다가왔다. 수자타는 자신의 바람을 이뤄준 나무 신에게 공양올리기 위해 아침부터 정성을 다해 우유죽을 준비했다. 오랜 고행으로 바싹 마른 사문 고타마를 나무 신이라 착각한 그녀는 공손히 우유죽을 올렸다. 수자타의 우유죽 공양은 사문 고타마가 부처님이 되기 직전에 몸을 추스르는 자양분이 되었다.

그런데 이런 모습들을 지켜본 다섯 수행자는 크게 실망했다. 그들은 사문 고타마가 고행 끝에 최고의 해탈경지를 얻으면 가르침을 받을 수 있으리라 바람을 품었는데 고행을 멈추고 목욕한 뒤 여인에게서 우유죽을 받아 마시는 모습을 보자 '사문 고타마는 용맹정진을 포기하고 사치스러운 생활에 젖어버렸다'라고 생각하고서 떠나가버렸다.

보리수 아래로 나아가다

다섯 수행자가 떠나고 홀로 남은 사문 고타마는 깨달음을 이룰 자리를 찾아 나섰다. 가야 지방의 니련선하 강변에서 숲이 우거진 산을 바라보다 평평하고 깨끗한 곳을 발견했다. 그곳에는 보리수 한 그루가 높이 자라나 있었는데 가지와 잎들이 무성하고 고운 빛깔의 꽃이 만발하였다.

'참으로 맑고 환한 기운이 넘치니 나무 중에서도 왕이로구나.'

그 나무 아래를 깨달음을 이룰 자리(보리좌)로 정한 뒤에 다시 조금 더 나아갔더니 길상이라는 이름을 가진 풀 베는 사람이 보였다. 보살이 청하였다.

"나에게 풀을 조금 나눠줄 수 있겠소?"

길상이 물었다.

"왕좌도 버리고 호화로운 궁전도 버렸으면서 이 거친 풀을 어디에 쓰시려 하십니까?"

"오래고도 오랜 세월 온 중생을 괴로움에서 구제하려는 원을 세웠소. 이제 본래 세운 서원을 이루고자 보리수 아래 앉으려니 그 풀이 필요하오."

이에 길상이 풀을 넉넉히 나누어서 보리수 아래에 깔아드리자 보살은 말했다.

"내 마음과 이 자리와 이 보리수에게 맹세하니, 만약 내가 도를 얻지 못하면 이 맹세가 헛되고 말리라. 내가 이제 위없는 큰 보리를 증득하지 못하면 차라리 이 몸을 부숴버릴지언정 결코 이 자리에서 일어나지 않으리라."

마라의 유혹과 위협

깨달음을 이루겠노라 굳게 다짐한 보살은 길상초를 깔아서 보리좌로 삼아 굳은 결심으로 두 발을 맺고 앉았다. 그때 마라가 다가와서 위로하는 말을 건넸다.

"그대는 몹시 야위었습니다. 안색도 나쁜 것을 보니 머지않아 죽을 것입니다. 이제 그만 그 자리에서 일어나십시오. 어찌되었든 살아야 하지 않겠습니까? 살아야 좋은 일도 많이 하고 공덕도 쌓을 테니까요. 이제 아버지의 궁으로 돌아가 청정하게 살면서 제물을 올려 하늘에 제사를 지내시지요. 그러면 많은 공덕을 쌓을 것이요, 죽어서 좋은 곳으로 가게 될 것입니다. 그런 길을 놓아두고 이 같은 정진이 무슨 보람이 있겠습니까?"

그러자 보살이 답했다.

"게으름의 친척이여, 악한 자여! 그대는 무엇을 원해서 이 세상에 왔는가? 공덕을 쌓는 일은 내게 털끝만큼도 필요 없다. 공덕을 필요로 하는 자를 찾아가 그들에게나 말하라. 내게는 믿음이 있고 정진이 있고 지혜가 있다. 이처럼 용맹정진하는 나에게 그대는 어찌하여 삶의 보전을 말하는가? 내 마음은 쾌락을 기대하지 않는다."

마라는 보살을 보리좌에서 끌어내리려고 달콤한 위로의 말을 건넸지만 소용이 없자 자신의 무리들을 불러들였다. 마라의 군대는 보리수 아래 홀로 두 발을 맺고 앉은 보살을 향해 온갖 무기를 휘두르며 위협하고 공격했다. 하지만 보살은 보리좌에서 조금도 흔들리지 않고 오히려 이렇게 말했다.

"그대의 첫 번째 마군은 욕망, 두 번째 마군은 혐오, 세 번째 마군은 굶주림과 목마름, 네 번째 마군은 갈애로구나. 그대의 다섯 번째 마군은 권태와 수면, 여섯 번째 마군은 공포요, 일곱 번째 마군은 의혹, 여덟 번째 마군은 위선과 고집이다. 잘못 얻은 이득과 명예와 칭송과 명성, 그리고 자기를 칭찬하고 타인을 경멸하는 것도 그대의 마군이다. 마라여, 이것들이 그대의 군대, 검은 마라의 군대이다. 비겁한 자는 마군을 이기지 못하나 영웅은 마군을 이겨 내어 즐거움을 얻는다. 나는 마군을 맞아 싸우리라. 이곳에서 물러나지 않으리라. 천상의 신들은 마군을 정복할 수 없지만, 굽지 않은 발우를 돌로 부수듯 나는 지혜를 가지고 그것을 부순다. 나는 사유를 다스리고 알아차림을 잘 확립해, 여러 제자를 기르면서 이 나라 저 나라로 유행할 것이다. 그대는 싫어하겠지만, 나의 제자들은 나태하지 않고 노력하며 내 가르침을 실행하면서 슬픔이 없는 경지에 도달하겠다."

6항 _ 수하항마상樹下降魔相

대지의 신이 증명하다

무시무시한 마군의 공격 앞에서도 흔들리지 않고 오히려 당당히 맞서 싸워 법의 승리자가 되겠노라 선언한 보살은 다시 마라에게 말했다.

"그대는 과거 세상에서 조그마한 보시의 인연을 닦아서 천상의 신이 되었다. 하지만 그 복은 영원하지 않아 반드시 다시 윤회하게 되리니 삼악도에 빠져서 헤어나기가 어려울 것이다."

자신의 전생 일을 꿰뚫어보고 있는 보살에게 마라가 물었다.

"좋소. 그대는 나의 위력이 어떤 행위에서 온 과보인지 잘 알고 있소. 하지만 그대가 어떤 행위를 하여 보리좌에서 깨달음을 이룰 것인지 그 누가 증언할 수 있겠소?"

보살은 두 발 위에 포개놓은 두 손 가운데 오른손을 조용히 풀고 대지를 가리키며 대답하였다.

"이 땅이 나의 과보를 알고 있다."

이 말을 마치자 대지가 크게 진동하더니 대지의 신이 연꽃이 가득 담긴 병을 들고 땅에서 솟아나와 마라에게 말하였다.

"보살은 옛날에 다른 이들에게 자신의 온몸을 보시하였고 그때 흘린 피가 대지를 적셨다. 나라와 성, 그 밖에 온갖 귀한 것을 헤아릴 수 없이 보시하였으니 이 모든 보살행은 위없는 바르고 참된 도를 구하기 위해서이다. 그대는 보살을 괴롭히지 말라."

대지의 신은 보살의 발에 절을 하고 연꽃을 올린 뒤 홀연히 사라졌다.

대지의 신이 증명하자 마라는 전율하면서 무릎을 꿇었다.

"태자가 성을 나서던 날 이후 지금까지 뒤를 따라다녔다. 그러나 그에게 다가가 굴복시킬 기회를 잡지 못했다. 까마귀가 바위 틈에서 먹이를 찾으려 하지만 빈틈 하나 없는 바위에서 끝내 아무것도 얻지 못해 실망해서 날아가버리듯 우리는 사문 고타마를 보리좌에서 쫓아낼 틈을 찾지 못했다."

마라는 슬픔에 잠겨 낙심한 채 그 자리에서 떠나갔다.

보리수 아래에서

마라가 군대를 이끌고 사라지자 이제 보살은 보리수 아래 두 발을 맺고 그대로 천천히 선정에 들어갔다.

욕망과 해로운 법들을 완전히 멀리 떠난 뒤, 일으킨 생각〔尋〕과 지속적인 고찰〔伺〕이 있고, 멀리 떠남에서 생긴 기쁨과 행복이 있는 선정의 첫 번째 단계에 들었다. 이것이 마음을 집중하고 전념해 게으르지 않은 까닭에 보살이 처음으로 얻은 훌륭한 법이다.

보살은 일으킨 생각과 지속적 고찰을 가라앉혔으며, 삼매에서 생긴 기쁨과 행복이 함께하는 선정의 두 번째 단계에 들었다. 이것이 마음을 집중하고 전념해 게으르지 않은 까닭에 보살이 얻은 두 번째 훌륭한 법이다.

보살은 기쁨이 엷어져서 평온하게 머물고, 마음 챙기고 알아차리며 몸으로 행복을 경험하여, 성자들이 '평온하고 마음 챙기며 행복하게 머문다'고 묘사하는 선정의 세 번째 단계에 들었다. 이것이 마음을 집중하고 전념해 게으르지 않은 까닭에 보살이 얻은 세 번째 훌륭한 법이다.

보살은 행복도 버리고 괴로움도 버리고, 이미 기쁨과 슬픔이 소멸했으므로 괴롭지도 즐겁지도 않으며, 평온으로 말미암아 마음 챙김이 청정한 선정의 네 번째 단계에 들었다. 이것이 마음을 집중하고 전념해 게으르지 않은 까닭에 보살이 얻은 네 번째 훌륭한 법이다.

보살이 삼매에 들어 마음이 청정하고 번뇌 없고, 부드럽고 안정되고, 흔들림 없는 상태에 이르렀을 때, 보살은 그 마음을 '전생을 기억하는 지혜'로 향하였다. 수억 겁 전생의 일을 다 기억해 알아내자 보살은 초저녁〔初夜〕에 이와 같은 첫 번째 지혜를 얻었다.

보살이 다시 삼매에 들어 마음이 청정하고 번뇌 없고, 부드럽고 안정되고, 흔들림 없는 상태에 이르렀을 때 보살은 그 마음을 '중생의 죽음과 다시 태어남을 아는 지혜'로 향하였다. 청정한 천안으로 중생이 지은 업에 따라 나고 죽고 태어나는 과정을 꿰뚫어 다 아셨다. 이것이 보살이 한밤중〔中夜〕에 얻은 두 번째 지혜였다.

보살이 다시 삼매에 들어 마음이 청정하고 번뇌 없고, 부드럽고 안정되고, 흔들림 없는 상태에 이르렀을 때 보살은 그 마음을 '번뇌가 다했음을 아는 지혜'로 향하였다. 번뇌가 다한 지혜로 인해 '이것이 괴로움이다', '이것의 괴로움의 일어남이다', '이것이 괴로움의 소멸이다', '이것이 괴로움의 소멸로 인도하는 길이다'라고 있는 그대로 알았다.

이와 같이 알고 관찰해 욕망의 번뇌에서 마음이 해탈하고, 존재의 번뇌에서 마음이 해탈하고, 무명의 번뇌에서 마음이 해탈했다. 해탈하자 해탈했다는 지혜〔知見〕가 생겨나 '나의 태어남은 다했다. 청정범행은 이루어졌다. 할 일을 다해 마쳤다. 다시는 어떤 존재로도 태어나지 않는다'라고 알았다. 이것이 보살이 새벽〔後夜〕에 얻은 세 번째 지혜였다.

바르고 원만한 깨달음을 이루시다

그리하여 음력 12월 8일 새벽별이 뜰 때 마침내 위없는 바르고 원만한 깨달음을 이루어서 바르고 원만하게 깨달으신 분, 스스로 깨어나신 부처님이 되셨다. 세상 모든 중생은 나고 죽는 윤회를 반복하면서 존재의 집을 짓고, 그 집이 허물어져 괴로워하면서도 또다시 집을 지어 편안한 의지처라 여기며 그곳에 머문다. 하지만 위없는 깨달음을 이룬 부처님은 더 이상 존재의 집을 짓지 않게 되었다. 부처님도 과거에는 조금 더 튼튼하게 집을 지으려고 서까래와 대들보를 찾아다니기도 했다. 하지만 그 역시 때가 되면 허물어지게 마련이었다. 덧없기 짝이 없는 윤회의 몸을 영원불변하다고 고집하는 중생의 착각은 괴로움과 번민만을 일으키고 또다시 생사의 괴로움을 불러온다는 사실을 알아차렸다. 보리수 아래에서 부처님은 이제 누가 무엇 때문에 부질없는 집짓기를 계속했는지를 있는 그대로 바라보셨다. 의지할 곳은 진리뿐, 덧없는 서까래와 대들보로 허물어지게 마련인 집을 짓지 않게 되었음을 세상에 천명하셨다. 진리에 눈을 뜬 부처님이 깨달음을 이룬 순간을 게송으로 읊으셨다.

수많은 삶, 윤회 속을 헤매며
집 짓는 자를 찾았지만 찾지 못해
계속 태어남은 괴로움이었네.

오, 집 짓는 자여!
이제 그대를 보았으니
그대는 더 이상 집을 짓지 못하리라.
서까래는 부서졌고 대들보는 꺾였다.
마음은 열반에 이르러
갈애渴愛*의 소멸을 성취했노라.

보리수 아래에서 해탈의 즐거움을 누리시다

우루벨라 니련선하 강변에 있는 보리수 아래에 두 발을 맺고 앉아 새벽별이 뜰 때 위없이 바르고 원만한 깨달음을 이룬 부처님은 이후 7일 동안 해탈의 지극한 즐거움을 누리셨다. 그리고 밤이

* 목마른 사람이 물을 찾듯이 욕망을 탐하는 마음.

시작될 무렵 중생들이 어떻게 나고 죽는지 그 과정을 차례로 관찰하셨다. 애초 지혜가 없기〔無明〕 때문에 중생이 나고 죽는 윤회로 이어져서 끝내 커다란 괴로움 덩어리로 존재하는 과정을 차분히 순서대로 관찰하셨다. 그리고 이어서 어리석음이 없으면 그로 인해 중생의 나고 죽는 윤회 과정도 차례로 사라져 마침내 커다란 괴로움의 덩어리가 소멸하는 단계를 관찰하셨다. 중생의 괴로움이 일어나고 사라지는 과정을 부처님은 이렇게 게송으로 읊으셨다.

참으로 열심히 노력하여
선정을 닦는 자에게 진리가 나타나면,
모든 것이 원인을 갖는다는 이치를 분명히 알므로
그 거룩한 자에게 모든 의혹이 사라진다.

참으로 열심히 노력하여
선정을 닦는 자에게 진리가 나타나면,
조건 지어진 것들은 소멸하고야 만다는 이치를 인식하므로
그 거룩한 자에게 모든 의혹이 사라진다.

참으로 열심히 노력하여
선정을 닦는 자에게 진리가 나타나면,
태양이 어두운 허공을 비추듯

그 거룩한 자는 마라의 군대를 부숴버린다.

최초로 부처님께 귀의한 두 명의 상인

부처님은 나무 아래로 가셔서 그곳에서 두 발을 맺고 앉아 해탈의 즐거움을 누리셨다. 그때 근처를 지나던 상인 타풋사와 발리카가 부처님을 찾아와 보리죽과 환약을 올렸다.

"세존이시여, 저희가 오랜 세월 평화롭고 행복해질 수 있도록 보리죽과 환약을 받아주십시오."

그때 부처님께서 생각하셨다.

'여래는 손으로 받지 않는다. 나는 보리죽과 환약을 어떻게 받을 것인가?'

그러자 사천왕이 부처님 마음을 읽고 돌발우 네 개를 올렸다.

"세존이시여, 이것으로 보리죽과 환약을 받으십시오."

부처님께서 사천왕이 올린 발우에 보리죽과 환약을 받아서 드시자 상인 두 사람은 부처님께 청하였다.

"세존이시여, 이제 저희는 세존께 귀의합니다. 그 가르침에 귀의합니다. 세존께서는 저희를 재가 신자로 받아주십시오. 오늘부터 목숨이 다하도록 귀의하겠습니다."

그들은 세상에서 최초로 부처님과 가르침에 귀의를 한 재가 신자가 되었다.

이후 상인들이 부처님께 여쭈었다.

"저희는 지금 고향으로 돌아가는 길인데, 고향에 가서 어떻게 복을 짓고 어디에 예배하고 공경해야 합니까?"

부처님께서 당신의 손톱과 머리카락을 주면서 말씀하셨다.

"그대들은 이것을 가지고 고향에 가서 복을 짓고 예배하고 공경하시오. 온 세상의 마라와 범천, 사문과 바라문, 천인과 인간이 여래의 손톱이나 머리카락을 공경하고 공양하는 마음을 내면, 그들은 무한한 공덕을 얻을 것입니다."

참고경전

《과거현재인과경》
맛지마 니까야《사자후의 긴 경》
맛지마 니까야《삿짜까 긴 경》
《방광대장엄경》
《불소행찬》
《사분율》
《수행본기경》
숫타니파타《정진경》
율장《대품》

법의 바퀴를 굴리다

7항 _ 녹원전법상鹿苑轉法相

범천이 전법을 권하다

상인들이 떠나고 라자야타나 나무에서 7일간 해탈의 즐거움에 머무시던 부처님은 다시 아자팔라 니그로다 나무 아래로 가서 머무셨다. 그곳에서 홀로 명상할 때 이와 같은 생각이 일어났다.

'내가 깨달은 이 진리는 고요하고 탁월하고 심오하여 깨닫기 어렵고 사유의 영역을 넘어서 있고, 극히 미묘해서 슬기로운 자만이 알 수 있는 것이다. 그런데 사람들은 욕망을 즐기고 욕망에 빠져서 지낸다. 어둠에 뒤덮이고 탐욕에 불붙은 자들은 심오하고 미묘한 진리를 보지 못한다. 이 진리를 사람들에게 들려줄 때 그들이 이해하지 못한다면, 나는 얼마나 난감해질 것인가. 차라리 힘들게 이룬 진리를 사람들에게 들려주지 않는 편이 나을 것이다.'

부처님께서 이렇게 마음을 정하신 그때 사함파티 범천이 크나

큰 근심에 사로잡혔다.

'부처님께서 진리를 들려주지 않고 그냥 계신다면 세상은 파멸하고 말 것이다!'

그래서 사함파티 범천은 잠깐 사이에 천상 세계를 떠나 부처님 앞에 나타나 합장하고 청하였다.

"세존이시여, 세존께서는 진리를 가르쳐주십시오. 선서께서는 진리를 가르쳐주십시오. 본래부터 티끌이 거의 없는 중생도 있습니다. 그들은 가르침을 듣지 못했기 때문에 쇠퇴하고 있는데 가르침을 들으면 알 수 있을 것입니다. 진리를 이해하는 자도 있을 것입니다. 일찍이 번뇌에 물든 자들의 부정한 가르침이 사람들에게 퍼져 있으니 어서 그들에게 죽음을 떠난 해탈의 문을 열어주십시오. 청정한 분께서 깨달은 진리를 그들이 듣게 하소서. 산꼭대기 바위에 서서 사방으로 사람들을 굽어보는 것처럼 널리 보는 눈을 지닌 현자시여, 진리로 이루어진 전당에 오르소서. 슬픔을 여윈 분께서는 슬픔에 빠지고 생사에 고통받는 중생을 굽어 살피소서. 일어나소서, 영웅이여. 전쟁의 승리자여, 세상을 유행遊行하소서. 대상隊商의 지도자여, 허물없는 분이시여, 알아듣는 자가 반드시 있으리니 세존께서는 가르침을 설해주소서."

이와 같이 청하자 부처님께서는 중생을 향한 자비심에서 깨달은 자의 눈으로 세상을 바라보셨다. 마치 푸른 연꽃, 붉은 연꽃, 흰 연꽃들이 피어 있는 연못에서 물속에서 생겨나 물속에서 자라서 물 위로 나오지 못하고 물속에서 핀 꽃들도 있고, 물속에서 생겨나 물속에서 자라서 간신히 물 위에서 피어난 꽃도 있고, 물속에서 생겨나 물속에서 자라서 수면을 벗어나 물에 젖지 않고 피어난 꽃도 있듯이 중생들도 그와 같음을 관찰하셨다. 세상에는 조금밖에 오염되지 않은 중생, 많이 오염된 중생, 예리한 감각 능력을 지닌 중생, 둔한 감각 능력을 지닌 중생, 아름다운 모습의 중생, 추한 모습의 중생, 가르치기 쉬운 중생, 가르치기 어려운 중생, 그리고 내세와 죄악을 두려워하는 중생들이 있음을 보셨다. 이와 같이 보고 나서 부처님께서는 사함파티 범천에게 대답하셨다.

"불사不死의 문은 열렸다.

귀 있는 자들은 들어라.

하늘에 제사 지내어 복을 구하던 신앙은 버려라."

녹야원으로 가시다

부처님께서는 누구에게 가장 먼저 가르침을 들려줄까 살피다가 오래전 명상지도자였던 알라라 칼라마와 웃다카 라마풋타를 떠올리셨다. 하지만 그들이 이미 세상을 떠났음을 알고 이어서 다시 녹야원鹿野苑으로 떠난 다섯 수행자를 떠올리셨다.

'나와 함께 고행하면서 나를 보살펴준 다섯 수행자가 있구나. 그들에게 가장 먼저 이 법을 들려주어야겠다.'

부처님은 마침내 보리좌에서 일어나 바라나시 녹야원으로 향해 길을 떠나셨다. 얼마 가지 않아 이교도 우파카가 부처님을 뵙고 감탄하며 물었다.

“그대는 어느 분의 제자이기에 그토록 맑고 깨끗한 기상이 서려 있습니까?”

그러자 부처님께서 말씀하셨다.

“내 스스로 깨달음을 이루었으니 나에게는 스승이 없습니다. 천상의 신을 포함해서 세상에 나와 같은 자는 없습니다. 나는 세상에서 완전한 존재요, 최고의 스승입니다. 나 홀로 깨달음을 이루고 열반을 얻었습니다. 지금은 어리석음의 암흑에 휩싸인 세상을 구제하기 위해 바라나시로 가는 중입니다.”

우파카는 부처님의 이 말씀을 듣고도 참스승임을 알아차리지 못한 채 떠나갔다. 그리고 부처님은 점차 앞으로 나아가 마침내 바라나시에 있는 녹야원에 도착하셨다. 그 다섯 수행자들은 멀리서 부처님이 다가오는 것을 보고는 서로 약속했다.

‘벗이여, 수행자 고타마가 온다. 그는 정진을 포기하고 타락했고 사치스럽게 살아가고 있다. 그에게 인사도 하지 말고 일어나 맞이하지도 말자. 앉기를 원한다면 자리는 깔아 주자.’

그렇지만 부처님께서 점점 가까이 가자 그들 다섯 수행자는 자기들이 한 약속을 지킬 수 없었다. 어떤 자는 부처님을 맞으러 나와 가사와 발우를 받아 들었고, 어떤 자는 자리를 펴고, 어떤 자는 발 씻을 물을 준비했다.

그들이 부처님을 향해 “벗이여, 이리 오십시오”라고 말을 걸었다. 그러자 부처님께서 말씀하셨다.

“비구들이여, 여래를 ‘벗이여’라고 부르지 마십시오. 여래는 아라한이며, 정등각자입니다. 비구들이여, 귀를 기울이십시오. 나는 불사不死의 경지를 이루었습니다. 내가 그대들에게 가르침을 설할 것입니다. 내가 가르친 대로 실천하면 지금 여기서 스스로 깨달을 것입니다."

다섯 비구에게 최초의 설법을 하시다

여전히 고행만이 깨달음에 이를 수 있는 길이라 믿고 있던 다섯 수행자는 부처님 말씀에 귀를 기울였다. 부처님은 이들에게 다음과 같이 법문을 들려주셨다.

"비구들이여, 출가자가 가까이하지 말아야 할 극단에 두 가지가 있습니다. 욕망이 주는 쾌락에 탐닉하는 것과 자기 학대에 몰입하는 것입니다. 욕망이 주는 쾌락에 탐닉하는 일은 천박하고 성스럽지 못하고 이롭지 못한 일이며, 자기 학대에 몰두하는 일 역시 끝없이 스스로를 괴롭히며 성스럽지 못하고 이롭지 못한 일입니다. 여래는 이러한 두 극단에 의지하지 않고 중도中道를 완전하게 깨달았으니, 중도는 안목과 지혜를 낳고 고요함과 최상의 지혜와 바른 깨달음과 열반으로 인도합니다. 중도란 성스러운 팔정도八正道이니 즉 바른 견해, 바른 사유, 바른 말, 바른 행위, 바른 생계 수단, 바른 정진, 바른 마음챙김, 바른 삼매입니다.

비구들이여, 괴로움이라는 성스러운 이치〔苦聖諦〕가 있습니다. 태어남도 괴로움이고, 늙음도 괴로움이고, 병듦도 괴로움이고, 죽음도 괴로움입니다. 싫어하는 대상과 만나는 것도 괴로움이고, 좋아하는 대상과 헤어지는 것도 괴로움이고, 원하는 것을 얻지 못하는 것도 괴로움입니다. 요컨대 존재 그 자체〔五取蘊〕가 괴로움입니다.

괴로움의 원인이라는 성스러운 이치〔集聖諦〕가 있습니다. 다시 태어남을 불러오고 즐거움과 탐욕이 함께하며 여기저기에 집착하는 갈애로서 세 가지가 있으니, '욕망에 대한 갈애', '존재에 대한 갈애', '존재하지 않음에 대한 갈애'입니다.

괴로움의 소멸이라는 성스러운 이치〔滅聖諦〕가 있습니다. 그러한 갈애가 남김없이 빛바래서 소멸하고 버려지고, 갈애를 놓아버리고 벗어나서 집착하지 않는 것입니다.

괴로움을 소멸하는 길이라는 성스러운 이치〔道聖諦〕가 있습니다. 그것은 바로 성스러운 팔정도이니 즉 바른 견해, 바른 사유, 바른 말, 바른 행위, 바른 생계 수단, 바른 정진, 바른 마음챙김, 바른 삼매입니다."

이 법문을 듣자 다섯 비구의 마음에 커다란 기쁨이 일어났고 그들 가운데 교진여에게 '일어나는 법은 그 무엇이건 모두 소멸하기 마련이다'라는 티끌 없는 법의 눈이 생겼다. 그때 부처님께서는 "참으로 교진여는 완전하게 알았구나! 참으로 교진여는 완전하게 알았구나!"라고 찬탄하셨다. 이렇게 해서 그는 '깨달은 교진여'라는 뜻의 '아야교진여'라는 이름을 갖게 되었다.

이후 부처님은 다섯 비구와 함께 머물며 가르침을 베푸셨고 다섯 비구는 모두 최고의 성자인 아라한이 되었다.

이들은 불교 역사에서 최초의 비구가 되었고 이로써 부처님이라는 불보, 가르침이라는 법보, 수행자의 모임인 승가라는 승보의 삼보三寶가 이루어졌다.

야사가 부처님을 만나 출가하다

다섯 비구를 교화하신 지 오래지 않은 어느 날, 아침 일찍 훌륭한 가문의 아들 야사가 부처님 계신 곳으로 다가왔다. 야사는 깊이 탄식하며 괴로워하고 있었다. 지난 밤, 궁궐 같은 집 안에서 밤늦도록 아름다운 무희들과 즐겼는데 이른 새벽 문득 깨어났을 때 그의 눈앞에 펼쳐진 광경이 말할 수 없는 충격을 안겨주었기 때문이다. 젊고 아름답고 사랑스럽기만 한 무희들이 피곤에 절어 잠들어 있었는데 그 모습에서 쾌락과 욕망의 민낯을 본 것이다. 그동안 자신이 기뻐하고 즐겼던 것이 얼마나 덧없고 환멸스러운 것인지를 깨달은 그는 집을 뛰쳐나와 부처님 계신 곳까지 이른 것이다.

"아, 이렇게 괴로울 수가 없습니다. 그 모든 것이 다 덧없고 비참합니다. 참으로 괴롭습니다."

그러자 부처님께서 말씀하셨다.

"야사여, 여기에는 괴로움이 없습니다. 잘 왔습니다. 그대에게 가르침을 설하겠으니 앉으십시오."

야사는 '여기에는 괴로움이 없다'는 말씀을 듣는 순간 그 마음에 괴로움이 사라지고 커다란 기쁨이 차올라 황금 신발을 벗고 부처님께 다가갔다. 부처님께서는 다가와 자리에 앉은 야사에게 법문을 들려주시기 시작했다. 보시에 대한 이야기, 계행에 대한 이야기, 천상에 대한 이야기, 쾌락에 대한 욕망의 위험, 타락과 오염, 그리고 욕망을 여의는 데서 오는 공덕에 대해 순서를 따라 설법하셨다. 부처님의 가르침을 듣는 야사의 마음이 건강해지고 유연해지며, 활짝 열리고 기쁨으로 차오르고 청정해지자 부처님은 모든 부처님이 가장 중요하게 여기는 법문을 베푸셨으니 괴로움이라는 성스러운 이치, 괴로움의 원인이라는 성스러운 이치, 괴로움의 소멸이라는 성스러운 이치, 괴로움을 소멸하는 길이라는 성스러운 이치였다. 이 네 가지 성스러운 이치를 듣자 티 없이 깨끗한 천에 염료가 잘 스며들듯이 야사에게 그 자리에서 바로 '일어나는 법은 무엇이건 모두 소멸하기 마련이다'라는 티끌 없는 법의 눈이 생겼다.

야사는 부처님에게 출가를 허락해주시기를 청하였고 부처님은 그의 출가를 허락하셨다.

최초의 재가 남녀 신도가 탄생하다

뒤늦게 아들을 찾으러 사방을 헤매던 야사의 아버지가 부처님 계신 곳에 이르렀다. 부처님은 그 아버지에게 가르침을 베풀기 위해 야사가 잠시 보이지 않도록 신통을 일으키셨다.

"세존이시여, 혹시 제 아들 야사를 보셨습니까?"

부처님은 그 아버지에게 말씀하셨다.

"이리로 앉으십시오. 내 이야기에 귀를 기울이면 그대의 아들을 볼 수 있을 것입니다."

부처님에게 정중하게 절을 하고 한쪽에 앉은 야사의 아버지에게 부처님은 말씀하셨다.

"보시를 하고 계를 잘 지켜야 합니다. 그러면 행복하게 살 수 있고 죽어서 다음 세상에도 그리 됩니다. 욕망에는 재난이 깃들어 있고 덧없으며 번뇌를 일으키는 줄 알아야 합니다. 욕망을 떠나면 커다란 공덕이 찾아옵니다."

야사의 아버지는 부처님의 가르침에 귀를 기울이면서 마음이 서서히 열려갔다. 그리고 아들과 마찬가지로 법의 눈이 생겨나자 자리에서 일어나 부처님에게 말씀드렸다.

"세존이시여, 훌륭하십니다. 세존이시여, 훌륭하십니다. 넘어진 것을 일으켜 세우듯, 가려진 것을 열어 보이듯, 길 잃은 자에게 길을 가리켜주듯, 눈 있는 자는 형상을 보라고 어둠 속에 등불을 들어올리듯, 세존께서는 이와 같이 여러 방법으로 진리를 밝혀주셨습니다. 이제 저는 세존께 귀의합니다. 가르침에 귀의합니다. 승가에 귀의합니다. 세존께서는 저를 재가 신자로 받아주십시오. 오늘부터 목숨이 다하도록 귀의하겠습니다."

이렇게 해서 야사의 아버지는 불법승 삼보에 귀의하는 첫 번째 재가 남성 신자가 되었다. 이후 아들의 모습을 보자 아버지가 말하였다.

"아들아, 네 어머니가 지금 슬픔에 잠겨 있다."

부처님의 허락을 받은 야사가 집으로 돌아가 어머니를 뵙자 그 어머니는 아들을 잃은 슬픔에서 벗어났고 이어서 부처님의 가르침을 듣고 삼보에 귀의하는 첫 번째 재가 여성 신자가 되었다. 그의 출가 소식을 들은 친구 50여 명도 부처님께 나아가서 가르침을 청하고 출가하기를 원하였다.

“세존이시여, 저희는 세존께 출가하고자 합니다.”

“잘 왔습니다. 비구들이여! 가르침을 잘 들려주었으니 그대들은 괴로움을 끝내기 위해 청정하게 살아가야 합니다.”

야사의 친구들은 출가수행자의 자격을 완벽하게 갖추는 구족계를 받고 비구가 되었다. 부처님께서 그 비구들에게 가르침을 주시자, 그들의 마음은 집착 없이 번뇌로부터 해탈했다.

부처님의 전도 선언

다섯 비구와 야사와 그의 친구들을 교화하여 열반으로 인도한 부처님은 세상으로 전법여행을 떠나기로 마음을 굳히고 이렇게 전도 선언을 하셨다.

“비구들이여, 나는 천상과 인간 세계의 모든 올가미에서 벗어났습니다. 그대들도 천상과 인간 세계의 모든 올가미에서 벗어났습니다. 많은 사람의 이익을 위해, 많은 사람의 안락을 위해, 세상을 연민히 여겨 천상과 인간의 이익과 안락을 위해 길을 떠나십시오. 둘이서 같은 길로 가지 마십시오.

비구들이여, 처음도 훌륭하고 중간도 훌륭하고 마지막도 훌륭하며, 내용을 갖추고 형식이 완성된 가르침을 설하십시오. 지극히 원만하고 오로지 청정한 거룩한 삶을 실현하십시오. 본래부터 티

끝이 거의 없는 사람들이 가르침을 듣지 못해 쇠퇴하고 있습니다. 그들이 가르침을 들으면 깨달을 것입니다. 비구들이여, 나도 가르침을 펴기 위해 우루벨라의 장군촌으로 가겠습니다."

비구들에게 제자를 받아 구족계를 주도록 허락하시다

비구들이 부처님의 가르침을 받들어 세간으로 다니면서 설법할 때 법을 듣고 믿음이 생겨 출가하기를 청하는 사람이 있었다. 그러나 구족계를 주려면 부처님 계신 곳으로 데리고 와야 하는데 그동안에 믿음이 사라져 구족계를 받지 않는 일이 생겼다. 비구들이 이 일을 여쭙자 부처님께서 말씀하셨다.

"지금부터 그대들도 구족계를 주어 제자를 두는 것을 허용합니다. 구족계를 받으려는 사람이 있거든 이와 같이 하십시오. 수염과 머리를 깎고 가사를 입고 가죽신을 벗고 오른쪽 무릎을 땅에 대고 합장하며 '나 아무개는 부처님께 귀의하고 가르침에 귀의하고 승가에 귀의해 지금 부처님의 제자가 되려 합니다. 여래·아라한·정등각자는 저의 스승이십니다'라고 세 번 말하게 하십시오. 그리고 다시 '나 아무개는 이미 부처님께 귀의하고 가르침에 귀의하고 승가에 귀의해 부처님의 제자가 되었습니다. 여래·아라한·정등각자는 나의 스승이십니다'라고 세 번 말하게 하십시오. 지금부터 이렇게 세 번 말하는 자는 구족계를 받은 사람임을 인정합니다."

가섭 삼형제를 교화하다

한편, 전도 선언을 하신 부처님은 우루벨라로 향하셨다. 그곳에서 마가다국의 명성 높은 가섭 삼형제와 그 무리 천 명을 제자로 받아들이셨는데 불을 섬기며 하늘에 제사 지내던 그들에게 부처님은 다음과 같은 법문을 하셨다.

"비구들이여, 온 세상이 불타고 있습니다. 몸도 마음도 불타고 온갖 욕망의 대상들도 불타고 있습니다. 즐거운 느낌도 불타고 괴로운 느낌도 불타고 즐겁지도 괴롭지도 않은 느낌도 불타고 있습니다. 탐욕의 불, 성냄의 불, 어리석음의 불로 타고 있고, 태어남·늙음·죽음·슬픔·비탄·고통·근심·절망으로 불타고 있습니다.

비구들이여, 이와 같이 보아서 잘 배운 고귀한 제자는 자신의 몸과 마음에 애착을 두지 말고, 욕망을 불러일으키는 대상에도 애착을 두지 말며, 모든 느낌에도 애착을 두지 말아야 합니다. 애착을 두지 않고 싫어하여 떠나면 탐욕이 빛바래고, 탐욕이 빛바랬기 때문에 해탈합니다. 그가 해탈하면 '해탈했다'라는 지혜가 생기니, '태어남은 다했다. 청정범행은 성취되었다. 해야 할 일을 다해 마쳤다. 다시는 어떤 존재로도 돌아오지 않는다'라고 분명히 압니다."

부처님께서 이 같은 가르침을 설했을 때 그 비구 천 명의 마음에 커다란 기쁨이 일어나서 집착이 사라지고 번뇌에서 해탈되었다.

최초의 사원 죽림정사

부처님은 가섭 삼형제를 비롯한 천 명의 제자들과 함께 마가다국의 왕사성으로 가셨다. 마가다국 빔비사라 왕은 부처님의 법문을 듣고 진리를 보고, 진리를 얻고, 진리를 알고, 진리에 깨우쳐 들어가 의심을 뛰어넘고, 의혹을 제거하고, 두려움 없음을 얻고, 다른 사람의 도움 없이 스승의 가르침을 신뢰해 부처님께 귀의하였다.

어느 날, 빔비사라 왕이 생각했다.

'세존께서는 어디서 지내시는 것이 좋을까? 마을에서 너무 멀지도 않고 너무 가깝지도 않고, 오가기 편하고, 부처님을 뵙고 싶은 사람들이 오기 쉽고, 낮에는 번잡하지 않고, 밤에는 소음이 없어 조용하고, 인적이 없고, 홀로 명상하기에 알맞은 곳이면 좋겠다. 나의 이 대나무 숲이 딱 그런 곳이니, 이 숲을 부처님을 비롯한 승가에 보시하면 어떨까?'

왕은 황금 물병을 부처님께 바치면서 말했다.

"세존이시여, 저는 이 대나무 숲을 부처님을 비롯한 승가에 기증하겠습니다."

부처님께서는 그 대나무 숲을 받으시고 게송으로 왕을 축원하셨다.

인색하고 탐욕스런 마음은 보시로써 없앨 수 있고
성내는 마음은 인욕으로써 영원히 떠나게 되며
어리석음은 선한 일을 함으로써 멀어질 수 있으니

이 세 가지를 갖추면 재빨리 열반에 이르리라.

가난하여 보시할 재물이 없더라도
다른 이의 보시를 보고서 함께 기뻐하라.
함께 기뻐하는 것만으로도
몸소 보시하는 것과 똑같은 복을 쌓으리라.

그때 나라의 모든 사람들은 왕이 부처님에게 대나무숲을 보시하는 모습을 보고 모두 함께 기뻐하는 마음을 내었다. 이로써 빔비사라왕은 부처님을 가장 처음 만난 제왕이 되었고, 최초의 사원인 죽림정사竹林精舍가 탄생하였다.

사리불과 목련의 동반 출가

부처님께서 죽림정사에 머물고 계실 때의 일이다. 그때 왕사성에는 산자야라는 유행승이 250명의 제자를 거느리고 살고 있었는데 그의 제자 두 사람인 사리불과 목련은 산자야의 가르침에 만족하지 못하였다. 그래서 그들은 바른 법을 일러줄 참다운 스승을 애타게 찾으면서 '먼저 생사를 뛰어넘는 경지에 도달하는 사람이 다른 사람에게 알려주자'고 약속했다.

그때 다섯 비구 가운데 한 사람인 마승 비구가 아침 일찍 옷을 입고 가사와 발우를 들고 왕사성으로 탁발하러 나섰다. 마승 비구는 눈을 아래로 향하고 위의를 갖추고 단정하게 걸어가고 있었는데 사리불이 이 모습을 보고 생각했다.

'거룩한 분이나 거룩한 경지로 가는 길을 갖춘 자가 세상에 있다면, 저 사문이 그런 사람일 것이다. 저 사문의 스승은 누구일까? 지금 탁발하는 중이니 저 사문을 따라가다가 탁발을 마치면 물어보자.'

그 후 마승 비구가 왕사성에서 탁발을 마치고 성을 나오자 사리불은 그에게 다가가 물었다.

"당신의 얼굴은 청결하고 피부색은 맑고 깨끗합니다. 당신은 누구를 의지해 출가했고, 당신의 스승은 누구이며, 당신은 누구의 가르침을 좋아하십니까?"

"석가족 출신인 위대한 사문이 있습니다. 나는 그 세존께 의지해 출가했고, 그 세존께서 나의 스승이고, 나는 세존의 가르침을 좋아합니다."

"그대의 스승은 무엇을 가르칩니까?"

"나는 출가한 지 얼마 되지 않아서 스승의 가르침을 상세하게 들려줄 수 없습니다. 간략하게나마 그 이치를 들려주겠습니다. 나의 스승 세존께서는 '모든 법은 원인에 의해 생겨나고 원인이 다하면 사라진다. 이것이 위대한 사문의 가르침이다'라고 말씀하셨습니다."

마승 비구가 부처님에게 들은 가르침을 한 구절 들려주자 사리불에게 순수하고 때 묻지 않은 법의 눈이 생겨났다. 사리불은 친구인 목련에게 달려가 마승 비구를 만난 사연과 함께 부처님의 가르침을 들려주었는데 목련은 듣자마자 깨달음을 얻었다. 두 사람은 스승인 산자야에게 가서 함께 부처님 문하로 들어가자고 권유하였지만, 산자야는 완강하게 거부하였다. 그래서 두 사람은 250명의 도반을 이끌고 부처님에게 나아갔다. 부처님은 멀리서 이들이 오는 모습을 보고 비구들을 불러 말씀하셨다.

"저기 오고 있는 두 사람은 가장 훌륭하고 현명한 한 쌍의 제자가 될 것이다."

고국 카필라성의 방문

많은 사람들에게 가르침을 베풀어 그들이 번뇌를 떠나도록 인도하는 부처님은 카필라성이 있는 방향으로 자주 앉으셨다. 그러자 제자가 여쭈었다.

"부처님, 왜 카필라성을 향해 돌아 앉아 계십니까?"

부처님께서 말씀하셨다.

"여래는 세간에 있으면서 다섯 가지 일을 해야 하니, 첫째는 법의 바퀴〔法輪〕를 굴리는 것이요, 둘째는 아버지를 위해 설법하고, 셋째는 어머니를 위해 설법하며, 넷째는 보통 사람들을 인도해 보살행을 하도록 하며, 다섯째는 보살에게 부처가 되리라는 수기를 주는 일입니다. 이것이 여래가 세간에 출현하여 해야 할 일입니다."

친족이 살고 있는 고국땅을 향해 앉으신 모습을 본 석가족 출신의 비구 우다야는 세존께 아뢰었다.

"세존께서는 카필라로 마음이 향해 있는 듯합니다."

세존께서 말씀하셨다.

"그렇습니다. 우다야여, 그대의 말과 같습니다. 그대는 지금 정반왕에게 가서 '여래께서 이레 뒤에 뵈올 것'이라고 고하십시오. 내가 그대를 뒤따라가겠습니다."

"그렇게 하겠습니다, 세존이시여."

우다야는 곧 자리에서 일어나 카필라성을 향해 길을 떠났다.

라훌라와 난타의 출가

싯다르타 태자가 성을 나간 지 8년 만에 부처님이 되어 고국 카필라성을 찾자 왕을 비롯한 수많은 사람들이 부처님을 뵙고 법문을 들으려고 모여들었다. 그때 라훌라의 어머니 야소다라는 아들을 불러 말하였다.

"저분이 네 아버지시다. 어서 가서 유산을 달라고 하여라."

어머니가 일러준 대로 어린 라훌라는 부처님에게 다가가 말하였다.

"사문이시여, 당신의 그림자는 안락해 보입니다."

부처님이 자리에서 일어나 떠나시자 라훌라가 그 뒤를 따라가며 말하였다.

"사문이시여, 제게 유산을 주십시오."

부처님이 사리불을 불러서 말씀하셨다.

"사리불이여, 저 라훌라를 출가시키십시오."

어린 라훌라가 출가하고 난 뒤 정반왕은 아들 싯다르타에 이어

손자 라훌라마저 곁을 떠나자 크게 상심했다. 그는 부처님을 찾아가 부모의 허락을 받지 않은 이들의 출가를 허락하지 말아달라고 청하였고, 이후로 출가를 할 때에는 부모의 허락을 받도록 율이 정해졌다.

부처님께서 고국 카필라에서 사람들을 교화하며 지내실 때 석가족 사람들 중에 부처님이 정반왕의 뒤를 이어 왕위에 오르기를 바라는 이들이 많았다. 그들은 부처님에게 몰려가 청하였다.

"부처님, 오늘 당장 왕위에 오르시어 이 나라를 다스리십시오. 우리 석가족이 끊어지지 않고, 당신의 전륜성왕 자리가 당신에게서 끊어지지 않게 해주십시오."

부처님이 답하셨다.

"나는 지금 왕의 몸이니 그 이름을 법왕法王이라고 합니다. 그대들이 말한 왕위는 언젠가 내려오거나 누구에겐가 빼앗기는 자리입니다. 하지만 이 법왕의 자리는 아무도 빼앗지 못하니 이 왕위야말로 가장 훌륭합니다. 그러므로 석가족 사람들이여, 바른 법의 왕이 되어 세상을 다스려야 합니다. 이처럼 공부해야 합니다."

그때 모든 석가족 사람들은 부처님의 말씀을 듣고 기뻐하며 받들어 행하였다.

고국 카필라성을 방문하여 수많은 사람들을 교화한 부처님은 아버지 정반왕에게도 감로의 법문을 들려주어 성자의 경지로 인도한 뒤 다시 전법의 길에 나섰다. 이때 석가족 왕자들이 대거 부처님을 따라 출가하여 구도자가 되었는데, 이들 가운데는 계율을 이해하고 해석하는 능력이 뛰어난 지계제일 우팔리, 법문을 가장 많이 들은 다문제일 아난다, 보통 사람들을 뛰어넘는 눈을 가진 천안제일 아나율 등이 있다.

마하가섭의 귀의

마가다국 왕사성 근처에 아주 부유한 바라문이 한 사람 살고 있었다. 그에게는 매우 영특하고 성품이 곧고 단정한 외아들 가섭이 있었다. 부모는 어울리는 집안의 여인을 며느리로 맞아 속히 손자를 보고 싶은 마음이 컸다. 하지만 가섭은 오직 자신을 진리의 길로 인도해줄 스승을 찾아 집을 떠날 생각뿐이었다.

우여곡절 끝에 부모는 원하는 며느리감을 찾아내었고 선남선녀는 부부의 연을 맺었다. 그런데 시집온 며느리 역시 부유하고 화려한 생활보다는 수행에 더 마음이 가 있었다. 두 사람은 이제나 저제나 함께 출가하여 수행할 날만 손꼽아 기다렸다. 부모가 연로하여 세상을 떠나자 집안의 수많은 재산을 식솔들에게 고루 나눠준 뒤 가섭은 아내에게 말했다.

“내가 스승을 찾으면 그대에게 알려주리다. 그때가 되어 그대는 출가하시오.”

가섭은 가장 허름한 옷을 꺼내 입고 집을 나섰다.

“세간에 위대한 아라한으로서 출가한 분이 있으면 내 이제 그를 따라 출가 수도하리라.”

가섭이 출가하던 그날은 부처님께서 보리수 아래에서 깨달음을 이룬 날이었다. 그는 출가한 뒤 이 마을 저 마을을 걸식하면서 스승을 찾아 나아갔다. 왕사성으로 가는 도중에 다자多子라는 신을 모시고 제사하는 곳을 지나게 되었는데 마침 부처님께서 그곳에 앉아 계셨다.

반듯하고 곧게 두 발을 맺고 앉으신 부처님을 뵙자 가섭은 자신도 모르게 마음이 맑고 깨끗해지는 것을 느꼈다. 그는 알아차렸다.

'내가 지금 뵙고 있는 저분이 그토록 찾아 헤매던 나의 스승이시다. 틀림없다. 저분이 바로 부처님 세존이시다.'

가섭은 조용히 부처님 앞으로 나아가 부처님 발에 이마를 대고 절을 한 뒤에 오른쪽 무릎을 땅에 대고 이렇게 말하였다.

"세존이시여, 저는 세존의 제자입니다. 세존이시여, 저의 스승이 되어주십시오. 저는 세존의 제자입니다."

그러자 부처님께서 가섭에게 말씀하셨다.

"가섭이여, 나는 그대를 알아보았습니다. 나는 그대의 스승입니다. 이제 내가 설하는 가르침을 받들어 행하기를 바랍니다. 나의 가르침대로 수행하면 미래 세상에 길이 이로울 것이요 평화로워질 것입니다. 가섭이여, 만약 내게서 수행을 배우고자 한다면 청정하게 수행하는 사람 누구에게나 공경하고 참회하는 마음을 일으켜야 합니다. 언제나 바른 생각을 일으키되 잠시라도 그 생각을 놓쳐서는 안 됩니다. 그리고 가섭이여, 그대는 인간의 몸과 마음이 생겨나고 멸하는 모습을 관찰해야 합니다. 내게서 그대는 이렇게 배워야 합니다."

가섭은 부처님의 가르침을 받들어 이 몸과 마음에 일어나는 탐욕이 깨끗하지 못하다는 생각을 일으켰고 언제나 걸식으로 살아갔다. 그렇게 7일이 지나고 8일째가 되자 부처님 가르침에 어긋나지 않는 지혜가 일어났다. 세존께서 이렇게 가르친 뒤에 자리에서 일어나시니, 가섭은 세존을 모시며 뒤를 따라갔다. 세존께서 길을 가신 지 오래지 않아 길가의 어느 나무 아래에 멈추어 서자 가섭은 자기가 입고 있던 옷을 벗어 네 겹으로 접어 땅에 깔고 말씀드렸다.

"세존이시여, 이 자리는 부처님을 위하여 만들었으니, 저를 가엾게 여기시어 어서 이 자리에 앉으십시오."

세존께서는 곧 그 자리에 앉으셨다. 앉고 난 뒤에 부처님께서는 가섭에게 말씀하셨다.

"가섭이여, 이 옷은 참으로 부드럽고 좋습니다."

그러자 가섭이 부처님께 말씀드렸다.

"세존이시여, 저를 불쌍하게 여기신다면 저의 이 옷을 받아주십시오."

"그러면 그대는 지금 내가 입고 있는 분소의를 가지겠습니까?"

가섭은 대답하였다.

"네, 그렇게 하겠습니다. 저는 여래께서 입고 계시는 분소의를 갖겠습니다."

그때 부처님께서는 가섭에게 거친 분소의를 주고, 가섭이 입고 있던 묘한 옷을 받으셨다. 가섭은 제자이기 때문에 스승의 거친 분소의를 받았고 쉬지 않고 정진해서 최고의 성자인 아라한의 경지에 들었다. 이후 마하가섭은 자신이 부처님의 제자라는 생각을 버리지 않았으며 제자로서 해야 할 수행을 완벽하게 해내었다. 그러므로 부처님께서는 "비구들이여, 욕심이 적고 만족할 줄을 알아 두타행頭陀行을 완벽하게 다 갖춘 사람은 바로 마하가섭입니다"라고 선언하셨다.

기원정사의 건립

한편, 마가다국에 이웃한 강대국 코살라에는 급고독給孤獨 장자가 살고 있었다. 이 장자는 부유한 상인으로 자신의 재산을 가난한 사람들에게 아낌없이 베풀었다. 그러면서 늘 자신을 이끌어줄 스승을 찾고 있었다. 어느 날 마가다국으로 장사를 하러 들어간 급고독 장자는 '부처님'이란 분에 대한 소식을 전해 듣고 한달음에 달려가서 법문을 청해 들었다. 그토록 간절하게 찾던 스승을 만난 급고독 장자는 자신의 나라 코살라국의 사위성으로 부처님과 비구들을 초대했다. 이때 부처님이 그에게 말씀하셨다.

"그대가 사는 곳에 비구들이 머물 곳이 있습니까?"

그러자 급고독 장자는 속히 사위성으로 돌아가 사원 지을 땅을 물색하였다. 기타 왕자의 숲이 부처님과 제자들이 머물면서 수행하기에 더할 나위 없이 알맞은 곳이었다. 장자는 즉시 왕자를 찾아가서 숲을 팔라고 요청했다. 하지만 왕자는 거절했다.

"억만금을 깔아도 그대에게 팔 수 없다."

장자가 대답했다.

"왕자님, 이 숲은 이제 팔렸습니다."

왕자는 절대로 팔지 않겠다는 뜻으로 '억만금'을 말했는데 급고독 장자는 바로 그 표현이 가격을 제시한 것이라고 주장했다. 결국 법정에까지 가게 됐는데 재판관은 급고독 장자의 손을 들어주었다.

급고독 장자는 즉시 수레에 황금을 싣고 와서 기타 숲 바닥에 깔았다. 장자의 행동을 지켜보던 기타 왕자는 예사로운 일이 아님을 알아차리고 땅의 일부분을 보시하였다. 기타 왕자와 급고독 장자가 힘을 합해 건립한 사원이 바로 기원정사祇園精舍로, 석가모니 부처님은 훗날 24안거를 이곳에서 보내시며 헤아릴 수 없이 많은 법문을 베푸셨다.

급고독 장자는 자신이 벌어들인 재산을 가난한 사람과 수행자들, 그리고 부처님과 승가에 기증하였다. 너무 많이 보시해서 재산이 줄어들어도 그의 보시행은 멈추지 않았다. 어느 날, 급고독 장자에게 부처님은 말씀하셨다.

"그대의 집에서는 보시를 합니까?"

"세존이시여, 저의 집에서는 보시를 하는데 거친 음식을 베풉니다."

재산이 줄어드는 바람에 보잘것없는 보시를 한다고 부끄럽게 고백하는 급고독 장자에게 부처님은 말씀하셨다.

"장자여, 귀한 것이건 보잘것없는 것이건 베풂에는 차이가 없습니다. 다만 보시할 때 정중하지 않은 마음과 행동으로 주고, 공손하지 않게 주고, 자기 손으로 주지 않고, 자기에게 쓸모없는 것을 주고, 미래를 생각하지 않고 준다면 그 보시의 공덕은 미미합니다. 그런 보시를 하는 사람은 뛰어난 음식도 즐길 수 없고, 원하는 것도 얻기 어렵습니다. 가족이 그의 말을 귀담아 듣지 않고 그를 배려하지 않으니, 그가 다른 이에게 보시할 때 정중하지 않은 마음가짐으로 보시한 행위의 과보인 까닭입니다."

이어서 부처님은 커다란 재산을 베푸는 보시행보다 더 귀한 공덕을 쌓는 일을 순서대로 들려주셨다.

"여래 세존에게 보시하는 것보다 세존 앞에서 승가에 공양한다면 그것은 더 커다란 과보를 가져올 것입니다. 그보다 승가를 위해 절을 세운다면 더 커다란 과보를 가져오며, 그보다 깨끗한 믿음으로 삼보에 귀의한다면 더 커다란 과보를 가져옵니다. 그보다 깨끗한 믿음으로 살아 있는 생명을 죽이지 않고, 주지 않는 것을 빼앗지 않고, 그릇된 음행을 맺지 않고, 거짓말하지 않고, 술을 삼가는 다섯 가지 계를 지킨다면 더 커다란 과보를 가져올 것입니다. 그런데 깨끗한 믿음으로 다섯 가지 계를 지키는 것보다 꽃향기가 잠시 스치는 것처럼 짧은 순간에 세상을 향해 자비심을 품는다면 더 커다란 과보를 가져오며, 그보다 손가락 튕기는 정도의 찰나에 자신과 세상의 덧없음을 절감한다면 그것은 더욱 커다란 과보를 가져올 것입니다."

세상에 은혜를 베풀고 복덕을 쌓는 보시행도 참으로 훌륭한 일이지만 삼보에 깨끗한 믿음을 일으키고 다섯 가지 계를 잘 지키며 자비심을 품고 인생의 덧없음을 잊지 않는 것이 무엇보다 중요하다는 부처님의 말씀이었다. 선업을 짓고 공덕을 베푸는 재가 신자들에게도 언제나 마음공부를 잊지 말라는 당부이셨다.

여성의 출가를 허락하시다

부처님이 고국 카필라성을 다시 방문하셨을 때 마하파자파티 고타미 왕비는 출가하기를 원하였다. 그러나 부처님이 받아들이지 않고 떠나시자 왕비는 많은 석가족 여인들과 함께 머리카락을 자르고 거친 옷을 입고 부처님 뒤를 따라갔다. 그리하여 부처님께서 머물고 계신 바이샬리 중각강당重閣講堂으로 찾아와 눈물을 흘리며 문밖에 서 있었다. 아난이 왕비에게 그 이유를 묻고 말했다.

"그렇다면 제가 여래께서 설하신 가르침과 계율 가운데 여인들이 출가하는 것을 청원하겠습니다. 잠시 동안 여기에 계십시오."

아난은 부처님께서 계신 곳으로 찾아가서 부처님께 예배드리고 한쪽으로 물러나 앉아서 청하였다.

"세존이시여, 여인들이 여래께서 설하신 가르침과 계율 가운데 출가하는 것을 허락해주십시오."

부처님은 아난의 청을 받아들이지 않으셨다. "아난이여, 그만두십시오. 여래가 설한 가르침과 계율 가운데 여인이 출가하는 것을 그녀가 원해서는 안 됩니다."

그러자 아난은 다시 여쭈었다.

“세존이시여, 여인들이 여래께서 설하신 가르침과 계율 가운데 출가해서 성자들의 경지에 차례로 올라 최후에 모든 번뇌를 버리고 윤회를 끊은 아라한의 경지를 실현할 수 있습니까?”

“아난이여, 여인도 출가해서 아라한의 경지를 실현할 수 있습니다.”

“마하파자파티께서는 세존의 생모가 돌아가시고 나서 세존께 모유를 드시게 한 분입니다. 세존의 이모이자 양모, 보모, 유모로서 많은 은혜를 베푸신 분입니다. 세존이시여, 부디 여인으로서 여래가 설하신 가르침과 계율 가운데 출가하는 것을 허락해주십시오.”

그리하여 마하파자파티는 부처님에게 출가 허락을 받아 최초의 여성출가자 즉 비구니가 되었다.

아이들에게 주는 행복의 가르침

부처님께서 기원정사에 계실 때, 사위성으로 탁발하러 가셨다가 아이들이 모여서 놀고 있는 모습을 보셨다. 가까이 다가가서 보니 뱀 한 마리를 막대기로 때리고 있었다. 부처님께서 물으셨다.

“지금 너희는 무얼 하고 있지?”

“뱀을 죽이려고요. 살려두면 우리를 물지도 모르니까요.”

부처님은 아이들의 대답을 들으시고 말씀하셨다.

“자기가 행복하기를 바라면서 다른 생명을 괴롭히는구나. 그런 사람은 결코 행복해질 수 없다. 자기가 행복하기를 바란다면 다른 생명도 행복하기를 바라야 한다. 그런 사람은 이번 생에도 다음 생에도 행복하게 살 수 있다.”

어떤 노년을 맞을 것인가

부처님께서 어느 날 아난과 함께 탁발하러 나섰다가 늙은 부부를 보셨다. 그 부부는 본래 도시에서 가장 큰 부잣집의 자손이었는데 그 부모가 자식에게 수많은 재산을 물려주면서 아무런 기술도 가르치지 않았다. 결국 그들은 방탕한 생활에 젖어 모든 재산을 다 날리고 빈털터리가 되었는데 배우고 익힌 것이 없어서 노년에 극빈자가 된 채 여기저기서 음식을 얻어먹으며 지내고 있었다. 부처님께서 아난에게 저 늙은 부부를 가리키며 말씀하셨다.

“아난이여, 저 두 사람을 보고 있습니까. 저들은 부모가 물려준 모든 재산을 탕진하고서 이제는 늙어 힘들게 살아가고 있습니다. 저들이 젊어서 수행을 했더라면 성자가 되었을 테고, 열심히 기술을 배워 생활했더라면 더 큰 부자가 됐을 텐데 젊어서 아무것도 하지 않아 지금은 저렇게 물고기 없는 마른 연못을 지키는 늙은 왜가리와 같은 모습을 하고 있습니다. 땅에 떨어진 화살처럼 지나간 날을 떠올리며 눈물만 지을 뿐입니다.”

그 여인을 막지 마십시오

어느 날 부처님께서 기원정사에서 법문을 하고 계실 때의 일이다. 파타차라라는 이름의 여인이 눈물범벅이 되고 반 벌거숭이 차림으로 법회에 모인 대중 속으로 뛰어들었다. 사람들이 당황하여 그 여인을 막아서자 부처님께서 조용히 말씀하셨다.

"그 여인을 막지 마십시오."

사람들이 비켜서자 부처님 앞까지 나아간 파타차라는 누군가 건네준 겉옷을 걸쳐 입고서 부처님에게 하소연하기 시작했다.

"부처님, 저는 이제 누굴 의지해서 살아야 합니까? 남편은 길에서 죽었고, 큰 아이는 물에 휩쓸렸고, 작은 아이는 독수리가 채어 갔습니다. 친정 부모님은 집이 무너져 돌아가셨습니다. 제게는 이제 아무도 없습니다."

사랑하는 가족들을 하룻밤 사이에 잃은 여인은 구슬프게 통곡했다. 한참이 흘러 여인의 통곡이 흐느낌으로 잦아들고 눈물이 천천히 말라가자 부처님께서 말씀하셨다.

"걱정하지 마십시오. 그대의 의지처가 될 곳으로 잘 찾아왔습니다. 이곳에 기대고 의지해서 지내십시오. 남편도 아이도 그 누구도 그대의 의지처가 될 수 없습니다. 속절없이 떠나가게 마련입니다. 그대가 세세생생 윤회하면서 사랑하는 사람을 떠나보내며 흘린 눈물은 저 바닷물보다도 많을 것입니다."

파타차라는 부처님의 위로와 격려에 눈물을 닦고 부처님과 가르침과 승가를 의지처로 삼아 출가하여 비구니가 되었다.

어느 날 파타차라는 발 씻은 물을 흙바닥에 흘려보내다 어떤 물은 금방 땅으로 스며들고, 어떤 물은 조금 멀리 흐르다 스며들고, 어떤 물은 더 멀리까지 흘러가다 땅으로 스며드는 모습을 보고서 문득 깨달았다. 세상에 머무는 기간의 길고 짧음이 차이가 날 뿐 이 세상에 존재하는 모든 것은 소멸하게 마련이요, 사랑하는 사람과 영원히 함께할 수 없다는 덧없음의 이치를 절감한 것이다. 깨달음을 얻은 파타차라는 더욱 용맹정진하여 성자가 되었다.

생로병사의 괴로움이 한 순간도 멈추지 않는 세상에서 부처님은 사랑하는 사람과의 이별에 몸부림치며 슬퍼하는 이에게, 미워하는 이를 만나 분노에 잠을 이루지 못하는 이에게 늘 따뜻한 말을 건네고 그들이 몸과 마음을 기대는 의지처가 되어주셨다. 부처님의 말씀을 듣고 슬픔을 떠나 진리의 기쁨을 얻은 사람들은 점점 불어났다.

살인자 앙굴리말라를 교화하시다

부처님은 언제나 사람들을 만나서 그들에게 복을 짓고, 지혜를 키우며, 공덕을 쌓는 길을 들려주셨다. 빈부귀천을 가리지 않고 사람들이 필요로 하는 곳이면 어디든 달려가셨고, 그 어떤 상황에 놓인 사람들이라도 부처님의 손을 잡고 다시 일어섰다.

코살라국 사위성에 앙굴리말라라는 흉악한 사람이 있었다. 그는 그릇된 스승의 꼬임에 넘어가 살인을 저지르기 시작했다. 살아있는 생명에 대해 자비심을 전혀 품지 않은 그는 살육을 일삼았는데 무수한 사람들을 잔인하게 살해하여 그 손가락으로 목걸이를 만들었다. 그 때문에 마을과 도시는 두려움에 사로잡혀 사람이 살 수 없을 지경이 되었다.

어느 날 부처님께서 사위성에서 탁발을 마친 뒤 흉악한 앙굴리말라가 있는 곳을 향해서 걸어가셨다. 이 모습을 본 목동과 농부들이 모두 나서 말렸지만 부처님은 묵묵히 앞으로 나아가셨다. 부처님께서 가깝게 지나가시자 앙굴리말라는 '참으로 놀라운 일이다. 참으로 이전에 없던 일이다. 이 사문은 동료도 없이 혼자서 운명에 이끌린 듯이 오고 있다. 내가 어찌 이 사문의 목숨을 빼앗지 않겠는가?'라며 흉기를 들고 부처님 뒤를 바싹 쫓았다.

그때 부처님께서 신통력을 행하시니, 앙굴리말라가 온 힘을 다해 달려도 보통 걸음으로 걸어가는 부처님을 따라잡을 수 없었다.

'참으로 놀라운 일이다. 나는 질주하는 코끼리와 말도 따라잡고 질주하는 수레도 따라잡았다. 그런데 지금 온 힘을 다해 달려도 보통 걸음으로 걷는 이 사문을 따라잡을 수가 없다.'

그는 멈추어서 부처님께 소리쳤다.

"사문이여, 멈추시오. 사문이여, 멈추시오."

"나는 멈추었소. 그대도 멈추시오."

부처님의 대답에 의아해진 앙굴리말라가 여쭈었다.

"지금 걸어가고 있으면서 멈추었다고 하는데 대체 그게 무슨 뜻이오?"

부처님께서 대답하셨다.

"나는 살아 있는 모든 존재에 대해 폭력을 멈추었습니다. 그러나 그대는 살아 있는 생명에 대한 폭력을 멈추지 않고 있습니다. 그러므로 나는 멈추었으니 그대도 멈추라고 말한 것입니다."

앙굴리말라는 부처님의 말씀을 듣고 전율했다.

'아! 드디어 이 사문이 나를 위해 이 울창한 숲에 나타나셨다.'

그는 흉기와 손가락 목걸이를 내던지고 부처님께 절을 올리며 말했다.

"당신의 말씀을 듣는 순간 저는 영원히 악함을 버렸습니다."

앙굴리말라는 그 길로 출가하여 부지런히 수행하였다. 부처님은 앙굴리말라를 매일 아침 마을로 탁발하러 나가게 하셨다. 그는 탁발하느라 오가는 길에서 자신의 지난 악행에 따른 사람들의 보복을 고스란히 받았다. 하지만 앙굴리말라는 그 어떤 핑계나 변명을 대지 않았고 자신이 지은 악업을 뼈저리도록 참회하였다.

그는 치열한 수행 끝에 성자가 되었다. 악행을 저지르고 있는 이가 지금 해야 할 일은 그 악행을 당장 멈추는 일이다. 마음 깊이 뉘우치고 같은 잘못을 되풀이하지 않으며 나아가 자신과 남에게 유익한 선업을 짓고 해탈의 길을 걸어가는 것만이 유일한 구제의 길임을 부처님은 앙굴리말라에게 일러주셨다.

전염병을 다스리다

부처님께서 마가다국 왕사성에 머물고 계실 때의 일이다. 이웃나라 바이샬리에 전염병이 돌아서 하루에 백 명씩 사람들이 죽어나갔다. 한때는 인도 전역에서 가장 부유하고 풍요로운 곳이었지만 전염병으로 인해 시신들이 거리에 넘쳐나자 사람들은 두려움에 사로잡혔다.

"전염병을 잠재우실 분은 석가모니 부처님밖에는 없다. 큰 자비로 중생을 가엾이 여겨 일체를 두루 살피시곤 제도하지 못한 이를 제도하시고, 일체 중생을 버리지 않으시기를 마치 어머니가 자식을 사랑하듯 하신다. 부처님은 지금 이웃 나라 마가다국에서 아사세왕의 공양을 받으며 머물러 계시는데 부처님을 모셔올 방법은 없을까?"

이 소식을 들은 부처님은 비구들을 거느리고 한달음에 달려와 바이샬리성에 도착해 성문에 서서 게송을 말씀하셨다.

여래는 세상에서 으뜸이고
진리는 열반의 세계로 인도하며
승가는 세상 현자들 중에 제일이니
삼보에 굳고 깨끗한 믿음 지니면
바이샬리성에 재앙 없으리.
사람도 동물도 편안해지고
오고 가는 모든 이에게 축복 있으라.
밤이나 낮이나 모두들 안락해지며
이들을 괴롭히는 자가 사라지리니
이런 믿음 굳게 지니면
바이샬리성에 재앙은 없어지리.

여래께서 이렇게 말씀하시자 전염병을 퍼뜨리는 나쁜 기운이 모두 사라졌고, 모든 병자들의 병이 낫게 되었다.

불법승 삼보에 대한 굳은 믿음을 가지고 온 세상 모든 생명체를 향해 평화로움과 축복을 빌어주는 부처님의 이 기도는 훗날 세상에 재앙이 덮칠 때면 불자들이 간절한 마음으로 읊조리게 되었다. 부처님은 이밖에도 온갖 곤경에 처한 사람들과 동물들에게도 자비의 손길을 드리우셔서 모든 생명체에게 위안을 안겨주고 어려움을 넘어서는 지혜를 심어주셨다.

나는 세상과 다투지 않는다

부처님은 늘 말씀하셨다.

"나는 세상과 다투지 않는다. 세상이 나와 다툰다."

이미 마음에 번뇌가 사라진 부처님에게 세상은 끝없이 싸움을 걸어왔다. 부처님은 그럴 때 상대방과 맞서 싸우지 않았다. 오히려 자비심으로 상대를 대하거나 담담하게 대하고 심지어 짐짓 다툼을 피하기도 하셨다.

석가족 왕자로서 출가한 제바달다는 늘 부처님의 자리를 탐내고 있었다. 하지만 자기 야망을 이루지 못하자 부처님을 해치려는 마음을 품기에 이르렀다. 왕사성에서 부처님이 아난과 탁발을 하시던 어느 날, 마침 제바달다도 왕사성에서 걸식하고 있었다. 그런데 부처님이 어느 골목으로 들어가셨는데 제바달다도 그곳으로 들어오고 있었다. 부처님은 멀리서 그가 오는 것을 보고 돌아서 나가려 하셨다. 아난이 여쭈었다.

"세존이시여, 왜 이 골목을 떠나려 하십니까?"

"제바달다가 이 골목에 있습니다. 그를 피하기 위해서 떠나려는 것입니다."

아난이 여쭈었다.

"세존께서는 제바달다가 두렵습니까?"

"나는 그가 두렵지 않습니다. 그저 그 나쁜 사람과 만나고 싶지 않을 뿐입니다."

"그러면 저 제바달다를 다른 곳에 가서 살게 하시면 되지 않겠습니까?"

부처님이 아난에게 답했다.

"나는 그를 다른 곳에 있게 할 마음이 전혀 없습니다. 저 사람은 자기 가고 싶은 곳에 가서 살면 되고 그러다 다른 곳으로 떠나서 살면 또 그것으로 그만입니다. 저 사리 분별할 줄 모르는 어리석은 사람과는 할 수 있다면 만나지 않아야 합니다. 어리석은 사람과 만나지 말고, 함께 일하지도 말며 어떤 사안에 대해 옳으니 그르니 따지지도 말아야 합니다."

"어리석은 자가 무슨 큰 힘이 있기에 말도 함께 하지 말라고 하십니까?"

부처님께서 대답하다.

"나쁜 자와 벗해서는 안 됩니다. 어리석은 사람과 함께 지내면 믿음이 없어지고 계도 지키지 못하게 되며, 배움도 사라지고 끝내 지혜도 없어지기 때문입니다. 그러나 착한 벗과 함께하면 온갖 공덕이 불어나고 계도 완벽하게 지킬 수 있습니다. 아난이여, 꼭 이와 같이 공부해야 합니다."

부처님은 사악한 마음을 가지고 갈등을 야기하는 사람과 자꾸 마주쳐서 상대하다 보면 오히려 그 악함에 물들기 쉬우니 마음공부가 완성될 때까지는 선한 사람, 반듯하게 마음을 잘 다스리는 사람을 만나기를 권하셨다.

제바달다는 부처님을 해치려고 몇 번이나 틈을 노렸지만 실패하자 급기야 코끼리에게 술을 먹여 부처님을 공격하게 하였다.

제바달다는 '만일 그에게 지혜가 있다면 이런 일을 미리 알아서 걸식하러 들어오지 않을 것이요, 그래도 내일 성에 들어온다면 코끼리에게 죽임을 당할 것이며, 그렇다면 사문 고타마는 전혀 지혜롭지 못한 사람이란 걸 스스로 증명한 셈이 되리라'고 생각하였다.

다음 날 아침, 탁발을 하러 왕사성으로 들어온 부처님에게 저 멀리서 거대한 몸집의 코끼리가 잔뜩 흥분한 채 달려들었다. 부처님 곁에서 함께 탁발을 하던 아난이 놀라서 다급하게 부처님 앞을 막아섰다. 그러자 부처님은 아난을 조용히 밀어내시며 술 취한 코끼리를 향해 말씀하셨다.

"해치지 말라. 다른 이를 다치게 하지 말라. 다른 이를 해치지 않으면 이번 생도 행복하고 다음 생도 행복하리라."

코끼리는 자신을 향해 자애심을 품고 고요한 목소리로 말을 거는 부처님 앞에 이르자마자 제정신을 회복했다. 코끼리는 부처님

아래 엎드려 잘못을 비는 듯 온순해졌다. 부처님은 술 취해 덤벼드는 사나운 코끼리에게 조용하고 평온한 본성을 되찾아주고자 왕사성으로 탁발을 나선 것이다. 부처님은 마음에 분노를 품지 않았기 때문에 아무리 험악한 일을 당하셔도 늘 담담한 마음에 자비를 담아 상대를 대하셨지만 부처님의 이런 마음을 끝내 외면한 자도 있었으니 그가 바로 제바달다였다.

제바달다의 반역

제바달다는 자주 부처님에게 다가가서 이렇게 청하였다.

"부처님께서는 이미 연로하시어 노쇠하시니, 이제 자리에서 물러나 조용한 곳에 머물며 열반의 경지를 즐기셔야 합니다. 제가 승가를 책임지겠습니다."

하지만 부처님은 제바달다의 요청을 받아들이지 않으셨다. 그러자 제바달다는 출가한 지 오래지 않은 부처님 제자들 500명을 설득하여 그들을 데리고 승가를 나갔다. 이 일을 접한 사리불과 목련이 부처님에게 말씀드렸다.

"세존이시여, 저희가 지금 제바달다에게 찾아가 저들을 설득하여 돌아오도록 하겠습니다."

부처님의 허락을 받고 사리불과 목련은 즉시 제바달다의 처소로 떠나갔다. 그때 제바달다는 부처님의 가장 훌륭한 두 제자가 오는 것을 멀리서 보고 크게 기뻐하며 생각하였다.

'사문 고타마의 가장 훌륭한 대제자 두 사람도 이제 나에게 귀

의하는구나.'

그리고 부처님을 흉내내어 자신의 좌우에 사리불과 목련을 앉힌 뒤 말하였다.

"그대들이 여러 비구를 위해 설법하십시오. 나는 허리가 아파 잠시 쉬어야겠습니다."

이때 사리불은 여러 비구를 위해 설법하였다. 그는 갖가지 인연을 들어 삼보와 계율을 찬탄하였고, 갖가지 인연을 들어 제바달다를 꾸짖되 그 지은 죄가 악도惡道에 해당되니 분명 아비지옥에 떨어져 1겁이 지나도 구제될 수 없을 것이라고 말하였다. 목련은 즉시 선정에 들어 그 선정의 힘으로 갖가지 신통력을 보였다.

비구 500명은 자신들이 삿된 도에 빠졌음을 깨닫고 사리불과 목련과 함께 석가모니 부처님 처소로 되돌아갔다. 훗날 제바달다는 더욱 사악한 마음으로 부처님을 해치려 하였지만 끝내 이루지 못한 채 아비지옥에 떨어졌다.

황금 산이 두 개 있어도

어느 때 부처님께서는 히말라야 산기슭 숲속 토굴에서 홀로 앉아 계시다가 문득 생각하셨다.

'죽이지 않고 죽이게 하지 않고, 정복하지 않고 정복하게 하지도 않고, 슬프지 않고 슬프게 하지 않고 법답게 세상을 다스릴 수 있을까?'

그러자 진리의 스승이신 부처님이 어서 세속으로 돌아가기를 간절히 원하고 있던 마왕 파순이 부처님에게 다가왔다. 그는 사람들이 부처님 가르침을 듣고 수행하여 번뇌를 끊은 성자가 되어서 자신의 통제를 벗어나는 것이 불만이었다. 마왕 파순은 부처님에게 다가와서 속삭였다.

"부처님께서 그렇게 하실 수 있습니다. 죽이지 않고 죽이게 하지 않고 정복하지 않고 정복하게 하지 않고 슬프지 않고 슬프게 하지 않고 법답게 세상을 다스릴 수 있습니다. 부처님께서는 수행을 많이 하셨기 때문에 원하기만 하시면 저 히말라야산도 황금으로 바꿀 수 있는 분입니다. 그러니 부처님께서 세상을 다스리십시오."

그러자 그의 속마음을 꿰뚫은 부처님은 게송으로 말씀하셨다.

"황금 산이 두 개 있어도
단 한 사람도 만족케 할 수 없으니
그런 줄 알고서 바르게 살아야 한다.
괴로움과 괴로움의 원인을 본 사람은
욕망으로 기울지 않나니
소유하는 것이 다시 태어나게 만드는 집착인 줄 알아서
그것을 없애기 위해 배우고 닦아야 한다."

자신의 정체가 발각되자 마왕 파순은 실망하여 사라졌다. 능력 있는 권력자가 세상 사람들에게 황금산을 두 개씩 안겨주어도 사람들이 저마다 욕망을 다스리지 않으면 그것은 더 큰 다툼만을 불러올 뿐이다. 부처님은 세상에 행복과 평화를 불러오는 길은 오직 한 사람 한 사람이 욕망과 번뇌의 덧없음을 절감하고 집착을 떠나려고 수행하는 길밖에 없음을 언제나 강조하셨다.

부처님은 복을 짓는 사람

어느 때 부처님께서 기원정사에서 많은 제자들을 위해 법문을 들려주고 계셨다. 그런데 아나율 비구가 법문을 듣다가 졸음에 빠졌다. 부처님은 졸고 있는 아나율을 불러 물으셨다.

"그대는 왜 집을 나와 수행을 하고 있습니까?"

"이 몸이 늙고 병들고 죽으며, 근심 걱정과 괴로움과 번민에 휩싸이는 것이 싫어서 그 괴로움을 버리기 위해 출가수행하고 있습니다."

"그런 사람이 지금 여래가 법문을 들려주고 있는데 어떻게 졸 수 있습니까?"

그러자 아나율은 즉시 자리에서 일어나 오른쪽 어깨를 드러내고 길게 꿇어앉아 합장하고 말씀을 드렸다.

"지금부터는 결코 부처님 앞에서 졸지 않겠습니다."

아나율은 부처님 앞에서 한 약속을 지키기 위해 그 순간 이후부터 졸거나 잠을 자지 않았다. 며칠이 지나 부처님은 그에게 말씀하셨다.

"지나친 수행도 번뇌가 따르고 게으른 수행에도 번뇌가 따릅니다. 지나치지도 않고 게으르지도 않은 수행을 해야 합니다. 눈은 잠으로 음식을 삼고, 귀는 소리로, 코는 냄새로, 혀는 맛으로, 몸은 감촉으로, 뜻은 법으로 음식을 삼으니 잠을 자야 합니다."

그러자 아나율이 부처님께 여쭈었다.

"열반은 무엇을 음식으로 삼습니까?"

"열반은 게으르지 않는 것을 음식으로 삼습니다. 게으르지 않음을 의지해서 열반에 이릅니다."

아나율은 부처님의 말씀을 듣고 대답했다.

"열반을 얻을 때까지 잠자지 않겠습니다."

아나율은 부처님 만류에도 정진을 이어갔고 그 결과 육체의 눈이 망가졌지만 탁월한 천안天眼을 얻었다. 어느 날 낡은 옷을 기우려 하였으나 시력을 잃었기 때문에 바늘귀에 실을 꿸 수 없었다. 몇 번을 꿰려다 포기한 아나율은 속으로 간절히 바랐다.

'이 세상에서 도를 얻은 아라한은 나를 위해 바늘을 꿰어주십시오.'

그러자 부처님께서 아나율의 생각을 꿰뚫어 아시고 곧 그에게 다가가 말씀하셨다.

"바늘과 실을 가져오십시오. 내가 꿰어주겠습니다."

아나율이 부처님께 여쭈었다.

"세상에서 복을 구하는 사람에게 바늘에 실을 꿰어달라고 한 것입니다. 그런데 부처님께서는 이미 깨달음을 얻으셨고 더 이상 복을 쌓을 일도 없는 분이신데 어찌하여 저를 위해 실을 꿰어주시겠다고 하십니까?"

부처님께서 말씀하셨다.

"세상에서 나보다 더 간절하게 복을 구하는 사람은 없습니다. 여래는 여섯 가지에서 만족할 줄 모릅니다. 보시와 배움, 인욕과 설법, 중생 보호, 위없이 바르고 참된 도를 구하는 것이 여섯 가지입니다. 이 세상의 힘 중에 복의 힘이 가장 훌륭하니 그 복으로 깨달음도 이룹니다. 그러니 아나율이여, 어떻게 해서라도 이 여섯 가지를 얻도록 애써야 합니다."

부처님의 말씀을 듣고 아나율은 크게 기뻐하며 받들어 행하였다.

부처님이 찬탄하는 기적

어느 때 부처님께서는 나란타 마을의 숲속에 비구들과 함께 머물고 계셨다. 그때 젊은이가 찾아와 부처님께 청하였다.

"부처님, 저 스님들에게 사람들을 위해 기적을 보여주라고 일러 주십시오. 그러면 사람들은 스님들이 보여주는 기적을 보고 더욱 큰 믿음을 낼 것이며 승가에 도움도 될 것입니다."

그러자 부처님께서 대답하셨다.

"나는 결코 비구들에게 사람들을 위해 신통변화하는 기적이나 보통 사람을 뛰어넘는 모습을 나타내 보이라고 이르지 않습니다. 다만 제자들에게 한적한 곳에서 지내며 고요히 진리를 생각하되, 공덕이 있으면 스스로 숨기고 잘못이 있으면 스스로 드러내라고 가르칩니다."

젊은이가 거듭 기적을 나타내 보이게 하시라고 청하자 부처님께서 다시 말씀하셨다.

“세 가지 기적이 있습니다. 자기 한 몸을 여럿으로 나누거나 벽을 뚫고 지나거나 물 위를 걷는 등의 기적이 그 첫째요, 남의 마음을 관찰하여 그대로 알아차리는 것이 둘째입니다. 하지만 이런 기적은 누구라도 조금만 노력하면 얻을 수 있고, 사람들의 논란만 부추깁니다. 내가 제자들에게 권하는 세 번째 기적은 가르치고 일러주어 그들이 스스로 노력하고 정진해서 깨달음을 얻는 기적입니다. 이 세 번째 기적은 세상 사람들과 논란을 일으키지 않으며 나의 제자들이 사람들에게 나타내 보이는 진정한 기적입니다.”

업의 과보는 아무도 피할 수 없다

부처님의 고국 카필라는 정반왕이 세상을 떠난 뒤 마하나마가 왕이 되어 다스리고 있었다. 하지만 부처님 만년에 카필라국은 쇠망하고 말았다. 애초 부처님은 강대국인 코살라국이 카필라국을 정복하러 올 때 전쟁을 막으려고 군대가 지나가는 길로 나아가 길가의 앙상한 나무 아래에 두 발을 맺고 앉으셨다.

코살라국의 유리왕이 부처님을 발견하고 군대를 멈추게 한 뒤에 여쭈었다.

“부처님, 큰 나무 아래에 머무시면 그늘이 깊고 시원한데 왜 메마른 나무 아래에 앉아 계십니까?”

부처님은 대답하셨다.

“친족의 그늘은 시원하니, 석가족이 부처를 내었습니다. 저들이 모두 나의 가지와 잎이니 메마른 나무라도 더 시원하여 그 아래에 앉아 있습니다."

유리왕은 석가족 침공을 말리는 부처님의 뜻을 이해하고 군대를 돌렸다. 하지만 그의 정복욕은 꺾이지 않아서 다시 진격했고 부처님은 또다시 그를 만류하였다. 이때 목련 비구가 부처님의 고국을 구하기 위해 나섰다.

"부처님, 제가 석가족이 침략을 당하지 않도록 신통을 부려 막겠습니다. 코살라국이 범접하지 못하도록 카필라국 석가족을 다른 곳으로 옮기겠습니다."

하지만 카필라국의 석가족에게 닥친 위협은 오래전 그들이 코살라국 유리왕에게 저지른 악행의 과보였기 때문에 부처님은 목련에게 말씀하셨다.

"그대는 사람들이 저지른 악업도 숨길 수 있습니까? 과보를 피하겠노라 악업을 다른 곳으로 옮겨놓을 수 있습니까?"

"그 일은 할 수 없습니다."

목련은 조용히 물러났다. 부처님은 석가족이 과거에 저지른 악업의 과보가 무르익었음을 아시고 더 이상 코살라국 유리왕을 막지 않았다.

부처님은 선업이건 악업이건 과보가 무르익어 찾아오는 것을 막을 수 있는 사람은 없다고 말씀하셨다. 부처님도 신통 제일 목련 존자도 다른 이의 선악업에 따른 과보를 움직일 수 없다. 그런 줄을 잘 알아서 어떤 행동을 할 때 그 행동이 어떤 결과를 불러올 것인지를 늘 살피라고 당부하셨다.

부처님은 행복한 인생을 원하는 재가자에게는 선업을 짓기를 권하셨고, 덧없는 삶에서 찾을 수 없는 진정한 즐거움을 구하는 구도자에게는 모든 집착과 탐욕을 떠나서 수행의 길을 걷기를 권하셨다. 부처님의 감화는 남녀노소 빈부귀천을 가리지 않았다. 비탄에 빠진 이에게는 든든한 의지처가 되어주셨고 조금 더 가치 있는 삶을 살고자 하는 이들에게는 모범이 되어 격려하셨다. 사람들은 부처님을 뵐 때면 한없는 기쁨이 샘솟았고, 근심과 슬픔이 있을 때면 달려가 가르침을 청하였다. 부처님은 사바세계에서의 인연이 다할 때까지 뭇 생명들의 의지처가 되어 지내셨다.

참고경전

《과거현재인과경》
맛지마 니까야《성구경》
맛지마 니까야《앙굴리말라 경》
《법구경》
《불본행집경》
《사분율》
상윳따 니까야《불타오름 경》
상윳따 니까야《초전법륜경》
상윳타 니까야《통치경》
《십송율》
앙굿따라 니까야《웰라마 경》
율장《대품》
율장《소품》
《장로게》
장아함《견고경》
중일아함《고당품》

위대한 열반

8항 _ 쌍림열반상雙林涅槃相

내게는 스승의 주먹이 없다

카필라국 정반왕의 아들로 태어난 싯다르타 태자는 스물아홉 살에 성을 나와 온갖 고행 끝에 마침내 독자적인 수행을 택하여 보리수 아래에서 깨달음을 이루시어 부처님이 되셨다. 서른다섯에 부처님이 된 이래 단 하루도 중생을 관찰하지 않은 날이 없었고, 진리를 들려주기 위해 아무리 먼 길도, 그 어떤 어려운 상황도 마다하지 않았다. 길에서 태어나 길에서 지내며 세상 곳곳에 지혜를 전파하고 저들을 당신과 같은 경지로 인도하느라 평생 길을 걸으셨던 부처님도 어느 사이 80세에 접어들었다. 노년의 부처님은 여전히 아침마다 탁발을 나서고 교화를 하기 위해 맨발로 길을 나섰는데 자주 노환에 시달리기도 하셨다.

바이샬리 근처 벨루와 마을에 도착한 어느 날 부처님에게 병고가 찾아왔다. 홀로 조용히 정진으로 병을 다스리던 부처님은 병에서 나으시자 간병실에서 나와 그늘 아래에 앉으셨다. 그러자 아난은 부처님께 다가가서 절을 올리고 한 곁에 앉아서 이렇게 말씀드렸다.

"세존이시여, 저는 세존께서 인내하는 모습을 보았습니다. 저는 세존께서 회복하시는 모습을 보았습니다. 세존이시여, 세존께서 아프셨을 때 제 몸은 술 취한 것과 같았고, 방향감각을 잃어버렸고, 어떤 판단도 내릴 수가 없었습니다. 그래도 저는 '세존께서는 비구 승가를 두고 아무런 분부도 없으신 채 완전한 열반에 들지는 않으실 것이다'라고 안심하고 있었습니다."

"아난이여, 비구 승가는 나에 대해서 무엇을 더 바랍니까? 나는 안과 밖이 없이 법을 설하였습니다. 세상의 어떤 스승은 법을 주먹 속에 감추며 마지막까지 제자들의 복종과 이양을 바랍니다. 그러나 여래가 가르친 법들에는 '스승의 주먹'과 같은 것이 따로 없습니다.

아난이여, '나는 비구 승가를 거느린다'거나 '비구 승가는 나의 지도를 받는다'라고 생각하는 사람은 비구 승가에 대해서 무엇인가를 당부할 것입니다. 그러나 여래에게 그런 생각이 없는데 여래가 비구 승가에 대해서 무엇을 당부한단 말입니까?

아난이여, 이제 나는 늙었습니다. 인생의 긴 시간을 보냈고 이제 내 나이 여든이 되었습니다. 낡은 수레가 가죽끈에 묶여서 간신히 움직이는 것처럼 여래의 몸도 가죽끈에 묶여서 겨우 살아간다고 여겨집니다. 하지만 어떤 생각도 느낌도 여래를 흔들지 못합니다. 그런 고요한 마음의 삼매에 머물러 있을 때면 여래의 몸은 더욱더 편안해집니다. 그대들은 자신을 등불로 삼고, 자신을 귀의처로 삼아 머물러야 합니다. 남을 귀의처로 삼아 머물러서는 안 됩니다. 법을 등불로 삼고, 법을 귀의처로 삼아 머물러야 합니다. 다른 것을 귀의처로 삼아 머물러서는 안 됩니다."

부처님은 아난에게 이렇게 당부하셨다.

최후의 열반을 예고하시다

어느 날 바이샬리로 탁발을 다녀오신 부처님은 아난을 불러서 짜빨라 탑묘로 향하셨다. 그곳에서 "수행을 완성한 여래는 원한다면 일 겁이나 그 이상 세상에 머물 수 있다"라는 암시를 아난에게 주셨다. 하지만 아난은 이 암시를 알아차리지 못해서 부처님에게 세상에 더 오래 머무시기를 청하지 않았다. 부처님이 세상에 존재하여 중생들이 깨달음을 얻는 것을 몹시 꺼렸던 마왕 파순은 부처님 앞에 나타나서 어서 최후의 열반에 드시라고 재촉했다. 부처님은 그에게 말씀하셨다.

"파순이여, 조용하라. 오래지 않아 여래는 완전한 열반에 들 것이다. 석 달이 넘지 않아 여래는 완전한 열반(반열반)에 들 것이다."

부처님의 반열반 선언이 끝나자 세상은 진동하였다. 깜짝 놀란 아난이 부처님에게 다가와 그제야 비로소 청하였다.

"세존께서는 천상의 신들과 많은 사람의 이익과 행복을 위하고 세상을 가엾게 여기시어 일 겁을 더 머물러주소서."

하지만 부처님은 아난에게 말씀하셨다.

"아난이여, 나는 예전부터 사랑스럽고 마음에 드는 모든 것과는 헤어지기 마련이라고 그대에게 말했습니다. 형성된 것은 모두 부서지기 마련이거늘 그런 것을 두고 절대로 부서지지 말라고 한들 무슨 소용이 있습니까?"

이후 부처님은 바이샬리를 거쳐 보가나가라로 향해 걸음을 옮겼다. 보가나가라에서 부처님은 말씀하셨다.

"비구들이여, 네 가지 큰 권위를 설하겠습니다. 누군가가 자신은 세존의 면전에서 듣고 받아 지녔다면서 '이것이 바로 법이고 율이고 스승의 가르침이다'라고 주장한다면 그런 비구의 말을 인정하지도 반박하지도 말아야 합니다. 인정하지도 반박하지도 않은 채로 그 말 하나하나를 주의 깊게 들어서 경과 율에 비추어 보아야 합니다. 이것이 첫 번째 권위입니다. 두 번째로, 장로들과 큰스님들이 계시는 승가에서 듣고 받아 지녔다면서, 세 번째로, 많이 배우고 가르침에 정통한 장로 비구들의 면전에서 받아 지녔다면서, 네 번째로, 많이 배우고 가르침에 정통한 장로 비구 한 분의 면전에서 받아 지녔다면서 '이것이 바로 법이고 율이고 스승의 가르침이다'라고 주장한다면 그런 비구의 말을 인정하지도 반박하지도 말아야 합니다. 인정하지도 반박하지도 않은 채로 그 말 하나하나를 주의 깊게 들어서 경과 율에 비추어 보아야 합니다. 이것이 네 가지 권위입니다."

지상에서의 마지막 공양

부처님은 그 후 빠와 마을로 가셔서 대장장이 아들 춘다의 망고 숲에 머무셨다. 춘다는 부처님께서 설하신 법을 듣고, 크게 고무되자 기뻐하며 이렇게 말씀드렸다.

"세존이시여, 세존께서는 비구 승가와 함께 내일 저의 공양을 허락해주십시오."

부처님께서는 침묵으로 허락하셨다. 춘다는 부처님께서 허락하신 것을 알고 자리에서 일어나 부처님께 절을 올리고 오른쪽으로 세 번 돌아 경의를 표한 뒤에 물러갔다. 그리고 밤새도록 맛있는 여러 음식과 부드러운 돼지고기로 만든 음식을 준비한 뒤 다음날 아침 부처님을 청하였다.

"세존이시여, 가실 시간이 되었습니다. 음식이 준비되었습니다."

부처님께서는 가사와 발우를 들고 비구 승가와 함께 춘다의 집으로 가셨다. 지정된 자리에 앉자 춘다를 불러서 말씀하셨다.

"춘다여, 부드러운 돼지고기로 만든 음식은 나에게 공양하고, 다른 여러 음식은 비구 승가에 공양하십시오. 부드러운 돼지고기로 만든 음식 가운데 남은 것은 깊은 구덩이를 파서 묻으십시오. 천상의 신들과 마라를 포함한 세상에서, 사문과 바라문을 포함한 인간과 그 어떤 생명체들 중에서 여래를 제외한 어느 누구도 이 음식을 먹고 바르게 소화시킬 수 없기 때문입니다."

"그렇게 하겠습니다, 세존이시여."

춘다는 부드러운 돼지고기로 만든 음식 가운데 부처님께 올리고 남은 것은 깊은 구덩이를 파서 묻었다. 부처님은 춘다에게 법을 설하여 그를 격려하고 분발하게 하고 기쁘게 한 뒤 떠나셨다.

그때 부처님께서는 춘다가 올린 음식을 드시고 혹독한 병에 걸렸다. 극심한 고통이 찾아왔지만 마음 챙기고 알아차리시면서 흔들림 없이 감내하신 뒤 아난을 부르셨다.

"아난이여, 그대는 춘다에게 가서 이렇게 전하십시오. '여래께서 그대가 드린 탁발음식을 마지막으로 드시고 완전한 열반에 드셨으니 이것은 그대의 공덕이고 행운입니다. 위없는 바른 깨달음을 여실 때 드신 음식과 완전한 열반을 하실 때 드신 음식은 여래가 평생 드신 음식 중에 가장 큰 결실과 이익을 가져옵니다.' 이렇게 말해주어서 그의 마음에서 죄책감을 없애주어야 합니다."

최후의 자리에 누우시다

이후 부처님은 쿠시나가라 근처에 있는 말라족들의 사라나무 숲으로 걸음을 옮기셔서 아난에게 말씀하셨다.

"아난이여, 한 쌍의 사라나무 사이에 북쪽으로 머리를 둔 침상을 만드십시오. 피곤합니다. 누워야겠습니다."

아난이 부처님의 말씀대로 침상을 만들자 부처님께서는 두 발을 포개고 마음 챙기고 알아차리시면서 오른쪽 옆구리를 바닥에 대고 사자처럼 누우셨다. 그때 한 쌍의 사라나무에는 때 아닌 꽃들이 활짝 피어나 여래의 몸 위로 흩뿌려졌다. 천상의 꽃들도 여래의 몸 위로 비처럼 쏟아져 내렸고 천상의 향기와 음악이 은은

하게 펴졌다. 부처님은 아난에게 말씀하셨다.

"지금 여래를 공경하고 예배하려고 꽃과 향기와 음악이 여래의 몸 위로 쏟아져 내리고 있습니다. 하지만 이것이 여래를 존경하고 예배하는 것은 아닙니다. 깨끗한 믿음을 가진 불제자가 이치에 맞게 도를 닦으며 법에 따라 실천하고 살아가는 것이 여래를 존경하고 존중하고 숭상하는 최고의 예배입니다."

이때 아난은 일찍이 부처님의 장례를 치른 적이 없어 고민에 잠겼다. 그러자 부처님은 말씀하셨다.

"아난이여, 그대들은 여래의 몸을 수습하는 것에는 관심을 두지 마십시오. 그대들은 근본에 힘쓰고 근본에 몰두하십시오. 근본에 게으르지 말고 근면하고 스스로 독려하며 머무십시오. 아난이여, 여래에 청정한 믿음이 있는 세상의 현자들이 여래의 몸을 수습할 것입니다."

부처님께서 당신의 장례에 대한 말씀을 마치자 아난은 조용히 물러나 떨어진 곳에 가서 구슬프게 흐느꼈다. 그러자 부처님은 아난을 부르신 뒤에 말씀하셨다.

"그대는 오랜 세월 이롭고 행복하고 둘이 아니고 한량이 없는 자애로운 몸과 말과 마음의 업으로 여래를 모셨습니다. 그대는 참으로 공덕을 지었습니다. 이제 정진에 몰두하십시오. 그대는 머지않아 번뇌를 다한 아라한이 될 것입니다."

부처님은 과거와 현재, 미래 삼세를 통틀어서 아난만큼 여래를 지극하게 받들어 모시는 시자侍者가 없을 것이요, 아난에게는 모든 사람이 그를 좋아하고 따르며 신뢰하는 네 가지 덕이 있음을 거듭 말씀하시며 위로하고 격려하셨다.

팔정도를 닦는 것이 부처님의 바른 제자

쿠시나가라의 말라족 사람들에게 부처님의 완전한 열반 소식이 전해지자 사람들이 속속 모여들었다. 그런데 부처님을 뵙고 궁금한 것을 여쭙겠다는 수밧다 유행승과 그를 말리는 아난 사이에 작은 실랑이가 벌어졌다. 부처님은 아난에게 그를 말리지 말라 이르셨다. 부처님 앞에 다가온 수밧다 유행승이 여쭈었다.

"세상의 다른 종교지도자들도 최상의 지혜를 가졌습니까?"

그러자 부처님은 대답하셨다.

"팔정도가 없으면 어떤 가르침과 계율에서든 법다운 수행자는 없습니다. 그러나 팔정도가 있으면 어떤 가르침과 계율에서든 법다운 수행자는 있습니다. 이 가르침과 계율에는 팔정도가 있습니다. 그러므로 오직 여기에만 법다운 수행자가 있습니다. 다른 가르침에는 법다운 수행자가 텅 비어 있습니다. 수밧다여, 이 비구들이 바르게 머무는 한 세상에는 아라한들이 텅 비지 않을 것입니다."

그는 부처님의 법문을 듣고 의혹이 사라져 마음에 커다란 기쁨이 생겨 출가하기를 청하였다. 부처님이 아난을 불러 그를 출가시키도록 하시니 수밧다는 부처님의 마지막 제자가 되었다.

게으르지 말라

부처님은 거듭 제자들에게 말씀하셨다.

"아마 그대들에게 '스승의 가르침은 끝나 버렸다. 이제 스승은 계시지 않는다!'라는 이런 생각이 들지도 모릅니다. 그러나 그렇게 생각하면 안 됩니다. 내가 가고 난 뒤에는 내가 그대들에게 가르친 법과 율이 그대들의 스승이 될 것입니다."

부처님은 제자들에게 말씀하셨다.

"궁금한 것은 어서 물으십시오. 여래가 떠난 뒤에 여래의 면전에서 제대로 여쭈어보지 못했다며 자책하는 사람이 되어서는 안 됩니다."

모여든 제자들은 침묵했다. 그러자 부처님은 비구들에게 말씀하셨다.

"비구들이여, 이제 참으로 그대들에게 당부합니다.
형성된 것들은 소멸하기 마련입니다.
게으르지 말고 해야 할 것을 모두 성취하십시오.
이것이 여래의 마지막 유훈입니다."

말씀을 마치신 부처님께서는 선정에 드셨다. 첫 번째 단계에서 차례로 점점 깊은 단계로 들어가시고, 다시 나오시기를 반복하시다 마침내 선정의 네 번째 단계에서 나오신 직후 완전한 열반에 들어가셨다.

음력 2월 15일 쿠시나가라 사라 숲에서 부처님께서 완전히 열반하시자 세상이 크게 진동하였고 천둥 번개가 내리쳤다. 사함파티 범천은 이런 게송을 읊었다.

"세상의 모든 존재는 필경에는 몸을 내려놓는구나.
이 세상 그 누구와도 견줄 수 없는 스승
힘을 갖추셨고 바르게 깨달으신 여래
그분도 이처럼 완전히 열반하시는구나!"

부처님께서 완전히 열반하시자 신들의 왕인 제석천은 이런 게송을 읊었다.

"형성된 것들은 참으로 덧없으니
일어났다가 사라지는 법이다.
일어났다가 소멸하는 일이
고요히 가라앉으니 이것이 행복이로다."

부처님의 사리 분배

마가다국의 아사세 왕은 부처님께서 쿠시나가라에서 완전한 열반에 드셨다는 소식을 들었다. 왕은 쿠시나가라의 말라족에게 사신을 보내서 세존의 사리를 나눠주기를 청하였다. 바이샬리에 사는 릿차위족, 카필라에 사는 석가족, 알라깝빠에 사는 불리족, 라마가마에 사는 콜리야족, 웨타디빠에 사는 바라문, 바와에 사는 말라족도 부처님께서 쿠시나가라에서 완전한 열반에 드셨다는 소식을 듣고 역시 세존의 사리를 나눠주기를 청하였다. 서로가 세존의 사리를 원하느라 갈등을 빚게 되자 도나 바라문이 말했다.

"벗이여, 나의 제안을 들어보십시오. 우리의 부처님은 인욕을 설하신 분입니다. 최고이신 어른의 사리 분배를 두고 싸움이 일어난다면 옳지 않습니다. 우리 모두 우정을 가지고 화합하며 사이좋게 나눕시다. 많은 사람들이 진실한 눈을 가지신 분께 청정한 믿음을 가지도록 널리 사방에 탑들을 만드십시오."

도나 바라문은 부처님의 사리를 여덟 등분으로 공평하게 잘 나누어 주었고 사리를 담았던 사리함은 자신이 가져갔다. 뒤늦게 소식을 듣고 찾아온 삡팔리 숲에 사는 모리야족은 세존을 다비한 재를 가져갔다. 부처님의 사리와 사리함과 재는 탑 속에 안치되었다. 이리하여 인도 전역에 열 개의 탑이 생겨났다. 사람들은 석가모니 부처님이 완전한 열반을 하신 뒤 탑을 찾아가 경배하였다. 신의 왕, 용의 왕, 인간의 왕에게 예경을 받는 부처님은 이처럼 인간의 왕들로부터 예배를 받았다. 부처님을 언제나 다시 친견할 수 있을까. 부처님과 가르침이 간절한 사람이라면 탑을 향해 서서 두 손을 높이 합장하여 절을 올려야 한다. 백 겁이 지나도록 친견하기 어려운 분이시기 때문이다.

룸비니 숲에서 태어나 카필라에서 청년 시절을 보낸 석가모니 부처님은 태어난 존재들이 겪는 생로병사의 괴로움을 누구보다 진지하게 관찰하셨다. 누구나 겪는 일이지만 누구든 생로병사가 자기 앞에 나타나면 겪어서는 안 될 일을 겪는 것처럼 놀라고 당황하고 괴로워하였다. 중생은 그 괴로움을 벗어나기 위해 번민하면서 온갖 업을 짓고 그 과보에 또다시 방황하고 힘들어 한다. 태어난 존재에게 찾아오게 마련인 이런 이치에 미혹한 중생들은 선업이든 악업을 짓고 즐거운 과보에는 기뻐하고 괴로운 과보에는 슬퍼하며 그 되풀이되는 생사에서 벗어날 줄 모른다. 석가모니 부처님은 이 윤회의 틀을 벗어나고자 출가하였고 온갖 종교적 방황을 두루 겪은 뒤 독자적인 방식으로 스스로 깨어난 분, 부처님, 세존이 되셨다. 성불하신 이후 80세에 쿠시나가라에서 완전한 열반에 드시기까지 오직 당신이 깨달은 법을 설파하기 위해 살아가신 부처님은 마지막 자리에서도 당신을 존경하고 공경하는 일은 가르침을 닦고 익히고 가르침대로 살아가는 길임을 설파하셨다. 부처님은, 이 세상 모든 것은 덧없기 짝이 없으니 게으름 피우지 말고 정진해서 이번 생에서 이뤄야 할 가치 있는 일을 반드시 성취하기를 마지막 유언으로 당부하셨다.

부처님의 법향이 여전히 생생하게 살아 있는 지금, 누구나 부처님 마음으로 부처님처럼 살아가야 한다. 자신의 어리석음을 떨쳐버리고 다른 이를 깨닫게 해주고, 세상을 이롭고 행복하게 하려는 마음으로 살다 가신 부처님을 닮아야 한다.

참고경전

디가 니까야《대반열반경》

미래에 오실 미륵 부처님

석가모니 부처님은 쿠시나가라에서 열반에 드셨지만 진리의 가르침은 세상에 남아서 수많은 사람들에게 힘과 용기와 위안을 주고 있다. 부처님의 가르침이 그대로 온전히 남아 있는 정법의 시대, 가르침이 점차 세상에서 빛을 잃어가게 되는 상법의 시대를 거쳐, 어느 사이 말법의 시대에 접어들면 가르침은 사라지고 사람들의 마음은 거칠어진다.

사람들의 눈길에는 분노가 서리고 손에 잡는 것은 무엇이든지 흉기나 무기가 되어 다른 이를 다치게 하며, 끝내는 남의 목숨 빼앗는 일도 아무렇지도 않게 저지른다. 이런 세상을 도병겁刀兵劫이라고 한다. 그뿐만 아니라 자연현상이 순조롭지 않아서 곡식이 귀해지는 곡귀겁穀貴劫이 찾아와 초근목피로 간신히 목숨을 부지하게 되고, 질병이 만연하여 수명을 누리지 못하고 병들어 죽는 질역겁疾疫劫의 시대가 찾아온다.

이때가 되면 인심이 흉흉해지며 걸핏하면 싸움을 벌이고 전쟁을 벌이는데 그 결과 사람들의 수명은 줄어들고 인구도 줄어든다. 마음이 여리고 선한 사람들은 이런 시대를 만나면 폭력을 두려워하여 깊은 숲으로 도망쳐 숨어든다. 그 후 살아남은 사람들은 서로의 안부를 확인하며 반가워하고 기뻐하면서 오래전 일을 떠올리며 선하고 바른 길을 걸어가지 못해 화를 불러들인 자신들을 반성하고 윤리를 회복하기로 다짐하고 노력한다. 그리하여 수명은 차츰 늘어나고 인구도 불어나며 먹을 것과 입을 것이 풍족해지고 사람들은 너나없이 서로 선을 권하고 이웃을 먼저 생각하는 세상이 찾아온다. 사람의 수명이 점차 늘어나 8만4천 세가 될 때 도솔천에 머물러 있던 미륵보살이 인간 세상으로 내려오셔서 사람들에게 진리를 일깨워 그들도 발심하게 인도하신다. 미륵보살은 석가모니 부처님 다음에 오실 미래 부처님이다.

미륵정토 도솔천에 왕생하려면

미륵보살은 아주 오랜 먼 옛날 불사弗沙 부처님 시절에 당시 보살이었던 석가모니보살과 함께 장차 부처가 되리라는 수기를 받았다. 이후 미륵보살은 석가모니보살이 먼저 성불하신 뒤 제자들에게 법을 들려주실 때 그 법회에도 참여하였는데 이때 석가모니 부처님은 미륵보살의 출생과 미래를 다음과 같이 예언하셨다.

“미륵은 바라나시 거바리촌에 있는 바바리 바라문 집에 태어났습니다. 그런데 지금으로부터 12년이 지나 2월 15일 거바리촌 고향으로 돌아가 가부좌하고, 선정에 들어 이 세상을 떠날 것입니다. 그때 미륵의 몸은 수많은 태양이 한꺼번에 빛나는 것처럼 눈부시게 빛나고 그 광명은 도솔천까지 뻗칠 것입니다.

그리고 몸 그대로 다 사리가 되니 마치 금으로 만들어진 불상과 같아서 흔들리거나 부서지지 않으며, 몸을 둘러싼 광명 속에는 번뇌의 마군을 쳐부수는 '수능엄삼매'와 무명의 생사윤회를 벗어나는 '반야바라밀'이란 글자와 뜻이 환히 나타날 것입니다. 그때 미륵보살이 도솔천 칠보대에 있는 마니궁전 사자좌의 연꽃 위에 가부좌한 모습으로 홀연히 화생할 것입니다. 염부단금빛으로 빛나는 몸에 훌륭한 상호를 모두 갖추고, 머리에는 여의주와 보석으로 만든 하늘 관을 쓰고 있을 것입니다. 이 보배천관에서 헤아릴 수 없이 미묘한 빛이 흘러나와 수많은 불보살님 모습을 보여주고, 온몸에서도 빛을 뿌려 천상은 눈부시게 빛날 것입니다.

그때 미륵보살은 도솔천에 살고 있는 천신들과 함께 꽃자리에 앉아서 그들에게 다시는 물러나지 않는 불퇴전의 경지를 밤낮없이 들려주는데 수많은 천상의 존재들은 미륵보살의 법문을 듣고 위없이 바르고 원만한 지혜를 얻겠노라는 마음을 일으킬 것입니다. 미륵보살은 염부제의 햇수로 56억만 년 동안을 도솔천에서 설법하여, 밤낮으로 수없는 천신들을 교화한 뒤, 다시 염부제에 태어날 것입니다."

석가모니 부처님은 미륵보살의 도솔천 왕생과 천상의 신들이 발심하는 일을 예언하셨다. 미륵보살이 머물고 계시는 도솔천은 마치 아미타 부처님의 서방극락정토와 같아서 아미타 부처님의 극락정토는 미타정토라 부르고, 미륵보살의 도솔천은 미륵정토라 부른다. 미륵보살의 도솔정토왕생을 바라는 사람에게는 석가모니 부처님께서 다음과 같은 방법을 일러주고 있다.

"만일 계를 범하고 죄업을 많이 지은 선남자 선여인이라도 미륵보살의 이름을 듣고 진심으로 참회하면 모든 악업이 사라지고 청정해집니다. 또 뒷세상의 중생들이 이 보살의 이름을 듣고 그 형상을 만들어서 향·꽃·일산·깃대 등을 공양하고 예배하고 끊임없이 생각하면, 이 사람은 목숨을 마칠 때 미륵보살의 백호에서 광명이 나와 비춰주며, 모든 천신들과 함께 만다라꽃의 비를 내리고, 앞에 나타나서 맞이해주니 잠깐 사이에 도솔천에 왕생하게 될 것입니다. 미륵보살을 만나 절하고 머리를 들기도 전에 법문을 듣고 위없는 깨달음을 얻어서 다시는 물러나지 않는 불퇴전의 경지에 들어갈 것이며, 아득한 미래세를 지나는 동안 항하의 모래알처럼 많은 부처님을 만나 부처님을 공양하고 법문을 듣게 될 것입니다."

석가모니 부처님은 또 이렇게 말씀하셨다.

"이 미륵보살은 미래세 중생에게 큰 귀의처가 되니, 미륵보살에게 귀의하는 이는 미륵보살이 부처님 될 때 미륵 부처님의 광명을 보는 그 자리에서 미래에 부처가 되리라는 수기를 얻을 것입니다. 그러니 먼저 선업을 지으십시오. 만일 선업에 공덕이 따라온다면 이 모든 공덕을 돌이켜 미륵보살 앞에 태어나기를 원해야 하며, 이 원을 이루고 싶다면 도솔천을 관하고 일념으로 미륵보살을 부르십시오. 이렇게 관하는 사람은 도솔천의 천인 한 사람이나 연꽃 한 송이라도 보게 될 것이며, 마침내 1천2백 겁 동안 지은 죄업을 다 소멸하게 될 것이요, 미륵보살의 이름을 듣고 합장하고 공경하는 마음을 품기만 해도 50겁 동안 지은 모든 죄업을 다 소멸할 것입니다. 그뿐만 아니라 미륵보살을 공경하고 예배한 사람은 백억 겁 동안의 죄업을 소멸할 것이니 설령 도솔천에 왕생하지 못하더라도 미래세에 용화보리수 아래서 미륵 부처님을 뵙고 위없는 바르고 원만한 깨달음을 이루겠노라는 발심을 하게 될 것입니다."

지금은 미륵보살이 도솔천에서 머무시며 도솔천의 천신들에게 가르침을 베풀고 계시니 도솔천이야말로 그토록 그리는 불국토이다. 한마음으로 미륵보살을 그리며, 일상생활에서 오계와 십선업을 실천한다면 도솔천 미륵정토에 왕생할 것이요, 미래 부처님에게 수기를 받을 것이니, 마음을 내어 실천하기를 석가모니 부처님은 권하고 계신다.

미륵, 용화나무 아래에서 성불하시다

미륵보살은 도솔천에서 56억7천만 년의 세월을 보낸 후에 다시 이 인간 세상으로 내려오신다. 인간 세상을 살펴 양거라는 전륜성왕이 다스리는 계두성에서 왕의 대신 수범마를 아버지로, 그의 아내 범마월을 어머니로 하여 태어난다. 수범마는 아들을 미륵이라고 이름 짓는다.

미륵이 인간 세상에 태어났을 때, 사람들은 도병겁과 곡귀겁과 질역겁을 거쳐 선한 성품을 되찾아 너나없이 선업을 지으며 살기 좋은 세상을 만들었다. 전륜성왕인 양거가 법으로 다스려서 억울한 사람들이 없었고, 바라는 것은 그 즉시 이루어지는 세상이었다. 또한 사람들은 수명이 늘어나고 병으로 앓는 일이 전혀 없이 8만4천 세를 살면서 부족한 것이 없었다.

석가모니 부처님은 이렇게 말씀하셨다.

"미륵보살은 출가해 도를 닦을 것이요, 계두성의 큰 용화나무 아래에 앉아서 위없는 바르고 원만한 깨달음을 이룰 것입니다. 온 세상이 크게 진동하며 미륵 부처님 출현하심을 기뻐하면 천상에까지 그 기쁨이 전해져 온 하늘의 신들이 내려와 미륵 부처님을 공경하고 예배할 것입니다. 그러면 미륵 부처님은 수많은 대중에게 미묘한 가르침을 들려줄 것이니, 아낌없이 가진 것을 베풀어야 한다는 보시의 가르침, 깨끗하게 몸과 마음을 지녀야 한다는 계행의 가르침, 욕심은 삶을 어지럽히니 버려야 할 것이라는 가르침들입니다. 사람들과 천신들이 이 가르침을 듣고 기뻐하며 받아들이면 미륵 부처님은 모든 부처님이 언제나 들려주시는 네 가지 성스러운 이치인 사성제를 들려줄 것입니다. 미륵 부처님이 용화나무 아래에서 이런 가르침을 펼치실 때 그 자리에 모인 수많은 천상의 신들은 번뇌를 다 버리고 진리를 보는 법의 눈을 얻고서 인간 세상 사람들에게, '출가하여 미륵 부처님 아래에서 법문을 들으시오. 오늘 미륵 부처님이 그대들을 열반의 저쪽 언덕으로 인도

할 것입니다'라고 권할 것입니다."

미륵 부처님이 오시면 사람들은 저마다 탐욕과 성냄과 어리석음을 떠나서 악업을 멈추고 오로지 선업을 짓고 진리에 귀를 기울이게 된다. 그때 세상을 다스리던 전륜성왕은 왕위를 태자에게 물려주고 출가하며, 미륵 부처님의 속가 아버지와 어머니도 자신들을 따르는 무리를 이끌고 출가하여 수행의 길을 걷게 된다. 법문을 들은 사람들은 저마다의 근기와 성향에 따라 깨달음을 이룰 것이요, 어떤 사람은 수행의 차례를 한 단계씩 밟으며 깨닫고, 어떤 사람은 차례를 뛰어넘어 단번에 깨닫게 된다.

미륵 부처님은 깨달음을 얻은 대중을 이끌고 영축산으로 향하실 것이다. 미륵 부처님이 대중과 함께 그 산에 이르면 산을 지키던 신들이 부처님 위신력으로 문을 열어드릴 것이요, 그때 대중은 깊은 선정에 들어 있는 가섭 존자를 볼 수 있을 것이다. 그러면 미륵 부처님은 오른쪽 손을 펴서 가섭을 가리키며 말씀하신다.

"이 사람은 오랜 옛날에 계셨던 석가모니 부처님의 제자입니다."

대중은 가섭 존자의 모습만을 보고도 번뇌의 때를 버리고 진리의 눈을 얻을 것인데, 바로 이 자리가 미륵 부처님의 첫 번째 법회로서, 이때 96억 명이 아라한이 될 것이다. 그때 미륵 부처님이 가섭의 가사를 받아 입으면, 순간 가섭의 몸은 별처럼 흩어질 것이다. 미륵 부처님은 온갖 꽃과 향으로 가섭 존자에게 공양 올리는데 그것은 바른 법을 공경하고 받드는 마음이 있기 때문이요,

가섭 존자가 석가모니 부처님에게 부촉을 받은 인연을 증명하는 것이다. 이어서 미륵 부처님의 두 번째 법회에서는 94억 대중이 아라한을 얻을 것이며, 세 번째 법회에서는 92억 대중이 아라한을 얻을 것이다.

미륵 부처님은 제자들에게 이렇게 법문하실 것이다.

"그대들은 이렇게 생각해야 합니다. '세상 모든 것이 덧없다. 즐거움 속에는 괴로움이 숨어 있는 법이니 진실한 나를 살펴봐야 할 때다.' 사람들이 굳게 집착하는 건강도 어느 사이 허물어질 뿐이니 세상에 영원한 것은 없다고 관찰해야 합니다. 부처님들이 이렇게 법문하시는 이유는, 사람들이 번뇌를 떠나 완전하고 깨끗한 행복인 열반을 얻게 하기 위함입니다. 이 자리에 모인 그대들은 석가모니 부처님 시절에 온갖 선업을 닦고 수행을 한 인연으로 올 수 있었으니, 삼보에 공양을 올린 인연으로, 잠깐이나마 선행을 한 인연으로, 이웃에게 자비를 베푼 인연으로, 오계를 받아 지킨 인연으로, 삼보에 귀의한 인연으로, 도량을 세우고 법당을 고친 인연으로, 재계를 받아 지킨 인연으로, 부처님께 향과 꽃으로 공양 올린 인연으로, 온 마음을 다해 법문을 들은 인연으로, 목숨이 다하도록 계율을 지킨 인연으로, 목숨이 다하도록 깨끗한 행(梵行)을 지킨 인연으로, 늘 경을 읽고 사경하고 외운 인연으로, 부처님을 섬기고 공양한 인연으로 미륵 부처님의 회상에 오게 되었습니다. 그러니 이 회상에서 깨달음의 인연을 맺어 반드시 열반 언덕에 이르도록 해야 합니다."

미륵 부처님은 어지럽고 힘든 시기에 이 땅에 오셔서 살기 좋은 세상으로 만드는 분이 아니다. 석가모니 부처님의 바른 법이 사라지고 인심이 흉흉해지고 각박해질 때 사람들은 의지할 곳을 찾지 못해 방황하고 두려움에 빠진다. 그러나 사람들이 일념으로 도솔천의 아름다운 모습을 관하고 일상생활에서 살생하지 않고 주지 않는 것을 빼앗지 말며 그릇된 이성 관계를 맺지 않으며 거짓말하지 않고 이간질하지 않고 험한 말을 쓰지 않고 꾸밈말을 하지 않으며 탐욕과 성냄과 어리석음을 떠난다면 세상은 다시 살기 좋은 곳이 된다고 경전에서는 설한다.

부처님을 기다리고 부처님을 맞이하고 부처님 가르침에 귀를 기울이고 마음을 열어 부처님처럼 되고 싶다는 바람을 품는 것만으로 세상은 이미 정토를 이룬 것과 다르지 않다. 한 사람 한 사람의 반성과 발심이 미륵 부처님의 용화세상을 맞이하는 길임을 잊지 말아야 한다.

참고경전

《대지도론》
《미륵대성불경》
《미륵보살소문본원경》
《미륵상생경》
《미륵하생경》
《아육왕경》
《장아함경》

제2장

위대한 가르침

1절

만족스럽지 못한 현실

1항 _ 모든 것은 변한다

항상한 것은 없다

모든 세상에
태어난 것은 다 죽고 마니
목숨이 길다 해도
반드시 끝이 있네.
성한 것은 반드시 쇠하고
모인 것은 마침내 헤어지네.

젊음은 오래 못 가고
건강한 몸에 병이 드니
목숨은 죽음이 삼켜버려서
항상 있는 법은 하나도 없네.

모든 왕은 멋대로 하고
서슬 푸른 세력이 견줄 만한 것이 없지만
온갖 것 무상하여 변해가니
목숨도 그러하니라.

모든 고통의 바퀴 끝날 새 없고
나고 죽고 헤매는 일 쉬지 않으니
삼계三界 덧없는 세상
모든 것이 하나도 즐겁지 않네. 《대반열반경》〈수명품〉

사람의 목숨은 기약할 수 없다

파사익 왕의 어머니가 90세가 지나서 갑자기 중병에 걸렸다. 왕은 약을 써서 차도가 있기를 바랐으나 어머니는 끝내 목숨을 마치고 말았다. 왕과 신하들은 법에 맞게 장례를 치르고 돌아오는 길에 부처님 계신 곳을 지나갔다. 왕은 겉옷과 신발을 벗고 부처님께 나아가 예배했다. 부처님께서는 왕이 자리에 앉자 물으셨다.

"왕은 어디서 오시기에 옷차림이 누추하고 안색이 이상하십니까? 무슨 일이 있었습니까?"

"어머니의 연세가 구십이 넘었는데, 근래에 중병에 걸려 갑자기 돌아가셨습니다. 그래서 장례를 치르고 막 돌아오는 길에 세존을 뵈었던 것입니다."

부처님께서 왕에게 말씀하셨다.

"옛날부터 지금까지 매우 두려운 것이 네 가지 있습니다. 태어나고, 늙어 쇠하며, 병들어 몸에 광택이 없어지고, 죽으면 가족과 이별하는 것, 이 네 가지를 말합니다. 사람의 목숨은 기약할 수 없고, 만물은 덧없어 오래 보전하기 어렵습니다. 하루하루가 지나가는 것처럼 사람의 목숨도 그와 같아서 마치 다섯 강물이 밤낮으로 쉬지 않고 흐르는 것처럼, 사람 목숨의 빠르기도 그와 같습니다." 《법구비유경》〈무상품〉

세상에서 죽지 않는 것은 없다

세상에는 항상하고 견고한 것이 없다. 그런데도 사람들이 생사를 좋아하면서 세상 벗어나는 도를 구하지 않는 것은 모두 어리석음 때문이다. 부모도 반드시 이별해 근심과 통곡으로 사무치는데도 사람들은 서로 더욱 사랑하고 아끼며 그리워하고 슬퍼한다.

세상에는 태어나서 죽지 않는 것이 없으니, '태어난 것은 모두 반드시 죽고, 죽은 것은 다시 태어나 서로 근심하고 통곡하기를 되풀이해 쉴 새가 없다. 수미산도 무너지고, 천상 세계의 모든 천신도 죽고, 왕 또한 죽으며, 가난한 사람, 부유한 사람, 인간부터 축생에 이르기까지 태어나서 죽지 않는 것이 없다'고 했다.

붓다가 앞으로 석 달 후에 완전한 열반에 드는 것을 이상하게 여기지 마라. 붓다가 떠난다 해도 가르침과 계율을 지켜야 하고, 붓다가 세상에 있다 해도 가르침과 계율을 지켜야 한다. 세상 벗어나는 도道로 나아가 힘써 증득해서 다시는 생사를 되풀이하지 않아 근심과 통곡이 없어야 한다. 《불반니원경》

존재하는 것은 언젠가 사라진다

어떤 두 왕이 전쟁을 일으켜 많은 백성을 해치고 밤낮으로 음모를 계속 꾸몄다. 그때 파사익 왕은 두 왕이 생사를 끝없이 되풀이해 구제되기 어려운 것을 보고, 생사에서 해탈시키기 위해 부처님 처소에 나아가서 예배한 뒤에 말씀드렸다.

"여래께선 더없는 법왕이시라 항상 고통과 재난에 허덕이는 중생을 관찰하여 구호하시고, 서로 투쟁하는 자를 화해하게 하십니다. 두 왕이 항상 싸우기를 일삼아서 화해할 줄 모르고 많은 백성만 살해하니, 이제 여래께서 저 두 왕을 화해시켜 서로 싸우지 않게 하시옵소서."

부처님께서는 곧 허락하고 녹야원으로 가셨다. 그때가 바로 두 왕이 제각기 군사를 집합시켜 전투를 시작할 무렵이었는데, 그 가운데 한 왕이 겁을 먹고 물러나서는 부처님께로 갔다. 곧 앞에 나아가 엎드려 예배하고 한쪽으로 물러나 앉았다. 부처님께서 그 왕을 위해 무상게無常偈를 말씀해주셨다.

높은 것도 언젠가는 떨어지고
존재하는 것도 언젠가는 없어지며
태어난 것도 언젠가는 죽고

모인 것도 마침내 흩어진다.

왕은 부처님의 이 게송을 듣고 나서 곧 마음이 열리고 뜻을 이해해 수다원과須陀洹果를 얻었다. 《찬집백연경》〈보살수기품〉

모든 것은 꿈과 같으니 얽매이지 마라

모든 유위법有爲法*은
꿈, 허깨비, 물거품,
그림자, 이슬, 번개 같으니
이렇게 관찰할지라. 《금강경》〈응화비진분〉

모든 것은 무상하고 변한다

만물을 이루는 여섯 가지 근본 원소인 지地, 수水, 화火, 풍風, 허공〔空〕, 의식〔識〕의 요소를 바로 육계六界라 한다. 지, 수, 화, 풍, 허공, 의식의 요소는 무상한 것이고, 변하고 파괴되며 견고함이 없고 굳은 모양이 없는 것이다. 만일 무상한 것이라면 그것은 곧 괴로운 것이고, 만일 그것이 괴로운 것이라면 곧 나〔我〕라고 하는 것도 없는 것이다. 이렇게 아는 것을 곧 육계를 아는 것이라고 한다.

보살은 이와 같은 법을 듣고 나서는 받아 지니며 닦고 배워서 자세히 분별한 뒤에는 곧 다섯 무더기〔五蘊〕를 알아야 한다. 이른

* 인연因緣에 의해 형성된 정신적, 물질적 현상을 말함. 무위법(열반)과 반대되는 개념.

바 생멸·변화하는 모든 것을 구성하는 다섯 요소인 물질〔色〕, 느낌〔受〕, 인식〔想〕, 심리 현상들〔行〕, 의식〔識〕이다. 물질은 마치 작은 물방울과 같아 곧 나고 없어지는 것이어서 오래 머무르지 못하고, 느낌은 마치 물거품과 같아 곧 나고 없어지는 것이어서 오래 머무르지 못한다. 인식은 마치 아지랑이와 같아 곧 나고 없어지는 것이어서 오래 머무르지 못하고, 심리 현상들은 마치 파초와 같아 곧 나고 없어지는 것이어서 오래 머무르지 못하며, 의식은 마치 허깨비와 같아 곧 나고 없어지는 것이어서 오래 머무르지 못한다. 이렇게 아는 것을 다섯 무더기를 아는 것이라고 말한다.

《대보적경》〈선비보살회품〉

죽음을 두려워하는 사람

바라문이여, 그러면 어떤 자가 죽기 마련이면서 죽음을 두려워하고 죽음에 떠는 자입니까?

바라문이여, 여기 어떤 자가 감각적 욕망에 대한 탐욕을 벗어나지 못하고, 의욕을 벗어나지 못하고, 애정을 벗어나지 못하고, 갈증을 벗어나지 못하고, 열병을 여의지 못하고, 갈애를 벗어나지 못했습니다. 그런데 그가 어떤 혹독한 병에 걸리자 이런 생각이 들었습니다. '저 사랑하는 감각적 욕망들은 나를 버릴 것이다. 나도 저 사랑하는 감각적 욕망들을 버릴 것이다'라고. 그는 근심하고 상심하고 슬퍼하고 가슴을 치고 울부짖고 광란합니다.

바라문이여, 이런 자가 죽기 마련이면서 죽음을 두려워하고 죽음에 떠는 자입니다.

다시 바라문이여, 여기 어떤 자가 몸에 대한 탐욕을 벗어나지 못하고, 의욕을 벗어나지 못하고, 애정을 여의지 못하고, 갈증을 벗어나지 못하고, 열병을 벗어나지 못하고, 갈애를 벗어나지 못했습니다. 그런 그가 어떤 혹독한 병에 걸리자 이런 생각이 들었습니다. '저 사랑하는 몸은 나를 버릴 것이다. 나도 저 사랑하는 몸을 버릴 것이다'라고. 그는 근심하고 상심하고 슬퍼하고 가슴을 치고 울부짖고 광란합니다.

바라문이여, 이런 자도 죽기 마련이면서 죽음을 두려워하고 죽음에 떠는 자입니다.

다시 바라문이여, 여기 어떤 자가 선행을 하지 않았고, 덕행을 하지 않았고, 두려움으로부터 피난처를 만들지 않았으며, 사악한 짓을 했고, 잔인한 짓을 했고, 악독한 짓을 했습니다. 그가 어떤 혹독한 병에 걸리자 이런 생각이 들었습니다. '아, 참으로 나는 죽은 뒤에 선행을 하지 않았고, 덕행을 하지 않았고, 두려움으로부터 피난처를 만들지 않았으며, 사악한 짓을 했고, 잔인한 짓을 했고, 악독한 짓을 한 자들이 태어나는 그곳으로 갈 것이다'라고. 그는 근심하고 상심하고 슬퍼하고 가슴을 치고 울부짖고 광란합니다.

바라문이여, 이런 자도 죽기 마련이면서 죽음을 두려워하고 죽음에 떠는 자입니다.

다시 바라문이여, 여기 어떤 자가 정법을 불신하고, 의심하고,

바른 결론에 도달하지 못한 채 어떤 혹독한 병에 걸리자 이런 생각이 들었습니다. '나는 정법을 불신하고, 의심하고, 바른 결론에 도달하지 못했다'라고. 그는 근심하고 상심하고 슬퍼하고 가슴을 치고 울부짖고 광란합니다.

바라문이여, 이런 자도 죽기 마련이면서 죽음을 두려워하고 죽음에 떠는 자입니다. 앙굿따라 니까야《무외경》

죽음을 두려워하지 않는 사람

바라문이여, 그러면 어떤 자가 죽기 마련이면서 죽음을 두려워하지 않고 죽음에 떨지 않는 자입니까?

바라문이여, 여기 어떤 자가 감각적 욕망에 대한 탐욕을 여의고, 의욕을 여의고, 애정을 여의고, 갈증을 여의고, 열병을 여의고, 갈애를 여의었습니다. 그런 그가 어떤 혹독한 병에 걸리자 이런 생각이 들었습니다. '저 사랑하는 감각적 욕망들은 나를 버릴 것이다. 나도 저 사랑하는 감각적 욕망들을 버릴 것이다'라고. 그는 근심하지 않고 상심하지 않고 슬퍼하지 않고 가슴을 치지 않고 울부짖지 않고 광란하지 않습니다.

바라문이여, 이런 자가 죽기 마련이면서 죽음을 두려워하지 않고 죽음에 떨지 않는 자입니다.

다시 바라문이여, 여기 어떤 자가 몸에 대한 탐욕을 여의고, 의욕을 여의고, 애정을 여의고, 갈증을 여의고, 열병을 여의고, 갈애를 여의었습니다. 그런 그가 어떤 혹독한 병에 걸리자 이런 생각이 들었습니다. '저 사랑하는 몸은 나를 버릴 것이다. 나도 저 사랑하는 몸을 버릴 것이다'라고. 그는 근심하지 않고 상심하지 않고 슬퍼하지 않고 가슴을 치지 않고 울부짖지 않고 광란하지 않습니다.

바라문이여, 이런 자도 죽기 마련이면서 죽음을 두려워하지 않고 죽음에 떨지 않는 자입니다.

다시 바라문이여, 여기 어떤 자가 사악한 짓을 하지 않았고, 잔인한 짓을 하지 않았고, 악독한 짓을 하지 않았으며, 선행을 하고, 덕행을 하고, 두려움으로부터 피난처를 만들었습니다. 그가 어떤 혹독한 병에 걸리자 이런 생각이 들었습니다. '아, 참으로 나는 죽은 뒤에 사악한 짓을 하지 않았고, 잔인한 짓을 하지 않았고, 악독한 짓을 하지 않았으며, 선행을 하고, 덕행을 하고, 두려움으로부터 피난처를 만든 자들이 태어나는 그곳으로 갈 것이다'라고. 그는 근심하지 않고 상심하지 않고 슬퍼하지 않고 가슴을 치지 않고 울부짖지 않고 광란하지 않습니다.

바라문이여, 이런 자도 죽기 마련이면서 죽음을 두려워하지 않고 죽음에 떨지 않는 자입니다.

다시 바라문이여, 여기 어떤 자가 정법을 불신하지 않고, 의심하지 않고, 바른 결론에 도달했습니다. 그런 그가 어떤 혹독한 병에 걸리자 이런 생각이 들었습니다. '나는 정법을 불신하지 않고, 의심하지 않고, 바른 결론에 도달했다'라고. 그는 근심하지 않고 상심하지 않고 슬퍼하지 않고 가슴을 치지 않고 울부짖지 않고 광란하지 않습니다.

바라문이여, 이런 자도 죽기 마련이면서 죽음을 두려워하지 않고 죽음에 떨지 않는 자입니다. 앙굿따라 니까야《무외경》

죽음을 재촉하는 귀신

지난 업으로 받은 사람의 몸은 고달픈 삶을 면치 못하며, 부모로부터 몸을 받아 임시로 여러 인연이 모이고 모여서 이루어진 것이다. 지·수·화·풍의 사대四大로 지탱해가지만 그것들은 항상 서로 어긋나고 등진다. 덧없는 생로병사가 예고 없이 찾아와 아침에는 살았다가도 저녁에는 죽으니 찰나에 다른 세상이 된다. 마치 봄날 아침 서리나 새벽이슬이 잠깐 사이에 말라버리고, 가파른 절벽 끝에 위태롭게 서 있는 나무나 깊은 우물 속의 등나무 넝쿨과 같은데, 어찌 이런 몸이 오래 살 수 있겠는가. 순간순간 빨리 지나 한 찰나에 숨이 떨어지면 그대로가 다음 생이거늘, 어찌 편안하게 세월을 헛되이 보낼 수 있겠는가!

'덧없이 죽음을 재촉하는 귀신'은 한순간도 멈추지 않으니 수명은 더 이상 연장되지 않는다. 시간은 기다려주지 않아 모든 중생은 천상과 인간의 삼계에 태어남을 면하지 못한다. 이런 몸을 받아서 살아온 세월이 얼마나 오래되었는지 시간을 따져볼 수도 없다. 회환과 탄식으로 가슴이 쓰라리고 아픈데 어찌 입을 다물고 서로 정신을 차리도록 꾸짖지 않을 수 있겠는가!

원망스러운 것은 말법 시대에 함께 태어나 부처님 시대와 아득하다는 점이다. 부처님의 법은 생소하고 사람들이 지나치게 게으르기에 간략히 좁은 소견을 드러내서 뒷사람들을 일깨워주려는 것이다. 만일 뽐내는 마음을 버리지 않는다면 참으로 생사의 윤회를 벗어나기 어려울 것이다. 《위산경책》

덧없는 세월은 한순간도 멈추지 않는다

이제 나이가 칠십이 가까워서 그대의 할 일은 다했는데, 무엇을 하려고 더 기다리십니까? 죽을 때는 어떻게 대응하실 겁니까? 덧없는 세월은 한순간도 멈추지 않습니다. 설봉선사雪峯禪師가 말했습니다.

"세월이 너무 빨라서 잠깐 사이에 지나가니,
뜬구름 같은 세상에 누가 오래 머물 수 있을까?
비원령飛猿嶺을 넘어갈 때 서른둘을 바라보았는데,
민閩 지방으로 되돌아오니 벌써 마흔이 넘었구나.
남의 허물은 자주 들추어낼 필요가 없고,
자기의 허물은 부지런히 닦아 없애야 한다.
성안에 가득한 벼슬아치들에게 말하노니,
염라대왕은 금빛 물고기의 패찰을 두려워하지 않는다네." 《서장》

세월은 시냇물처럼 흘러가네

죽은 뒤에 부질없이 천고千古의 한을 품으면서
살았을 때 한번 쉬기를 아무도 하려 들지 않네.

저 성현도 모두 범부가 그렇게 된 것이니
어찌 본받아 수행하지 않는가!

어제는 봄인가 했더니 오늘 벌써 가을이라
해마다 이 세월은 시냇물처럼 흘러가네.
이름을 탐하고 이익을 좋아해 허덕이는 사람들
제 욕심을 채우지 못한 채 부질없이 백발일세.

평생토록 일에 빠져 티끌세상 헤매느라
백발이 다 되도록 늙는 줄도 몰랐구나!
명예와 부귀는 재앙을 부르는 사나운 불길
예부터 얼마나 많은 중생이 이 불길에 타 죽었던가! 《나옹록》

잠깐 사이에 죽음의 문턱에 이르다

시간이 흘러 어느덧 하루가 지나가고, 하루하루가 흘러서 어느덧 한 달이 되며, 한 달 두 달이 지나서 문득 한 해가 되고, 한 해 두 해가 바뀌어서 잠깐 사이에 죽음의 문턱에 이른다. 부서진 수레는 굴러갈 수 없는 법이요, 사람도 늙으면 수행할 수 없거늘 누워서 게으름만 피우고 앉아서 어지러운 생각만 일으키는구나. 몇 생을 닦지 않았거늘 하루하루를 헛되이 보내며, 그 얼마를 헛되이 살았으면서 한평생 닦지 아니하는가. 이 몸은 반드시 마칠 날이 있는데, 죽어서 다시 받는 몸은 어떻게 할 것인가. 이 어찌 급

하고 또 급한 일이 아닌가! 《발심수행장》

덧없는 세월의 불길

"덧없는 세월의 불길이 온 세상을 불사르고 있습니다." "중생을 괴롭히는 불길이 사방에서 치솟아 오르고 있습니다." "온갖 번뇌의 도둑이 사람을 죽이려고 늘 엿보고 있습니다"라고 부처님께서 말씀하셨다. 그러므로 도를 닦는 사람들은 반드시 이 점을 깨닫고 머리에 붙은 불을 끄듯 공부해야 한다.

풀이하자면,

몸에는 '태어남〔生〕, 늙음〔老〕, 병듦〔病〕 그리고 죽음〔死〕'이 있고

세계에는 '이루어짐〔成〕, 지속됨〔住〕, 파괴됨〔壞〕 그리고 없어짐〔空〕'이 있으며

마음에는 '일어남〔生〕, 머묾〔住〕, 변함〔異〕 그리고 사라짐〔滅〕'이 있다. 《선가귀감》

2항 _ 삶은 괴롭다

무엇이 괴로움인가

비구들이여, 그러면 무엇이 괴로움입니까? 태어남도 괴로움이요, 늙음도 괴로움이고, 병듦도 괴로움이며, 죽음도 괴로움입니다.

근심·탄식·육체적 고통·정신적 고통·절망도 괴로움이고, 원하는 것을 얻지 못하는 것도 괴로움입니다. 요컨대 취착하는 다섯 무더기〔五取蘊〕 자체가 괴로움입니다.

비구들이여, 그러면 어떤 것이 태어남입니까? 이런저런 중생의 무리로부터 이런저런 중생의 태어남, 일어남, 다섯 무더기의 나타남, 감각 장소를 획득함을 일러 태어남이라 합니다.

비구들이여, 그러면 어떤 것이 늙음입니까? 이런저런 중생의 무리 가운데서 이런저런 중생의 늙음, 노쇠함, 부서진 치아, 백발, 주름진 피부, 수명의 감소, 감각 기능의 허약함을 일러 늙음이라 합니다.

비구들이여, 그러면 어떤 것이 죽음입니까? 이런저런 중생의 무리로부터 이런저런 중생의 종말, 제거됨, 부서짐, 사라짐, 죽음. 그리고 다섯 무더기의 부서짐, 시체를 안치함, 생명 기능의 끊어짐을 일러 죽음이라 합니다.

비구들이여, 그러면 어떤 것이 근심입니까? 이런저런 불행을 만나고 이런저런 괴로운 현상에 맞닿은 사람의 근심, 내면의 근심, 내면의 슬픔을 일러 근심이라 합니다.

비구들이여, 그러면 어떤 것이 탄식입니까? 이런저런 불행을 만나고 이런저런 괴로운 법에 맞닿은 사람의 한탄, 비탄을 일러 탄식이라 합니다.

비구들이여, 그러면 어떤 것이 육체적 고통입니까? 몸의 고통, 몸의 불편함, 몸에 맞닿아 생긴 고통스럽고 불편한 느낌을 일러 육체적 고통이라 합니다.

비구들이여, 그러면 어떤 것이 정신적 고통입니까? 정신적인 불편함, 마음에 맞닿아 생긴 고통스럽고 불편한 느낌을 일러 정신적 고통이라 합니다.

비구들이여, 그러면 어떤 것이 절망입니까? 이런저런 불행을 만나고 이런저런 괴로운 법에 맞닿은 사람의 실망을 일러 절망이라 합니다.

비구들이여, 그러면 어떤 것이 원하는 것을 얻지 못하는 괴로움입니까? 태어나고, 늙고, 병들고, 죽기 마련인 중생에게 이런 바람이 일어납니다. '오, 참으로 우리에게 태어나고, 늙고, 병들고, 죽는 법이 있지 않기를! 참으로 그 태어남, 늙음, 병듦, 죽음이 우리에게 오지 않기를!'이라고. 그러나 이것은 원한다고 해서 얻는 것이 아닙니다. 원하는 것을 얻지 못하는 이것도 괴로움입니다. 근심·탄식·육체적 고통·정신적 고통·절망을 하기 마련인 중생에게 이런 바람이 일어납니다. '오, 참으로 우리에게 근심·탄식·육체적 고통·정신적 고통·절망하는 법이 있지 않기를! 참으로 그 근심·탄식·육체적 고통·정신적 고통·절망이 우리에게 오지 않기를!'이라고. 그러나 이것은 원한다고 해서 얻는 것이 아닙니다. 원하는 것을 얻지 못하는 이것도 역시 괴로움입니다.

비구들이여, 그러면 요컨대 취착하는 다섯 무더기 자체가 괴로움이라는 것은 어떤 것입니까? 그것은 취착하는 물질 무더기, 취착하는 느낌 무더기, 취착하는 인식 무더기, 취착하는 심리 현상들 무더기, 취착하는 의식 무더기입니다. 비구들이여, 요컨대 이 취착하는 다섯 무더기 자체가 괴로움입니다.

비구들이여, 이를 일러 고성제苦聖諦라 합니다. 디가 니까야《대념처경》

괴로움의 세 가지 종류

"도반 사리불이여, '괴로움, 괴로움'이라고들 합니다. 도반이여, 도대체 어떤 것이 괴로움입니까?"

"도반이여, 세 가지 괴로움의 성질이 있습니다. 그것은 고통스런 괴로움의 성질〔苦苦性〕, 형성된 괴로움의 성질〔行苦性〕, 변화 때문에 생기는 괴로움의 성질〔壞苦性〕입니다. 도반이여, 이러한 세 가지 괴로움의 성질이 있습니다." 상윳따 니까야《괴로움 경》

늙음에 대한 암바팔리 비구니의 게송

꿀벌 색깔처럼 검고 끝이 곱슬거리던 내 머리카락은
나이가 드니 거친 삼〔麻〕처럼 되었구나.
진리를 설하는 분이 말씀한 진리는 변하지 않는다.

꽃으로 가득한 향기를 머금은 바구니 같았으나
나이가 드니 짐승 털처럼 역겨운 냄새가 나는구나.
진리를 설하는 분이 말씀한 진리는 변하지 않는다.

빗과 핀으로 정성스레 다듬고 화려하게 만들어
잘 가꾼 동산처럼 우거졌으나

나이가 드니 가늘어지고 여기저기 벗겨졌구나.
진리를 설하는 분이 말씀한 진리는 변하지 않는다.

금붙이로 장식하여 화려하게 땋아 내렸으나
나이가 드니 대머리가 되어가는구나.
진리를 설하는 분이 말씀한 진리는 변하지 않는다.

마치 화가가 잘 그려낸 곡선처럼 내 눈썹은 아름다웠으나
나이가 드니 축 처지는구나.
진리를 설하는 분이 말씀한 진리는 변하지 않는다.

내 눈은 보석처럼 빛났으나
나이가 드니 더 이상 빛나지 않는구나.
진리를 설하는 분이 말씀한 진리는 변하지 않는다.

한창때 유연한 봉우리처럼 화려했던 내 코는
나이가 드니 마치 긴 고추 같구나.
진리를 설하는 분이 말씀한 진리는 변하지 않는다.

잘 만들어진 팔찌 같던 내 귀는 한때 빛났으나
나이가 드니 오므라드는구나.
진리를 설하는 분이 말씀한 진리는 변하지 않는다.

갓 돋아난 파초 잎 색깔처럼 내 치아는 빛났으나
나이가 드니 누렇게 부서지는구나.
진리를 설하는 분이 말씀한 진리는 변하지 않는다.

깊은 숲속의 뻐꾸기가 우거진 나무 사이를 날아가듯
내 음성은 달콤했으나 나이가 드니 갈라지는구나.
진리를 설하는 분이 말씀한 진리는 변하지 않는다.

잘 갈고닦은 소라고둥처럼 내 목은 빛났으나
나이가 드니 구부정해지는구나.
진리를 설하는 분이 말씀한 진리는 변하지 않는다.

둥근 빗장처럼 내 팔은 빛났으나
나이가 드니 빠딸리 나무처럼 말라버리는구나.
진리를 설하는 분이 말씀한 진리는 변하지 않는다.

금붙이로 장식하던 내 손은
나이가 드니 양파 줄기 같구나.
진리를 설하는 분이 말씀한 진리는 변하지 않는다.

솟아올랐고, 둥글고, 단단하고, 높았던 내 가슴은 빛났으나 나이가 드니 빈 물자루처럼 늘어졌구나.
진리를 설하는 분이 말씀한 진리는 변하지 않는다.

잘 다듬어진 황금 장판처럼 내 몸은 빛났으나
지금은 주름으로 덮였구나.
진리를 설하는 분이 말씀한 진리는 변하지 않는다.

마치 코끼리 코처럼 부드러운 곡선을 가진 내 다리는 빛났으나
나이가 드니 대나무 매듭처럼 되었구나.
진리를 설하는 분이 말씀한 진리는 변하지 않는다.

황금 발찌로 장식한 내 발목은 빛났으나
나이가 드니 참깨 줄기처럼 되었구나.
진리를 설하는 분이 말씀한 진리는 변하지 않는다.

마치 부드러운 솜을 넣은 것처럼 내 발은 빛났으나
나이가 드니 주름이 지고 갈라지는구나.
진리를 설하는 분이 말씀한 진리는 변하지 않는다.

지금 이와 같은 물질 무더기는
회반죽이 모두 벗겨진 집과 같다.
진리를 설하는 분이 말씀한 진리는 변하지 않는다. 《장로니게》

여래는 상견常見과 단견斷見을 떠나 중간에서 설한다

나체수행자 가섭이 물었다.

"세존이시여, 부디 제게 괴로움에 대해서 설명해주십시오. 세존이시여, 부디 제게 괴로움에 대해서 가르쳐주십시오."

"가섭이여, '그가 짓고 그가 그 과보를 경험한다'고 한다면 처음부터 존재했던 괴로움을 상정해 '괴로움은 스스로가 짓는다'라고 주장하는 것이 되어 이것은 상견에 떨어져버립니다.

가섭이여, '다른 사람이 짓고 다른 사람이 경험한다'고 한다면 느낌에 압도된 자가 '괴로움은 남이 짓는다'라고 주장하는 것이 되어 이것은 단견에 떨어져버립니다.

가섭이여, 이러한 양극단을 의지하지 않고 중간에 의해서 여래는 법을 설합니다. 무명을 조건으로 의도적 행위들이, 의도적 행위들을 조건으로 알음알이가, 알음알이를 조건으로 정신과 물질이, 정신과 물질을 조건으로 여섯 감각 장소가, 여섯 감각 장소를 조건으로 감각 접촉이, 감각 접촉을 조건으로 느낌이, 느낌을 조건으로 갈애가, 갈애를 조건으로 취착이, 취착을 조건으로 존재가, 존재를 조건으로 태어남이, 태어남을 조건으로 늙고 죽음과 근심·탄식·육체적 고통·정신적 고통·절망이 생겨납니다. 이와 같이 전체 괴로움의 무더기가 발생합니다."

상윳따 니까야《나체수행자 깟사빠 경》

여덟 가지 괴로움의 종류

여덟 가지를 괴로움이라 하는데, 태어나는 괴로움·늙는 괴로움·병드는 괴로움·죽는 괴로움·사랑하는 것과 이별하는 괴로움〔愛別離苦〕·미워하는 것과 만나는 괴로움〔怨憎會苦〕·구해도 얻지 못하는 괴로움〔求不得苦〕·다섯 무더기로 성하는 괴로움〔五陰盛苦〕입니다.

어떤 것을 '사랑하는 것과 이별하는 괴로움'이라 하는가? 사랑하던 물건이 파괴되거나 흩어지는 것입니다. 사랑하던 물건이 파괴되고 흩어지는 데는 두 가지가 있습니다. 첫째는 인간의 다섯 무더기가 파괴되는 것과 천상의 다섯 무더기가 파괴되는 것입니다. 이러한 인간과 천상의 사랑하는 다섯 무더기를 분별해서 계산하면 셀 수 없이 많은 종류가 있습니다.

어떤 것을 '미워하는 것과 만나는 괴로움'이라 하는가? 사랑하지 않는 것과 함께 모이는 것입니다. 사랑하지 않는 것과 함께 모이는 것에 세 가지가 있으니, 지옥과 아귀와 축생입니다. 이런 세 갈래를 분별해서 계산하면 셀 수 없이 많은 종류가 있습니다.

어떤 것을 '구해도 얻지 못하는 괴로움'이라 하는가? 구해도 얻지 못하는 괴로움에 두 가지가 있습니다. 첫째는 희망하는 것을 구해도 얻지 못하는 것이고, 둘째는 힘을 많이 쓰고도 결실을 얻지 못하는 것입니다.

어떤 것을 '다섯 무더기로 성하는 괴로움'이라 하는가? 다섯 무더기로 성하는 괴로움이란 태어나는 괴로움·늙는 괴로움·병드는 괴로움·죽는 괴로움·사랑하는 것과 이별하는 괴로움·미워하는 것과 만나는 괴로움·구해도 얻지 못하는 괴로움입니다.

《대반열반경》〈성행품〉

행복과 불행은 동전의 양면과 같다

부처님께서 말씀하셨다.

"용모가 단정하고 아름다우며 보배구슬로 꾸민 아름다운 여인이 어떤 사람의 집에 들어갔다. 집주인이 그녀를 보고 물었다.

'그대의 이름은 무엇이며 누구에게 소속되어 있는가?'

'나는 공덕천功德天입니다.'

여인이 대답하자 주인이 다시 물었다.

'그대는 가는 곳마다 무슨 일을 하는가?'

'나는 가는 곳마다 가지각색의 금, 은, 유리, 수정, 진주, 산호, 호박, 백산호, 마노, 코끼리, 말, 수레, 노비, 하인 등을 줍니다.'

주인이 이 말을 듣고 뛸 듯이 기뻐하며 말했다.

'나에게 복덕이 있어서 그대가 지금 나의 집에 온 것이다.'

그러고는 향을 사르고 꽃을 흩어서 공양하고 공경하며 예배했다.

또 문밖에 다른 한 여인이 있었는데, 모습이 누추하고 의복이 해어져 때가 묻었으며 얼굴이 창백하고 피부가 쭈글쭈글했다. 주인이 그녀를 보고 물었다.

'그대의 이름은 무엇이며 누구에게 소속되어 있는가?'

'나의 이름은 흑암黑闇입니다.'

'왜 흑암이라고 이름했는가?'

여인이 대답했다.

'나는 가는 곳마다 그 집 재물을 소모하게 합니다.'

주인이 그 말을 듣고는 칼을 휘두르며 말했다.

'그대가 빨리 가지 않으면 목숨을 끊을 것이다.'

그러자 여인이 말했다.

'그대는 왜 그렇게 어리석고 지혜가 없습니까?'

'어째서 나를 어리석고 지혜가 없다고 하는가?'

'그대의 집에 들어간 이는 나의 언니이며, 나는 언제나 언니와 함께합니다. 그러므로 그대가 나를 쫓아낸다면 나의 언니도 쫓아내야 합니다.'

여인의 대답을 듣고 주인이 안으로 들어가서 공덕천에게 물었다.

'밖에 어떤 여인이 와서 말하기를 그대의 동생이라 하니 사실인가?'

공덕천이 대답했다.

'나의 동생입니다. 나는 항상 동생과 행동을 같이했고, 한 번도 떠난 적이 없으며, 가는 곳마다 나는 좋은 일을 하고 동생은 나쁜 짓을 했으며, 나는 이로운 일을 하고 동생은 손해나는 일을 했습니다. 만일 나를 사랑하거든 그도 사랑해야 하고, 나를 공경하려면 그도 공경해야 합니다.'

주인이 이렇게 말했다.

'만일 그렇게 좋은 일도 하고 나쁜 짓도 한다면 나는 받아들일

수 없으니, 모두 마음대로 가시오.'

두 여인은 서로 팔을 끌고 살던 데로 갔고, 주인은 그들이 가는 것을 보고 매우 기뻐했다. 다시 두 여인은 손을 잡고 어느 가난한 집에 이르렀다. 가난한 사람이 그들을 보고는 기쁜 마음으로 말했다.

'지금부터 그대들이 돌아갈 때까지 항상 나의 집에 머물기를 원합니다.'

'우리는 어떤 사람에게 쫓겨 왔는데, 그대는 무슨 인연으로 우리에게 있기를 청합니까?'

공덕천이 이렇게 묻자 가난한 사람이 대답했다.

'나는 그대를 위하기 때문에 흑암을 공경하며, 둘 다 나의 집에 머물라고 청하는 것입니다.'

보살은 천상에 태어나기를 원하지 않는다. 왜냐하면 태어나면 반드시 늙고 병들고 죽기 때문에 모두 버리고 조금도 받을 마음이 없는 것이다. 범부나 어리석은 사람은 늙고 병들고 죽는 걱정을 알지 못하기 때문에 생사는 두 가지 법을 받으려고 탐하는 것이다." 《대반열반경》〈성행품〉

가장 큰 괴로움에 대한 비유

먼 옛날 다섯 가지 신통을 가진 정진력精進力이라는 이름의 스님이 있었다. 스님은 항상 산속의 나무 밑에 앉아 고요히 도를 닦았다. 그때 까마귀, 비둘기, 독사, 사슴이 항상 스님 곁에서 편안히 살고 있었다. 이 네 마리 동물은 낮에 나가서 먹이를 구하다가 날이 저물면 돌아오곤 했다. 어느 날 밤 네 마리 동물은 서로 이야기를 나누었다.

“이 세상에서 무엇이 제일 괴로운가?”

까마귀가 말했다.

“배고프고 목마른 것이 가장 괴롭다. 배고프고 목마를 때는 몸이 피로하고 눈이 어두워지며 정신이 편치 못해서 그물에 걸리고 작살이나 칼날도 보지 못한다. 우리가 죽는 것도 모두 이 때문이다. 그러므로 배고프고 목마른 것이 가장 괴롭다.”

비둘기가 말했다.

“음욕이 가장 괴롭다. 음욕이 불꽃처럼 일어날 때는 아무것도 생각할 수 없다. 몸을 위태롭게 하고 목숨을 잃는 것은 모두 그 때문이다.”

독사가 말했다.

“성내는 것이 가장 괴롭다. 독한 마음이 한 번 일어나면 친근하거나 소원함을 가리지 않고 남을 죽이기도 하고 또 스스로 죽기도 한다.”

사슴이 말했다.

“놀라움과 두려움이 가장 괴롭다. 숲속에서 놀면서도 항상 사냥꾼이나 늑대나 이리들에게 습격당할까 봐 걱정하고 두려워한다. 어디서 작은 소리라도 들리면 곧 내닫다가 구덩이에 빠지기도 하고, 언덕에서 떨어지기도 하며, 어미와 새끼가 서로 헤어져 애를 태우며 슬퍼하기도 한다. 그러므로 놀라움과 두려움이 가장 괴롭다."

정진력 스님이 그 말을 듣고 동물들에게 말했다.

"너희가 논하는 것은 하찮은 것이다. 괴로움의 근본을 깊이 사유하지 못한 말들이다. 세상의 괴로움으로 몸보다 더한 괴로움이 없다. 이 몸은 괴로움을 담고 있는 그릇으로서 근심과 두려움이 한량없다. 그러므로 나는 속세를 버리고 도를 닦되, 잡념을 없애고 생각을 끊어 이 몸을 탐하지 않고, 괴로움의 근원을 끊으려고 오직 열반에 뜻을 두는 것이다. 열반의 도는 아주 적정寂靜해서 형상이 없는 것이니, 근심과 걱정이 영원히 끝나야 비로소 큰 안락을 얻는 것이다."

네 마리 동물은 이 말을 듣고 마음이 곧 열렸다. 《법구비유경》〈안녕품〉

모든 중생은 불타는 집에서 근심하고 괴로워한다

여래는 모든 세상 사람들의 아버지로서 온갖 두려움과 쇠퇴와 고뇌와 근심 걱정과 무명과 어두움이 영원히 다하여 남음이 없게 한다. 한량없는 지견知見과 힘과 두려움 없음을 모두 성취하고, 큰 신통한 힘과 지혜의 힘이 있다. 방편과 지혜바라밀과 대자대비를 모두 갖추어 언제나 게으르지 않고, 항상 좋은 일을 구하여 모든 중생을 이롭게 한다. 그래서 삼계의 낡고 썩은 불난 집을 벗어나서 중생들의 나고 늙고 병들고 죽고 근심하고 슬퍼하고 괴로워하고 어리석고 우매한 삼독의 불을 제거하고 그들을 교화하여 최상의 깨달음을 얻게 하려는 것이다.

모든 중생이 나고 늙고 병들고 죽고 근심하고 슬퍼하고 괴로워하는 불에 타며, 또 다섯 가지 욕망의 즐거움과 재물을 위하여 가지가지 고통을 받는 것을 보았다. 또 탐욕과 집착을 추구하므로 현세에서 온갖 고통을 받다가 나중에 지옥, 축생, 아귀의 괴로움을 받기도 하고, 어쩌다가 천상이나 인간에 나더라도 빈궁하며 피곤하고 괴롭다.

사랑하는 사람과 떠나는 괴로움, 미운 사람과 만나는 괴로움 등 여러 가지 괴로움을 받으면서도 중생들이 그 가운데 빠져서 기쁘게 놀면서 깨닫지도 못하고 알지도 못하므로 놀라지도 않고 무서워하지도 않고, 또 싫어할 줄도 모르고 벗어날 것을 구하지도 않는다. 이 삼계라는 불타는 집에서 동서로 왔다 갔다 하면서 그러한 큰 고통을 만나고도 근심하지 않음을 보았다. 《법화경》〈비유품〉

중생이 고통을 받는 이유

내가 그대들에게 말한 이 세상은 다섯 가지 악으로 가득 차 있고 고통과 괴로움을 받는다. 이로 인해 다섯 고통과 다섯 불길이 서로 원인이 되어 생긴다. 오직 온갖 악한 짓만을 저지르고 착한 일을 행하지 않으니, 자연히 모두 삼악도三惡道에 떨어진다. 혹은 지금 세상에서 먼저 재앙을 당하고 병에 걸려서 죽고 싶어도 죽지 못하고, 살려고 해도 그럴 수 없으며, 그래서 자신이 지은 죄악의 과보를 대중이 보게 된다. 그러다가 죽으면 업에 따라 삼악도에 떨어져 한량없는 고통 속에서 스스로 자신을 불태운다.

이것은 오랜 세월 계속되어 원한의 결박을 만드니, 처음에는 작고 미세한 것에서 시작되어 나중에는 크나큰 악을 이룬다. 이 모두가 재물과 애욕을 탐하는 마음을 버리지 못해 보시와 은혜를 베풀지 않았기 때문이고, 어리석음과 욕망을 쫓아 마음으로 생각하는 것마다 번뇌에 묶여 풀려나지 못했기 때문이다. 또한 자신의 이익만 추구해 남과 다투고 반성하지 않았기 때문이다. 혹 부귀영화를 누리는 때가 있더라도 자신의 쾌락만을 즐길 뿐 절제할 줄 모르고, 착한 일을 하지 않으므로 그 위세는 얼마 가지 않아서 소멸된다. 그리고 자신의 한 몸을 살리기 위해 고생하지만 그 후에는 더 큰 비극을 맞이할 뿐이다.

하늘의 도道는 바르고 곧아서 미치지 않는 곳이 없다. 따라서 저절로 지은 것이 드러나고, 형벌이 펼쳐진 그물처럼 위아래를 뒤덮는다. 의지할 곳도 없이 오직 홀로 그곳에 들어갈 뿐이며, 이것은 예전이나 지금이나 똑같으니 참으로 애처롭고 가엾은 일이다.

《무량수경》

3항 _ '나'와 '내 것'은 없다

'나'라는 존재는 인연의 화합물

나가세나가 밀린다 왕에게 물었다.

"어떤 것을 수레라고 합니까? 굴대를 수레라고 합니까?"

"굴대는 수레가 아닙니다."

"바퀴통이 수레입니까?"

"바퀴통은 수레가 아닙니다."

"바큇살이 수레입니까?"

"바큇살은 수레가 아닙니다."

"바퀴 테가 수레입니까?"

"바퀴 테는 수레가 아닙니다."

"끌채가 수레입니까?"

"끌채는 수레가 아닙니다."

"멍에가 수레입니까?"

"멍에는 수레가 아닙니다."

"가마가 수레입니까?"

"가마는 수레가 아닙니다."

"덮개가 수레입니까?"

"덮개는 수레가 아닙니다."

"이 부분들을 모아서 하나로 붙이면 수레입니까?"

"수레가 아닙니다."

"움직일 때 나는 소리가 수레입니까?"

"수레가 아닙니다."

"무엇이 수레입니까?"

왕은 말이 없었다. 나가세나가 이어서 말했다.

"경전에서 말하기를, 이 여러 부분들을 합해 수레를 만듦으로써 수레가 되는 것이라고 했습니다. 사람도 그와 같습니다. 머리와 얼굴, 눈, 귀, 코, 입, 목, 어깨, 팔, 뼈, 살, 손발, 허파, 간장, 심장, 신장, 비장, 창자, 위장, 안색, 소리의 울림, 들숨과 날숨, 괴로움과 즐거움, 선악善惡이 합해서 사람이 되는 것입니다." 《밀린다왕문경》

내 것에 집착하지 마라

옛날에 대향산大香山이라는 곳에 많은 후추나무와 약초가 있었다. 후추나무 위에 새 한 마리가 살았는데, 이름은 아소我所였다. 봄에 약재로 쓸 열매가 익어가면 사람들이 따다가 병을 치료하곤 했다. 그러면 이 아소라는 새는 구슬피 울어댔다.

'이 열매는 내 것이다. 너희는 가져가지 마라. 나는 사람들이 이것을 따가는 걸 원치 않는다.'

이렇게 소리 내어 울어도 사람들이 계속 따갔다. 그 새는 불안하고 걱정이 되어 소리 내어 울기를 멈추지 않았고, 이로 인해 죽고 말았다. 부처님께서 말씀하셨다.

"이와 같이 어리석은 자는 보잘것없는 이가 되어 살아가면서 재물을 구한다. 또는 바른 업으로 또는 삿된 업으로 재물을 모으지만, 목숨이 다하면 재물은 몸을 따라가는 것이 아니다. 아소라는 저 새가 후추나무나 다른 약재 나무의 열매가 익어가는 것을 보면서 '모두 내 것이다'라고 소리 내어 울어도 사람들이 따가는 것을 막지 못하는 것과 같다." 《생경》

'나'라는 견해에 집착하지 마라

옛날 어떤 사람이 매우 가난해서 남에게 많은 빚을 졌지만 갚을 방법이 없었다. 그래서 그는 그곳을 피해 아무도 없는 들판으로 도망가다가 보물이 가득한 상자를 발견했다. 그런데 그 보물 상자는 밝은 거울로 뒤덮여 있었다. 가난한 사람은 그것을 보고 매우 기뻐하며 열어보려고 하다가, 거울 속에 비친 사람을 보고 매우 놀라고 두려워 합장하며 말했다.

"나는 빈 상자에 아무것도 없다고 생각했소. 그대가 이 상자 속에 있는 줄은 몰랐으니, 부디 화내지 마시오."

범부들도 또한 그와 같아서 한량없는 번뇌의 시달림을 받으면서 나고 죽는 마왕이라는 빚쟁이에게 핍박을 받고는, 나고 죽음을 피해 부처님 법 안에 들어와 착한 법을 닦아 행하고 온갖 공덕을 지으려 한다. 그러나 보물 상자를 보고 거울 속에 비친 자기 얼굴에 미혹된 사람처럼 망령되게 '나'라는 것이 있다고 생각해 곧 거기에 집착해서 그것을 진실이라 생각한다. 《백유경》

궁극의 가르침, 무아無我

수보리가 부처님께 여쭈었다.

"세존이시여! 가장 높고 바른 깨달음을 얻고자 하는 선남자 선여인은 어떻게 살아야 하며 어떻게 그 마음을 다스려야 합니까?"

부처님께서 수보리에게 말씀하셨다.

"가장 높고 바른 깨달음을 얻고자 하는 선남자 선여인은 이러한 마음을 일으켜야 한다. '나는 일체중생을 열반에 들게 하리라. 일체중생을 열반에 들게 했지만 실제로는 아무도 열반을 얻은 중생이 없다.'

왜냐하면 수보리여! 보살에게 자아가 있다는 관념, 개아個我가 있다는 관념, 중생이 있다는 관념, 영혼이 있다는 관념이 있다면 보살이 아니기 때문이다. 그것은 수보리여! 가장 높고 바른 깨달음에 나아가는 자라 할 법이 실제로 없는 까닭이다.

수보리여! 그대 생각은 어떠한가? 여래가 연등 부처님 처소에서 얻은 가장 높고 바른 깨달음이라 할 법이 있었는가?"

"아닙니다, 세존이시여! 제가 부처님께서 말씀하신 뜻을 이해하기로는 부처님께서 연등 부처님 처소에서 얻으신 가장 높고 바른 깨달음이라 할 법이 없습니다."

부처님께서 말씀하셨다.

"그렇다, 그렇다. 수보리여! 여래가 가장 높고 바른 깨달음을 얻은 법이 실제로 없다. 수보리여! 여래가 가장 높고 바른 깨달음을 얻은 법이 있었다면 연등 부처님께서 내게 '그대는 내세에 석가모니라는 이름의 부처가 될 것이다'라고 수기하지 않았을 것이다. 가장 높고 바른 깨달음을 얻은 법이 실제로 없었으므로 연등 부처님께서 내게 '그대는 내세에는 반드시 석가모니라는 이름의 부처가 될 것이다'라고 수기하셨던 것이다. 왜냐하면 여래는 모든 존재의 진실한 모습을 의미하기 때문이다.

어떤 사람이 여래가 가장 높고 바른 깨달음을 얻었다고 말한다면, 수보리여! 여래가 가장 높고 바른 깨달음을 얻은 법이 실제로 없다. 수보리여! 여래가 얻은 가장 높고 바른 깨달음에는 진실도 없고 거짓도 없다. 그러므로 여래는 '일체법이 모두 불법이다'라고 설한다.

수보리여! 일체법이라 말한 것은 일체법이 아닌 까닭에 일체법이라 말한다. 수보리여! 예컨대 사람의 몸이 매우 큰 것과 같다."

수보리가 말했다.

"세존이시여! 여래께서 사람의 몸이 매우 크다는 것은 큰 몸이 아니라고 설하셨으므로 큰 몸이라 말씀하셨습니다."

"수보리여! 보살도 역시 그러하다. '나는 반드시 한량없는 중생을 제도하리라' 말한다면 보살이라 할 수 없다. 왜냐하면 수보리여! 보살이라 할 만한 법이 실제로 없기 때문이다. 그러므로 여래는 모든 법에 자아도 없고, 개아도 없고, 중생도 없고, 영혼도 없다고 설한 것이다.

수보리여! 보살이 '나는 반드시 불국토를 장엄하리라' 말한다면 이는 보살이라 할 수 없다. 왜냐하면 여래는 불국토를 장엄한다는 것은 장엄하는 것이 아니라고 설했으므로 장엄한다고 말하기 때문이다.

수보리여! 보살이 무아의 법에 통달한다면 여래는 이런 이를 진정한 보살이라 부른다." 《금강경》〈구경무아분〉

농담으로라도 거짓말하지 마라

부처님께서 라훌라를 만나러 가셨다. 라훌라는 부처님께 절을 올리고 한 곁에 앉았다. 그러자 부처님께서는 발 씻은 물그릇에 물을 조금 남기고 라훌라에게 물으셨다.

"라훌라야, 너는 이 물그릇에 물이 조금 남아 있는 것이 보이느냐?"

"그렇습니다, 세존이시여."

"라훌라야, 고의로 거짓말하는 것을 전혀 부끄러워하지 않는 자들의 출가수행이란 것도 이와 같이 조금 남아 하찮은 것에 지나지 않는다."

그리고 부처님께서는 조금 남은 그 물을 쏟아 버리고 라훌라에게 물으셨다.

"라훌라야, 너는 조금 남은 물이 버려진 것을 보았느냐?"

"그렇습니다, 세존이시여."

"라훌라야, 고의로 거짓말하는 것을 전혀 부끄러워하지 않는 자들의 출가수행이란 것도 이와 같이 버려진 것에 지나지 않는다."

그리고 부처님께서는 그 물그릇을 뒤집어엎고 라훌라에게 물으셨다.

"라훌라야, 너는 이 물그릇이 엎어진 것을 보았느냐?"

"그렇습니다, 세존이시여."

"라훌라야, 고의로 거짓말하는 것을 전혀 부끄러워하지 않는 자들의 출가수행이란 것도 이와 같이 엎어진 것에 지나지 않는다."

그리고 부처님께서는 그 물그릇을 다시 바로 세우고 라훌라에게 물으셨다.

"라훌라야, 너는 이 물그릇이 바닥이 드러나고 비어 있는 것을 보았느냐?"

"그렇습니다, 세존이시여."

"라훌라야, 고의로 거짓말하는 것을 전혀 부끄러워하지 않는 자들의 출가수행이란 것도 이와 같이 바닥나고 비어 있는 것에 지나지 않는다.

라훌라야, 그와 같이 고의로 거짓말하는 것을 전혀 부끄러워하지 않는 자는 누구든지 어떤 악한 행위라도 저지르지 못할 것이 없다고 나는 말한다. 라훌라야, 그러므로 너는 '나는 농담으로라도 결코 거짓말하지 않으리라!'라고 익혀야 한다."

맛지마 니까야《암발랏티까에서 라훌라를 교계한 경》

아라한이 된 똥지게꾼

부처님께서는 공양 때가 되어 가사를 입고 발우를 들고 사위성 안으로 들어가 차례로 탁발하면서 불가촉천민의 집에 이르셨다. 그때 똥지게꾼은 멀리서 부처님이 오시는 것을 보고 속으로 부끄럽게 여겨 부처님을 피해 다른 골목으로 들어갔다. 하지만 부처님께서는 어느새 그곳으로 가서 그 사람 앞으로 다가오셨다.

똥지게꾼은 '내가 메고 있는 이 똥통에서는 몹시 더러운 냄새가 나는데 내가 지금 어떻게 부처님을 뵐 수 있겠는가?'라고 생각했다. 그가 다시 부처님을 피해 달아나다가 어느 연못가에서 똥통 끈이 끊어지는 바람에 통이 깨져서 깨끗한 땅이 오물로 더럽혀졌다. 그는 땅 주인에게 호통을 들을까 겁이 나서 또다시 달아나려고 했다. 부처님께서는 그를 불러 말씀하셨다.

"내가 지금 그대 때문에 여기에 왔는데 어디로 가려 하오?"

똥지게꾼이 대답했다.

"제 몸이 더러워 감히 부처님을 가까이에서 뵐 수 없기 때문에 피하려고 했습니다. 세존이시여, 저는 일찍 부모를 잃었고, 게다가 친척도 별로 없어 처자식도 없이 외롭고 가난하게 혼자 살면서 똥 푸는 일을 하고 있습니다. 세존께서는 어떤 가르침을 주시려고 자비스럽게도 이런 죄인과 이야기를 하려고 하십니까?"

부처님께서 말씀하셨다.

"그대는 나를 따라오시오. 그대를 제도해 출가시키려 하오."

똥지게꾼이 여쭈었다.

"세존이시여, 지옥에 있는 중생이나 아귀 혹은 축생도 도를 얻을 수 있습니까?"

부처님께서 똥지게꾼에게 말씀하셨다.

"내가 아주 먼 과거부터 지금까지 수많은 행을 닦으면서 부처가 된 것은 자신의 죄로 인해 고통받는 사람들을 구제하기 위함이오."

부처님께서는 즉시 신통력으로 똥지게꾼을 데리고 허공을 날아 항하恒河로 가서 목욕시키고 그의 몸을 향기롭고 깨끗하게 하셨다. 그리고 다시 신통력으로 기원정사로 데려와서 여러 비구에게 말씀하셨다.

"이 사람을 데리고 가서 출가시켜라."

비구들은 분부를 받고 곧 그를 출가시켜 스님이 되게 했다. 그는 수행자가 된 후에 마음속으로 가만히 생각했다.

'나는 천한 사람으로 태어났지만 다행히 조그만 복이 있어 도를 맛보게 되었다. 만일 지금 스스로 도를 구하지 않으면 훗날에는 보잘것없는 범부에 떨어져 지금보다 더한 고통을 받을 것이다.'

그래서 스스로 마음을 가다듬고 부지런히 수행한 끝에 열흘이 되기도 전에 수다원, 사다함, 아나함, 아라한의 도를 차례로 얻었다. 《출요경》

자기에 대한 집착을 버려라

세상 사람들은 여러 학문을 닦는데도 어째서 진리를 깨닫지 못하는 것입니까?

그것은 자기 자신에게 집착하기 때문에 깨닫지 못하는 것입니다. 만약 자기에게 집착하지 않는다면 당장에 진리를 얻을 수 있습니다. 여기서 자기에게 집착한다는 것은 나와 내 것이 있다는 관념을 말합니다. 성인聖人의 경우 고난을 만나도 근심하지 않고 즐거움을 만나도 탐닉하지 않는 것은 자기에게 집착하지 않기 때문입니다. 성인이 괴로움과 즐거움을 받지 않는 까닭은 자기조차도 부정하기 때문입니다. 일체가 공하다는 자유로운 경지에 이르면 자기조차도 부정합니다. 하물며 부정하지 못할 것이 무엇이 있겠습니까? 세상에 자기를 부정할 수 있는 자가 몇이나 있겠습니까? 만약 자기를 부정할 수 있다면 모든 존재가 본래 무아가 되는 법입니다. 《이입사행론》

2절

삶이 힘든 이유

4항 _ 욕망은 채워지지 않는다

괴로움의 원인은 갈애이다

비구들이여, 그러면 무엇이 집성제集聖諦인가? 그것은 갈애이니, 다시 태어남을 가져오고 환희와 탐욕이 함께하며 여기저기서 즐기는 것입니다. 즉 감각적 욕망에 대한 갈애〔慾愛〕, 존재에 대한 갈애〔有愛〕, 존재하지 않는 것에 대한 갈애〔無有愛〕가 그것입니다.

다시 비구들이여, 이런 갈애는 어디서 일어나서 어디서 자리 잡는가? 세상에서 즐겁고 기분 좋은 것이 있으면 이 갈애는 거기서 일어나서 거기서 자리 잡습니다. 디가 니까야《대념처경》

사랑하는 사람 때문에 슬픔, 비탄, 고통, 근심이 생긴다

부처님께서 나라장가 바라문에게 말씀하셨다.

"바라문이여, 어떻게 근심·탄식·육체적 고통·정신적 고통·절망이 사랑하는 사람에게서 생겨나고 사랑하는 사람에게서 발생하는지, 그것은 이런 방법으로 알 수 있습니다.

바라문이여, 예전에 이 사위성에서 어떤 여인의 어머니가 임종을 했습니다. 그녀는 어머니의 임종으로 인해 실성을 해버렸습니다. 그래서 이 거리 저 거리, 이 골목 저 골목을 다니면서 '내 어머니를 못 보셨습니까? 내 어머니를 못 보셨습니까?' 하며 울부짖었습니다.

바라문이여, 어떻게 근심·탄식·육체적 고통·정신적 고통·절망이 사랑하는 사람에게서 생겨나고 사랑하는 사람에게서 발생하는지, 그것은 이런 방법으로도 역시 알 수 있습니다.

바라문이여, 예전에 이 사위성에서 어떤 여인의 아버지, 오라버니, 자매, 아들, 딸, 남편이 임종을 했습니다. 그녀는 남편의 임종으로 인해 실성을 해버렸습니다. 그래서 이 거리 저 거리, 이 골목 저 골목을 다니면서 '내 남편을 못 보셨습니까? 내 남편을 못 보셨습니까?' 하며 울부짖었습니다.

바라문이여, 어떻게 근심·탄식·육체적 고통·정신적 고통·절망이 사랑하는 사람에게서 생겨나고 사랑하는 사람에게서 발생하는지, 그것은 이런 방법으로도 역시 알 수 있습니다.

바라문이여, 예전에 이 사위성에서 어떤 남자의 어머니, 아버지, 형제, 누이, 아들, 딸, 아내가 임종을 했습니다. 그는 아내의 임종으로 인해 실성을 해버렸습니다. 그래서 이 거리 저 거리, 이 골목 저 골목을 다니면서 '내 아내를 못 보셨습니까? 내 아내를 못 보셨습니까?' 하며 울부짖었습니다.

바라문이여, 어떻게 근심·탄식·육체적 고통·정신적 고통·절망이 사랑하는 사람에게서 생겨나고 사랑하는 사람에게서 발생하는지, 그것은 이런 방법으로도 역시 알 수 있습니다.

바라문이여, 예전에 이 사위성에서 어떤 여인이 친척집에 갔는데, 그녀의 친척들은 그녀를 남편과 이혼시키고 다른 사람과 맺어주려 했지만 그녀는 원치 않았습니다. 그때 그녀는 사위성에 사는 남편에게 '여보, 저의 친척들은 저를 당신과 이혼시키고 다른 사람과 맺어주려 하는데 저는 원치 않습니다'라고 말했습니다. 그러자 그 남편이 '우리는 저세상에서 함께 삽시다'라고 말한 뒤 그녀를 살해하고는 자신도 자결해버렸습니다.

바라문이여, 이런 방법으로도 역시 근심·탄식·육체적 고통·정신적 고통·절망은 사랑하는 사람에게서 생겨나고 사랑하는 사람에게서 발생하는 것이라는 사실을 알 수 있습니다."

맛지마 니까야《애정에서 생김 경》

재물과 색욕은 칼날 끝의 달콤한 꿀과 같다

재물과 색욕은 사람에게 있어 어린아이가 탐내는 칼날 끝의 달콤한 꿀과 같다. 한 번 빨아먹기에도 부족하고 혀를 베일 수 있지만, 사람들은 달콤함에 취해 그것을 탐한다. 사람이 배우자나 좋은 집에 얽매이는 것은 감옥, 족쇄, 쇠사슬보다 더한 것이다. 《사십이장경》

사랑하지도 말고 미워하지도 말라

사랑하는 것을 향해 가지 말고
사랑하지 않는 것을 만들지 마라.
사랑하는 것 보지 못하면 근심하고
사랑하지 않는 것을 보아도 근심한다.

그러므로 사랑을 만들지 마라.
사랑으로 말미암아 미움이 생긴다.
이미 그 결박에서 벗어난 사람
사랑할 것도 없고 미워할 것도 없네.

사랑하고 기뻐하는 데서 근심 생기고
사랑하고 기뻐하는 데서 두려움 생긴다.
사랑하거나 기뻐할 것 없다면
무엇을 근심하고 무엇을 두려워하랴.

좋아하고 즐기는 데서 근심 생기고
좋아하고 즐기는 데서 두려움 생긴다.
좋아하거나 즐길 것 없으면
무엇을 근심하고 무엇을 두려워하랴.

탐하는 마음에서 근심 생기고

탐하는 마음에서 두려움 생긴다.
만일 해탈하여 탐욕이 없다면
무엇을 근심하고 무엇을 두려워하랴. 《법구경》

집착 없이 마음을 내라

형색에 집착 없이 마음을 내어야 하며
소리, 냄새, 맛, 감촉, 마음의 대상에도
집착 없이 마음을 내어야 한다.
마땅히 집착 없이 마음을 내어야 한다. 《금강경》〈이상적멸분〉

욕심 없는 것이 참된 도다

사물을 탐내지 않는 실천이란 무엇인가? 세상 사람들이 항상 미혹해서 가는 곳마다 욕심을 부리는데, 이것을 탐내는 마음이라고 한다. 그러나 지혜로운 사람은 진실을 깨닫고, 이 진리로 세속적인 것을 꺼리며 마음을 무위無爲에 두고, 몸을 흐름에 맡겨 움직인다. 모든 존재는 실체가 없으며, 탐하는 바가 없는 것이 곧 즐거움이다. 공덕천과 흑암천은 함께 다니며 서로 떨어지지 않는다. 삼계에 오래 머무는데, 이곳은 마치 불난 집과 같다. 육신이라는 것이 다 고통인지라 누가 이곳에서 편안히 머물 수 있겠는가! 그렇기 때문에 모든 것에 생각을 쉬고 탐하지 말아야 한다. 경전에 이르되 "구함이 있으면 고통이요, 구함이 없으면 즐거움이다"라고 했다. 욕심을 내지 않는 것이 바로 참된 도의 실천이다. 《이입사행론》

삼 일 동안 닦은 마음은 천년의 보배

자신의 재물을 나누는 데 인색하지 말고, 다른 사람의 재물을 탐내지 말아야 한다. 삼악도의 괴로움을 가져오는 데는 탐욕이 으뜸이요, 육바라밀 수행 가운데 으뜸가는 것은 남한테 베푸는 보시니라. 인색하고 탐하는 마음은 착한 길을 막고, 자비로 보시하는 행은 반드시 나쁜 길을 막아준다. 만일 가난한 사람이 찾아와 구걸하거든 내 생활이 넉넉지 못하더라도 아끼지 말아야 한다.

이 세상에 올 때 우리는 한 물건도 가져오지 않았으며, 이 세상을 떠날 때 또한 빈손으로 간다. 자기 재물조차 아끼는 마음이 없는데 어찌 남의 물건에 욕심을 부리겠는가. 이 몸이 죽을 때 아무것도 가져가지 못하고 평생 지은 업만 자신을 따를 뿐이다. 삼 일 동안 닦은 마음은 천년의 보배가 될 것이요, 백 년 동안 탐내어 쌓은 물건은 하루아침에 티끌이 되고 마느니라. 《자경문》

탐욕은 고통을 부른다

모든 부처님께서 적멸궁을 아름답게 꾸민 것은 오랜 세월 욕심을 끊고 고행하신 결과요, 수많은 중생이 불타는 집에서 고통을 받는 것은 끝없는 세상을 살아오면서 탐욕을 버리지 못한 까닭이다. 막는 사람이 없는데도 천당 가는 사람이 적은 것은 탐욕, 성냄, 어리석음으로 자기 집 재물을 삼은 까닭이요, 유혹하는 사람이 없는데도 나쁜 길에 들어가는 사람이 많은 것은 네 마리 독사와 다섯 가지 욕망의 즐거움을 망령되게 마음의 보배로 삼았기 때문이다. 그 누군들 산에 들어가 진리의 도를 닦을 생각이 없겠냐마는 저마다 그렇지 못함은 애욕에 얽혀 있는 탓이다. 비록 깊은 산에 들어가 마음을 닦지는 못하더라도 자신의 힘과 능력에 따라 선행을 버리지 말아야 한다. 《발심수행장》

5항 _ 성냄은 자신을 불태운다

원한이 발생하는 원인

'이 사람이 나에게 손해를 끼쳤다'라고 해서 원한이 생깁니다. '이 사람이 나에게 손해를 끼친다'라고 해서 원한이 생깁니다. '이 사람이 나에게 손해를 끼칠 것이다'라고 해서 원한이 생깁니다.

'이 사람이 내가 좋아하고 마음에 드는 사람에게 손해를 끼쳤다'라고 해서 원한이 생깁니다. '이 사람이 내가 좋아하고 마음에 드는 사람에게 손해를 끼친다'라고 해서 원한이 생깁니다. '이 사람이 내가 좋아하고 마음에 드는 사람에게 손해를 끼칠 것이다'라고 해서 원한이 생깁니다.

'이 사람이 내가 좋아하지 않고 마음에 들지 않는 사람에게 이익을 주었다'라고 해서 원한이 생깁니다. '이 사람이 내가 좋아하지 않고 마음에 들지 않는 사람에게 이익을 준다'라고 해서 원한이 생깁니다. '이 사람이 내가 좋아하지 않고 마음에 들지 않는 사람에

게 이익을 줄 것이다'라고 해서 원한이 생깁니다. 디가 니까야《합송경》

원한을 다스리는 법

'이 사람이 나에게 손해를 끼쳤다. 그러나 이 경우에 그것이 우리 둘의 어디에 존재한단 말인가?'라고 원한을 다스립니다. '이 사람이 나에게 손해를 끼친다. 그러나 이 경우에 그것이 우리 둘의 어디에 존재한단 말인가?'라고 원한을 다스립니다. '이 사람이 나에게 손해를 끼칠 것이다. 그러나 이 경우에 그것이 우리 둘의 어디에 존재한단 말인가?'라고 원한을 다스립니다.

'이 사람이 내가 좋아하고 마음에 드는 사람에게 손해를 끼쳤다. 그러나 이 경우에 그것이 우리 둘의 어디에 존재한단 말인가?'라고 원한을 다스립니다. '이 사람이 내가 좋아하고 마음에 드는 사람에게 손해를 끼친다. 그러나 이 경우에 그것이 우리 둘의 어디에 존재한단 말인가?'라고 원한을 다스립니다. '이 사람이 내가 좋아하고 마음에 드는 사람에게 손해를 끼칠 것이다. 그러나 이 경우에 그것이 우리 둘의 어디에 존재한단 말인가?'라고 원한을 다스립니다.

'이 사람이 내가 좋아하지 않고 마음에 들지 않는 사람에게 이익을 주었다. 그러나 이 경우에 그것이 우리 둘의 어디에 존재한단 말인가?'라고 원한을 다스립니다. '이 사람이 내가 좋아하지 않고 마음에 들지 않는 사람에게 이익을 준다. 그러나 이 경우에 그것이 우리 둘의 어디에 존재한단 말인가?'라고 원한을 다스립니다. '이 사람이 내가 좋아하지 않고 마음에 들지 않는 사람에게 이익을 줄 것이다. 그러나 이 경우에 그것이 우리 둘의 어디에 존재한단 말인가?'라고 원한을 다스립니다. 디가 니까야《합송경》

분노는 지옥으로 이끄는 첫 번째 원인

분노는 첫 번째 원인이 되어
사람을 지옥으로 가게 하니
마치 노끈처럼 너를 결박해
지금 이런 고통 받는다.

마음이 분노로 미쳐 판단력이 없는 사람은
항상 분노를 생각해 버리지 않고
언제나 그 마음이 고요하지 않는 것이
마치 굴속에 머무는 뱀 같다.

만약 견고하고 나쁜 몸으로
항상 분노를 많이 행하면
그가 즐거움을 얻지 못하는 것은
마치 한낮의 어둠 같다. 《정법염처경》

상습적으로 화를 낸 과보

비구들이여, 적은 자기의 적에게 '아, 참으로 이 자가 흉한 모습이 되기를!'이라고 원합니다. 그것은 무슨 이유인가? 비구들이여, 적은 자기 적의 아름다운 모습을 기뻐하지 않기 때문입니다.

비구들이여, 이 사람이 분노하고, 분노에 압도되고, 분노에 정복되면 비록 목욕을 하고, 향수를 뿌리고, 이발과 면도를 하고, 흰 옷을 입더라도 그는 분노에 압도되어 흉한 모습이 됩니다.

비구들이여, 적은 자기의 적에게 '아, 참으로 이 자가 잠을 잘 못자기를!'이라고 원합니다. 그것은 무슨 이유인가? 비구들이여, 적은 자기 적이 행복하게 잠드는 것을 기뻐하지 않기 때문입니다.

비구들이여, 이 사람이 분노하고, 분노에 압도되고, 분노에 정복되면 긴 양털의 덮개가 펴져 있고, 꽃무늬가 새겨져 있는 흰색 모직 천이 펴져 있고, 사슴의 가죽으로 만든 깔개와 커튼이 쳐지고, 양쪽에 받침이 있는 그런 침상에서 자더라도 잠을 잘 못 잡니다.

비구들이여, 적은 자기의 적에게 '아, 참으로 이 자에게 큰 이익이 따르지 않기를!'이라고 원합니다. 그것은 무슨 이유인가? 비구들이여, 적은 자기 적에게 큰 이익이 따르는 것을 기뻐하지 않기 때문입니다.

비구들이여, 이 사람이 분노하고, 분노에 압도되고, 분노에 정복되면 손해를 보고도 이익을 얻었다고 생각하고, 이익을 얻고도 손해를 보았다고 생각합니다. 그는 각각 반대되는 이러한 것들을 취하여 오랜 세월 해로움이 있고, 괴로움이 있게 됩니다.

앙굿따라 니까야《분노경》

분노는 마음으로 짓는 악업

화내는 마음은 좋은 법의 곡식들이 잘 익은 뒤에 내리는 우박과 같아서 좋은 곡식들을 못쓰게 만든다. 오직 바른 지혜의 눈만이 그 어두움을 다스릴 수 있는 것이다. 화내는 마음은 불과 같아서 모든 계율을 부순다. 화를 내면 얼굴빛이 변하는데 그것은 나쁜 빛깔의 원인이다. 분노는 큰 도끼와 같아서 법의 다리를 부수고, 마음속에 머무르면서 마치 원수의 집에 들어간 것과 같다. 그리고 그것은 이승에서나 저승에서나 한결같은 마음과 바른 행을 모두 부셔버린다. 화내는 마음을 버려라. 자비가 그것을 다스린다. 그리고 고성제, 집성제, 멸성제, 도성제의 사성제가 그것을 다스린다. 그것은 지옥으로 가는 길의 저승사자이다. 그러므로 오직 착한 사람이나 거룩한 성문이나 법을 들은 사람만이 그것을 버릴 수 있다. 《정법염처경》

성내면 백만 가지 장애의 문이 열린다

누가 와서 해를 입히더라도
그 자리에서 마음을 잘 다스려
성을 내거나 원망하지 말지어다.
한 생각 성내는 마음을 일으키면
백만 가지 장애의 문이 열린다.

풀이하자면,

번뇌가 헤아릴 수 없이 많다 하더라도
교만하여 성내는 마음이 주는 해가 가장 심하다. 《선가귀감》

6항 _ 어리석음은 우리를 헤매게 한다

사성제를 모르는 것이 무명無明이다

"도반 사리불이여, '무명, 무명'이라고들 합니다. 도반이여, 도대체 어떤 것이 무명입니까?"

"도반이여, 고성제에 대한 무지, 집성제에 대한 무지, 멸성제에 대한 무지, 도성제에 대한 무지를 일러 무명이라 합니다."

"도반 사리불이여, 이러한 무명을 제거하기 위한 도가 있고 도 닦음이 있습니까?"

"도반이여, 이러한 무명을 제거하기 위한 도가 있고 도 닦음이 있습니다."

"도반 사리불이여, 그러면 어떤 것이 이러한 무명을 제거하기 위한 도이고 어떤 것이 도 닦음입니까?"

"도반이여, 그것은 바로 팔정도이니, 바른 견해, 바른 사유, 바른 말, 바른 행위, 바른 생계 수단, 바른 정진, 바른 마음챙김, 바른 삼매입니다. 도반이여, 이것이 괴로움을 철저하게 알기 위한 도이고 이것이 도 닦음입니다." 상윳따 니까야《무명경》

무명은 바르게 이해하면 사라진다

선남자여, 이 무명이란 것은 실제로 본체가 있는 것이 아니다. 마치 꿈속의 사람이 꿈을 꿀 때는 있다가, 잠을 깨면 없어지는 것과 같다. 허공꽃들이 허공에서 사라졌을 때 사라진 곳을 가리킬 수 없는 것과 같다. 왜냐하면 생겨난 곳이 없기 때문이다. 모든 중생들은 생겨남이 없는 가운데 생겨나고 소멸함이 있다고 망령되게 본다. 그렇기 때문에 중생들은 생사윤회를 말하는 것이다. 《원각경》

맹인들의 코끼리 만지기

부처님께서 말씀하셨다.

"옛날 어느 나라에 경면鏡面이라는 왕이 있었다. 경면왕은 어느 날 여러 맹인을 보며 장난삼아 즐기고자 곧 명령을 내려 국내에 있는 맹인들을 모두 모이게 했다. 맹인들이 모이자 왕은 그들에게 물었다.

'너희는 코끼리의 생김새를 잘 아느냐? 어떻게 생겼는가?'

여러 맹인들이 한결같은 소리로 대답했다.

'우리는 태어나면서부터 앞을 보지 못했습니다. 코끼리의 생김새를 알지 못합니다.'

그러자 왕이 다시 말했다.

'너희가 태어나면서부터 코끼리에 관해 알지 못했다면 지금이라도 코끼리의 형상을 알고 싶지 않느냐?'

'우리는 정말로 모르지만, 왕께서 은혜를 내려주시면 코끼리의

생김새를 알 수 있을 것입니다.'

그때 경면왕은 즉시 명을 내려 코끼리 조련사를 불러서 말했다.

'그대는 속히 코끼리가 있는 우리에 가서 코끼리 한 마리를 내 앞으로 몰고와 여러 맹인들에게 보여주어라.'

코끼리 조련사는 왕의 명령을 받고 즉시 코끼리를 왕궁으로 몰고와서 여러 맹인들에게 말했다.

'이것이 코끼리입니다.'

여러 맹인들은 각각 손으로 코끼리를 만져보았다.

코끼리 조련사는 다시 여러 맹인들에게 말했다.

'그대들은 코끼리를 만져본 뒤에 사실대로 왕에게 아뢰십시오.'

그러자 맹인들 가운데 어떤 이는 코를 만졌고, 어떤 이는 어금니를 만졌고, 어떤 이는 귀를 만졌고, 어떤 이는 머리, 목, 등, 가슴, 꼬리와 다리의 여러 부분을 만지고 더듬었다. 그때 왕이 물었다.

'너희는 코끼리의 생김새를 알았느냐?'

'저희는 코끼리의 생김새를 알았습니다.'

'코끼리는 어떤 모양이더냐?'

그때 맹인들 가운데 코를 만져본 이가 곧 왕에게 아뢰었다.

'코끼리의 모양은 마치 동아줄과 같습니다.'

어금니를 만져본 이는 이렇게 대답했다.

'코끼리의 모양은 말뚝과 같습니다.'

귀를 만져본 이는 이렇게 대답했다.

'코끼리 모양은 키箕와 같습니다.'

머리를 만져본 이는 이렇게 대답했다.

'코끼리 모양은 항아리와 같습니다.'

목을 만져본 이는 이렇게 대답했다.

'코끼리는 집의 들보와 같습니다.'

등을 만져본 이는 이렇게 대답했다.

'코끼리는 용마루와 같습니다.'

갈비를 만져본 이는 이렇게 대답했다.

'코끼리 모양은 돗자리와 같습니다.'

넓적다리를 만져본 이는 이렇게 대답했다.

'코끼리 모양은 절구와 같습니다.'

꼬리를 만져본 이는 이렇게 대답했다.

'코끼리는 빗자루와 같습니다.'

여러 맹인들은 이와 같이 제각각 아뢰었다.

그러자 왕이 여러 맹인들에게 말했다.

'너희는 코끼리인지 코끼리가 아닌지도 모르면서, 어떻게 코끼리의 모양을 아는가?'

여러 맹인들은 자기 말이 맞다고 고집하며 저마다 손으로 그 얼굴들을 막고 서로 옳다고 말씨름하면서 상대를 헐뜯었다. 경면왕은 맹인들이 이렇게 다투는 것을 보고 크게 웃으며 즐거워하고 좋아했다. 왕은 그때 게송으로 말했다.

여러 맹인들은 태어나면서부터 앞을 보지 못했는데

멋대로 이 일에 관해 서로 다투는구나.
일찍이 가르쳐 말해준 이 없었으니
어떻게 코끼리의 몸을 알 수 있으리오.

세간의 여러 사문과 바라문도 그와 같아서 이미 진실하게 고성제, 집성제, 멸성제, 도성제를 알지 못했다. 이미 진실하게 알지 못했으므로 그들은 오랫동안 다투고 생사를 헤매면서 서로 헐뜯고 서로 욕했다. 다투고 고집 부리기를 쉬지 않으며, 저마다 손으로 얼굴을 막는 것이 마치 여러 맹인들이 서로 다투며 어지럽히는 것과 같다." 《기세경》

어리석은 자와 현명한 자

어리석은 자는
'내 자식, 내 재산'이라고 괴로워한다.
자기도 자기 것이 아닌데
하물며 자식과 재산이랴.

어리석은 자가 어리석음을 알면
그로써 현명한 자가 된다.
어리석은 자가 현명하다고 생각하면
참으로 어리석은 자라고 불린다.

어리석은 자는 평생 현명한 분을 섬겨도
국자가 국 맛을 모르듯 진리를 알지 못한다.
지혜로운 자는 아주 잠깐 동안만 현명한 분을 섬겨도
혀가 국 맛을 알듯이 진리를 재빨리 인식한다. 《법구경》

네 가지 독화살

가섭보살이 부처님께 말씀드렸다.

"여래께서는 모든 질병을 면하시고 걱정과 고통이 소멸되어 두려움이 없습니다. 모든 중생은 네 가지 독화살이 있어 병의 원인이 됩니다. 그 네 가지란 탐욕, 성냄, 어리석음, 교만입니다. 만일 병의 원인이 있으면 병이 생길 것입니다." 《대반열반경》〈현병품〉

몸과 말과 마음의 업을 조심히 하라

착하지 않은 몸과 말과 마음의 업이 원인이 되어 지옥에 떨어져서 종일 괴로움을 받아 잠시도 쉼이 없으니, 차라리 날카로운 칼로 혀를 끊을지언정 이 혀로 욕심에 물든 일은 말하지 마라. 왜냐하면 이것이 원인이 되어 탐냄, 성냄, 어리석음을 일으켜 널리 악한 업을 짓고 모든 갈래에 윤회해서 해탈하지 못하기 때문이다.

모두가 허망으로 오염된 욕심에 함부로 집착하며 괴로움을 즐거움이라고 착각해서 업과 번뇌를 일으키니, 생사의 긴 시간을 멀리 벗어나지 못하는 것이다. 또 포승줄이 중생을 얽매는 것과 같이 오염된 욕심도 또한 그러해서 중생을 얽어매니 지옥에 떨어져 쓰디쓴 과보를 받는다. 어리석고 미혹된 중생이 오염된 욕심의 인연, 아첨, 속임, 포악함을 멀리 벗어나지 못하고 더욱더 활활 타올라 온갖 착함을 불태우니, 슬퍼함과 어여삐 여김과 널리 중생을 이롭게 함이 없는 것이다. 《묘법성념처경》

마음을 잘 사유하고 관찰하라

중생은 시작이 없는 이 생사에서 무명無明에 덮이고 애욕의 족쇄에 묶여 오랜 세월 생사를 윤회하면서도 괴로움의 한계를 알지 못합니다. 비유하면 개를 끈에 묶어 기둥에 매어둔 것과 같습니다. 개를 묶은 끈이 끊어지지 않기 때문에 그 개는 기둥을 따라 돌면서 혹은 서기도 하고 혹은 눕기도 하며 그 기둥에서 벗어나지 못합니다. 이와 같이 어리석은 중생은 물질에 대한 탐욕을 벗어나지 못하고, 사랑을 벗어나지 못하며, 기억을 벗어나지 못하고, 갈망을 벗어나지 못합니다. 그래서 물질에서 윤회하고 물질을 따라 돌면서 혹은 서기도 하고 혹은 눕기도 하며 물질을 벗어나지 못합니다. 이와 같이 느낌, 인식, 심리 현상들, 의식에서도 느낌, 인식, 심리 현상들, 의식을 따라 돌면서 혹은 서기도 하고 혹은 눕기도 하며 그것들에서 벗어나지 못합니다.

마땅히 마음에 대해서도 잘 사유하고 관찰해야 합니다. 왜냐하면 오랜 세월 마음은 탐욕에 물들고, 성냄과 어리석음에 물들었기 때문입니다. 마음이 번민하기 때문에 중생이 번민하고, 마음이 깨끗해지기 때문에 중생이 깨끗해집니다.

비유하면 화가나 화가의 제자가 잘 만든 새하얀 바탕에 여러 색깔을 칠해 생각대로 갖가지 모양을 그려내는 것과 같습니다. 어리석은 중생은 다섯 무더기, 발생, 소멸, 맛들임, 재앙, 벗어남을 사실 그대로 알지 못합니다. 다섯 무더기에 대해서 사실 그대로 알지 못하기 때문에 다섯 무더기를 좋아하고 집착하며, 다섯 무더기를 좋아하고 집착하기 때문에 다시 미래의 모든 다섯 무더기를 일으킵니다.

많이 배운 거룩한 제자는 다섯 무더기와 다섯 무더기의 발생, 소멸, 맛들임, 재앙, 벗어남을 사실 그대로 압니다. 사실 그대로 알기 때문에 다섯 무더기를 좋아하거나 집착하지 않고, 좋아하거나 집착하지 않기 때문에 미래의 다섯 무더기를 일으키지 않습니다. 다섯 무더기에 대해서도 좋아하거나 집착하지 않기 때문에 다섯 무더기에서 해탈했으므로 나는 말하기를, '그들은 태어남, 늙음, 병듦, 죽음, 근심, 슬픔, 번민, 괴로움에서 해탈했다'고 한 것입니다.

잡아함《무지경》

애욕은 스스로 제 손을 태우는 것과 같다

애욕은 마치 횃불을 잡고 바람을 거슬러 가는 것과 같으니, 횃불을 놓지 않는 어리석은 사람에겐 반드시 손을 태우는 근심과 재난이 있을 것이다. 탐욕과 성냄과 어리석음의 독이 사람 몸에 닥쳤으니 일찌감치 도道로써 이 화근을 없애지 않으면 반드시 위험한 재앙이 있을 것이다. 마치 어리석은 사람이 욕심내어 횃불을 꽉 쥐고 있다가 스스로 제 손을 태우는 것과 같다. 《사십이장경》

범부들의 어리석음

금강장보살이 해탈월보살에게 말했다.

"불자여, 이 보살이 또 이렇게 생각하기를 '이 모든 범부들이 어리석고 지혜가 없으니 매우 딱하도다. 무수한 몸이 이미 없어졌고, 지금 없어지고, 장차 없어질 것이며, 이렇게 끝까지 없어지건마는 몸에 대하여 싫증을 내지 않고 기계적으로 받는 고통만 더욱 증장하여 생사를 헤매면서 돌아올 줄을 모르는구나'라고 하느니라.

'다섯 무더기의 굴레에서 벗어나기를 구하지 아니하며, 네 마리 독사가 무서운 줄을 알지 못하고, 교만과 잘못된 소견의 화살을 뽑지 못하며, 탐욕과 분노와 어리석음의 불을 끄지 못하며, 무명의 어둠을 깨뜨리지 못하고, 애욕의 큰 바다를 말려버리지 못하고, 열 가지 힘을 가진 큰 성인 도사導師를 구할 줄 모르고, 마군 같은 생각의 숲속에 들어가서 나고 죽는 바다에서 느끼고 관찰하는 파도에 휩쓸리는구나'라고 하느니라.

불자여, 또 이 보살이 생각하기를 '이 중생들이 이런 고통을 받으며 고독하고 곤궁하지만 구제할 이도 없고 의지할 데도 없고, 쉴 곳도 없고 집도 없고, 인도할 이도 없고 눈도 없어서 무명에 덮이고 어둠에 싸여 있도다'라고 하느니라. 내가 이제 저 중생을 위하여 복과 지혜로 돕는 법을 수행하되, 혼자서 발심하고 벗을 구하지 아니할 것이며, 이 공덕으로 여러 중생으로 하여금 끝까지 청정케 하며, 여래의 열 가지 힘과 걸림 없는 지혜를 얻게 하리라' 라고 하느니라." 《화엄경》〈십지품〉

무명에 덮인 마음

무명에 덮인 마음에는 팔만사천의 번뇌와 정욕이 있고, 항하의 모래와 같이 악한 것들이 헤아릴 수 없이 많다. 요약해서 말한다면 삼독이 원인이고 근본이 된다. 삼독은 탐내는 마음, 성내는 마음, 어리석은 마음이다. 이 삼독심은 그 자체가 모든 악을 갖추고 있어 큰 나무와 같다. 비록 하나라고 해도 거기서 생긴 가지와 잎사귀는 한없이 많은 것과 같다. 저 삼독의 뿌리 가운데서도 여러 악업이 있으며, 그것은 헤아릴 수 없이 많아서 무엇으로 비교할 수 없다.

이와 같은 삼독은 본체에서는 하나지만 저절로 삼독이 되어 이것이 눈, 귀, 코, 혀, 몸, 마음의 육근六根에 작용하면 육적六賊이 된다. 육적을 갖추면 곧 안식, 이식, 비식, 설식, 신식, 의식의 육식六識이 된다. 여섯 가지 감각기관에 드나들며 온갖 대상에 탐착심을 일으키므로 악업을 지어 진여심眞如心을 가리게 된다. 그러므로 육적이라 이름한다. 모든 사람은 이 삼독과 육적 때문에 신심이 혼란해지고 생사에 빠지는 것이다. 《관심론》

7항 _ 삶은 이렇게 흘러간다

연기를 보는 자는 법을 본다

사리불이 말했다.

"도반들이여, 참으로 세존께서는 '연기緣起를 보는 자는 법을 보고, 법을 보는 자는 연기를 본다'라고 말씀하셨습니다."

맛지마 니까야《큰 코끼리 발자국 비유경》

12연기에 대한 해설

비구들이여, 그러면 어떤 것이 연기인가?

비구들이여, 무명〔無明〕을 조건으로 의도적 행위〔行〕들이, 의도적 행위들을 조건으로 알음알이가, 알음알이〔識〕를 조건으로 정신과 물질이, 정신과 물질〔名色〕을 조건으로 여섯 감각 장소가, 여섯 감각 장소〔六入〕를 조건으로 감각 접촉이, 감각 접촉〔觸〕을 조건으로 느낌이, 느낌〔受〕을 조건으로 갈애가, 갈애〔愛〕를 조건으로 취착이, 취착〔取〕을 조건으로 존재가, 존재〔有〕를 조건으로 태어남이, 태어남〔生〕을 조건으로 늙고 죽음과 근심·탄식·육체적 고통·정신적 고통·절망〔老死憂悲苦惱〕이 생겨납니다. 이와 같이 전체 괴로움의 무더기가 발생합니다.

비구들이여, 그러면 어떤 것이 늙음인가?

이런저런 중생의 무리 가운데서 이런저런 중생의 늙음, 노쇠함, 부서진 치아, 백발, 주름진 피부, 수명의 감소, 감각 기능의 쇠퇴를 일러 늙음이라 합니다.

비구들이여, 그러면 어떤 것이 죽음인가?

이런저런 중생의 무리로부터 이런저런 중생의 종말, 제거됨, 부서짐, 사라짐, 죽음, 다섯 무더기의 부서짐, 시체를 안치함, 생명 기능의 끊어짐을 일러 죽음이라 합니다. 이것이 늙음이고 이것이 죽음이니, 비구들이여, 이를 일러 늙음·죽음이라 합니다.

비구들이여, 그러면 어떤 것이 태어남인가?

이런저런 중생의 무리로부터 이런저런 중생의 태어남, 일어남, 다섯 무더기의 나타남, 감각 장소〔處〕를 획득함을 일러 태어남이라 합니다.

비구들이여, 그러면 어떤 것이 존재인가?

비구들이여, 세 가지 존재가 있나니 욕계의 존재, 색계의 존재, 무색계의 존재입니다. 비구들이여, 이를 일러 존재라 합니다.

비구들이여, 그러면 어떤 것이 취착인가?

비구들이여, 네 가지 취착이 있나니 감각적 욕망에 대한 취착, 견해에 대한 취착, 계율과 의례·의식에 대한 취착, 자아의 교리에 대한 취착입니다. 비구들이여, 이를 일러 취착이라 합니다.

비구들이여, 그러면 어떤 것이 갈애인가?

비구들이여, 여섯 가지 갈애의 무리가 있나니 형색에 대한 갈애, 소리에 대한 갈애, 냄새에 대한 갈애, 맛에 대한 갈애, 감촉에 대한 갈애, 법에 대한 갈애입니다. 비구들이여, 이를 일러 갈애라 합니다.

비구들이여, 그러면 어떤 것이 느낌인가?

비구들이여, 여섯 가지 느낌의 무리가 있나니 눈의 감각, 귀의 감각, 코의 감각, 혀의 감각, 몸의 감각, 마음의 감각에서 생긴 느낌입니다. 비구들이여, 이를 일러 느낌이라 합니다.

비구들이여, 그러면 어떤 것이 감각 접촉인가?

비구들이여, 여섯 가지 감각 접촉의 무리가 있나니 형색에 대한 감각 접촉, 소리에 대한 감각 접촉, 냄새에 대한 감각 접촉, 맛에 대한 감각 접촉, 몸에 대한 감각 접촉, 법에 대한 감각 접촉입니다. 비구들이여, 이를 일러 감각 접촉이라 합니다.

비구들이여, 그러면 어떤 것이 감각 장소인가?

눈의 감각 장소, 귀의 감각 장소, 코의 감각 장소, 혀의 감각 장소, 몸의 감각 장소, 마음의 감각 장소입니다. 비구들이여, 이를 일러 여섯 감각 장소라 합니다.

비구들이여, 그러면 어떤 것이 정신·물질인가?

느낌, 인식, 심리 현상들, 감촉 그리고 올바른 마음 기울임을 일러 정신이라 합니다. 그리고 사대와 사대에서 파생된 물질을 일러 물질이라 합니다. 이것이 정신이고 이것이 물질이니, 비구들이여, 이를 일러 정신·물질이라 합니다.

비구들이여, 그러면 어떤 것이 알음알이인가?

비구들이여, 여섯 가지 알음알이가 있나니 눈의 알음알이, 귀의 알음알이, 코의 알음알이, 혀의 알음알이, 몸의 알음알이, 마음의 알음알이입니다. 비구들이여, 이를 일러 알음알이이라 합니다.

비구들이여, 그러면 어떤 것이 의도적 행위들인가?

비구들이여, 세 가지 의도적 행위가 있나니 몸의 의도적 행위, 말의 의도적 행위, 마음의 의도적 행위입니다. 비구들이여, 이를 일러 의도적 행위라 합니다.

비구들이여, 그러면 어떤 것이 무명인가?

비구들이여, 고성제에 대한 무지, 집성제에 대한 무지, 멸성제에 대한 무지, 도성제에 대한 무지입니다. 비구들이여, 이를 일러 무명이라 합니다. 상윳따 니까야《분석경》

연기법은 심오하고 심오하다

아난은 부처님께 절을 올린 뒤 한 곁에 앉았다. 한 곁에 앉은 아난은 부처님께 이렇게 말씀드렸다.

"경이롭습니다, 세존이시여. 놀랍습니다, 세존이시여. 이 연기는 참으로 심오합니다. 그리고 참으로 심오하게 드러납니다. 그러나 이제 제게는 분명하고 또 분명한 것으로 드러납니다."

"아난이여, 그와 같이 말하지 마십시오. 그렇게 말하지 마십시오. 이 연기는 참으로 심오한 것입니다. 그리고 참으로 심오하게 드러납니다. 이 법을 깨닫지 못하고 꿰뚫지 못하기 때문에 이 사람들은 실에 꿰인 구슬처럼 얽히고 베 짜는 사람의 실타래처럼 헝클어지고 거친 풀처럼 엉켜서 처참한 곳, 불행한 곳, 파멸처, 윤회를 벗어나지 못하는 것입니다." 디가 니까야《대인연경》

연기를 보면 마음이 과거나 미래로 치달리지 않는다

비구들이여, 거룩한 제자는 이러한 연기와 연기된 법들을 있는 그대로 바른 지혜로 분명하게 보기 때문에 '나는 정말 과거에 존재했는가? 아니면 과거에 존재하지 않았는가? 나는 과거에 무엇이었을까? 나는 과거에 어떠했을까? 나는 과거에 무엇이 되었다가 무엇이 되었을까?'라고 하면서 과거로 치달려가지 않습니다.

그는 '나는 정말 미래에도 존재할까? 아니면 미래에는 존재하지 않을까? 나는 미래에 무엇이 되어 있을까? 나는 미래에 어떠할까? 나는 미래에 무엇이 되었다가 무엇이 될까?'라고 하면서 미래로 치달려가지 않습니다.

그는 지금 현재의 상태에 대해서 안으로 의심이 없습니다. 그래서 '나는 존재하는가? 아니면 존재하지 않는가? 나는 무엇인가? 나는 어떠한가? 이 중생은 어디서 왔는가? 그리고 어디로 갈 것인가?'라고 하면서 현재로 치달려가지도 않습니다. 상윳따 니까야《조건경》

갈애라는 자양분이 존재를 형성하고 유지한다

비구들이여, 예를 들면 큰 나무가 있는데 그 뿌리들이 아래로도 뻗어 있고 옆으로도 뻗어 있어 모든 뿌리가 위로 영양분을 빨아올린다고 합시다. 이렇게 하면 영양분과 자양분을 섭취한 큰 나무는 오랜 시간 살아 있을 것입니다.

비구들이여, 그와 같이 취착하기 마련인 법들에서 달콤함을 보면서 머무는 자에게 갈애는 증가합니다. 갈애를 조건으로 취착이, 취착을 조건으로 존재가, 존재를 조건으로 태어남이, 태어남을 조건으로 늙고 죽음과 근심·탄식·육체적 고통·정신적 고통·절망이 발생합니다. 이와 같이 전체 괴로움의 무더기가 발생하는 것입니다.

비구들이여, 예를 들면 큰 나무가 있는데 어떤 사람이 괭이와 톱을 가지고 와서 그 나무의 뿌리를 자른다고 합시다. 뿌리를 자른 뒤에는 뿌리 주위에 땅을 파고, 땅을 판 뒤에는 뿌리와 그 안에 있는 잔뿌리까지 모두 뽑아냅니다. 그런 후에 다시 그 나무를 토막토막 자르고, 토막토막 자른 뒤에 쪼개고 또 쪼개서 산산조각 내어 바람이나 햇빛에 말리고, 바람이나 햇빛에 말린 뒤에는 불에 태우고, 불에 태운 뒤에는 재로 만들고, 재로 만든 뒤에는 강한 바람에 날려보내거나 물살이 센 강에 흩뜨려버린다고 합시다.

비구들이여, 이렇게 하면 그 큰 나무는 뿌리가 잘리고 줄기만 남은 야자수처럼 되어 존재하지 않으며 미래에 다시는 자라지 않을 것입니다.

비구들이여, 그와 같이 취착하기 마련인 법들을 위험이라고 보는 자에게 갈애는 소멸합니다. 갈애가 소멸하면 취착이 소멸하고, 취착이 소멸하면 존재가 소멸하고, 존재가 소멸하면 태어남이 소멸하고, 태어남이 소멸하면 늙고 죽음과 근심·탄식·육체적 고통·정신적 고통·절망이 소멸합니다. 이와 같이 전체 괴로움의 무더기가 소멸하는 것입니다. 상윳따 니까야《큰 나무 경》

자신의 업에 따라 다음 생이 정해진다

촌장이 부처님께 여쭈었다.

"세존이시여, 서쪽 지방에 사는 바라문들은 물병을 가지고 다니고 세왈라 수초水草로 만든 화환을 두르고 물속에 들어가고 불을 피워서 헌공을 하는 자들입니다. 그런데 그들은 죽음을 맞이한 사람을 위로 인도한다고 하고, 잘 다스린다고 하고, 천상에 가게 한다고 합니다. 세존이시여, 그런데 세존·아라한·정등각자께서는 모든 세상 사람이 몸이 무너져 죽은 뒤에 좋은 곳, 천상에 태어나게 하실 수 있습니까?"

"촌장이여, 그렇다면 이제 그대에게 다시 물어보리니 그대가 옳다고 생각하는 대로 설명해보시오.

촌장이여, 이를 어떻게 생각합니까? 여기 어떤 사람은 생명을 죽이고, 주지 않은 것을 가지고, 삿된 음행을 하고, 거짓말을 하고, 이간하는 말을 하고, 거친 말을 하고, 꾸며대는 말을 하고, 간탐하고, 마음이 성냄으로 가득 차 있고 삿된 견해를 가지고 있소. 그런데 수많은 군중이 그에게로 모여들어 기도를 올리고 찬미가를 암송하고 합장한 채 그의 주위를 돌고 예배하면서 '이 사람은 몸이 무너져 죽은 뒤에 좋은 곳, 천상에 태어나소서'라고 간청한다고 합시다.

촌장이여, 이를 어떻게 생각합니까? 그러면 그 사람이 수많은 군중이 기도를 올리고 찬미가를 암송하고 합장한 채 그의 주위를 돌며 예배한 것을 원인으로 몸이 무너져 죽은 뒤에 좋은 곳,

천상에 태어나겠소?"

"그렇지 않습니다, 세존이시여."

"촌장이여, 예를 들면 어떤 사람이 크고 넓은 바윗덩이를 깊은 물속으로 던진다고 합시다. 그런데 수많은 군중이 그곳으로 모여들어 기도를 올리고 찬미가를 암송하고 합장한 채 그 주위를 돌고 예배하면서 '올라오소서, 큰 바윗덩이시여. 떠오르소서, 큰 바윗덩이시여. 밖으로 나오소서, 큰 바윗덩이시여'라고 간청한다고 합시다.

촌장이여, 이를 어떻게 생각합니까? 그러면 그 크고 넓은 바윗덩이가 수많은 군중이 기도를 올리고 찬미가를 암송하고 합장한 채 그 주위를 돌며 예배한 것을 원인으로 올라오고 떠오르고 밖으로 나오겠소?"

"그렇지 않습니다, 세존이시여."

"촌장이여, 이를 어떻게 생각합니까? 여기 어떤 사람은 생명을 죽이는 것을 멀리 여의고, 주지 않은 것을 가지는 것을 멀리 벗어나고, 삿된 음행을 멀리 벗어나고, 거짓말을 멀리 벗어나고, 이간하는 말을 멀리 벗어나고, 거친 말을 멀리 벗어나고, 꾸며대는 말을 멀리 벗어나고, 간탐하지 않고, 마음에 성냄이 없고, 바른 견해를 가지고 있소. 그런데 수많은 군중이 그에게로 모여들어 기도를 올리고 찬미가를 암송하고 합장한 채 그의 주위를 돌고 예배하면서 '이 사람은 몸이 무너져 죽은 뒤에 고통스러운 곳, 비참한 곳, 험난한 곳, 지옥에 태어나소서'라고 간청한다고 합시다.

촌장이여, 이를 어떻게 생각합니까? 그러면 그 사람은 수많은 군중이 기도를 올리고 찬미가를 암송하고 합장한 채 그의 주위를 돌고 예배한 것을 원인으로 몸이 무너져 죽은 뒤에 고통스러운 곳, 비참한 곳, 험난한 곳, 지옥에 태어나겠소?”

“그렇지 않습니다, 세존이시여.”

“촌장이여, 예를 들면 어떤 사람이 버터 단지나 참기름 단지를 가지고 깊은 물속으로 들어가서 그것을 깬다고 합시다. 그러면 단지의 파편은 아래로 가라앉을 것이고 버터나 참기름은 위로 떠오를 것이오. 그런데 수많은 군중이 그곳으로 모여들어 기도를 올리고 찬미가를 암송하고 합장한 채 그 주위를 돌고 예배하면서 ‘내려가소서, 버터와 참기름이시여. 가라앉으소서, 버터와 참기름이시여. 아래로 내려가소서, 버터와 참기름이시여’라고 간청한다면, 촌장이여 이를 어떻게 생각합니까? 그러면 그 버터나 참기름은 수많은 군중이 기도를 올리고 찬미가를 암송하고 합장한 채 그 주위를 돌며 예배한 것을 원인으로 내려가고 가라앉고 아래로 내려가겠소?”

“그렇지 않습니다, 세존이시여.” 상윳따 니까야《아시반다까뿟따 경》

강물에서 목욕한들 오염된 업이 씻어지랴

비구들이여, 만일 옷감에 때가 묻으면, 염색공이 그 옷감을 파랗거나 노랗거나 빨갛거나 진홍색으로 물들이기 위해 각각의 염료에 담그더라도 염색이 잘 되지도 않고 색깔도 선명하지 않을 것입니다. 그것은 무슨 까닭이겠는가? 비구들이여, 옷감이 깨끗하지 않기 때문입니다. 비구들이여, 그와 같이 마음이 오염되면 나쁜 곳에 태어날 것이 예상됩니다.

비구들이여, 만일 옷감이 희고 깨끗하면, 염색공이 그 옷감을 파랗거나 노랗거나 빨갛거나 진홍색으로 물들이기 위해 각각의 염료에 담그면 염색이 잘되고 그 색깔도 선명할 것입니다. 그것은 무슨 까닭이겠는가? 비구들이여, 옷감이 깨끗하기 때문입니다. 비구들이여, 그와 같이 마음이 오염되지 않으면 좋은 곳에 태어날 것이 예상됩니다.

비구들이여, 무엇이 마음의 번뇌들인가? 욕심과 그릇된 탐욕, 분노, 원한, 위선, 무자비, 질투, 인색, 속임, 못된 꾀, 완고함, 격정, 교만, 거만, 자만, 부주의가 마음의 번뇌입니다. 맛지마 니까야《옷감의 비유경》

3절

행복에 이르는 길

8항 _ 착하게 사는 법

업은 오래도록 남는다

업은 화가와 같아서
모든 형상을 잘 그리나니
혹 하늘이나 인간이나
그리는 것 다하지 못함이 없다.

그러한 그림은 헤아릴 수 없이
모두가 업에 따라 변화했나니
아무런 채색도 베풀지 않고
아무도 보는 이 또한 없다.

바람벽이 무너지면 그림도 망가져

마침내 모두가 흩어지지만
이 몸은 비록 사라질지라도
업은 오래도록 남는 것이다. 《제법집요경》

십선업十善業을 지켜라

여래는 여러 방법으로 생명을 죽이는 것을 책망하며 '생명을 죽이는 것을 멀리하라'고 말합니다. 주지 않는 것을 가지는 것을 책망하며 '주지 않는 것을 가지는 것을 멀리하라'고 말합니다. 삿된 음행을 책망하며 '삿된 음행을 멀리하라'고 말합니다. 거짓말하는 것을 책망하며 '거짓말을 멀리하라'고 말합니다. 이간하는 말을 책망하며 '이간하는 말을 멀리하라'고 말합니다. 거친 말을 책망하며 '거친 말을 멀리하라'고 말합니다. 꾸밈말을 책망하며 '꾸밈말을 멀리하라'고 말합니다. 간탐을 책망하며 '간탐을 멀리하라'고 말합니다. 악의를 책망하며 '악의를 멀리하라'고 말합니다. 삿된 견해를 책망하며 '삿된 견해를 멀리하라'고 말합니다. 상윳따 니까야《소라고둥 불기 경》

십선업의 공덕

비구들이여, 여래는 이전의 삶과 이전의 존재와 이전의 거주처에서 인간으로 태어나 열 가지 유익한 법에 대해서 많은 사람들 앞에 서서 가는 사람이었습니다. 그는 몸의 선행, 말의 선행, 마음의 선행, 보시를 베푸는 것, 계를 지키는 것, 포살일을 준수하는 것, 어머니를 공경하고, 아버지를 공경하고, 사문을 공경하고, 바라문을 공경하고, 집에서 연장자를 공경하는 것, 다른 여러 높은 유익한 법에 관해서 많은 사람의 우두머리였습니다. 그는 그런 업을 짓고 쌓고 넘치게 하고 풍부하게 했기 때문에 몸이 무너져 죽은 뒤에 좋은 곳이나 천상에 태어났습니다.

그는 거기서 천상의 수명, 천상의 용모, 천상의 행복, 천상의 명성, 천상의 권위, 천상의 형상, 천상의 소리, 천상의 냄새, 천상의 맛, 천상의 감촉을 다른 신들보다 열 배나 많이 누렸습니다. 그는 거기서 죽고 여기에 와서는 육계肉髻가 솟은 대인상大人相을 얻었습니다. 디가 니까야《삼십이상경》

가치 있는 말을 하라

쓸데없는 말 천 마디보다
들어서 편안해지는 말 한마디가 낫다.

쓸데없는 시구 천 마디를 외우는 것보다
들어서 편안해지는 시구 한마디가 낫다.

쓸데없는 시 백 개를 말하는 것보다
들어서 편안해지는 진리의 말씀 한마디가 낫다. 《법구경》

선과 악의 과보는 분명하다

선한 일은 서두르고 악으로부터 마음을 지켜라.

공덕 짓는 일에 게으르면 마음은 악한 것을 즐긴다.

비록 악을 저질렀어도 더 이상 범하지 말아야 한다.
그 탐욕을 여의어야 하리. 악이 쌓이면 고통스럽다.

선한 일을 행했으면 더욱더 거듭해야 한다.
그 의욕을 돋우어야 하리. 공덕이 쌓이면 행복하다.

악의 열매가 익기 전에는 악을 행한 자도 행운을 누린다.
그러나 악의 열매가 익으면 그때 그는 악의 결과를 받는다.

선의 열매가 익기 전에는 선한 자도 고통을 겪는다.
그러나 선의 열매가 익으면 그때 선한 사람은 공덕을 누린다.

《법구경》

9항 _ 바르게 사는 길

팔정도의 의미

무엇이 팔정도八正道를 행하는 것인가?

첫째는 바른 견해이니, 어떤 것인가? 보시의 공덕을 믿고, 예의를 믿으며, 사당에서 재사齋祠하는 것을 믿고, 선하거나 악한 행동에 따라 동일한 과보를 불러온다는 것을 믿으며, 부모를 믿고, 천하의 도인을 믿으며, 도를 구함을 믿고, 바른 행위를 믿으며, 바른 생활을 믿어서 지금의 세상과 다음 세상에도 스스로 지혜롭게 깨닫고, 자신이 성취한 일을 곧바로 모두에게 알려 설하는 것이 바른 견해입니다.

둘째는 바른 사유이니, 어떤 것인가? 욕심과 아집을 버리겠다고 생각하는 것, 성내거나 분노하지 않는 것, 서로 침해하지 않는 것이 바른 사유입니다.

셋째는 바른 말이니, 어떤 것인가? 이간시키는 말, 남에게 꾸며서 전하는 말, 악담하는 말, 거짓말을 하지 않는 것이 바른 말입니다.

넷째는 바른 행위이니, 어떤 것인가? 살생, 도둑질, 음행을 하지 않는 것이 바른 행위입니다.

다섯째는 바른 생계 수단이니, 어떤 것인가? 법을 듣고 도를 지닌 제자는 법답게 구하고 옳지 못한 법으로 구하지 않아야 합니다. 공양, 침상과 와구臥具, 의약품 등을 바른 법으로 구하고 옳지 못한 법으로 구하지 않는 것이 바른 생계 수단입니다.

여섯째는 바른 정진이니, 어떤 것인가? 삶과 죽음에 대한 마음을 하나로 집중해서 닦는 것, 정진할 대상을 향해 닦는 것, 힘찬 인연을 일으켜서 닦는 것 등에 싫증내지 않고 나아가서 마음에 굳게 지님이 바른 정진입니다.

일곱째는 바른 마음챙김이니, 어떤 것인가? 삶과 죽음에 대한 마음을 하나로 집중하는 생각, 정진할 대상을 향하는 생각, 거짓이나 함께하지 않으려는 마음이 없이 추구하는 것이 바른 마음챙김입니다.

여덟째는 바른 삼매이니, 어떤 것인가? 삶과 죽음이 하나로 집중되어 생각이 고요해지고 상相이 고요해지며, 고요함을 지켜 나가면 고요함을 이룹니다. 무엇을 한다는 생각도 없고, 어떠한 결점도 생기지 않으며, 무기無記에 떨어지지도 않으니, 이를 바른 삼매라고 합니다.

도를 닦는 제자들이 이 팔정도를 받들어서 말한 대로 행한다면, 깨달음을 얻을 것입니다. 《팔정도경》

계율은 수행자의 신발, 선정은 수행자의 지팡이

옛날에 비사사毘舍闍라는 귀신이 둘 있었다. 그들은 상자 한 개, 지팡이 한 자루, 신발 한 켤레를 가지고 있었다. 두 귀신은 저마다 그것을 가지려고 시끄럽게 다투었으나 해가 지도록 해결하지 못했다.

그때 어떤 사람이 와서 그것을 보고 물었다.

"이 상자와 지팡이, 그리고 신발이 어떤 신기한 힘을 가졌기에 너희가 그처럼 서로 화를 내면서 다투는가?"

두 귀신이 대답했다.

"온갖 의복, 음식, 침구, 의약품 등의 생활 도구가 다 이 상자 안에서 나옵니다. 또 이 지팡이를 잡으면 어떤 원수도 모두 항복하고 돌아가서 감히 다투지 못합니다. 그리고 이 신발을 신으면 아무 걸림 없이 날 수 있습니다."

그 사람은 이 얘기를 듣고 귀신들에게 말했다.

"너희는 내게서 조금 떨어져라. 너희에게 골고루 나누어 주겠다."

귀신들은 이 말을 듣고 멀리 피했다. 그러자 그 사람은 곧 상자를 안고 지팡이를 든 채 신발을 신고는 날아가 버렸다. 두 귀신은 깜짝 놀랐으나 어쩔 수가 없었다.

그가 귀신들에게 말했다.

"너희가 다투는 것을 지금 내가 가져가니, 너희는 이제 다투지 않을 것이다."

비사사 귀신은 온갖 마군과 외도를 비유한 것이고, 보시는 그 상자를 비유한 것으로 인간이나 천상의 다섯 세계에서 사용하는 온갖 생활 도구가 다 그 안에서 나온 것이다. 선정은 지팡이와 같아서 마군과 원수와 번뇌의 적이 항복하게 하고, 계율은 신발과 같아서 반드시 인간이나 천상에 오르게 해준다. 그리고 마군과 외도들이 상자를 가지려고 다투는 것은 온갖 번뇌 속에 있으면서 억지로 좋은 과보를 구하지만 아무 소득이 없는 데 비유한 것이다. 만일 선행과 보시, 계율과 선정을 닦으면 곧 괴로움을 떠나 도과道果를 얻을 것이다. 《백유경》

오계를 지키는 것이 가장 큰 보시이다

오계五戒는 위대한 보시이며, 최초의 것으로 인정되었고, 오랜 세월 동안 유지되어왔고, 성자들의 계보라고 알려졌고, 오래된 것이며, 거부하면 안 되는 것이고, 과거에도 거부되지 않았으며, 현재에도 거부되지 않았고, 미래에도 거부되지 않을 것이며, 지혜로운 사문들과 바라문들에 의해서 비난받지 않을 것입니다.

앙굿따라 니까야《넘쳐흐름 경》

정확하게 판단한 후에 받아들여라

소문으로 들었다고 해서, 대대로 전승되어 온다고 해서, '그렇다고 하더라'라고 해서, 성전에 쓰여 있다고 해서, 논리적이라고 해서, 추론에 따라서, 이유가 적절하다고 해서, 우리가 사색해서 얻은 견해와 일치한다고 해서, 유력한 사람이 한 말이라고 해서, 혹은 '이 사문은 우리의 스승이시다'라는 생각 때문에 진실이라고 받아들이지 마십시오.

그대들은 참으로 스스로가 '이러한 법은 해로운 것이고, 이러한 법은 비난받아 마땅하고, 이런 법은 지혜로운 이들의 비난을 받을 것이고, 이러한 법을 전적으로 받들어 행하면 손해와 괴로움이 생긴다'라고 알면 그때 그것들을 버리도록 하십시오.

앙굿따라 니까야《깔라마 경》

정진은 너무 조급해도 안 되고 너무 느슨해도 안 된다

부처님께서 소나에게 말씀하셨다.

"그대가 정말 홀로 고요한 곳에서 선정에 들어 사색하다가 '나도 부처님의 제자로서 부지런히 공부하는 제자들 가운데 하나다. 그런데 나는 아직까지도 번뇌를 다 끊고 해탈을 얻지 못했다. 나는 유명한 가문의 아들이고, 게다가 많은 재산을 가지고 있으니 차라리 속세로 돌아가 다섯 가지 욕망의 즐거움을 누리면서 널리 보시하고 복이나 짓자'라고 생각했느냐?"

이때 소나는 '세존께서 이미 내 마음을 알고 계시는구나!'라고 생각하고는 놀랍고 두려워서 털이 곤두섰다. 그는 부처님께 아뢰었다.

"진실로 그렇습니다, 세존이시여."

부처님께서 소나에게 말씀하셨다.

"내가 이제 너에게 물으리니 너는 대답해라. 소나여, 너는 속세에 있을 때 비파를 잘 탔느냐?"

"그렇습니다, 세존이시여."

"네 생각에는 어떠하냐? 네가 비파를 탈 때, 만일 비파 줄을 너무 조이면 미묘하고 부드럽고 맑은 소리를 낼 수 있었느냐?"

"아닙니다, 세존이시여."

"만일 비파 줄을 느슨하게 매면 과연 미묘하고 부드럽고 맑은 소리를 낼 수 있었느냐?"

"아닙니다, 세존이시여."

"비파 줄을 고르게 해 너무 헐겁지도 않고 조이지도 않으면, 미묘하고 부드럽고 맑은 소리를 낼 수 있었느냐?"

"그렇습니다, 세존이시여."

"정진이 너무 조급하면 오히려 들뜸만 늘어나고, 정진이 너무 느슨하면 사람을 게으르게 한다. 그러므로 너는 평등하게 닦고 익히고 거두어 받아, 집착하지도 말고 게으름을 짓지도 말고 상相을 취하지도 마라."

소나는 부처님의 말씀을 듣고 기뻐하면서 예배하고 물러갔다. 그는 부처님께서 말씀하신 비파 타는 비유를 항상 생각하면서, 앞에서 말씀하신 것처럼 홀로 고요한 곳에서 선정에 들어 사색했다. 그리하여 번뇌가 다 끊어지고 마음이 해탈해 아라한이 되었다. 잡아함《이십억이경》

보살이 실천해야 할 열 가지 바라밀

선재동자는 적정음해야신寂靜音海夜神에게 말했다.

"큰 성인이시여, 어떻게 수행해서 이 해탈을 얻었습니까?"

"선남자여, 보살이 열 가지 큰 법장法藏을 닦아 행하여 이 해탈을 얻습니다. 무엇이 열 가지인가 하면, 첫째는 보시하는 광대한 법장을 닦아서 중생의 마음을 따라 모두 만족하게 하는 것입니다. 둘째는 계행의 광대한 법장을 닦아서 모든 부처님의 공덕 바다에 널리 들어가는 것입니다. 셋째는 견디고 참는 광대한 법장을 닦아서 모든 법의 성품을 두루 생각하는 것입니다. 넷째는 꾸준히 노력하는 광대한 법장을 닦아서 일체 지혜에 나아가 물러가지 않는 것입니다. 다섯째는 선정의 광대한 법장을 닦아서 모든 중생의 뜨거운 번뇌를 없애는 것입니다. 여섯째는 반야의 광대한 법장을 닦아서 모든 법 바다를 두루 아는 것입니다. 일곱째는 방편의 광대한 법장을 닦아서 모든 중생을 성숙하게 하는 것입니다. 여덟째는 서원의 광대한 법장을 닦아서 모든 세계와 모든 중생 바다에 두루하여 오는 세월이 끝나도록 보살의 행을 수행하는 것입니다. 아홉째는 힘의 광대한 법장을 닦아서 잠깐잠깐 동안에 모든 법계 바다에 나타나 모든 국토에서 등정각을 이루어 쉬지 아니하는 것입니다. 열째는 지혜의 광대한 법장을 닦아서 여래의 지혜를 얻고 삼계의 일체 모든 법을 두루 알아 장애가 없는 것입니다.

선남자여, 만일 모든 보살이 이러한 열 가지 큰 법장에 편안히 머무르면, 곧 이러한 해탈을 얻어 청정하고 증장하고 쌓이고 견고하여 편안히 머물러서 원만하게 될 것입니다." 《화엄경》〈입법계품〉

계율은 선정과 지혜의 바탕이다

계율이란 그릇이 온전하고 튼튼해야 선정의 물이 맑게 고이고, 거기에 지혜의 밝은 달이 비로소 나타난다. 계율과 선정과 지혜 이 세 가지 배움이 진실로 온갖 법의 근원이므로 특별히 드러내어 모든 번뇌를 없애게 한 것이다. 영산회상에 어찌 행실이 올바르지 못한 부처가 있었겠으며, 소림少林 문하에 어찌 거짓말하는 조사가 있을 수 있겠는가? 《선가귀감》

악을 행하지 말고 선행을 실천해야 한다

어느 날, 고을의 군수로 부임한 백거이白居易가 산에 들렀다가 나무 위에 앉아 있는 조과선사鳥窠禪師를 뵙고서 물었다.

"선사께서 머무는 곳이 너무나 위태롭습니다."

선사가 백거이에게 말했다.

"태수가 더 위험해 보이오."

"저는 이곳을 다스리는 지위에 있는데 무슨 위험이 있겠습니까?"

"장작과 불이 서로 가까운 것처럼 마음의 성품이 멈추질 않으니, 어찌 위험하지 않겠소?"

백거이가 또 물었다.

"어떤 것이 불법의 가장 큰 뜻입니까?"

"모든 악행은 하지 말고 온갖 선행은 받들어 행하는 것이오."

"그런 것은 세 살짜리 아기도 알겠습니다."

"세 살짜리 아기도 말은 할 수 있으나, 여든 살 노인도 행하기는 어렵다오."

백거이가 이에 크게 깨닫고 절을 올렸다. 《전등록》

도에 대한 바른 안목을 갖추어라

임제선사臨濟禪師가 말씀하셨다.

"오늘날 부처님 법을 배우는 이들은 반드시 바른 안목을 갖추어야 한다. 만일 바른 안목을 얻으면 삶과 죽음에 물들지 않고, 가고 머무름에 자유로워서 뛰어남을 구하려 하지 않아도 뛰어남이 저절로 성취된다.

도를 배우는 이들이여! 옛 큰스님들은 모두가 사람을 구해내는 길이 있었다. 내가 사람들을 지도해주는 것은 그대들이 남에게 속지 말라는 것이니, 쓰고자 하면 쓸 뿐 결코 머뭇거리며 의심하지 말아야 한다.

오늘날 공부하는 이들이 그렇지 못하는 병통은 어느 곳에 있는가? 그것은 스스로를 믿지 않는 데 있다. 그대들이 스스로에 대한 믿음이 부족하면 분주하게 경계를 따라 얽매이고 온갖 경계에 휩쓸려 자유를 얻을 수 없다. 그대들이 만약 생각으로 치달려 구하던 마음을 쉴 수만 있다면, 조사나 부처와 다를 바가 없는 존재이다. 그대들은 조사를 알고자 하는가? 조사는 바로 그대들 앞에서 법문을 듣는 사람이다. 공부하는 이들이 믿음이 부족해서 그저 밖으로 내달려 구하고자 하지만, 설사 얻는다 하더라도 모두 번지레한 문자의 모습일 뿐 결코 저 살아 있는 조사의 뜻은 얻지 못할 것이다. 참선하는 수행자들이여, 착각하지 말아야 한다. 지금 살아 있는 조사를 만나지 못한다면 천생 만겁토록 삼계에 윤회하며 좋아하는 경계만을 따라다니다가 나귀나 소의 배 속에 태어날 것이다.

도를 배우는 이들이여! 나의 견해로 말한다면 석가모니 세존과 다름이 없으니, 오늘 이 많은 작용에 무슨 모자람이 있겠는가? 여섯 갈래의 신령스러운 빛이 한순간도 끊어진 적이 없다. 만약 이와 같이 볼 수만 있다면 그저 한평생 아무 일 없는 사람〔無事人〕이다. 《임제록》

양 극단에 머물지 말라

지극한 깨달음은 어렵지 않음이요
오직 간택함을 꺼릴 뿐이니
미워하고 사랑하지만 않으면
통연히 명백하니라.

털끝만큼이라도 차이가 있으면
하늘과 땅 사이로 벌어지나니
깨달음이 앞에 나타나길 바라거든
따름과 어김을 두지 마라.

어긋남과 따름이 서로 다툼은
마음의 병이 됨이니
현묘한 뜻은 알지 못하고
공연히 생각만 고요히 하려 하도다.

둥글기가 큰 허공과 같아서
모자람도 없고 남음도 없거늘
취하고 버림으로 말미암아
여여하지 못하도다.

세간의 인연도 따라가지 말고

출세간의 법에도 머물지 마라.
한 가지를 바로 지니면
사라져 저절로 다하리라.

움직임을 그쳐 그침으로 돌아가면
그침이 다시 큰 움직임이 되나니
오직 양극단에 머물러 있거니
어찌 한 가지임을 알 건가.

한 가지에 통하지 못하면
양쪽 다 공덕을 잃으리니
있음을 버리면 있음에 빠지고
공함을 따르면 공함을 등지느니라.

말이 많고 생각이 많으면
더욱더 상응치 못함이요
말이 끊어지고 생각이 끊어지면
통하지 않는 곳 없느니라. 《신심명》

수행의 요체는 자기 마음을 단속하는 것

모든 수행자가 자신의 마음을 깊이 믿어서 굽히지도 않고 내세우지도 않기를 바라노라. 마음을 모르고 도를 닦으면, 단지 무명만 늘어나게 할 뿐이다. 수행의 요체는 다만 범부의 망상을 없애는 것일 뿐, 별도로 성인의 경지에 대해 이해할 필요는 없다. 중생의 마음을 버릴 필요 없이, 다만 자신의 본성이 번뇌에 물들지 않도록 하면 된다. 《선가귀감》

벽돌을 갈아서 거울을 만들 수 있겠는가

마조馬祖는 전법원傳法院이라는 암자에 머물면서 매일 좌선을 했다. 남악南嶽은 마조가 법의 그릇임을 알아보고 곁에 가서 물었다.

"대덕은 좌선을 해서 무엇을 하려는 것입니까?"

"부처가 되려고 합니다."

남악은 이 말을 듣고 바로 벽돌 하나를 잡더니 암자 앞의 바위에다 갈기 시작했다. 이를 보고 마조가 물었다.

"벽돌을 갈아서 무엇을 하려는 것입니까?"

"거울을 만들려고 합니다."

"벽돌을 간다고 어찌 거울이 되겠습니까?"

"벽돌을 갈아서 거울을 만들지 못하거늘, 어찌 좌선을 해서 부처를 이루겠습니까?"

"그러면 어찌해야 하겠습니까?"

"소가 수레를 몰고 가는 것과 같으니, 수레가 가지 않으면 수레를 때려야 옳겠습니까, 소를 때려야 옳겠습니까?"

마조가 대답이 없자, 남악이 다시 말했다.

"그대는 좌선을 배우는 것입니까, 앉은뱅이 부처를 배우는 것입니까? 만일 좌선을 배운다면 선禪은 앉고 눕는 데 있지 않으며, 만일 앉은뱅이 부처를 배운다면 부처는 정해진 모습이 아닙니다. 머무름이 없는 법에서 취하거나 버리지 말아야 합니다. 그대가 만일 앉은뱅이 부처라면 곧 부처를 죽이는 일이니, 만일 앉는 모습에 집착한다면 진리를 통달하지 못할 것입니다."《전등록》

10항 _ 깨달음에 이르는 수행법

37조도법을 닦아야 깨달음을 얻는다

비구들이여, 예를 들면 암탉이 여덟 개나 열 개나 열두 개의 계란을 품는다 합시다. 이때 암탉은 계란에 바르게 앉아 품고 바르게 온기를 주고 바르게 다룹니다. 그렇지만 그 암탉에게 '오, 이 병아리들이 발톱 끝이나 부리로 계란의 껍질을 잘 깬 뒤에 안전하게 뚫고 나오기를'이라는 이런 소망은 일어나지 않을 것입니다. 그렇지만 병아리들은 발톱 끝이나 부리로 계란의 껍질을 잘 깬 뒤에 안전하게 뚫고 나올 수 있을 것입니다. 그것은 무슨 이유 때문이겠는가? 비구들이여, 그 암탉이 계란에 바르게 앉아 품었고 바르게 온기를 주었고 바르게 다루었기 때문입니다.

비구들이여, 그와 같이 수행에 몰두해 머무는 비구에게 '오, 참으로 나는 취착이 없어져서 번뇌로부터 해탈하기를'이라는 이러한 소망은 일어나지 않을 것입니다. 그러나 그는 취착이 없어져서 번뇌로부터 해탈합니다.

그것은 무슨 이유 때문이겠는가? 그 대답은 수행하기 때문입니다. 무엇을 수행하기 때문인가 하면 사념처四念處, 사정근四正勤, 사여의족四如意足, 오근五根, 오력五力, 칠각지七覺支, 팔정도八正道입니다.

비구들이여, 예를 들면 목수나 목수의 제자는 도끼자루에 생긴 손가락 자국이나 엄지손가락 자국을 보고 '오늘은 나의 도끼자루가 이만큼 닳았고 어제는 이만큼 닳았고 그전에는 이만큼 닳았다'라고 알지 못하지만, 대신에 다 닳았을 때 닳았다고 압니다.

그와 같이 수행에 몰두해 머무는 비구는 '오늘은 나의 번뇌들이 이만큼 소멸했고 어제는 이만큼 소멸했고 그전에는 이만큼 소멸했다'라고 알지 못하지만, 대신에 번뇌가 소멸했을 때 소멸했다고 압니다.

비구들이여, 예를 들면 넝쿨 밧줄로 묶어 만든 배가 바다를 항해하면서 6개월 동안 바닷물에 떠다니다가 겨울철에 뭍에 닿는다 합시다. 그러면 그 밧줄들은 바람과 햇볕에 삭을 것이고 다시 우기가 와서 많은 비에 젖으면 쉽게 푸석푸석해질 것이고 썩어버릴 것입니다.

그와 같이 수행에 몰두해 머무는 비구의 열 가지 족쇄는 쉽게 푸석푸석해지고 썩어버리는 것입니다. 상윳따 니까야《도끼자루경》

해탈로 가는 유일한 길, 사념처

비구들이여, 이 도는 유일한 길이니, 중생의 청정을 위하고 근심과 탄식을 다 건너기 위한 것이며, 육체적 고통과 정신적 고통을 사라지게 하고, 옳은 방법을 터득하고, 열반을 실현하기 위한 것입니다. 이것이 바로 사념처입니다.

무엇이 네 가지인가? 비구들이여, 여기 비구는 몸에서 몸을 관찰하며 머뭅니다. 세상에 대한 욕심과 싫어하는 마음을 버리면서 근면하게, 분명히 알아차리고 마음챙기는 자 되어 머뭅니다.

느낌에서 느낌을 관찰하며 머뭅니다. 세상에 대한 욕심과 싫어하는 마음을 버리면서 근면하게, 분명히 알아차리고 마음챙기는 자 되어 머뭅니다.

마음에서 마음을 관찰하며 머뭅니다. 세상에 대한 욕심과 싫어하는 마음을 버리면서 근면하게, 분명히 알아차리고 마음챙기는 자 되어 머뭅니다.

법에서 법을 관찰하며 머뭅니다. 세상에 대한 욕심과 싫어하는 마음을 버리면서 근면하게, 분명히 알아차리고 마음챙기는 자 되어 머뭅니다. 디가 니까야《대념처경》

사정근이란 무엇인가

비구들이여, 사정근四正勤이 있습니다. 무엇이 네 가지인가?

비구들이여, 여기 비구는 아직 일어나지 않은 나쁘고 해로운 법들이 일어나지 않도록 하기 위해서 의욕을 일으키고, 정진하고,

힘을 내고, 마음을 다잡고 애를 씁니다.

이미 일어난 나쁘고 해로운 법들은 제거하기 위해서 의욕을 일으키고, 정진하고, 힘을 내고, 마음을 다잡고 애를 씁니다.

아직 일어나지 않은 유익한 법들은 일어나도록 하기 위해서 의욕을 일으키고, 정진하고, 힘을 내고, 마음을 다잡고 애를 씁니다.

이미 일어난 유익한 법들은 지속하게 하고, 사라지지 않게 하고, 증장하게 하고, 충만하게 하고, 닦기 위해서 의욕을 일으키고, 정진하고, 힘을 내고, 마음을 다잡고 애를 씁니다.

비구들이여, 이것이 사정근입니다. 앙굿따라 니까야《노력경》

사여의족을 게을리하지 말라

비구들이여, 사여의족四如意足을 게을리하는 사람들은 누구든지 괴로움의 소멸로 바르게 인도하는 성스러운 도를 게을리하는 것입니다. 비구들이여, 사여의족을 열심히 행하는 사람들은 누구든지 괴로움의 소멸로 인도하는 성스러운 도를 열심히 행하는 것입니다. 무엇이 네 가지인가?

비구들이여, 여기 비구는 열정의 삼매와 노력의 행을 갖춘 여의족을 닦습니다. 정진의 삼매와 노력의 행을 갖춘 여의족을 닦습니다. 마음의 삼매와 노력의 행을 갖춘 여의족을 닦습니다. 검증의 삼매와 노력의 행을 갖춘 여의족을 닦습니다. 상윳따 니까야《게을리함 경》

오력이란 무엇인가

비구들이여, 다섯 가지 힘〔五力〕이 있나니, 무엇이 다섯인가? 신력信力, 정진력精進力, 염력念力, 정력定力, 혜력慧力입니다.

비구들이여, 예를 들면 항하恒河는 동쪽으로 흐르고 동쪽으로 향하고 동쪽으로 들어갑니다. 비구들이여, 그와 같이 비구가 다섯 가지 힘을 닦고 다섯 가지 힘을 많이 익히고 행하면 그는 열반으로 흐르고 열반으로 향하고 열반으로 들어갑니다.

상윳따 니까야《동쪽으로 흐름 경》

칠각지를 완성하는 방법

비구들이여, 예를 들면 이 몸은 자양분으로 지탱되나니 자양분이 있으면 지탱되고 자양분이 없으면 지탱되지 않는 것과 같습니다. 비구들이여, 그와 같이 칠각지七覺支도 자양분으로 지탱되나니 자양분이 있으면 지탱되고 자양분이 없으면 지탱되지 않습니다.

비구들이여, 그러면 무엇이 아직 일어나지 않은 '염각지念覺支'를 일어나게 하고 이미 일어난 염각지를 닦아서 성취하게 하는 자양분인가?

비구들이여, 염각지를 확립하는 법들이 있어 거기에 지혜롭게 주의를 기울이고 닦으면 이것이 아직 일어나지 않은 염각지를 일어나게 하고 이미 일어난 염각지를 닦아서 성취하게 하는 자양분입니다.

비구들이여, 그러면 무엇이 아직 일어나지 않은 '택법각지擇法覺

支'를 일어나게 하고 이미 일어난 택법각지를 닦아서 성취하게 하는 자양분인가?

비구들이여, 선하거나 선하지 않은 법들, 비난할 것이 없거나 비난받아 마땅한 법들, 받들어 행해야 하는 것과 받들어 행하지 말아야 하는 법들, 고상한 것과 천박한 법들, 흑백으로 상반되는 갖가지 법이 있어 거기에 지혜롭게 주의를 기울이고 닦으면 이것이 아직 일어나지 않은 택법각지를 일어나게 하고 이미 일어난 택법각지를 닦아서 성취하게 하는 자양분입니다.

비구들이여, 그러면 무엇이 아직 일어나지 않은 '정진각지精進覺支'를 일어나게 하고 이미 일어난 정진각지를 닦아서 성취하게 하는 자양분인가?

비구들이여, 정진을 시작하는 요소와 벗어나는 요소와 분발하는 요소가 있어 거기에 지혜롭게 주의를 기울이고 닦으면 이것이 아직 일어나지 않은 정진각지를 일어나게 하고 이미 일어난 정진각지를 닦아서 성취하게 하는 자양분입니다.

비구들이여, 그러면 무엇이 아직 일어나지 않은 '희각지喜覺支'를 일어나게 하고 이미 일어난 희각지를 닦아서 성취하게 하는 자양분인가?

비구들이여, 희각지를 확립하는 법들이 있어 거기에 지혜롭게 주의를 기울이고 닦으면 이것이 아직 일어나지 않은 희각지를 일어나게 하고 이미 일어난 희각지를 닦아서 성취하게 하는 자양분입니다.

비구들이여, 그러면 무엇이 아직 일어나지 않은 '경안각지輕安覺支'를 일어나게 하고 이미 일어난 경안각지를 닦아서 성취하게 하는 자양분인가?

비구들이여, 몸의 편안함과 마음의 고요함이 있어 거기에 지혜롭게 주의를 기울이고 닦으면 이것이 아직 일어나지 않은 경안각지를 일어나게 하고 이미 일어난 경안각지를 닦아서 성취하게 하는 자양분입니다.

비구들이여, 그러면 무엇이 아직 일어나지 않은 '정각지定覺支'를 일어나게 하고 이미 일어난 정각지를 닦아서 성취하게 하는 자양분인가?

비구들이여, 사마타의 대상 혹은 산란함이 없는 대상이 있어 거기에 지혜롭게 주의를 기울이고 닦으면 이것이 아직 일어나지 않은 정각지를 일어나게 하고 이미 일어난 정각지를 닦아서 성취하게 하는 자양분입니다.

비구들이여, 그러면 무엇이 아직 일어나지 않은 '사각지捨覺支'를 일어나게 하고 이미 일어난 사각지를 닦아서 성취하게 하는 자양분인가?

비구들이여, 사각지를 확립하는 법들이 있어 거기에 지혜롭게 주의를 기울이고 닦으면 이것이 아직 일어나지 않은 사각지를 일어나게 하고 이미 일어난 사각지를 닦아서 성취하게 하는 자양분입니다. 상윳따 니까야《몸경》

칠각지는 깨달음으로 인도한다

비구들이여, 이와 같이 칠각지를 닦고 칠각지를 많이 익히고 행하면 일곱 가지 결실과 일곱 가지 이익이 기대됩니다. 어떤 것이 일곱 가지 결실과 일곱 가지 이익인가?

첫째, 지금 여기에서 궁극의 지혜를 성취합니다.

둘째, 만일 지금 여기에서 궁극의 지혜를 성취하지 못하면, 죽을 때 궁극의 지혜를 성취합니다.

셋째, 만일 지금 여기서 궁극의 지혜를 성취하지 못하고 죽을 때도 궁극의 지혜를 성취하지 못하면, 그는 다섯 가지 낮은 족쇄를 완전히 없애고 수명의 중반쯤에 이르러 완전한 열반에 드는 자가 됩니다.

넷째, 만일 그렇지 못하면 그는 다섯 가지 낮은 족쇄를 완전히 없애고 수명의 반이 지나서 완전한 열반에 드는 자가 됩니다.

다섯째, 만일 그렇지 못하면 그는 다섯 가지 낮은 족쇄를 완전히 없애고 노력 없이 쉽게 완전한 열반에 드는 자가 됩니다.

여섯째, 만일 그렇지 못하면, 그는 다섯 가지 낮은 족쇄를 완전히 없애고 노력해서 어렵게 완전한 열반에 드는 자가 됩니다.

일곱째, 만일 그렇지 못하면, 그는 다섯 가지 낮은 족쇄를 완전히 없애고 더 높은 세계에 다시 태어나서 색구경천에 이르는 자가 됩니다. 상윳따 니까야《계경》

맑고 깨끗한 대자유

11항 _ 아라한, 괴로움을 벗어난 자

과거, 현재, 미래의 모든 부처님은 사성제를 깨닫는다

비구들이여, 과거에 있는 그대로 완전하게 깨달은 아라한, 정등각자들은 누구 할 것 없이 모두 사성제를 있는 그대로 완전하게 깨달았습니다.

비구들이여, 미래에 있는 그대로 완전하게 깨달은 아라한, 정등각자들은 누구 할 것 없이 모두 사성제를 있는 그대로 완전하게 깨달을 것입니다.

비구들이여, 현재 있는 그대로 완전하게 깨달은 아라한, 정등각자들은 누구 할 것 없이 모두 사성제를 있는 그대로 완전하게 깨닫습니다.

무엇이 넷인가 하면 고성제, 집성제, 멸성제, 도성제입니다.

상윳따 니까야《아라한경》

아라한이란 탐욕, 성냄, 어리석음이 없어진 성자

"도반 사리불이여, '아라한됨, 아라한됨'이라고들 합니다. 도반이여, 도대체 어떤 것이 아라한됨입니까?"

"도반이여, 탐욕이 완전히 없어짐, 성냄이 완전히 없어짐, 어리석음이 완전히 없어짐을 일러 아라한됨이라 합니다."

상윳따 니까야《아라함됨 경》

수행의 목적은 무엇인가

마할리가 부처님에게 여쭈었다.

"세존이시여, 그러면 더 높고 더 수승한 어떠한 법들이 있어 그것을 실현하기 위해 비구들은 세존 아래에서 청정범행을 닦습니까?"

"마할리여, 여기 비구는 세 가지 족쇄를 완전히 없애고 흐름에 든 자가 되어, 나쁜 곳에 떨어지지 않는 법을 얻었고 해탈이 확실하며 바른 깨달음으로 나아가는 자입니다. 마할리여, 이것이 더 높고 더 수승한 법이니 이것을 실현하기 위해 비구들은 내 아래에서 청정범행을 닦습니다.

다시 마할리여, 비구는 세 가지 족쇄를 완전히 없애고 탐욕과 성냄과 어리석음이 엷어져서 한 번만 더 돌아올 자가 되어, 한 번만 더 이 세상에 와서 괴로움의 끝을 만듭니다. 마할리여, 이것도 더 높고 더 수승한 법이니 이것을 실현하기 위해 비구들은 내 아래에서 청정범행을 닦습니다.

다시 마할리여, 비구는 다섯 가지 낮은 족쇄를 완전히 없애고 정거천에 태어나 그곳에서 완전히 열반에 들어 그 세계로부터 다시 돌아오지 않는 법을 얻습니다. 마할리여, 이것도 더 높고 더 수승한 법이니 이것을 실현하기 위해 비구들은 내 아래에서 청정범행을 닦습니다.

다시 마할리여, 비구는 모든 번뇌가 다해, 바로 지금 여기에서 스스로 최상의 지혜로 아무 번뇌가 없는 마음의 해탈과 지혜의 해탈을 실현하고 갖추어 머뭅니다. 마할리여, 이것도 더 높고 더 수승한 법이니 이것을 실현하기 위해 비구들은 내 아래에서 청정범행을 닦습니다.

마할리여, 이러한 더 높고 더 수승한 법들이 있나니 그것을 실현하기 위해 비구들은 내 아래에서 청정범행을 닦습니다."

디가 니까야《마할리 경》

굳건한 지혜로 깨달음

비구들이여, 비구가 지혜로 마음을 아주 굳건하게 할 때 그에게 이런 말은 적절합니다. '태어남은 다했다. 청정범행은 성취되었다. 할 일을 다해 마쳤다. 다시는 어떤 존재로도 돌아오지 않을 것이라고 나는 꿰뚫어 안다'라고. 비구들이여, 그러면 어떻게 비구가 지혜로 마음을 아주 굳건하게 하는지 설하겠습니다.

'나의 마음은 탐욕을 벗어났다'라고 지혜로 마음을 아주 굳건하게 합니다. '나의 마음은 성냄을 벗어났다'라고 지혜로 마음을 아주 굳건하게 합니다. '나의 마음은 어리석음을 여의었다'라고 지혜로 마음을 아주 굳건하게 합니다.

'나의 마음은 탐욕과 함께하지 않는 법을 얻었다'라고 지혜로 마음을 아주 굳건하게 합니다. '나의 마음은 성냄과 함께하지 않는 법을 얻었다'라고 지혜로 마음을 아주 굳건하게 합니다. '나의 마음은 어리석음과 함께하지 않는 법을 얻었다'라고 지혜로 마음을 아주 굳건하게 합니다.

'나의 마음은 욕계로부터 다시 돌아오지 않는 법을 얻었다'라고 지혜로 마음을 아주 굳건하게 합니다. '나의 마음은 색계로부터 다시 돌아오지 않는 법을 얻었다'라고 지혜로 마음을 아주 굳건하게 합니다. '나의 마음은 무색계로부터 다시 돌아오지 않는 법을 얻었다'라고 지혜로 마음을 아주 굳건하게 합니다.

비구들이여, 비구가 지혜로 마음을 아주 굳건하게 할 때 그에게 이런 말은 적절합니다. '태어남은 다했다. 청정범행은 성취되었다. 할 일을 다해 마쳤다. 다시는 어떤 존재로도 돌아오지 않을 것이라고 나는 꿰뚫어 안다'라고. 앙굿따라 니까야《통찰지경》

성자의 네 가지 구성 요소

사리불이 비구들에게 말씀하셨다.

"도반들이여, 여기 성스러운 제자는 '세존께서는 아라한이며, 완전히 깨달은 분이며, 명지와 실천을 갖추신 분이며, 피안으로 잘 가신 분이며, 세간을 잘 알고 계신 분이며, 가장 높은 분이며,

사람을 잘 길들이는 분이며, 하늘과 인간의 스승이며, 부처님이며, 세존이시다'라고 부처님께 흔들리지 않는 청정한 믿음을 지닙니다.

'법은 세존에 의해 잘 설해졌고, 스스로 보아 알 수 있고, 시간이 걸리지 않고, 와서 보라는 것이고, 향상으로 인도하고, 지혜로운 자들이 각자 알아야 하는 것이다'라고 법에 흔들리지 않는 청정한 믿음을 지닙니다.

'세존 제자들의 승가는 도를 잘 닦고, 도를 바르게 닦고, 도를 참되게 닦고, 도를 합당하게 닦으니, 곧 사쌍팔배四雙八輩*이다. 이러한 세존 제자들의 승가는 공양 받아 마땅하고, 희사 받아 마땅하고, 보시 받아 마땅하고, 합장 받아 마땅하며, 세상의 위없는 복전이다'라고 승가에 대해 흔들리지 않는 청정한 믿음을 지닙니다.

성자들이 좋아하며, 훼손되지 않았고, 뚫어지지 않았고, 오점이 없고, 얼룩이 없고, 벗어나게 하고, 현자들이 찬탄하고, 들러붙지 않고, 삼매에 도움이 되는 계를 갖춥니다." 디가 니까야《합송경》

아라한이 범할 수 없는 아홉 가지 행동

아라한으로서 번뇌가 다하고 삶을 완성했으며, 할 바를 다했고, 짐을 내려놓았으며, 참된 이상을 실현했고, 삶의 족쇄가 완전히

* 사향사과四向四果라고도 한다. 성자가 되기 위한 수행의 단계와 그 상태에 도달한 경지. ①예류향, 예류과 ②일래향, 일래과 ③불환향, 불환과 ④아라한향, 아라한과.

없어졌으며, 최상의 지혜로 해탈한 비구는 아홉 가지 경우를 범할 수가 없습니다.

번뇌가 다한 비구는 고의로 산 생명의 목숨을 빼앗을 수가 없습니다.

번뇌가 다한 비구는 주지 않은 것을 가지는 도둑질을 할 수가 없습니다.

번뇌가 다한 비구는 음행을 할 수가 없습니다.

번뇌가 다한 비구는 고의적인 거짓말을 할 수가 없습니다.

번뇌가 다한 비구는 전에 재가자였을 때처럼 축적해 두고 감각적 욕망을 즐길 수가 없습니다.

번뇌가 다한 비구는 열정 때문에 하지 않아야 하는 것을 할 수가 없습니다.

번뇌가 다한 비구는 성냄 때문에 하지 않아야 하는 것을 할 수가 없습니다.

번뇌가 다한 비구는 어리석음 때문에 하지 않아야 하는 것을 할 수가 없습니다.

번뇌가 다한 비구는 두려움 때문에 하지 않아야 하는 것을 할 수가 없습니다.

아라한이어서 번뇌가 다하고 삶을 완성했으며, 할 바를 다했고, 짐을 내려놓았으며, 참된 이상을 실현했고, 삶의 족쇄가 완전히 없어졌으며, 최상의 지혜로 해탈한 비구는 이런 아홉 가지 경우를 범할 수가 없습니다. 디가 니까야《정신경》

마음을 알아야 한다

스스로 깨달아
그 마음을
이미 안 사람이야말로
붓다의 제자이다. 《법구경》

아라한이라는 관념에 집착하지 마라

"수보리여! 그대 생각은 어떠한가? 아라한이 '나는 아라한의 경지를 얻었다'라고 생각하겠는가?"

수보리가 대답했다.

"아닙니다, 세존이시여! 왜냐하면 실제 아라한이라 할 만한 법이 없기 때문입니다. 세존이시여! 아라한이 '나는 아라한의 경지를 얻었다'라고 생각한다면 자아·개아·중생·영혼에 집착하는 것입니다.

세존이시여! 부처님께서 저를 다툼 없는 삼매를 얻은 사람 가운데 제일이고 욕망을 여읜 제일가는 아라한이라고 말씀하셨습니다. 저는 '나는 욕망을 여읜 아라한이다'라고 생각하지 않습니다.

세존이시여! 저는 '나는 아라한의 경지를 얻었다'라고 생각한다면 세존께서는 '수보리는 적정행寂靜行을 즐기는 사람이다. 수보리는 실로 적정행을 한 것이 없으므로 수보리는 적정행을 즐긴다고 말한다'라고 설하지 않으셨을 것입니다." 《금강경》〈일상무상분〉

12항 _ 해탈과 열반, 궁극의 행복에 이르다

두 가지 열반

비구들이여, 열반에는 두 가지 형태가 있습니다. 무엇이 둘인가? 남음이 있는 열반과 남음이 없는 열반입니다.

무엇이 남음이 있는 열반〔有餘依涅槃〕인가?

여기 아라한인 비구에게 동요는 종식되었고, 완성에 도달했으며, 해야 할 일을 끝냈고, 짐을 내려놓았으며, 진정한 목적을 얻었고, 존재의 족쇄가 종식되었고, 바르게 이해하여 해탈하였습니다. 그러나 그의 다섯 가지 감각 기능들은 여전히 남아 있고 그것들이 온전하므로, 그는 마음에 들거나 마음에 들지 않음을 인식하고, 즐거움과 괴로움을 느낍니다. 그의 탐욕·성냄·어리석음이 종식되었으므로 남음이 있는 열반이라고 정의합니다.

무엇이 남음이 없는 열반〔無餘依涅槃〕인가?

여기 아라한인 비구에게 동요는 종식되었고, 완성에 도달했으며, 해야 할 일을 끝냈고, 짐을 내려놓았으며, 진정한 목적을 얻었고, 존재의 족쇄가 종식되었고, 바르게 이해하여 해탈하였습니다. 그의 목숨이 다할 때 그에게 모든 감각되는 것들은 맛이 없으며, 지금 여기에서 차갑게 될 것입니다. 이것을 남음이 없는 열반이라고 정의합니다. 《여시어경》

두 번째 화살을 맞지 마라

부처님께서 비구들에게 질문하셨다.

"비구들이여, 배우지 못한 범부도 즐거운 느낌을 느끼며, 괴로운 느낌을 느끼며, 괴롭지도 즐겁지도 않은 느낌을 느낍니다. 마찬가지로 잘 배운 성스러운 제자도 즐거운 느낌, 괴로운 느낌, 괴롭지도 즐겁지도 않은 느낌을 느낍니다. 그러면 잘 배운 성스러운 제자와 배우지 못한 범부 사이에는 어떤 구별이 있고 어떤 다른 점이 있으며 어떤 차이가 있겠습니까?"

"세존이시여, 저희의 법은 세존을 근원으로 하고, 세존을 길잡이로 하며, 세존을 귀의처로 합니다. 세존이시여, 세존께서 방금 말씀하신 이 뜻을 친히 밝혀주신다면 참으로 감사하겠습니다. 세존으로부터 듣고 비구들은 그것을 잘 간직할 것입니다."

"비구들이여, 그렇다면 이제 들으십시오. 듣고 마음에 잘 새기십시오. 내가 설명하겠습니다."

"그렇게 하겠습니다, 세존이시여."

"비구들이여, 배우지 못한 범부는 육체적인 괴로운 느낌을 접하면 근심하고 상심하며, 슬퍼하고, 가슴을 치고, 울부짖고, 광란합니다. 결국 그는 이중으로 느낌을 겪으니, 곧 육체적 느낌과 정신적 느낌입니다.

비구들이여, 예를 들면 어떤 사람이 화살을 맞고 연이어 두 번째 화살을 또다시 맞는 것과 같습니다. 그래서 그 사람은 두 화살 때문에 오는 괴로움을 모두 겪을 것입니다.

비구들이여, 그러나 잘 배운 성스러운 제자는 육체적인 괴로운 느낌을 접하더라도 근심하지 않고, 상심하지 않고, 슬퍼하지 않고, 가슴을 치지 않고, 울부짖지 않고, 광란하지 않습니다. 그는 오직 한 가지 느낌, 즉 육체적 느낌만을 경험할 뿐이며 결코 정신적인 느낌은 겪지 않습니다.

비구들이여, 예를 들면 어떤 사람이 화살에 맞았지만 그 첫 번째 화살에 연이은 두 번째 화살에는 맞지 않은 것과 같습니다. 그래서 그 사람은 하나의 화살로 인한 괴로움만을 겪을 것입니다.

비구들이여, 그와 같이 잘 배운 성스러운 제자는 육체적인 괴로운 느낌을 접하더라도 결코 근심하지 않고, 상심하지 않고, 슬퍼하지 않고, 가슴을 치지 않고, 울부짖지 않고, 광란하지 않습니다. 그는 오직 한 가지 느낌, 즉 육체적인 느낌만을 경험할 뿐입니다."

상윳따 니까야《화살경》

깨달음에는 남녀의 구별이 없다

마라가 말했다.

"아라한의 경지는 도달하기 어려워서
성자만이 얻을 수 있다네.
두 손가락만큼의 지혜를 가진
여성으로서는 얻을 수 없네."

소마 비구니는 다음과 같이 대답했다.

"마음이 잘 집중되어 있다면,
지혜가 꾸준하게 나아가고 있다면,
가르침을 바르게 이해하고 있다면,
여성인 것이 무슨 상관이랴!

'나는 여자다' 또는 '나는 남자다'
또는 '나는 그 무엇이다'라고
말하는 사람이 있다면
그는 마라일 뿐이다." 상윳따 니까야《소마 경》

여덟 가지 바람에 동요하지 말라

선禪이란 무엇이며, 정定이란 무엇인가?

망념이 일어나지 않음이 선이요, 앉아서 본성을 보는 것이 정이다. 본성이란 자신의 무생無生의 마음이요, 정이란 경계를 대할 때 무심해서 여덟 가지의 바람에도 동요하지 않는 것을 말한다. 여덟 가지의 바람은 '이득'과 '손실', '명성'과 악명', '칭송'과 '비난', '즐거움'과 '괴로움'을 말한다. 만약 이와 같이 정을 얻은 사람은 비록 범부일지라도 바로 부처의 지위에 들어간다. 《돈오입도요문론》

승찬대사의 해탈 법문

도신道信 사미가 승찬대사僧璨大師를 찾아와 절하면서 말했다.

"화상이시여, 자비를 베푸시어 해탈하는 법문을 일러 주소서."

대사가 대답했다.

"누가 그대를 결박했는가?"

"아무도 결박하지 않았습니다."

"그렇다면 무슨 해탈을 구하는 것인가?"

도신이 그 말끝에 크게 깨달아 9년을 정성껏 모셨다.《전등록》

어떤 법에도 구애되지 않음이 해탈이다

어떤 스님이 백장선사百丈禪師에게 물었다.

"지금 계를 받아 몸과 마음이 청정해지고 온갖 좋은 법을 다 갖추면 해탈을 얻을 수 있겠습니까?"

"조금은 해탈할 수 있으나 마음의 해탈을 얻지 못하면 온갖 해탈을 얻지 못한다."

"무엇이 마음의 해탈입니까?"

"부처도 구하지 않고, 알음알이도 구하지 않으며, 더럽고 깨끗한 생각이 다한 뒤에는 이 구함이 없는 경지도 옳다고 고집하지 않아야 한다. 다한 경지에도 머무르지 않고, 지옥의 속박도 두려워하지 않으며, 천상의 즐거움도 좋아하지 않고, 모든 법에 구애되지 않아야 비로소 해탈이라 하며, 몸과 마음 등 모두에 걸림 없음을 해탈이라 한다."《조당집》

바람도 아니요, 깃발도 아니요, 마음이 움직인다

어느 날 혜능선사慧能禪師가 '이제는 법을 펼칠 때가 되었으니 그만 숨어 살아야겠다'라고 생각하여 산에서 나와 광주廣州의 법성사法性寺로 갔다. 마침 인종법사印宗法師가 《열반경》을 강의하고 있었다. 그때 바람이 불어 깃발이 펄럭이는 것을 보고, 한 스님은 "바람이 움직인다"고 하고, 또 한 스님은 "깃발이 움직인다"고 해서 논쟁이 그치지 않았다. 혜능이 나서서 말했다.

"바람이 움직이는 것도 아니요, 깃발이 움직이는 것도 아닙니다. 스님들의 마음이 움직이는 것입니다."

이에 모든 대중이 놀랐다. 《법보단경》

가장 높은 대열반

가장 높은 대열반은
두루 밝고 항상 고요히 비추거늘
어리석은 범부는 이것을 죽음이라 말한다.

오직 헤아림을 벗어난 사람이어야
취함과 버림 없음에 통달하고,
다섯 무더기의 법과 다섯 무더기로 구성된 자신과
밖으로 나타나는 여러 형상과
하나하나의 소리들이
한결같이 꿈이나 환상과 같음을 알아서,
범부다 성인이다 하는 견해를 일으키지 않는다.

열반이라는 알음알이도 짓지 않으며,
항상하다 무상하다 하는 대립과
과거·현재·미래라는 시간이 끊어져,
항상 온갖 경계에 응해서 여섯 감각기관이 작용하지만
작용한다는 분별을 일으키지 않으며,
모든 법을 분별하면서도
분별한다는 생각을 일으키지 않는다.

겁劫의 불길이 바다 밑바닥까지 태우고
바람이 휘몰아쳐 산이 서로 부딪치더라도,
참되고 변함없는 것은 적멸의 즐거움이니
열반의 모습이 이와 같노라. 《법보단경》

평상심이 곧 도道

도는 닦을 필요가 없으니 다만 물들지 말아야 한다.
어떤 것을 물듦이라 하는가?
분별하는 마음으로 조작하고 추구하는 것들이 바로 물듦이다.
도를 당장 알고자 하는가?
평상심平常心이 바로 도이다.
무엇을 일러 평상심이라 하는가?
조작하지 않고, 옳고 그름을 따지지 않으며,
취하거나 버리지도 않는 것.

끊어짐이 있다거나 끊어짐이 없다고 헤아리지 않으며,
범부도 아니고 성인도 아닌 것이 바로 평상심이다.《마조록》

서 있는 자리 그대로가 진실이고 해탈이다

여러 가지로 만들어지는 법이 모두 한마음에서 비롯되었으니,
건립해도 되고 쓸어버려도 된다.
모두가 오묘한 작용이고 모두가 자기이며,
진리를 떠나서는 설 곳이 따로 없으니
서 있는 자리가 곧 진리이며, 모두가 자기의 근본이다.
그렇지 않다고 하는 자는 대체 어떤 사람인가?
일체의 법이 모두 불법이니, 모든 법이 곧 해탈이다.
해탈이란 곧 진여眞如이니, 모든 법은 진여를 벗어나지 않는다.
가고 머물고 앉고 눕는 것이 모두 불가사의한 작용이며
시절인연時節因緣을 기다리지 않는다.《마조록》

도는 앉는 데 있는 것이 아니라 마음을 깨닫는 것이다

설간薛簡이 질문했다

"도성에 있는 선승들은 모두 '도를 알고자 한다면 반드시 좌선해서 선정을 익혀야 한다. 선정 없이 해탈을 얻은 자는 아직 없었다'라고 말합니다. 대사께서 가르치는 법은 어떻습니까?"

혜능대사가 말씀하셨다.

"도라는 것은 마음을 깨닫는 것인데, 어찌 앉는 일에 있겠는가?

경전에서 말씀하시기를, '만약 여래가 앉거나 눕는다고 말한다면 그것은 삿된 도를 행하는 것이다. 왜냐하면 여래는 오지도 않고 가지도 않기 때문이다'라고 말씀하셨다. 생겨남도 없고 멸함도 없는 것이 여래의 청정한 선이고, 모든 법이 텅 비어 고요한 것이 여래의 청정한 앉음이다. 마침내는 증득할 것도 없는데 하물며 앉음이 있겠는가?" 《법보단경》

모든 가르침은 사성제로 포섭된다

사리불이 말했다.

"도반들이여, 예를 들면 움직이는 생명들의 발자국은 그 어느 것이든 모두 코끼리 발자국 안에 놓이고, 코끼리 발자국이야말로 그들 가운데 최상이라고 불리나니 그것은 크기 때문입니다. 도반들이여, 유익한 법은 그 어떤 것이든 사성제에 내포됩니다. 무엇이 넷인가? 고성제, 집성제, 멸성제, 도성제입니다."

맛지마 니까야 《큰 코끼리 발자국 비유경》

독화살의 비유

만동자여, 예를 들면 어떤 사람이 독이 잔뜩 묻은 화살에 맞았다 합시다. 그의 친구나 동료나 일가친척들이 그를 치료하기 위해 의사를 데려올 것입니다. 그러나 그는 이렇게 말할 것입니다. '내게 화살을 쏜 사람이 바라문인지, 크샤트리아인지, 바이샤인지, 수드라인지 그 사람을 알기 전에는 이 화살을 뽑지 않을 것이다'라고.

그는 이렇게 말할 것입니다. '내게 화살을 쏜 사람의 이름이 무엇이고 성이 무엇인지 알기 전에는 이 화살을 뽑지 않을 것이다'라고.

그는 이렇게 말할 것입니다. '내게 화살을 쏜 사람의 키가 큰지 작은지 중간인지 알기 전에는 이 화살을 뽑지 않을 것이다'라고.

그는 이렇게 말할 것입니다. '내게 화살을 쏜 사람의 피부색이 검은색인지 갈색인지 황금색인지 알기 전에는 이 화살을 뽑지 않을 것이다'라고.

그는 이렇게 말할 것입니다. '내게 화살을 쏜 사람이 어떤 마을이나 성읍이나 도시에 사는지 알기 전에는 이 화살을 뽑지 않을 것이다'라고.

그는 이렇게 말할 것입니다. '내게 화살을 쏜 그 활이 긴 활인지 석궁石弓인지 알기 전에는 이 화살을 뽑지 않을 것이다'라고.

그는 이렇게 말할 것입니다. '내게 화살을 쏜 그 활줄이 실인지 갈대인지 힘줄인지 대마인지 유엽수의 껍질인지 알기 전에는 이 화살을 뽑지 않을 것이다'라고.

그는 이렇게 말할 것입니다. '내게 쏜 그 화살대가 야생의 갈대인지 기른 갈대인지 알기 전에는 이 화살을 뽑지 않을 것이다'라고.

그는 이렇게 말할 것입니다. '내게 쏜 화살대의 깃털이 독수리의 것인지 까마귀의 것인지 매의 것인지 공작의 것인지 황새의 것인지 알기 전에는 이 화살을 뽑지 않을 것이다'라고.

그는 이렇게 말할 것입니다. '내게 쏜 화살대를 묶은 힘줄이 소의 것인지 물소의 것인지 사자의 것인지 원숭이의 것인지 알기 전에는 이 화살을 뽑지 않을 것이다'라고.

그는 이렇게 말할 것입니다. '내게 쏜 화살이 일반적인 것인지 굽은 것인지 가시 달린 것인지 송아지의 이빨인지 협죽도 이파리 모양의 것인지 알기 전에는 이 화살을 뽑지 않을 것이다'라고.

만동자여, 그러나 그 사람은 그것을 알지 못하고 죽을 것입니다.

만동자여, 그와 같이 어떤 사람이 말하기를 "세존께서 내게 '세상은 영원하다'거나 '세상은 영원하지 않다'거나, '세상은 유한하다'거나 '세상은 무한하다'거나, '생명이 바로 몸이다'라거나 '생명은 몸과 다른 것이다'라거나, '여래는 사후에도 존재한다'거나 '여래는 사후에 존재하지 않는다'거나, '여래는 사후에 존재하기도 하고 존재하지 않기도 한다'거나 '여래는 사후에 존재하는 것도 아니고 존재하지 않는 것도 아니다'라고 설명해주시기 전에는 나는 세존 아래에서 청정범행을 닦지 않으리라"라고 말한다면, 여래는 그것에 대한 설명을 하지 않을 것이므로 그동안 그 사람은 죽을 것입니다.

만동자여, 그러면 나는 왜 이것을 설명하지 않았겠는가? 만동자여, 이것은 참으로 이익을 주지 못하고, 청정범행의 시작에도 미치지 못하고, 염오厭惡로 인도하지 못하고, 탐욕의 빛바램으로 인도하지 못하고, 소멸로 인도하지 못하고, 고요함으로 인도하지 못하고, 최상의 지혜로 인도하지 못하고, 바른 깨달음으로 인도하지 못하고, 열반으로 인도하지 못하기 때문입니다.

만동자여, 그러면 나는 무엇을 설명했겠는가? 만동자여, '이것은 고성제이다'라고 설명했습니다. '이것은 집성제이다'라고 설명했습니다. '이것은 멸성제이다'라고 설명했습니다. '이것은 도성제이다'라고 설명했습니다."

만동자여, 그러면 나는 왜 이것을 설명했겠는가? 만동자여, 이것은 참으로 이익을 주고, 청정범행의 시작과 관련되며, 염오로 인도하고, 탐욕의 빛바램으로 인도하고, 소멸로 인도하고, 고요함으로 인도하고, 최상의 지혜로 인도하고, 바른 깨달음으로 인도하고, 열반으로 인도하기 때문입니다. 그러므로 나는 이것을 설명했습니다.

만동자여, 그러므로 설명하지 않은 것은 설명하지 않았다고 기억하십시오. 내가 설명한 것은 설명했다고 기억하십시오.

맛지마 니까야《말룽꺄 짧은 경》

홀륭한 귀의

많은 사람들 의지할 곳 구해
산신山神, 수신水神, 목신木神이나
혹은 동산이나 사당에서
온갖 근심과 괴로움 피하기를 구하네.

이것은 훌륭한 귀의가 아니요
또 상서롭고 유익한 것도 아니다.
아무리 그렇게 귀의해도
모든 고통은 벗어나지 못한다.

스스로 부처님께 귀의하고
법과 승가에 귀의하며
사성제를 닦아 익히는 것이
지혜로운 견해이다. 《출요경》

부처님 찬탄

마치 향기로운 꼬까나다 연꽃이
아침에 향내음을 풍기면서 피듯이
멀리 빛을 드리우신 부처님을 보라.
마치 허공에서 빛나는 태양과 같구나. 앙굿따라 니까야 《삥기야니 경》

제3장

보살의 길

1절

믿음은 공덕의 씨앗

부처님 법 만나는 것의 경이로움

"비구들이여, 예를 들면 이 대지를 하나의 물 무더기로 만든다고 합시다. 여기에다 사람이 하나의 구멍만 있는 판자를 던져 넣는다고 합시다. 그러면 동쪽에서 부는 바람은 그것을 서쪽으로 몰고 갈 것이고, 서쪽에서 부는 바람은 그것을 동쪽으로 몰고 갈 것이며, 북쪽에서 부는 바람은 그것을 남쪽으로 몰고 갈 것이고, 남쪽에서 부는 바람은 그것을 북쪽으로 몰고 갈 것입니다. 마침 거기에 눈먼 거북이 있어서 100년 만에 한 번씩 물 위로 올라온다고 합시다.

비구들이여, 이를 어떻게 생각합니까? 100년 만에 한 번씩 물 위로 올라오는 눈먼 거북이 그 판자에 나 있는 구멍으로 목을 넣을 수 있겠습니까?"

"세존이시여, 100년 만에 한 번씩 물 위로 올라오는 눈먼 거북이 그 판자에 나 있는 단 하나의 구멍으로 목을 넣는 것은 참으로 경이로운 일입니다."

"비구들이여, 그와 같이 인간의 몸을 받는다는 것은 참으로 경이로운 일입니다. 비구들이여, 그와 같이 여래, 아라한, 정등각자가 세상에 출현하는 것도 참으로 경이로운 일입니다. 비구들이여, 그와 같이 여래가 설한 법과 율이 세상을 비추는 것도 참으로 경이로운 일입니다.

비구들이여, 이제 그대들은 이러한 인간의 몸을 받았고, 여래는 세상에 출현했으며, 여래가 설한 법과 율이 세상을 비추고 있습니다." 상윳따 니까야《구멍을 가진 멍에 경》

열 가지 무너지지 않는 믿음

보살에게는 열 가지 무너지지 않는 믿음이 있다. '모든 부처님께 무너지지 않는 믿음'과 '모든 부처님 법에 무너지지 않는 믿음'과 '모든 성스러운 스님에게 무너지지 않는 믿음'과 '모든 보살에게 무너지지 않는 믿음'과 '모든 선지식에게 무너지지 않는 믿음'과 '모든 중생에게 무너지지 않는 믿음'과 '모든 보살의 큰 서원에 무너지지 않는 믿음'과 '모든 보살의 행에 무너지지 않는 믿음'과 '모든 부처님을 공경하고 공양하는 데 무너지지 않는 믿음'이다.

《화엄경》〈이세간품〉

처음으로 수행에 들어설 때 주의해야 할 점

부처님께서 미륵보살에게 말씀하셨다.

"처음 수행을 시작한 보살은 심오한 진리에 마음을 결정하지 못하는 두 가지가 있소. 무엇이 두 가지일까? 첫째는 아직 듣지 못한 심오한 경전을 듣고는 놀라고 의심스러워 순응할 수 없어서 비방하고 믿지 않으며, '나는 애초에 들어보지 못했던 것인데 어디서 온 것일까?'라고 말하는 것이오. 둘째는 이와 같이 심오한 경전을 보호해 지니며 해설하는 사람을 가까이하지 않고, 공양하거나 공경하지도 않으며, 때로는 그 안의 죄악을 말하는 것이오. 이 두 경우는 처음 수행을 시작한 보살이 스스로를 상처 입히고, 심오한 진리를 들으면서도 그 마음을 조복해 다스릴 수 없는 것이오." 《유마경》〈촉루품〉

신심이 제일가는 보물이다

어떤 사람이 한 우바새를 가난한 자라고 깔보았다. 그러나 그 우바새는 부처님께서 찬탄하신 '만족할 줄 아는 법〔知足法〕'을 좋아했으므로 그 가르침에 따라 게송을 말했다.

병 없는 것이 제일가는 이로움이고
만족할 줄 아는 것이 제일가는 부자며
좋은 벗이 제일가는 가족이고
열반이 제일가는 즐거움이네.

그때 우바새가 게송을 외고 나서 그 사람에게 말했다.

"부처님께서 말씀하신 대로 만족할 줄 아는 것이 곧 부자인데, 그대는 지금 무슨 이유로 나를 가난하다고 하는가?"

그러고는 다시 게송을 외웠다.

비록 많은 보물을 지니고
생활에 필요한 도구가 풍요롭더라도
삼보를 믿지 않는 사람이면
그를 가장 가난하다고 할 것이다.

비록 아무런 보물도,
생활에 필요한 도구도 없지만
삼보를 믿는 사람이면
그를 제일가는 부자라고 할 것이니

나는 이제 삼보를 공경하고
믿음으로 진귀한 여러 물건을 삼거늘
그대는 무슨 인연으로
나를 가난하다 하는가.

제석帝釋이나 비사문毘沙門이
비록 많은 보물을 가지고 있어도
보시할 때 이르러선

일체를 남김없이 희사하지 못하지만

나는 만족할 줄 알아서
그 어떠한 재물에도
탐착하는 마음이 없기에
일체를 모두 희사할 수 있네.

부귀한 이들의 창고에는
진귀한 보물이 많으나
물과 불과 도적들이
모두 다 빼앗아 갈 수 있네.

그가 만약 보물을 다 잃어버린다면
곧 큰 고뇌가 생겨서
훌륭한 의사나 좋은 약도
그의 고통을 치료할 수 없지만

나는 믿음으로 보물을 삼기에
빼앗아 갈 수 있는 자가 없으므로
마음이 평온하고 즐거워서
모든 근심과 걱정, 괴로움이 없다네.

이 게송을 외고 나서, 다시 이렇게 말했다.

"비록 창고에 코끼리와 말, 일곱 가지 보물과 생활에 필요한 도구들이 있다 하더라도 만족할 줄 모른다면 오히려 그를 가난하다 할 것이다. 그러므로 부처님께서는 만족할 줄 아는 것이 최고의 부자라고 하셨다."

여러 사람이 이 말을 듣고 나서 모두 찬탄했다.

"훌륭하십니다. 이것이야말로 큰 지혜가 있는 바른말이니, 과연 대장부라 하겠습니다."

그리고 저마다 말했다.

"오늘 이후로는 비록 재물이 없더라도 신심만 있다면 그를 부자라고 하겠습니다. 만약 돈이나 재물을 모은다면, 그것은 모두 쾌락을 위해서이며 처자식이나 권속에게 공급해서 부족함이 없게 하고자 하기 때문이니, 이와 같은 즐거움은 바로 현세의 몸만을 위한 것입니다. 신심이라는 보물을 가진 사람은 세세생생토록 인간과 천상에 태어나 재물을 마음대로 할 것이니, 신심이 바로 제일가는 재물임을 알겠습니다. 이와 같이 신심이라는 재물은 생사 중에 있더라도 항상 쾌락을 느껴 아무런 고뇌가 없습니다. 그러나 금이나 은 같은 진귀한 보물은 재앙과 근심을 일으켜 밤낮으로 걱정하거나 남에게 빼앗길까 두려워해서 마침내 여덟 가지 위험이 있을 뿐 아니라, 탐내고 집착하는 마음 때문에 세세생생토록 고통을 받을 것입니다. 신심이 있기 때문에 계율의 재물, 보시의 재물, 선정의 재물, 지혜의 재물을 얻을 수 있지만, 만약 신심이 없다면 어떻게 이와 같은 여러 재물을 얻을 수 있겠습니까? 그러므로 신심이라는 재물이 제일입니다. 우리도 이 재물이 있기 때문에 사람들 앞에서 큰 부자라고 말할 수 있습니다. 우리가 옛날에 선업善業을 깊이 쌓았기 때문에 지금 신심으로 만족할 줄 아는 것입니다." 《대장엄론경》

믿음은 도의 근본, 공덕의 어머니

믿음은 불도의 근본이며, 공덕의 어머니라
갖가지 선한 법을 다 길러 내나니
의심의 그물을 끊어버리고 애착의 물결을 벗어나서
가장 높은 열반의 도道 열어 보이네.

믿음은 혼탁함이 없어 마음이 청정하고
교만을 없애고 공경의 근본이 되네.
믿음은 또한 법의 창고에서 제일가는 재물이요
훌륭한 손이 되어 온갖 일을 다 수행하게 되네.

믿음은 은혜를 베풀어 마음에 인색함이 없고
믿음은 기쁨으로 불법에 들어가게 하며
믿음은 지혜와 공덕을 증장시키고
믿음은 반드시 여래의 지위에 이르게 하느니라.

믿음은 모든 감각기관을 깨끗하고 밝고 날카롭게 하고
믿음의 힘은 견고하여 깨뜨릴 수 없고
믿음은 영원히 번뇌의 근본을 소멸하며
믿음은 오로지 부처님의 공덕을 향하게 하느니라.

믿음은 경계에 대한 집착이 없고
모든 고난을 멀리 벗어나서 고난을 없게 하며
믿음은 온갖 마魔의 길에서 벗어나며
가장 높은 해탈의 길을 나타내 보이느니라.

믿음은 파괴되지 않는 공덕의 종자요
믿음은 깨달음의 나무를 생장케 하며
믿음은 가장 수승한 지혜를 더욱 증장시키며
믿음은 일체 모든 부처님을 나타내 보이느니라.

이러한 까닭에 그 실천행에 의지해 차례를 말하자면
믿고 즐거워함은 가장 수승하여 매우 얻기 어려우니
비유하자면 일체 세상에서
마음대로 되는 미묘한 보배 구슬을 소유한 것과 같으니라.

《화엄경》〈현수품〉

삼귀의를 얻는 자

선생善生이 여쭈었다.

"세존이시여, 어떤 사람이 삼귀의를 얻고, 어떤 사람이 삼귀의를 얻지 못합니까?"

"선남자여, 만약 사람이 인과를 믿고, 진리를 믿고, 도를 얻을 수 있다는 것을 믿으면 이와 같은 사람은 삼귀의를 얻는다. 어떤 사람이 마음이 지극하면 믿음이 무너질 수 없으며, 삼보를 가까이 하고 좋은 벗의 가르침을 받아들이면 이와 같은 사람은 곧 삼귀의를 얻는다." 《우바새계경》〈오계품〉

삼귀의와 오계를 지닌 자는 착한 신이 보호한다

집지執持라는 바라문의 아들이 있었는데, 부유한 명문가였으나 삼보를 믿지 않고 95종의 외도外道를 섬기면서 신들에게 복을 빌었다.

오랜 세월이 지난 후 그 나라의 현명하고 훌륭한 장자들이 정성을 다해 불법을 받들고 성자인 스님들께 교화되었다. 집지는 이들이 부귀와 장수, 안락을 얻었으며, 생로병사에서 벗어났고, 삼악도三惡道에 떨어지지 않을 것이라는 말을 들었다.

그리하여 집지는 '다른 도는 다 버리고 공경히 삼보를 받드는 것이 더 좋겠다'라고 생각하고, 부처님을 찾아와서 머리를 땅에 대고 부처님께 예배한 뒤 무릎을 꿇고 말했다.

"제가 본래 어리석고 아는 것이 없어서 오래전에 삼보에 대해서 들었지만 받들어 모시지 못하다가, 오늘에야 비로소 확실히 이해하고 믿게 되었습니다. 부처님 법은 매우 자비로워 널리 천하를 구제하시니, 제가 이제 다른 도를 버리고 부처님께 목숨이 다할 때까지 귀의하고자 합니다. 오직 원하옵건대 천존天尊께서는 저희를 불쌍히 여기시어 법과 계를 받아 재가 신자가 되게 해주십시오."

부처님께서 말씀하셨다.

"그대는 깊이 헤아리십시오. 사람이 악을 멈추고 선을 행한다면 어떻게 안락함과 부귀를 얻지 못하고, 수명을 연장하지 못하며, 모든 어려움으로부터 벗어나지 못하겠습니까?"

집지가 부처님께 말씀드렸다.

"제가 섬겨왔던 것이 진실한 것이 아니기에 이제 부처님께 귀의하려는 것입니다. 부디 가엾이 여기시어 저의 혼탁하고 더러운 행위를 없애주시기 바랍니다. 부처님의 청정하고 확실한 말씀을 받들겠습니다."

부처님께서 집지에게 말씀하셨다.

"그대가 깊이 생각하고 결정했다면 삼보에 예경하십시오."

집지는 무릎을 꿇고 합장해 부처님께 예배했다. 부처님께서는 삼귀의를 하게 하시고 이렇게 말씀하셨다.

"삼귀의를 했으니 서른여섯 명의 착한 신의 왕이 따라다니며 그대의 몸을 보호할 것입니다."

부처님께서 또 말씀하셨다.

"선남자여, 그대가 악을 멀리하고 선지식을 구하는 것은 세상에서 보기 드문 일입니다. 내가 다시 그대에게 오계를 주겠습니다. 첫째는 살아 있는 생명을 죽이지 않고, 둘째는 주지 않는 것을 가지지 않고, 셋째는 삿된 음행을 하지 않고, 넷째는 이간질과 악한 말과 거짓말과 꾸미는 말을 하지 않고, 다섯째는 술을 마시지 않는 것입니다."

집지가 삼귀의와 오계를 다 받자 부처님께서는 장자에게 이렇게 말씀하셨다.

"그대가 이 삼귀의와 오계를 지닌다면, 가는 곳마다 두려움이 없을 것입니다. 계를 지키는 자를 보호하는 스물다섯 명의 신과 삼보에 귀의한 자를 보호하는 서른여섯 명의 신이 항상 그대를 따라다니며 보호하기 때문에 외부의 모든 마군이 그대를 감히 해치지 못할 것입니다."

집지 장자가 부처님께 삼귀의와 오계를 받고 난 뒤에 부처님께서 그를 위해 설법하셨다. 그러자 그는 법을 이해하고 부처님과 법에 대한 믿음이 생겨 기뻐하면서 부처님께 예배하고 떠났다.

《불설관정경》

두려울 때 삼보를 계속 생각하라

비구들이여, 만일 그대들이 숲으로 가거나 나무 아래로 가거나 빈집으로 가서 두려움과 공포와 털끝이 곤두섬을 느낀다면, 그때는 '세존께서는 아라한이며, 완전히 깨달은 분이며, 명지와 실천을 구족한 분이며, 피안으로 잘 가신 분이며, 세간을 잘 알고 계신 분이며, 가장 높은 분이며, 사람을 잘 길들이는 분이며, 하늘과 인간의 스승이며, 부처님이며, 세존이시다'라고 오직 나를 계속 생각하십시오.

비구들이여, 그대들이 나를 계속 생각하면 두려움과 공포와 털끝이 곤두섬이 없어질 것이기 때문입니다.

만일 나를 계속 생각할 수 없다면 '법은 세존에 의해 잘 설해졌고, 스스로 보아 알 수 있고, 시간이 걸리지 않고, 와서 보라는 것이고, 향상으로 인도하고, 지혜로운 자들이 각자 알아야 하는 것이다'라고 법을 계속 생각하십시오.

비구들이여, 그대들이 법을 계속 생각하면 두려움과 공포와 털끝이 곤두섬이 없어질 것이기 때문입니다.

만일 법을 계속 생각할 수 없다면 '세존 제자들의 승가는 도를 잘 닦고, 도를 바르게 닦고, 도를 참되게 닦고, 도를 합당하게 닦으니, 곧 사쌍팔배이다. 이러한 세존 제자들의 승가는 공양 받아 마땅하고, 희사 받아 마땅하고, 보시 받아 마땅하고, 합장 받아 마땅하며, 세상의 위없는 복전이다'라고 승가를 계속 생각하십시오.

비구들이여, 그대들이 승가를 계속 생각하면 두려움과 공포와 털끝이 곤두섬이 없어질 것이기 때문입니다.

비구들이여, 그것은 무슨 이유 때문인가?

비구들이여, 여래·아라한·정등각자는 탐욕을 제거했고, 성냄을 제거했고, 어리석음을 제거했고, 두려워하지 않고, 공포를 느끼지 않고, 떨지 않고, 도망가지 않기 때문입니다. 상윳따 니까야《깃발 경》

믿음은 큰 힘이 있다

바른 법을 믿고 따르면
나쁜 길의 고통에서 벗어나니
어디로 가나 따라다니는
그 믿음은 늘 큰 힘이 있다.

등불이 어둠을 없애는 것 같고
병자가 좋은 약을 얻는 것 같으며
맹인이 눈을 얻은 것 같고
가난한 이가 재물을 얻는 것 같다.

사람이 물에 빠져 떠내려갈 때
믿음은 큰 배가 되는 것처럼
사람이 게을러져도
믿음은 그것을 없애버린다.

'죽을 때도 믿음을 얻기 때문에
존재의 바다에 태어나지 않고
열반을 얻으리라'고
옛날에 부처님께서 말씀하셨다.

믿음의 힘을 얻기 때문에

바른 지혜를 수행한다고 일컫는다.
믿음, 게으르지 않음,
정진, 만족할 줄 앎,
지혜, 좋은 벗을 가까이함,
이 여섯 가지가 해탈의 원인이다. 《정법염처경》〈관천품〉

믿음의 복은 헤아릴 수 없다

옛날 사위성 밖에 어떤 부인이 살았는데, 그녀는 깨끗한 믿음과 계행을 갖추고 있었다. 부처님께서 탁발하러 오시자 그녀는 부처님 발우에 음식을 담고 물러나 예배했다.

부처님께서 말씀하셨다.

"하나를 심으면 열이 생기고, 열을 심으면 백이 생기며, 백을 심으면 천이 생긴다. 이리하여 만이 생기고, 억이 생겨나서 진실한 도를 깨달을 수 있을 것이다."

불법을 믿지 않는 남편이 뒤에서 잠자코 부처님의 축원을 듣고 있다가 여쭈었다.

"부처님의 말씀은 어찌 그리 지나치십니까? 겨우 한 발우의 음식을 보시했는데 어떻게 그러한 복을 받고, 도를 깨달을 수 있습니까?"

부처님께서 말씀하셨다.

"그대는 지금 어디서 왔는가?"

"저는 성안에서 왔습니다."

"그대가 니그로다 나무를 볼 때 그 높이가 얼마나 되던가?"

"높이가 매우 높고 해마다 많은 열매를 땁니다."

"그 씨는 얼마만 한가?"

"그 씨는 겨자만 합니다."

"씨를 한 되쯤 심었는가?"

"씨 하나를 심었을 뿐입니다."

"그대 말이 어찌 그리 지나친가? 겨자만 한 씨 하나를 심어 어떻게 높이가 그리 높고 해마다 많은 열매를 땄는가?"

"진실로 그러합니다."

"땅은 지각이 없는 것인데도 보답의 힘이 그러하거늘, 하물며 기뻐하면서 한 발우의 음식을 부처님께 공양함이겠는가. 그 복은 매우 커서 이루 다 헤아릴 수 없다."

그들 부부는 곧 도를 깨달아 수다원의 도를 얻었다. 《구잡비유경》

믿음의 힘으로 물 위를 걷다

사위성 동남쪽에 큰 강이 있었다. 깊고 넓은 그 강가에는 500여 채의 집이 있었다. 그곳에 사는 사람들은 아직 세상을 제도하는 도덕의 행을 듣지 못해, 힘센 것을 익히고 속이는 것을 일삼았으며 이익을 탐하고 방탕해서 마음껏 쾌락을 누렸다.

부처님께서는 늘 제도할 수 있는 사람은 제도해야겠다고 생각하셨다. 그러던 차에 그곳에 사는 모든 사람은 복을 지었으므로 제도할 수 있다는 것을 아시고 부처님께서는 강가로 가서 한 나무 아래 앉으셨다.

마을 사람들은 부처님의 빛나는 모습을 보고 모두 놀라며 기이하게 생각해 숙연해졌다. 모두 부처님께 가서 예배하고 공경하며 안부 인사를 드렸다. 부처님께서는 그들을 앉게 하고 법을 설하셨다. 그러나 그들은 법을 듣고도 마음으로 믿지 않았다. 그들은 속이거나 게으름에 익숙해서 진실한 말을 믿지 않았던 것이다.

그러자 부처님께서는 곧 신통력으로 사람 하나를 만들어 강의 남쪽으로부터 물 위를 걸어오게 하셨는데, 겨우 복숭아뼈가 물에 잠길 뿐이었다. 그는 부처님 앞에 와서 머리를 조아려 예배했다. 사람들은 놀라고 이상히 여겨 그 신통력으로 만든 사람에게 물었다.

"우리는 조상 때부터 이 강에 살았지만 아직까지 물 위를 걸어다니는 사람이 있다는 말을 들어본 적이 없소. 당신은 어떤 사람이며, 또 어떤 도술이 있기에 물 위를 걸어도 빠지지 않는지 그 사정을 듣고 싶소."

신통력으로 만든 사람이 대답했다.

"나는 이 강의 남쪽에 사는 우직한 사람이오. 부처님께서 이곳에 계시면서 도덕을 좋아하신다는 말을 듣고 남쪽 강가로 갔으나 건널 수가 없었소. 그래서 강가에 있는 사람에게 강물이 어디가 깊고 얕은지를 물었더니, 그 사람은 '복숭아뼈밖에 차지 않는데 왜 건너지 않소?'라고 대답했소. 그래서 나는 그 말을 믿고 그대로 건너왔을 뿐 다른 술법을 부린 것이 아니오."

그때 부처님께서 그를 칭찬하셨다.

"훌륭하고 훌륭하다. 믿음과 정성만 있다면 생사의 깊은 강도 건널 수 있거늘, 몇 리의 강을 건너는 것이 무엇이 그리 신기하겠느냐?"

그리고 부처님께서 게송을 말씀하셨다.

믿음은 생사의 강을 건네주고
마음 다스림은 뱃사공 되네.
부지런한 노력은 괴로움을 없애주고
지혜는 저 언덕에 이르게 하네.

믿음과 행이 있는 사람은
성인의 칭찬을 받고
무위無爲를 좋아하는 사람은
모든 결박을 풀어버린다.

믿음은 곧 도를 얻게 하고
법은 열반을 이루게 하며
많이 들어서 지혜를 얻으면
이르는 곳마다 밝음이 있으리라.

믿음과 계율과
지혜를 마음으로 행하면

씩씩한 대장부 되어 지혜의 언덕으로 건너가나니
이로써 연못을 벗어난다네.

그때 마을 사람들은 부처님 말씀을 듣고, 또 믿음의 증거를 보고는 마음이 열리고 믿음이 굳세어져 모두 오계를 받고 우바새가 되었다. 그리하여 확실한 믿음으로 날마다 부처님의 가르침을 닦아 그 소문이 널리 퍼졌다. 《법구비유경》〈독신품〉

믿음의 재물

수다라脩陀羅라는 큰 장자가 있었다. 그는 헤아릴 수 없이 많은 재물이 있었으며, 도덕을 믿고 정진했다. 그는 스스로 맹세하기를, '나는 항상 성도재일成道齋日*마다 부처님과 스님을 청할 것이다. 그리고 내가 죽은 뒤에도 내 자손들을 시켜 그대로 받들어 이어 나가도록 할 것이다'라고 했다.

그리하여 장자는 죽을 때 아들에게 그 일이 끊어지지 않도록 하라고 당부했다. 아들의 이름은 비라타比羅陀였다. 그런데 아버지가 돌아가신 뒤로 살림이 점차 가난해져 집에는 아무것도 없었다. 섣달이 되었으나 공양거리가 없어 아들은 몹시 근심하고 슬퍼하며 괴로워했다.

그때 부처님께서 목련을 보내 "그날이 다가오는데 어떻게 준비

* 부처님께서 보리수 아래서 정각을 성취하신 날로 음력 12월 8일을 말함.

는 하고 있는가?"라고 비라타에게 물어보게 하셨다. 비라타가 대답했다.

"돌아가신 아버님의 분부를 감히 어길 수가 없습니다. 원컨대 세존께서는 여드렛날에 광명을 돌리시어 왕림해주십시오."

목련은 부처님께 돌아와 그대로 말씀드렸다. 비라타는 처자를 데리고 밖으로 나가 집을 담보로 100냥을 받았다. 그리고 집으로 돌아와서 모든 공양거리를 준비해 골고루 갖추었다.

부처님께서 1,250명의 대중을 거느리고 그 집으로 가서 앉으셨다. 그는 물을 돌리고 음식을 날랐다. 부처님께서는 공양을 마치고 손을 씻은 뒤 사원으로 돌아가셨다. 비라타는 매우 기뻐했고, 아쉬움이 없어졌다.

그런데 그날 밤 비라타의 여러 창고에 예전처럼 다양한 보물이 저절로 가득 채워졌다. 다음 날 아침 비라타 부부는 그것을 보고 매우 기뻐했다. 그러나 관청에서 알면 어디서 얻었느냐고 물을까 봐 걱정이 된 부부는 부처님께 가서 여쭈어보기로 했다. 그들은 곧 부처님 처소로 가서 사정을 자세히 아뢰었다. 부처님께서 비라타에게 말씀하셨다.

"안심하고 마음껏 써라. 조금도 의심하거나 어려워하지 마라. 그대는 신심이 있어 아버지의 말을 어기지 않았다. 양심과 수치심을 아는 것은 죽는다고 변하는 것이 아니다. '많이 들음'과 '보시'와 '지혜' 등 일곱 가지 재물을 완전히 갖추었으니, 그것은 복덕으로 이루어진 것이지 어떤 재앙으로 인한 변고가 아니다. 지혜로운 사람이 잘 행하면 남자나 여자나 그들이 사는 곳에 복이 오는 것은 자연스러운 일이다."

그러고는 부처님께서 곧 게송을 말씀하셨다.

믿음의 재물과 계율의 재물,
양심의 재물과 수치심의 재물,
많이 들음의 재물, 보시의 재물, 지혜의 재물
이것을 일곱 가지 재물이라 한다.

믿음을 따라 계율을 지키고
항상 깨끗하게 법을 관찰하며
지혜를 따라 그대로 실천하고
가르침을 받들어 잊지 않는 것

살아서 이러한 재물이 있으면
남자든 여자든 물을 것 없이
끝내 가난한 일 없으니
현명한 이는 진실을 잘 안다.

비라타는 부처님의 설법을 듣고 더욱 믿음이 두터워져 머리를 조아려 부처님 발에 예배하고 기뻐하면서 집으로 돌아갔다. 그리고 부처님의 가르침을 가족에게 가르치고, 서로 이어받아 모두 도

를 증득했다. 《법구비유경》〈독신품〉

불탑을 세우는 공덕

여러 부처님께서 열반에 드신 후 사리에 공양하는 사람이 천만 억의 탑을 세울 때 금, 은, 파리, 자거, 마노, 매괴, 유리, 진주 등으로 만들고 아름답고 훌륭한 장엄거리로써 찬란하게 탑을 꾸미며, 또는 석굴을 파서 불당을 짓기도 하고, 전단향과 침수향으로 짓기도 하고, 목밀木樒 나무나 다른 재목이나 벽돌이나 진흙으로 짓기도 하고, 넓은 벌판에 흙을 쌓아서 불당을 짓거나, 또는 아이들이 장난으로 모래를 쌓아 불탑을 만든다면 이런 사람들은 모두 이미 성불하였느니라. 《법화경》〈방편품〉

믿음의 공덕

그대는 듣지 못했는가. 지금까지의 모든 부처님과 조사祖師도 예전에는 다 그대와 같은 범부였다는 것을. 저들도 이미 장부이고 그대 또한 장부이다. 그대가 여태까지 장부의 행을 닦지 않았을 뿐 장부의 능력이 없는 것은 아니다. 옛사람이 말씀하시기를, "도道가 사람을 멀리하는 것이 아니라 사람이 스스로 도를 멀리한다"고 했고, 또 "내가 어질고자 하면 어진 것이 찾아온다"고 했으니, 이것은 참으로 진실한 말씀이다. 만일 이런 믿음이 물러서지 않는다면 어느 누가 자기의 참성품을 바로 보아 부처님이 되지 않을 수 있겠느냐. 《자경문》

2절

아낌없이 베푸는 삶

개인보다 승가에 보시하는 공덕이 더 크다

아난이여, 승가에 대한 보시에는 일곱 가지가 있습니다.

부처님을 지도자로 하는 비구와 비구니의 승가에 보시합니다. 이것이 첫 번째 승가에 대한 보시입니다.

여래가 최후의 열반에 든 뒤에 비구와 비구니 승가에 보시합니다. 이것이 두 번째 승가에 대한 보시입니다.

비구 승가에 보시합니다. 이것이 세 번째 승가에 대한 보시입니다.

비구니 승가에 보시합니다. 이것이 네 번째 승가에 대한 보시입니다.

“저를 위해 비구와 비구니들의 수를 정해주십시오”라고 말하며 보시합니다. 이것이 다섯 번째 승가에 대한 보시입니다.

“저를 위해 비구들의 수를 정해주십시오”라고 말하고 보시합니다. 이것이 여섯 번째 승가에 대한 보시입니다.

“저를 위해 비구니들의 수를 정해주십시오”라고 말하고 보시합니다. 이것이 일곱 번째 승가에 대한 보시입니다.

나는 승가에 대한 보시의 공덕은 셀 수 없고 헤아릴 수 없는 것이라고 말합니다. 그리고 나는 결코 개인에 대한 보시가 승가에 대한 보시보다 더 커다란 과보를 낳지는 못한다고 말합니다.

맛지마 니까야《보시의 분석경》

보시의 청정

계행을 지키는 자가 계행을 지키지 않는 자에게
행위의 과보가 크다는 믿음을 가지고
법과 부합하게 얻은 것을 흔쾌한 마음으로 보시하면
보시하는 자의 덕행이 보시를 청정하게 만드네.

계행을 지키지 않는 자가 계행을 지키는 자에게
행위의 과보가 크다는 믿음을 가지지 않고
법과 부합하지 않게 얻은 것을 불신의 마음으로 보시하면
보시 받는 자의 덕행이 보시를 청정하게 만드네.

계행을 지키지 않는 자가 계행을 지키지 않는 자에게
행위의 과보가 크다는 믿음을 가지지 않고
법과 부합하지 않게 얻은 것을 불신의 마음으로 보시하면
어느 쪽의 덕행도 보시를 청정하게 만들지 못하네.

계행을 지키는 자가 계행을 지키는 자에게
행위의 과보가 크다는 믿음을 가지고
법과 부합하게 얻은 것을 흔쾌한 마음으로 보시하면
그 보시는 굉장한 과보를 가져온다고 나는 말하네.

탐욕을 떠난 자가 탐욕을 떠난 자에게
행위의 과보가 크다는 믿음을 가지고
법과 부합하게 얻은 것을 흔쾌한 마음으로 보시하면
그 보시는 세간의 보시 가운데 최상이라고 나는 말하네.

맛지마 니까야《보시의 분석경》

보시의 세 종류

보시에는 세 종류가 있으니, 첫째는 재물 보시이고, 둘째는 법 보시이며, 셋째는 무외無畏 보시다. 계행을 지녀 스스로를 단속하고 모든 중생의 재물을 침범하지 않는다면, 이것을 재물 보시라 한다. 중생이 흠모할 만한 행동을 하거나, 그들에게 법을 설해 깨닫게 하거나, 계행을 굳게 지녀 일체중생을 위해 공양의 복밭이 되어주고, 중생으로 하여금 무량한 복을 얻게 하는 것이 법 보시다. 일체중생은 모두 죽음을 두려워하는데 계를 지녀 해치지 않는다면 이것이 곧 무외 보시다. 《대지도론》

가진 것이 없지만 베풀 수 있는 보살행

부처님께서 말씀하셨다.

"일곱 가지 보시가 있으니, 그것은 재물의 손해 없이 큰 과보를 얻는다.〔無財七施〕

첫째는 눈의 보시이니, 언제나 좋은 눈으로 부모·스승·사문·바라문을 대하고, 나쁜 눈으로 대하지 않는 것을 눈의 보시라 한다. 그는 몸을 버리더라도 다시 몸을 받아 청정한 눈을 얻고, 미래에 부처가 되어서는 천안天眼이나 불안佛眼을 얻을 것이니, 이것을 첫째 과보라 한다.

둘째는 환한 얼굴과 즐거운 얼굴의 보시이니, 부모·스승·사문·바라문을 찌푸린 얼굴로 대하지 않는 것이다. 그는 몸을 버리더라도 다시 몸을 받아 단정한 얼굴을 얻고, 미래에 부처가 되어서는 순금색의 몸이 된다. 이것을 둘째 과보라 한다.

셋째는 말의 보시이니, 부모·스승·사문·바라문에게 부드러운 말을 쓰고 추악한 말을 쓰지 않는 것이다. 그는 몸을 버리더라도 다시 몸을 받아 말을 잘하고, 그가 하는 말은 남이 믿고 받아주며, 미래에 부처가 되어서는 네 가지 말을 잘하는 재주를 얻는다. 이것을 셋째 과보라 한다.

넷째는 몸의 보시이니, 부모·스승·사문·바라문을 보면 일어나서 맞이해 예배하는 것이다. 이것을 몸의 보시라 한다. 그는 몸을 버리더라도 다시 단정하고 장대하며 남의 공경을 받는 몸을 얻고, 미래에 부처가 되어서는 몸이 니그로다 나무와 같아서 그 정수리를 보는 이가 없을 것이니, 이것을 넷째 과보라 한다.

다섯째는 마음의 보시이니, 앞에 말한 바와 같은 일로 공양하더라도 마음이 온화하고 착하지 못하면 보시라고 할 수 없다. 착하고 온화한 마음으로 정성껏 공양하는 것이 마음의 보시다. 그는 몸을 버리더라도 다시 몸을 받아 밝고 분명한 마음을 얻어 어리석지 않고, 미래에 부처가 되어서는 모든 것을 낱낱이 아는 지혜를 얻을 것이다. 이것을 다섯째 과보라 한다.

여섯째는 자리의 보시이니, 만일 부모·스승·사문·바라문을 보면 자리를 펴 앉게 하고, 나아가서는 자기가 앉은 자리에 앉게 하는 것이다. 그는 몸을 버리더라도 다시 몸을 받아 항상 일곱 가지 보배로 된 존귀한 자리를 얻을 것이고, 미래에 부처가 되어서는 사자법좌獅子法座를 얻을 것이다. 이것을 여섯째 과보라 한다.

일곱째는 방이나 집의 보시이니, 부모·스승·사문·바라문으로 하여금 집 안에서 다니고 서며 앉고 눕게 하는 것이다. 이것을 방이나 집의 보시라 한다. 그는 몸을 버리더라도 다시 몸을 받아 저절로 궁전이나 집을 얻고, 미래에 부처가 되어서도 온갖 선실禪室을 얻을 것이다. 이것을 일곱째 과보라 한다.

이 일곱 가지 보시는 재물의 손해 없이 큰 과보를 얻는다."

《잡보장경》

공양 가운데 법공양이 으뜸이다

보현보살이 선재동자에게 말했다.

“선남자여, 모든 공양 가운데는 법공양이 으뜸입니다. 부처님 말씀대로 수행하는 공양과 중생들을 이롭게 하는 공양과 중생을 거두어주는 공양과 중생들의 고통을 대신하는 공양과 부지런히 선근을 닦는 공양과 보살의 할 일을 버리지 않는 공양과 보리심을 여의지 않는 공양이 그것입니다.

선남자여, 먼저 말한 여러 가지로 공양한 한량없는 공덕을 한 순간 잠깐 법으로 공양한 공덕에 비하면 백분의 일도 못 되고, 천분의 일도 못 되며, 백천 구지俱胝 나유타분那由他分의 일도 못 되며, 가라분迦羅分과 산분算分, 수분數分, 비유분諭分과 우파니사타분優婆尼沙陀分의 일도 못 됩니다.

왜냐하면 모든 부처님들은 법을 존중하기 때문입니다. 부처님의 말씀대로 수행하는 것이 부처님을 출생하기 때문입니다. 만약 모든 보살들이 법공양을 행하면 이것이 곧 부처님께 공양함을 성취하는 것이며, 이와 같이 수행함이 진실한 공양이기 때문입니다.

이것은 넓고 크고 가장 훌륭한 공양이니 허공계가 끝나고, 중생계가 끝나고, 중생의 업이 끝나고, 중생의 번뇌가 끝나야 나의 공양이 끝나려니와 허공계와 중생의 번뇌가 끝날 수 없으므로 나의 이 공양도 끝나지 않습니다. 생각생각 계속하여 잠깐 쉬지 않건만 몸과 말과 마음으로 하는 일은 지치거나 싫어함이 없습니다.”

《화엄경》〈보현행원품〉

집착 없이 보시하라 : 무주상보시無住相布施

수보리여! 보살은 어떤 대상에게도 집착 없이 보시해야 한다. 말하자면 형색에 집착 없이 보시해야 하며, 소리·냄새·맛·감촉·마음의 대상에게도 집착 없이 보시해야 한다.

수보리여! 보살은 이와 같이 보시하되 어떤 대상에 대한 관념에도 집착하지 말아야 한다. 왜냐하면 보살이 대상에 대한 관념에 집착 없이 보시한다면 그 복덕은 헤아릴 수 없기 때문이다.

《금강경》〈묘행무주분〉

쌀뜨물을 보시한 문둥병 여인

마하가섭은 이와 같이 생각했다.

'나는 지금 수승하고 훌륭한 이익을 모두 얻었지만, 청정한 신심이 있는 바라문과 장자와 거사들이 내가 부처님의 제자인 줄은 모른다. 나는 이제 가서 가난하고 외로운 사람들을 불쌍히 여겨 구제하도록 해야겠다.'

이와 같이 생각하고 유행遊行을 나가 아름다운 동산을 거닐면서 다시 이렇게 생각했다.

'나는 지금 어떤 부류들을 불쌍히 여겨 그들에게 훌륭한 이익을 얻게 할 것인가?'

이때 문둥병에 걸린 여인이 쌀뜨물을 얻어서 가지고 있었다. 여인은 마하가섭의 용모가 빼어나고 훌륭해 저절로 고개가 숙여졌으며, 모든 위의를 갖춘 것을 멀리서 보고 이렇게 생각했다.

'내가 지금까지 이처럼 훌륭한 분에게 보시한 일이 없었기 때문에 이토록 가난하고 고통스럽게 문둥병에 걸린 채로 태어난 것이다. 만일 성자께서 나를 불쌍히 여겨주신다면 이 쌀뜨물을 보시해야겠다.'

이때 마하가섭이 여인의 생각을 알고 가까이 다가가서 발우를 펴 보이며 말했다.

"자매여, 발우 안에 쌀뜨물을 보시해 넣을 수 있습니다."

여인이 발우 안에 쌀뜨물을 붓는데, 노끈이 발우 안으로 떨어졌다. 여인이 손가락으로 그것을 건져내려고 하자, 손가락이 떨어져 발우 속으로 들어갔다. 여인은 이렇게 생각했다.

'이 성자께서 내 마음을 생각해 쌀뜨물을 받아주기는 했지만, 설마 드시기야 하겠는가?'

마하가섭은 문둥병에 걸린 여인의 생각을 알고, 여인이 보는 앞에서 담장 아래 앉아 쌀뜨물을 마셨다. 여인은 이렇게 생각했다.

'지금 이 성자는 내 마음을 생각해 비록 쌀뜨물을 마셨지만, 반드시 다른 좋은 음식을 다시 구해서 먹겠지.'

마하가섭은 여인의 생각을 알고 문둥병 여인에게 말했다.

"자매여, 당신은 이제 기쁜 마음을 내도록 하십시오. 나는 오늘부터 내일 공양 시간이 될 때까지 그대가 보시한 쌀뜨물로 하룻밤 하룻낮을 보낼 것입니다."

여인은 매우 기뻐하며 마음속으로 이렇게 생각했다.

'나는 오늘 아주 훌륭한 이익을 얻었구나. 성자께서 나의 보잘

것없는 보시를 받으셨기 때문이다.'

이 여인은 마하가섭에게 청정한 마음을 냈고, 그 복으로 죽은 뒤에 도솔천에 태어났다. 《근본설일체유부 비나야약사》

보시하면서 분노하고 불평해도 천상의 이익을 얻는다

새로 신심을 얻은 어떤 대신大臣이 부처님을 비롯한 비구 승가를 초대했다. 그 대신은 이와 같이 생각했다.

'내가 1,250명의 비구에게 1,250발우 분량의 고기를 조리해서 비구 한 분 한 분에게 발우를 채울 고기를 바치면 어떨까?'

그래서 새로 신심을 얻은 대신은 그날 밤이 지나자 훌륭한 음식을 준비해서 부처님께 때가 되었다고 말씀드렸다.

"부처님이시여, 때가 되었습니다. 공양이 준비되었습니다."

부처님께서는 아침 일찍 가사를 두르신 후 발우를 들고, 대신의 처소를 찾아가셨다. 가까이 가서 비구 승가와 함께 마련된 자리에 앉으셨다. 대신은 식당에서 비구들에게 공양을 올렸다. 비구들은 이와 같이 말했다.

"벗이여, 조금만 주시오. 벗이여, 조금만 주시오."

"존자들이여, 그러실 필요 없습니다. 저는 새로 신심을 얻은 대신입니다. 조금씩만 가져가시면 안 됩니다. 저에게는 많은 음식과 1,250발우분의 고기가 있습니다. 한 분 한 분께 발우를 채울 고기를 바치고자 합니다. 원하는 만큼 받으십시오."

"벗이여, 우리는 그러한 이유로 조금씩만 받는 것이 아니라 아침 일찍 부드러운 죽과 밀환을 먹었습니다. 그래서 조금씩만 받는 것입니다."

그러자 그 대신은 비구들을 책망하고 분개하며 비난했다.

"어찌 존자들이 저에게 초대 받아놓고 다른 사람이 제공한 부드러운 죽을 드실 수 있단 말입니까? 저도 원하시는 만큼 드릴 능력이 있습니다."

그 대신은 분노하고 불평하면서 모욕을 주려고 비구들의 발우 앞에 다가와서 말했다.

"드시거나 가지고 가시오."

그 뒤 대신은 부처님을 비롯한 비구들에게 훌륭한 음식을 손수 대접하고 부처님께서 발우에서 손을 떼시자 한쪽으로 물러나 앉았다. 부처님께서는 한쪽으로 물러나 앉은 대신에게 법문으로 교화하고 격려하고 북돋우고 기쁘게 한 뒤 자리에서 일어나 그곳을 떠나셨다.

그 대신은 부처님께서 떠나신 지 오래지 않아 잘못을 후회하고 뉘우쳤다. 그래서 대신은 부처님께서 계신 곳으로 찾아갔다. 가까이 가서 부처님께 인사를 올리고 한쪽으로 물러나 앉았다. 한쪽으로 물러나 앉아서 부처님께 이와 같이 말씀드렸다.

"세존이시여, 세존께서 떠나신 지 오래지 않아 저는 이렇게 생각했습니다. '나에게 참으로 유익하지 않았다. 나에게 참으로 이익이 없었다. 나는 정말로 나쁜 짓을 했다. 나는 아주 나쁜 짓을 했다. 나는 분노하고 불평하며 모욕을 주려고 스님들의 발우 앞에 다가가서 드시거나 가지고 가시오'라고. 그리고 '나는 많은 공덕을 쌓은 것인가, 악덕을 쌓은 것인가?'라는 후회와 뉘우침이 생겨났습니다. 세존이시여, 저는 많은 공덕을 쌓은 것입니까, 악덕을 쌓은 것입니까?"

"벗이여, 그대는 다음 날 붓다를 비롯한 비구 승가를 초대한 시점부터 많은 공덕을 쌓은 것이고, 각각의 비구가 자신의 음식을 받은 시점부터 많은 공덕을 쌓은 것입니다. 천상 세계에 태어날 것입니다."

그러자 새로 신심을 얻은 대신은 '나에게 참으로 유익했다. 나에게 아주 유익했다. 나는 실로 많은 공덕을 쌓았다. 천상 세계에 태어날 것이다'라고 생각하고 기뻐하면서 자리에서 일어나 부처님께 인사를 올리고 오른쪽을 돌아서 그곳을 떠났다. 율장《대품》

보시 공덕도 차등이 있다

베풀 때 세상의 과보를 바라지 않고 교만한 마음을 버리고 보시하며, 부드러운 마음으로 보시하고, 모든 존재를 가리지 말고 보시해야 하며, 위없는 해탈을 구하기 위한 보시라야 하고, 생사에는 허물이 많음을 깊이 관찰하고 보시하며, 복밭과 복밭이 아닌 것을 가리지 않고 보시해야 한다.

만약 이와 같이 보시를 실천한다면 과보가 이 사람을 따르는 것이 마치 송아지가 어미 소를 따르는 것과 같다. 그러나 만약 과보를 바라고 보시를 한다면 시장에서 물건을 바꾸는 것과 같다.

마치 몸과 목숨을 위해 밭을 갈고 씨를 심으면 종자에 따라서 열매를 얻는 것처럼, 시주가 보시하는 것도 이와 같아서 보시한 바를 따라서 복의 과보를 받는다. 보시를 받는 자가 받은 보시물로 목숨과 육체, 힘과 편안함과 언변을 얻는 것처럼 보시자도 또한 이와 같은 다섯 가지 과보를 얻는다.

만일 축생에게 베풀면 백 배의 과보를 얻고, 파계한 자에게 베풀면 천 배의 과보를 얻으며, 계를 지키는 자에게 베풀면 십만 배의 과보를 얻고, 탐욕을 떠난 외도에게 베풀면 백만 배의 과보를 얻으며, 도道를 향하는 자에게 베풀면 천억 배의 과보를 얻고, 수다원에게 베풀면 무한한 과보를 얻으며, 사다함에게 베풀어도 무한한 과보를 얻고, 부처님께 보시해도 무한한 과보를 받는다.

《우바새계경》〈잡품〉

보시의 다섯 가지 이익

다섯 가지 보시의 이익이 있습니다. 무엇이 다섯입니까? 많은 사람이 좋아하며 마음에 들어 하고, 착하고 참된 사람들이 가까이하고, 명성이 따르고, 재가자의 법으로부터 멀어지지 않고, 몸이 무너져 죽은 뒤에 좋은 곳, 천상에 태어납니다.

앙굿따라 니까야《보시의 이익경》

음식을 보시하는 사람은 다섯 가지를 보시한다

비구들이여, 음식을 보시하는 사람은 받는 자들에게 다섯 가지를 보시합니다. 무엇이 다섯입니까?

수명을 보시하고, 아름다움을 보시하고, 행복을 보시하고, 힘을 보시하고, 영감靈感을 보시합니다. 그는 수명을 보시한 뒤 천상이나 인간의 수명을 나누어 가집니다. 그는 아름다움을 보시한 뒤 천상이나 인간의 아름다움을 나누어 가집니다. 그는 행복을 보시한 뒤 천상이나 인간의 행복을 나누어 가집니다. 그는 힘을 보시한 뒤 천상이나 인간의 힘을 나누어 가집니다. 그는 영감을 보시한 뒤 천상이나 인간의 영감을 나누어 가집니다. 앙굿따라 니까야《음식경》

참된 사람의 보시

비구들이여, 이 다섯 가지는 참된 사람의 보시입니다. 무엇이 다섯입니까?

믿음으로 보시하고, 존중하면서 보시하고, 바른 시기에 보시하고, 마음에 남음이 없이 보시하고, 자기와 남을 손상하지 않고 보시합니다.

비구들이여, 믿음으로 보시한 뒤 어느 곳에서든 그 보시의 과보가 생기면 그는 큰 부자가 되며, 아름답고 잘생기고 멋있고 우아한 최상의 외모를 갖출 것입니다.

비구들이여, 존중하면서 보시한 뒤 어느 곳에서든 그 보시의 과보가 생기면 그는 큰 부자가 되며, 그의 아들이건 아내건 하인이건 전령이건 일꾼이건 그의 말을 경청하고, 마음을 잘 알아서 시중들 것입니다.

비구들이여, 바른 시기에 보시한 뒤 어느 곳에서든 그 보시의 과보가 생기면 그는 큰 부자가 되며, 적당한 때에 그에게 엄청난 이익이 생길 것입니다.

비구들이여, 마음에 남음이 없이 보시한 뒤 어느 곳에서든 그 보시의 과보가 생기면 그는 큰 부자가 되며, 다섯 가지 욕망의 즐거움에 마음을 기울일 것입니다.

비구들이여, 자기와 남을 손상하지 않고 보시한 뒤 어느 곳에서든 그 보시의 과보가 생기면 그는 큰 부자가 되며, 불이든 물이든 왕이든 도둑이든 싫어하는 자든 상속자든 그 어떤 것에 의해서도 재물의 손해를 당하지 않을 것입니다.

비구들이여, 이러한 다섯 가지는 참된 사람의 보시입니다.

앙굿따라 니까야《참된 사람 경》

한 줌 흙을 보시한 공덕

부처님께서는 새벽에 아난과 함께 성에 들어가 탁발하셨는데, 가는 도중에 아이들이 소꿉놀이하는 것을 보셨다. 아이들은 흙을 모아 집과 창고를 짓고 보물과 곡식을 만들었다. 한 아이가 멀리서 부처님의 빛나는 모습을 바라보고 공경심이 우러나 기뻐하면서 보시하려 했다. 그 아이는 흙으로 만든 창고에서 곡식이라 이름 지은 흙을 한 줌 부처님께 보시하려 했다. 그러나 키가 작아 부처님께 드리지 못하자 다른 아이에게 말했다.

"내가 네 위에 올라가서 이 곡식을 부처님께 보시하고 싶다."

다른 아이는 매우 기뻐하면서 그렇게 하라고 대답했다. 그 아이는 곧 다른 아이 어깨에 올라서서 부처님께 흙을 바쳤다. 부처님은 발우에 받아 아난에게 주면서 말씀하셨다.

"이것을 가지고 가서 내 방바닥을 발라라."

아난은 그 흙으로 부처님 처소의 방바닥을 발랐다. 한 귀퉁이를 바르자 흙이 다 들어갔다.

부처님께서 아난에게 말씀하셨다.

"좀 전에 그 아이가 기쁘게 흙을 보시해 내 방 한 귀퉁이를 발랐다. 그 아이는 이 공덕으로 내가 열반한 후 백 년 뒤에 국왕이 되어 이름을 아소카라고 할 것이다. 다른 아이는 대신이 되어 이 염부제閻浮提*의 모든 나라를 함께 맡아, 삼보를 드러내고 멀리 공양을 베풀며 사리를 널리 퍼트려 염부제에 두루하게 하고, 또 나를 위해 8만 4천의 탑을 세울 것이다." 《현우경》

가난한 사람도 베풀 수 있다

재물이 없는 사람이어도 스스로 재물이 없다고 말한다면 이는 옳지 않다. 왜냐하면 온갖 물과 풀은 누구에게나 있기 때문이다. 비록 나라의 임금이어도 반드시 베풀 수 있는 것은 아니고, 가난한 사람이어도 베풀 수 없는 것은 아니다. 왜냐하면 가

* 염부주, 남섬부주라고도 하며, 수미산 남쪽에 위치한 대륙으로 인간들이 사는 곳이라 함.

난한 사람도 타고난 먹을 몫은 있으니, 먹고 나서 그릇을 씻고 버리는 물과 그 찌꺼기를 먹을 수 있는 존재에게 보시하면 복덕을 얻을 수 있고, 또 보릿가루 부스러기라도 개미들에게 주면 한량없는 복덕의 과보를 얻을 수 있기 때문이다. 천하에 가난한 사람이라고 이 먼지만큼의 보릿가루가 없겠느냐. 누가 하루에 세 움큼의 보릿가루를 먹고 목숨을 보전하지 못하는 자가 있겠느냐. 그러므로 모든 사람은 먹는 것의 절반은 구걸하는 자에게 보시해라.

또한 매우 가난한 사람이어도 누가 알몸으로 의복이 없는 자가 있겠는가. 만약 의복이 있다면 어찌 한 올의 실을 주어 떨어진 것을 깁게 할 수 없으며, 한 손가락만큼의 헝겊으로 등불의 심지를 만들 수가 없겠느냐.

세상 사람들 중에서 아무리 가난해도 신체가 없는 사람이 있겠는가. 만약 몸이 있다면 남이 복을 짓는 것을 보거든 가서 몸으로 도와주어라. 기뻐하고 싫어함이 없이 보시하면 또한 보시자로서 복덕을 얻을 것이다. 《우바새계경》〈잡품〉

집착하지 않고 보시하는 복덕

"수보리여! 그대 생각은 어떠한가? 동쪽 허공을 헤아릴 수 있겠는가?"

"없습니다, 세존이시여!"

"수보리여! 남서 북방, 사이사이, 아래위 허공을 헤아릴 수 있겠는가?"

"없습니다, 세존이시여!"

"수보리여! 보살이 대상에 대한 관념에 집착하지 않고 보시하는 복덕도 이와 같이 헤아릴 수 없다. 수보리여! 보살은 반드시 가르친 대로 살아야 한다." 《금강경》〈묘행무주분〉

보시의 실천이 으뜸이다

지옥, 아귀, 축생이라는 삼악도의 괴로움을 가져오는 데는 탐하는 마음이 첫째이고, 육바라밀 수행문에는 보시의 실천이 으뜸이다. 아끼고 탐하는 마음은 착한 길을 가로막고 자비로운 보시는 반드시 나쁜 길을 막으니, 가난한 사람이 와서 구걸하거든 비록 궁핍하더라도 아까워하거나 애석해하지 말아야 한다. 《자경문》

재물이 많이 모이기를 기다렸다가 어느 세월에 보시할 것인가

옛날에 어떤 어리석은 사람이 손님을 청해 우유를 대접하려고 자리를 마련하고는 이렇게 생각했다.

'내가 만일 날마다 미리 우유를 짜두면, 우유는 점점 많아져 마침내 둘 곳이 없어질 것이며 또한 상할 것이다. 이렇게 하기보다는 차라리 우유를 소 배 속에 모아두었다가 모임이 있을 때쯤 한꺼번에 짜내는 것이 낫겠다.'

이렇게 생각하고는 곧 어미 소와 새끼를 따로 매어두었다. 한 달이 지난 후 잔치를 마련하고 손님을 맞이했다. 그는 어미 소를 끌고 와서 젖을 짜려고 했으나 소의 젖은 말라 없어지고 말았다. 그러자 그곳에 온 손님들이 화를 내거나 비웃었다.

사람들은 이 어리석은 사람처럼 '내게 재물이 많이 모이기를 기다렸다가 한꺼번에 보시해야지!'라고 생각하지만, 재물을 모으기도 전에 관청이나 홍수나 화재 혹은 도적에게 빼앗기거나 또는 갑자기 목숨을 마치기 때문에 보시할 수 없게 된다. 《백유경》

부처님을 만나 다시 태어난 악인들

부처님을 암살하라는 제바달다의 명령을 받은 두 사람은 갑옷을 입고 칼과 몽둥이를 들고 부처님께로 다가갔다. 두 사람은 속으로 '내가 감히 부처님을 죽이려 하다니!'라는 생각이 들자 앞으로 더 나아갈 수가 없었다. 두 사람은 '부처님께서는 큰 신통력과 공덕이 있어 위력이 무한하다. 제자들도 신통력이 있다면 우리가 부처님을 죽인다는 것은 불가능하다'라는 생각이 들었다.

이와 같이 생각하고 앞으로 가서 부처님을 뵈니, 용모가 단정하고 모든 감각기관이 고요하고 적멸하며 모든 감각기관이 견고해 마치 길들인 코끼리와 용 같고, 걸러낸 물과 같이 안과 밖이 분명했다.

이와 같은 부처님을 뵙고 환희로운 마음이 일어나 칼과 몽둥이를 버리고 부처님의 발아래 절하고 한쪽으로 앉았다.

부처님께서는 이 두 사람에게 미묘한 법을 말씀해주어 기쁜 마음이 일어나고 착한 법을 닦게 하셨다. 보시와 계율이 천상에 태어나는 복이라 말씀하시고, 음욕의 더러움을 나무라시고, 번뇌를 벗어나는 일을 찬탄하셨다. 두 사람은 그 자리에서 온갖 번뇌가 다하고, 법의 눈이 깨끗해지고, 법을 보고, 법을 얻어서 부처님께 말씀드렸다.

"지금부터 삼귀의와 계를 받아 지녀 부처님과 가르침과 승가에 귀의하고 우바새가 되겠습니다. 목숨이 다할 때까지 살아 있는 생명을 죽이지 않고, 주지 않는 것을 가지지 않고, 삿된 음행을 하지 않고, 거짓말을 하지 않고, 술을 마시지 않겠습니다."《사분율》

3절

나를 바로 세우기

무엇이 계戒인가

계는 선업을 실천하는 것을 좋아하고 스스로 게으르지 않는 것이다. 계를 받고 착한 일을 행하거나 혹은 계를 받지 않고 착한 일을 행하더라도 모두 계라고 한다. 계는 간략하게 말해 몸과 말의 규범으로서 여덟 가지가 있다. 괴롭히거나 해치지 않고, 빼앗거나 훔치지 않고, 삿된 음행을 하지 않고, 거짓말하지 않고, 이간질하지 않고, 악담하지 않고, 아첨하지 않고, 술 마시지 않고 청정한 삶을 사는 것, 이것을 계의 모습이라고 한다. 지키지 않고 어기는 것을 파계라 하고, 계를 깨뜨린 자는 삼악도에 떨어진다. 만약 하품下品으로 계를 지키면 인간 세상에 태어나고, 중품中品으로 계를 지키면 욕계의 여섯 천상에서 태어나고, 상품上品으로 계를 지키면 색계의 네 가지 선정과 무색계의 네 가지 선정을 얻고 색계와 무색계의 청정한 천상에 태어난다. 《대지도론》

계행이란 무엇인가

어떤 도덕적 행동을 가지고, 어떤 실천을 하고,
어떤 행동들을 발전시켜야
사람이 바르게 정립되고
최상의 목표를 얻을 수 있을까?

웃어른을 공경하고, 시기하지 않고,
스승들을 뵙는 적당한 때를 알아야 한다.
가르침을 설하시는 알맞은 기회를 알아
잘 설해진 말씀을 주의 깊게 들으라.

완고함을 버리고 겸손한 태도로
적합한 때에 스승들을 찾아가라.
가르침과 그 의미와 절제와 청정한 삶을
마음에 새기고 실천하라.

가르침에서 즐거워하고, 가르침에서 기뻐하고,
가르침에 머물고, 가르침의 뜻을 알고,
가르침을 더럽히는 말을 해서는 안 된다.
잘 설해진 진리에 따라 살아야 한다.

농담, 잡담, 한탄, 증오, 속이는 행동,

위선, 탐욕, 자만, 격분, 난폭,
더러움, 탐착을 버리고 교만 없이
자신을 확고히 세우고 유행遊行하라.

핵심이 이해된 말들은 잘 설해진 것이다.
배운 것이 이해될 때가 집중의 핵심이다.
성급하고 게으른 사람의
배움과 지혜는 늘어나지 않는다.

성자께서 설하신 가르침에서 기뻐하는 사람들은
생각과 말과 행동이 뛰어나다.
평온과 온화와 집중에 잘 세워져서
그들은 배움과 지혜의 핵심을 얻었다. 숫타니파타《계행이란 무엇인가의 경》

계율을 제정한 열 가지 이유

열 가지 이익으로써 비구들을 위해 계를 제정합니다. 무엇이 열 가지인가? 승가의 화합을 위해, 승가의 결속을 위해, 악인을 굴복시키기 위해, 참회하는 자의 안락을 위해, 현세의 번뇌를 끊기 위해, 후세의 번뇌를 없애기 위해, 아직 믿음이 없는 자에게 믿음을 주기 위해, 믿음이 있는 자에게 믿음을 증장시키기 위해, 정법이 오래 머물게 하기 위해, 계율을 분별해 청정범행이 오래 머물게 하기 위함입니다. 《오분율》

삼귀의 하는 법

비구들이여, 나는 그대들이 각 지역과 국가에서 출가한 이들에게 구족계를 줄 수 있도록 허락합니다. 비구들이여, 출가자에게 구족계를 주는 것은 마땅히 이와 같이 하십시오.

머리와 수염을 깎고, 가사를 걸치되 오른쪽 어깨를 드러내고, 무릎을 꿇고 합장하며, 비구의 발에 절을 올리면서 이와 같이 합송하십시오.

"저는 부처님께 귀의합니다. 저는 가르침에 귀의합니다. 저는 승가에 귀의합니다.

두 번째로 저는 부처님께 귀의합니다. 저는 가르침에 귀의합니다. 저는 승가에 귀의합니다.

세 번째로 저는 부처님께 귀의합니다. 저는 가르침에 귀의합니다. 저는 승가에 귀의합니다."

비구들이여, 이와 같이 삼귀의로써 출가자에게 구족계 주는 것을 허락합니다. 율장《대품》

오계 받는 법

저는 부처님께 귀의하고 부처님 법에 귀의하며 승가에 귀의합니다. 목숨이 다할 때까지 우바새가 되고자 하오니 여래·아라한·정등각자께서는 저의 세존이십니다. (세 번 말한다.)

저는 부처님께 귀의했습니다. 부처님 법에 귀의했습니다. 승가에 귀의했습니다. 목숨이 다할 때까지 우바새가 되고자 하오니 여래·

아라한·정등각자께서는 저의 세존이십니다. (세 번 말한다.)

목숨이 다할 때까지 살생을 하지 않는 것이 우바새계이니 잘 지킬 수 있겠습니까? ("잘 지키겠습니다"라고 대답한다.)

목숨이 다할 때까지 주지 않는 것을 가지지 않는 것이 우바새계이니 잘 지킬 수 있겠습니까? ("잘 지키겠습니다"라고 대답한다.)

목숨이 다할 때까지 삿된 음행을 하지 않는 것이 우바새계이니 잘 지킬 수 있겠습니까? ("잘 지키겠습니다"라고 대답한다.)

목숨이 다할 때까지 거짓말을 하지 않는 것이 우바새계이니 잘 지킬 수 있겠습니까? ("잘 지키겠습니다"라고 대답한다.)

목숨이 다할 때까지 술을 마시지 않는 것이 우바새계이니 잘 지킬 수 있겠습니까? ("잘 지키겠습니다"라고 대답한다.) 《미사색갈마본》

오계를 받았지만 지킬 수 없는 것은 봉인해둔다

부처님께서 말씀하셨다.

"재가 신자가 지켜야 할 다섯 가지 계가 있습니다. 그 가운데 한 가지 계, 두 가지 계, 세 가지 계, 네 가지 계를 지킬 수 있고, 다섯 가지를 다 지킬 수 있습니다. 다섯 가지 계를 모두 지킬 수 있는 사람에게는 지킬 수 있는지를 세 번 물은 뒤에 지키게 하도록 하시오. 만일 재가 신자가 한 가지 계를 범하면 몸이 무너져 죽은 뒤 지옥에 떨어질 것이지만, 재가 신자로서 한 가지 계만이라도 받들어 가지면 천상이나 좋은 곳에 태어날 텐데, 둘·셋·넷·다섯 가지 계를 다 지키는 것은 말해 무엇 하겠습니까?"

그 사람은 부처님의 말씀을 듣고 나서 부처님의 발에 예배하고 떠났다. 그가 돌아간 지 얼마 지나지 않아 부처님께서 모든 비구에게 말씀하셨다.

"지금부터 우바새들에게 삼귀의와 오계를 허락합니다. 만일 비구가 재가 신자에게 계를 주고자 할 때는 계를 받는 사람에게 팔을 드러내어 합장하게 하고 이름을 말하게 한 뒤에 '부처님과 법과 승가에 귀의합니다'라고 세 번 말하게 하십시오. 즉 자신의 이름을 말하고 '부처님과 법과 승가에 귀의합니다'라고 말하게 하십시오. 그런 뒤에 다시 '나는 이미 부처님과 법과 승가에 귀의했습니다'라고 말하게 하십시오. 만일 한 가지 계만 지키면 다른 네 가지 계를 봉인하고, 만일 두 가지 계를 받으면 다른 세 가지 계를 봉인하며, 세 가지 계를 받으면 다른 두 가지 계를 봉인하고, 네 가지 계를 받으면 다른 한 가지 계를 봉인하십시오. 만일 다섯 가지 계를 받으면 모두 다 갖추어 지키게 하십시오."

비구들은 부처님의 말씀을 듣고 기뻐하며 받들어 행했다.

증일아함《성문품》

부도덕한 삶의 과보

비구들이여, 생명을 죽이는 것을 자행하고 습관적으로 행하고 많이 지으면, 지옥에 태어나고 축생의 모태에 태어나고 아귀계에 태어납니다. 생명을 죽여서 받는 가장 경미한 과보는 사람의 수명을 단축시키는 것입니다.

비구들이여, 주지 않은 것을 가지는 것을 자행하고 습관적으로 행하고 많이 지으면, 지옥에 태어나고 축생의 모태에 태어나고 아귀계에 태어납니다. 주지 않은 것을 가져서 받는 가장 경미한 과보는 사람이 재물을 잃는 것입니다.

비구들이여, 삿된 음행을 자행하고 습관적으로 행하고 많이 지으면, 지옥에 태어나고 축생의 모태에 태어나고 아귀계에 태어납니다. 삿된 음행을 해서 받는 가장 경미한 과보는 적들이 나에게 원한을 갖게 하는 것입니다.

비구들이여, 거짓말을 자행하고 습관적으로 행하고 많이 지으면, 지옥에 태어나고 축생의 모태에 태어나고 아귀계에 태어납니다. 거짓말을 해서 받는 가장 경미한 과보는 사실이 아닌 것으로 다른 사람에게 비방을 받는 것입니다.

비구들이여, 이간질을 자행하고 습관적으로 행하고 많이 지으면, 지옥에 태어나고 축생의 모태에 태어나고 아귀계에 태어납니다. 이간질을 해서 받는 가장 경미한 과보는 다른 사람과의 우정에 금이 가는 것입니다.

비구들이여, 욕설을 자행하고 습관적으로 행하고 많이 지으면, 지옥에 태어나고 축생의 모태에 태어나고 아귀계에 태어납니다. 욕설을 해서 받는 가장 경미한 과보는 다른 사람들에게서 마음에 들지 않는 소리를 많이 듣는 것입니다.

비구들이여, 꾸미는 말을 자행하고 습관적으로 행하고 많이 지으면, 지옥에 태어나고 축생의 모태에 태어나고 아귀계에 태어납니다. 꾸미는 말을 해서 받는 가장 경미한 과보는 다른 사람이 그의 말을 받아들이지 않는 것입니다.

비구들이여, 게으름의 근본이 되는 술과 중독성 물질을 섭취하는 것을 자행하고 습관적으로 행하고 많이 지으면, 지옥에 태어나고 축생의 모태에 태어나고 아귀계에 태어납니다. 게으름의 근본이 되는 술과 중독성 물질을 섭취해서 받는 가장 경미한 과보는 그 사람이 미쳐버리는 것입니다. 앙굿따라 니까야《가장 경미함 경》

거짓말의 열 가지 허물

거짓말에 열 가지 죄가 있다. 열 가지란 무엇인가? 첫째 입에서 냄새가 나며, 둘째 착한 신神이 멀리하고 사람이 아닌 존재들이 세력을 얻으며, 셋째 아무리 진실을 말해도 남이 믿지 않으며, 넷째 지혜로운 사람들과의 대화나 토론에 항상 참여하지 못하며, 다섯째 항상 비방을 받아 추악한 소문이 세상에 가득하며, 여섯째 사람들의 존경을 받지 못해 명령을 내려도 사람들이 복종하지 않으며, 일곱째 근심이 많으며, 여덟째 비방하는 업을 지으며, 아홉째 죽은 뒤에 지옥에 떨어지며, 열째 다행히 벗어나 사람으로 태어나더라도 항상 남의 비방을 받는다. 《대지도론》

술을 마시면 생기는 서른다섯 가지 허물

술은 추위를 없애고 몸을 이롭게 하며 마음을 즐겁게 하거늘 어찌하여 마시지 못하게 하는가? 왜냐하면 몸을 이롭게 하는 것은 매우 적은데 해롭게 하는 것은 매우 많기 때문에 마시지 말아야 한다. 마치 보기 좋은 음료수에 독이 섞인 것과 같다. 독약이란 어떤 것인가?

부처님께서 난제가難提伽 우바새에게 이렇게 말씀하셨다.

"술에는 서른다섯 가지 허물이 있다. 첫 번째는 재물을 사라지게 하니, 술을 마셔 취하면 마음에 절제가 없어져서 함부로 돈을 써버리기 때문이다. 두 번째는 모든 병의 근원이 되고, 세 번째는 싸움의 근본이 되고, 네 번째는 벌거벗고도 부끄러움이 없고, 다섯 번째는 안 좋은 소문이 나서 사람들이 공경하지 않고, 여섯 번째는 지혜가 가려지고, 일곱 번째는 얻을 물건을 얻지 못하며, 이미 얻은 물건도 잃어버리고, 여덟 번째는 숨겨야 할 일을 모두 남에게 발설하고, 아홉 번째는 갖가지 일을 이루지 못하고, 열 번째는 취중에 많은 실수를 저지르고는 깬 뒤에 부끄러워하는 까닭에 근심의 원인이 되고, 열한 번째는 몸의 힘이 차츰 줄어들고, 열두 번째는 몸의 빛깔이 허물어져 가고, 열세 번째는 아버지를 공경할 줄 모르고, 열네 번째는 어머니를 공경할 줄 모르고, 열다섯 번째는 사문을 공경하지 않고, 열여섯 번째는 바라문을 공경하지 않고, 열일곱 번째는 취중에 황홀해져서 분별력을 잃는 까닭에 백부나 숙부 등의 어른을 공경하지 않고, 열여덟 번째는 부처님을 공경하지 않고, 열아홉 번째는 법을 공경하지 않고, 스무 번째는 스님들을 공경하지 않고, 스물한 번째는 나쁜 자와 어울리고, 스물두 번째는 어진 이를 멀리하고, 스물세 번째는 파계한 사람이 되고, 스물네 번째는 부끄러움을 모르고, 스물다섯 번째는 감정을 지키지 못하고, 스물여섯 번째는 성적 욕망을 따라 방종하고, 스물일곱 번째는 남들이 미워해 보기 싫어하고, 스물여덟 번째는 친척과 지인들에게 홀대를 받고, 스물아홉 번째는 착하지 못한 법을 행하고, 서른 번째는 착한 법을 버리고, 서른한 번째는 술로 말미암아 게으른 까닭에 사리가 밝은 사람과 지혜로운 사람의 신용을 받지 못하고, 서른두 번째는 열반을 멀리하고, 서른세 번째는 광인狂人의 씨앗을 심고, 서른네 번째는 죽은 뒤에 고통스런 지옥에 떨어지고, 서른다섯 번째는 다시 사람으로 태어나더라도 태어나는 곳마다 항상 광인이 된다."

이러한 여러 허물이 있으므로 술을 마시지 않아야 한다. 《대지도론》

재가 신자의 포살布薩*

부처님께서 우바이 타사가墮舍迦에게 물으셨다.

"오늘은 무슨 일로 목욕하고 좋은 옷을 입고 며느리들과 함께 나를 찾아왔습니까?"

타사가가 말씀드렸다.

"오늘은 보름날이라 저희가 재계齋戒를 지키고 있습니다. 저는 한 달에 여섯 번의 재일이 있다고 들었습니다. 그래서 며느리들과 함께 게으르지 않게 재계를 지킵니다."

* 대중이 모여 계율을 잘 지켰는지 점검하는 날.

부처님께서 말씀하셨다.

"붓다의 바른 재법齋法에는 여덟 가지 계가 있어 사람들을 세상에서 벗어나게 하고, 다시는 삼악도에 떨어지지 않게 하며, 태어나는 곳마다 항상 복을 받게 합니다. 또 이 여덟 가지 계를 지킨 인연 공덕으로 성불하게 됩니다. 붓다의 바른 재법은 세간의 어질고 착한 사람들이 지키는 계입니다. 한 달에 여섯 번의 재일이 있는데, 매월 음력 8일, 14일, 15일, 23일, 29일, 30일입니다."

《우바이타사가경》

팔관재법이란 무엇인가

첫째 생명을 죽이지 않는 것이요, 둘째 주지 않는 것을 가지지 않는 것이며, 셋째 음행을 하지 않는 것이요, 넷째 거짓말을 하지 않는 것이며, 다섯째 술을 마시지 않는 것이요, 여섯째 적당하지 않을 때 먹지 않는 것이며, 일곱째 높고 넓은 평상에 앉지 않는 것이요, 여덟째 유흥을 멀리하고 향수나 꽃으로 몸을 꾸미지 않는 것입니다. 이것을 성현의 팔관재법八關齋法이라고 합니다.

증일아함《마혈천자문팔정품》

포살을 할 때 재가자의 서원

우바리가 부처님께 "어떻게 서원을 세워야 합니까?"라고 여쭙자 부처님께서 말씀하셨다.

"발원을 할 때 이렇게 해야 합니다. '제가 이제 이 팔관재법으로 말미암아 지옥·아귀·축생에 떨어지지 않고, 또 여덟 가지 험난한 곳에 떨어지지도 않으며, 변두리에 태어나지 않고, 흉한 곳에 떨어지지 않으며, 나쁜 벗과 사귀지 않고, 올바른 부모를 만나며, 삿된 견해를 배우지 않고, 세계의 중심이 되는 나라에 태어나며, 좋은 법을 듣고 그것을 분별하고 사유해 법을 성취하게 하소서. 또한 이 재법의 공덕으로 모든 중생이 착한 법을 받아들이고, 공덕을 그들에게 베풀어 최상의 깨달음을 성취하게 하소서. 이 서원의 복으로 도중에 물러서지 않게 해 부처님의 깨달음, 벽지불의 깨달음, 아라한의 깨달음을 성취하게 하소서. 또한 이 팔관재법으로 부처님의 도, 벽지불의 도, 아라한의 도를 배우고, 모든 세계에서 바른 법을 배우는 이들도 이 업을 익히게 해, 장차 미륵 부처님께서 세상에 출현하실 때 그 여래, 아라한, 정등각의 법회를 만나 곧바로 제도되게 하옵소서'라고." 증일아함《마혈천자문팔정품》

열 가지 나쁜 업

어느 때 부처님께서 사위성 기원정사에서 1,250명의 비구와 함께 계셨다. 부처님께서 자비롭고 청정한 음성으로 사리불에게 말씀하셨다.

"이제 그대들을 위해 열 가지 나쁜 업〔十惡業〕의 과보를 없애는 법을 말할 것이니, 잘 듣고 받아 지니시오. 일심으로 기억하고 지녀서 잊어버리지 않도록 하시오.

열 가지 나쁜 업이라고 하는 것은 첫째 살생, 둘째 도둑질, 셋째 삿된 행동, 넷째 거짓말, 다섯째 이간질, 여섯째 욕설, 일곱째 꾸미는 말, 여덟째 탐욕, 아홉째 성냄, 열째 어리석음이다."

《수십선계경》

보살이 꼭 지켜야 할 열 가지 계율〔十重大戒〕

1. 중생을 죽이지 마라.
2. 주지 않는 것을 가지지 마라.
3. 삿된 음행을 하지 마라.
4. 거짓말하지 마라.
5. 술을 팔지 마라.
6. 사부대중의 허물을 말하지 마라.
7. 자기를 칭찬하고 남을 비방하지 마라.
8. 인색하지 말고 남을 욕하지 마라.
9. 화내지 말고 참회하면 잘 받아주어라.
10. 삼보를 비방하지 마라. 《범망경》

보살이 지키면 공덕이 되는 48개의 가벼운 계율〔四十八輕戒〕

1. 스승과 벗을 공경하라.
2. 술 마시지 마라.
3. 고기 먹지 마라.
4. 오신채五辛菜*를 먹지 마라.
5. 계를 범한 사람은 참회하게 하라.

6. 법사에게 지극한 마음으로 공양올리고 법을 청하라.
7. 법문하는 곳에는 반드시 가서 들으라.
8. 대승이 아닌 외도의 사견을 가르치지 마라.
9. 병든 사람을 잘 간호하라.
10. 살생하는 도구를 마련해 두지 마라.
11. 나라의 사신使臣이 되어 중생을 해롭게 하지 마라.
12. 나쁜 마음으로 장사하지 마라.
13. 근거 없이 선한 사람을 비방하지 마라.
14. 불을 질러 살아 있는 생명을 태우지 마라.
15. 불법이 아닌 다른 법으로 교화하지 마라.
16. 이익과 공양을 탐내지 말고 바르게 가르쳐라.
17. 권력을 믿고 남의 재산을 갈취하지 마라.
18. 아는 것 없이 스승이 되지 마라.
19. 이간질하지 마라.
20. 살아 있는 생명은 놓아주고, 죽어가는 생명은 구하라.
21. 화내지 말고 때리지 말며 원수를 갚지 마라.
22. 교만한 마음을 버리고 법문을 청하고 배워라.
23. 교만한 마음으로 편협하게 설하지 마라.
24. 대승의 경과 율을 배우되 외도의 잡론雜論은 배우지 마라.
25. 대중을 화합하게 하고 삼보의 재산을 법답게 운용하라.

* 파, 마늘, 부추, 달래, 흥거 등 맵고 향이 강한 다섯 가지 채소.

26. 이익과 공양을 독차지하지 마라.
27. 자기만을 따로 청하는 초청을 받지 마라.
28. 재가 신도로서 승가가 아닌 스님 개인을 따로 청해 공양하지 마라.
29. 나쁜 직업을 갖지 마라.
30. 양심을 속여 나쁜 업을 짓지 마라.
31. 불행한 처지에 놓인 사람을 구하라.
32. 중생을 해롭게 하는 일을 하지 마라.
33. 도박, 도둑질, 점치는 등의 행위를 보지도 말고 하지도 마라.
34. 계를 잘 지키고, 한순간도 보리심을 떠나지 마라.
35. 큰 원願을 세워라.
36. 굳은 결심으로 맹세하라.
37. 위험한 곳에 가지 마라.
38. 서열을 어기지 마라.
39. 복과 지혜를 함께 닦아라.
40. 차별해서 계를 주지 마라.
41. 덕이 없으면서 이익과 공양을 위해 스승이 되지 마라.
42. 계를 받지 않은 사람과 함께 포살하지 마라.
43. 고의로 계를 범할 생각을 하지 마라.
44. 경전을 공양하고 널리 유통하라.
45. 중생을 보거든 언제나 보리심을 발하도록 권하라.
46. 법답지 못한 자리에서 설법하지 마라.

47. 옳지 못한 법으로 제재를 가하지 마라.

48. 불법을 파괴하지 마라. 《범망경》

일체계

어떤 것이 일체계一切戒인가? 일체계에는 세 가지가 있으니, 첫째는 악을 막는 섭율의계攝律儀戒요, 둘째는 선을 행하는 섭선법계攝善法戒요, 셋째는 중생에게 공덕을 베푸는 섭중생계攝衆生戒다.

《보살지지경》

섭율의계

불자여, 보살이 이구지離垢地*에 머물면 성품이 저절로 일체 살생을 멀리 여의어서 칼이나 몽둥이를 두지 아니하고, 부끄럽고 수줍음이 있으며, 인자하고 용서함이 구족하며, 일체중생으로 생명 있는 자에게는 항상 이익되고 사랑하는 마음을 내느니라. 이 보살이 오히려 나쁜 마음으로 모든 중생을 시끄럽게 하지도 않거늘 하물며 그에게 중생이란 생각을 내면서 짐짓 거친 마음으로 살해를 행하겠는가.

성품이 훔치지 않나니, 보살이 자기의 재산에 만족함을 알고, 다른 이에게는 인자하고 사랑하여 침노하지 않으며, 다른 이에게

* 보살의 수행단계인 십지十地 가운데 두 번째 단계로서, 십선계十善戒를 지켜 마음의 번뇌가 없어짐.

소속한 물건은 남의 것이라는 생각을 내어 마침내 이 물건에 훔치려는 마음을 내지 않고, 풀잎 하나라도 주지 않는 것은 가지지 않거늘 어찌 하물며 그 나머지 생활에 필요한 물건이겠는가.

성품이 사음하지 않나니, 보살이 자기의 아내에게 만족함을 알고 다른 이의 아내를 구하지 않으며, 다른 이의 아내나 첩이나, 다른 이가 수호하는 여자나, 친족이거나, 약혼하였거나, 법으로 보호하는 사람에게 탐하는 마음을 내지 않거늘 어찌 하물며 그런 일을 좇으며 하물며 도리가 아닌 짓을 하겠는가.

성품이 거짓말을 하지 않나니, 보살이 항상 진실한 말과 참된 말과 시기에 맞는 말을 하고, 꿈에서라도 자기의 허물을 덮어두는 말을 차마 하지 못하며 하려는 마음도 없거늘 어찌 하물며 고의로 범하겠는가.

성품이 이간하는 두 가지 말을 하지 않나니, 보살은 모든 중생에게 이간하는 마음이 없고 해치려는 마음도 없으며, 이 말로써 저를 파괴하기 위하여 저에게 말하지 아니하고, 저 말로써 이를 파괴하기 위하여 이에게 말하지 않으며, 아직 파괴하지 않은 것을 파괴하게 하지 않고, 이미 파괴한 것을 더 증장케 하지 않으며, 이간하는 것을 기뻐하지도 않고, 이간하기를 좋아하지도 않으며, 이간할 말을 짓지도 않고, 이간하는 말은 실제이거나 실제가 아니거나 말하지 아니하느니라.

성품이 나쁜 말을 하지 않나니, 이른바 해롭게 하는 말, 거친 말, 남을 괴롭히는 말, 남을 성내게 하는 말, 앞에 대한 말, 앞에 대하지 않은 말, 공손하지 않은 말, 버릇없는 말, 듣기 싫은 말, 듣는 이에게 기쁘지 않은 말, 분노한 말, 불처럼 속을 태우는 말, 원결을 맺는 말, 시끄러운 말, 좋지 않은 말, 달갑지 않은 말, 나와 남을 해롭게 하는 말 등 이와 같은 말은 모두 버렸느니라. 그러고는 항상 윤택한 말, 부드러운 말, 뜻에 맞는 말, 듣기 좋은 말, 듣는 이가 기뻐하는 말, 남의 마음에 잘 들어가는 말, 운치 있고 규모 있는 말, 여러 사람이 좋아하는 말, 여러 사람이 기뻐하는 말, 몸과 마음에 희열한 말을 하느니라.

성품이 꾸민 말을 하지 않나니, 보살은 언제나 잘 생각하고 하는 말, 시기에 맞는 말, 진실한 말, 이치에 맞는 말, 법다운 말, 도리에 맞는 말, 잘 조복하는 말, 때에 맞추어 요량하여 결정한 말을 좋아하느니라. 이 보살은 우스갯소리도 오히려 항상 생각하고 말하거늘 어찌 하물며 짐짓 산란한 말을 하겠는가.

성품이 탐내지 않나니, 보살이 남의 재물이나 다른 이의 물건을 탐하지 않고, 원하지 않고, 구하지도 않느니라.

성품이 성냄을 여의었으니, 보살이 일체중생에게 항상 자비한 마음, 이익하게 하는 마음, 가엾이 여기는 마음, 환희한 마음, 화평한 마음, 포섭하는 마음을 내느니라. 미워하고 원망하고 해치고 시끄럽게 하는 마음을 영원히 버리고, 항상 인자하고 도와주고 이익하게 하려는 일을 생각하여 행하느니라.

또 삿된 견해가 없나니, 보살이 바른 도리에 머물러서 점치지 않고, 나쁜 계율을 가지지 않고, 마음과 견해가 정직하고, 속이고 아첨하지 않으며, 불보와 법보와 승보에 확고한 신심을 내느니라. 불자여, 보살이 이와 같이 열 가지의 선한 도를 행하여 항상 끊임이 없느니라. 《화엄경》〈십지품〉

섭선법계

다시 또 생각하기를 '일체중생이 나쁜 갈래에 떨어지는 것은 모두 열 가지 나쁜 업을 행하기 때문이니라. 그러므로 나는 마땅히 스스로 바른 행을 닦고, 다른 이에게도 바른 행을 닦도록 권할 것이니라. 왜냐하면 만약 스스로 바른 행을 행하지 못하면서 다른 이로 하여금 바른 행을 닦게 함은 옳지 않기 때문이니라'라고 하느니라.

불자여, 이 보살이 또 생각하기를 '열 가지의 나쁜 업은 지옥이나 아귀나 축생에 태어나는 원인이 되며, 열 가지의 선한 업은 인간에나 천상에나 색계나 무색계에 태어나는 원인이 되느니라. 또 이 상품 십선업을 지혜로써 닦으면서도 마음이 용렬한 까닭이며, 삼계를 두려워하는 까닭이며, 대비심이 없는 까닭이며, 다른 이의 말을 듣고 이해하는 까닭으로 성문승이 되리라. 또 상품 십선업을 청정하게 닦으면서도 남의 가르침을 받지 않고 스스로 깨달은 까닭이며, 대비 방편을 갖추지 못한 까닭이며, 깊은 인연법을 깨달은 까닭으로 독각승이 되리라. 또 상품 십선업을 청정하게 닦으면서 마음이 한량없이 광대하고, 자비를 구족하고, 방편에 포섭되고, 큰 서원을 내고, 중생을 버리지 아니하고, 부처님의 지혜를 구하고, 보살의 여러 지위를 깨끗이 다스리고, 모든 바라밀다를 닦음으로 보살의 광대한 행을 이루리라. 또 상품 십선업으로는 온갖 것이 청정한 까닭이며, 열 가지의 힘과 네 가지의 두려움 없음을 증득하는 까닭으로 일체 부처님 법을 모두 성취하리니, 그러므로 내가 이제 열 가지의 선을 평등하게 행하여 일체로 하여금 구족하게 청정하도록 하리니 이와 같은 방편을 보살이 마땅히 배울 것이로다'라고 하느니라. 《화엄경》〈십지품〉

섭중생계

불자여, 이 보살이 또 생각하기를 '열 가지의 나쁜 업 가운데 상품은 지옥의 원인이 되고, 중품은 축생의 원인이 되고, 하품은 아귀의 원인이 되느니라. 그중에서 살생한 죄의 중생들은 지옥, 축생, 아귀에 떨어질 것이며, 인간에 태어나더라도 두 가지의 과보를 받으리니 하나는 단명하고, 둘은 병이 많으리라.

훔친 죄로는 또한 중생들이 세 가지의 나쁜 갈래에 떨어질 것이며, 인간에 태어나더라도 두 가지 과보를 받으리라. 하나는 빈궁하고, 둘은 재물을 함께 가지게 되나 마음대로 하지 못하리라.

삿된 음행을 범한 죄로는 또한 중생들이 세 가지의 나쁜 갈래에 떨어질 것이며, 인간에 태어나더라도 두 가지 과보를 받으리라. 하나는 배우자의 행실이 부정하고, 둘은 마음에 드는 권속을 얻지 못하리라.

거짓말한 죄로는 중생들이 세 가지의 나쁜 갈래에 떨어질 것이며, 인간에 태어나더라도 두 가지 과보를 받으리라. 하나는 비방을 많이 받고, 둘은 남에게 속게 되리라.

이간하는 죄로는 또한 중생들이 세 가지의 나쁜 갈래에 떨어질 것이며, 인간에 태어나더라도 두 가지 과보를 받으리라. 하나는 권속이 뿔뿔이 흩어지고, 둘은 친족들이 험악하리라.

나쁜 말을 한 죄로는 또한 중생들이 세 가지 나쁜 갈래에 떨어질 것이며, 인간에 태어나더라도 두 가지 과보를 받으리라. 하나는 항상 나쁜 소리를 듣고, 둘은 다투는 일이 많으리라.

꾸민 말을 한 죄로는 또한 중생들이 세 가지 나쁜 갈래에 떨어질 것이며, 인간에 태어나더라도 두 가지 과보를 받으리라. 하나는 사람들이 내 말을 곧이듣지 않고, 둘은 말소리가 분명치 못하리라.

탐욕스러운 죄로는 또한 중생들이 세 가지 나쁜 갈래에 떨어질 것이며, 인간에 태어나더라도 두 가지 과보를 받으리라. 하나는 만족할 줄 모르고, 둘은 욕심이 끝이 없으리라.

성낸 죄로는 또한 중생들이 세 가지 나쁜 갈래에 떨어질 것이며, 인간에 태어나더라도 두 가지 과보를 받으리라. 하나는 항상 남들에게 시비를 받게 되고, 둘은 항상 남의 해침을 받으리라.

삿된 견해를 가진 죄로는 또한 중생들이 세 가지 나쁜 갈래에 떨어질 것이며, 인간에 태어나더라도 두 가지 과보를 받으리라. 하나는 삿된 견해를 가진 집에 태어나게 되고, 둘은 마음이 아첨하고 굽으리라'라고 하느니라.

불자여, 이 열 가지의 나쁜 업은 이러한 한량없고 그지없는 여러 가지의 큰 고통 무더기를 만들어 내느니라. 그러므로 보살은 이와 같이 생각하느니라. '나는 열 가지의 나쁜 길을 마땅히 멀리 여의고, 열 가지의 선한 길로 법의 동산을 삼아 즐겁고 편안히 있으면서, 나도 그 속에 머무르고 또한 다른 이도 거기에 머물도록 권하리라'라고 하느니라.

불자여, 이 보살마하살이 다시 또 일체중생에게 이익하게 하는 마음, 안락하게 하는 마음, 인자한 마음, 가엾이 여기는 마음, 딱하게 여기는 마음, 거두어주는 마음, 수호하는 마음, 자기와 같다는 마음, 스승이라는 마음, 큰 스승이라는 마음을 내느니라. 《화엄경》 〈십지품〉

파계의 위험

계를 지키는 사람은 모든 것을 얻고, 파계한 사람은 모든 것을 잃는다. 비유하자면 마치 천상에 공양한 사람과도 같다. 어떤 가난한 사람이 오직 부귀를 구하기 위해 12년 동안 지극한 마음으로 하늘에 공양했다. 천신이 그를 가엾이 여겨 그의 앞에 나타나서 이렇게 물었다.

"무엇을 원하는가?"

그가 대답했다.

"나는 부자가 되기를 원합니다. 원하는 것을 모두 마음대로 얻고 싶습니다."

천신은 그에게 덕병德甁이라는 병 하나를 건네주면서 말했다.

"그대가 원하는 것이 이 병에서 다 나올 것이다."

병을 받아 든 그는 원하는 것을 모두 마음대로 얻을 수 있게 되었다. 그는 자신의 뜻이 이루어지자 좋은 집과 코끼리, 말, 수레, 칠보 등을 가득 갖추고, 공양거리를 풍족하게 마련해 손님들을 부족함 없이 대접했다.

이때 어떤 손님이 물었다.

"당신은 예전에 가난했는데 어떻게 이렇게 부자가 되었소?"

"나는 하늘의 병을 얻었는데, 병에서 이러한 온갖 것이 나와서 이렇게 부자가 되었소."

"그렇다면 병과 거기서 나온 물건을 보여주시오."

그는 곧 병을 꺼내어 갖가지 물건이 원하는 대로 나오는 것을 보여주었다. 그러던 와중에 교만한 마음이 생겨 병에 올라서서 춤을 추었다. 그러자 병은 곧 깨지고 물건들도 모두 한꺼번에 사라져 버렸다.

계행을 지키는 사람도 이와 같아서 온갖 신묘한 즐거움을 원하는 대로 다 얻지만, 만약에 계를 깨뜨리고 스스로 교만해지면 병이 깨지고 물건을 잃은 사람과 같이 모든 것을 잃는다. 《대지도론》

계율을 지니지 않으면 나쁜 행위만 늘어난다

사람이 계율을 지니지 않으면

악함이 등나무처럼 뻗어나가

제 마음대로 욕심껏 달려나가니
나쁜 행동만 날마다 늘어나리라.

나쁜 행동은 제 몸을 위태롭게 하건만
어리석은 사람은 쉽게 행동하고
선한 행동은 제 몸을 편안하게 하건만
어리석은 사람은 어렵다 생각하네. 《법구경》

계율의 향기

전단栴檀의 짙은 향기와
청련靑蓮의 꽃향기
아무리 향기롭다 해도
계율의 향기만 못하다네.

꽃향기는 그 기운 약해져
진실한 것이라 말할 수 없지만
계율 지키는 사람의 향기는
하늘에 이르러도 빼어나고 훌륭하리라.

계율 갖추어 완전하게 성취하고
행실에 조금도 게으름이 없으면
선정의 마음으로 번뇌를 벗어나

영원히 마라의 길 떠날 것이네. 《법구경》

보살의 청정한 계율

보살의 청정한 계율 속에서는 뉘우칠 일이 없는 마음을 내지 않고자 하더라도 뉘우칠 일이 없는 마음이 자연히 생긴다. 마치 사람이 밝은 거울을 들었으면 얼굴을 보려 하지 않더라도 얼굴이 저절로 나타나고, 또 농부가 밭에 씨를 심으면 싹이 나기를 기다리지 않더라도 싹이 저절로 나며, 또한 등불을 켜면 어둠을 없애려 하지 않아도 어둠이 저절로 없어지는 것과 같다.

보살이 청정한 계율을 가지면, 뉘우칠 일이 없는 마음이 자연히 생기는 것도 그와 같다. 청정한 계율을 가지므로 마음이 기쁘나니, 마치 단정하게 생긴 사람이 자기의 얼굴을 보면 기쁜 마음이 생기듯이 청정한 계율을 가지는 것도 그와 같다. 파계한 사람이 계율이 깨끗하지 못함을 보면 마음이 기쁘지 않다. 《대반열반경》〈범행품〉

다섯 가지 향을 자기 밖에서 찾지 마라

혜능선사께서 법좌에 올라 대중에게 말씀하셨다.

"잘 오셨습니다, 수행자들이여. 이 일은 모름지기 자성自性 속에서 일어나야 합니다. 항상 순간순간 그 마음을 스스로 깨끗이 해 스스로 닦고 스스로 행해서 자기의 법신法身을 보아야 합니다. 자기 마음의 부처를 보고 스스로 제도하고 스스로 조심해야 비로소 깨달을 수 있습니다. 그렇다면 굳이 여기 조계산까지 올 필요가 없을 것입니다. 그런데 이미 멀리서 찾아와 여기 함께 모인 것은 다 인연이 있기 때문입니다. 이제 각자 호궤합장을 하십시오.”

대중이 호궤합장을 하니 혜능께서 말씀하셨다.

“첫째 계향戒香이니, 곧 자기 마음속에 잘못도 없고, 악도 없고, 질투도 없고, 탐욕과 성냄도 없고, 위협하고 해치려는 마음도 없는 것을 일러 계향이라고 합니다.

둘째 정향定香이니, 모든 선하고 악한 경계의 모습을 보고도 자기 마음이 혼란하지 않은 것을 일러 정향이라고 합니다.

셋째 혜향慧香이니, 자기 마음에 걸림이 없어서 늘 지혜를 가지고 자성을 비추어보고 어떤 선과 악도 행하지 않으며, 많은 착한 일을 닦으면서도 마음에 집착하지 않고, 윗사람을 공경하고 아랫사람을 보살펴주며, 외롭고 가난한 사람을 불쌍히 여기는 것을 혜향이라고 합니다.

넷째 해탈향解脫香이니, 자기 마음에 얽매이지 않아서 선도 생각하지 않고 악도 생각하지 않으며, 자유자재해서 막힘이 없는 것을 일러 해탈향이라고 합니다.

다섯째 해탈지견향解脫知見香이니, 자기 마음이 선과 악에 얽매이지 않더라도 무기공無記空*에 빠져서 고요함에도 집착하지 않아야 합니다. 널리 배우고 많이 들어 자기의 본래 마음을 알고 모든 깨달음의 이치에 통달해, 온유하고 부드럽게 사물과 접하여 나

* 수행자들이 아무 생각 없이 오로지 고요함에만 빠져 있는 상태.

와 남의 구별이 없습니다. 곧장 깨달되 진성眞性은 그대로 바뀌지 않는 것을 해탈지견향이라고 합니다.

수행자들이여, 이런 다섯 가지 향은 각자의 내면에서 타는 것이니, 바깥에서 찾지 마십시오." 《법보단경》

마하파자파티 고타미에게 설한 법문

어느 날 마하파자파티 고타미가 부처님이 계시는 곳을 찾아왔다. 가까이 와서 부처님께 인사를 올리고 한쪽에 섰다. 한쪽에 선 마하파자파티는 부처님께 다음과 같이 말씀드렸다.

"세존이시여, 세존께서 간략하게 가르침을 설해주시면 감사하겠습니다. 저는 세존의 가르침을 듣고 홀로 멀리 떠나서 게으르지 않고 열심히 정진하고자 합니다."

"고타미여, 그대가 알고자 하는 가르침이 탐욕으로 이끌고 탐욕의 벗어남으로 이끌지 않고, 결박으로 이끌고 결박의 벗어남으로 이끌지 않고, 집적으로 이끌고 집적의 벗어남으로 이끌지 않고, 크나큰 욕망으로 이끌고 욕망의 벗어남으로 이끌지 않고, 불만으로 이끌고 만족으로 이끌지 않고, 교제로 이끌고 멀리 떠남으로 이끌지 않고, 태만으로 이끌고 정진으로 이끌지 않고, 부양하기 어려움으로 이끌고 부양하기 쉬움으로 이끌지 않는 것을 안다면, 고타미여, 결국 그것은 가르침이 아니고 계율이 아니고 스승의 교설이 아니라는 것을 명심해야 합니다.

그런데 고타미여, 그대가 알고자 하는 가르침이 탐욕의 벗어남으로 이끌고 탐욕으로 이끌지 않고, 결박의 벗어남으로 이끌고 결박으로 이끌지 않고, 집적의 벗어남으로 이끌고 집적으로 이끌지 않고, 욕망의 벗어남으로 이끌고 크나큰 욕망으로 이끌지 않고, 만족으로 이끌고 불만으로 이끌지 않고, 멀리 떠남으로 이끌고 교제로 이끌지 않고, 정진으로 이끌고 태만으로 이끌지 않고, 부양하기 쉬움으로 이끌고 부양하기 어려움으로 이끌지 않는 것을 안다면, 고타미여, 결국 그것이 가르침이고 계율이고 스승의 교설이라는 것을 명심해야 합니다." 율장《소품》

4절

인내하고 용서하는 힘

인욕의 마음을 내는 다섯 가지 인연

선남자여, 인욕의 마음을 내는 인연에 다섯 가지가 있다. 첫째 악이 와도 보복하지 않는 것, 둘째 무상함을 관찰하는 것, 셋째 자비를 닦는 것, 넷째 마음이 게으르지 않는 것, 다섯째 성냄을 끊어 없애버리는 것이다.

선남자여, 만약 어떤 사람이 이와 같은 다섯 가지 일을 잘 실천한다면 이 사람은 인욕을 닦는 것이라고 알아야 한다.

만약 어떤 사람이 부드러운 말로 몸과 입의 업을 청정히 하고, 온화하고 기쁜 얼굴로 다른 사람에게 먼저 인사하며 모든 괴로움과 즐거움의 두 가지 인연을 잘 관찰한다면, 이 사람은 인욕을 닦는 것이라고 알아야 한다. 《우바새계경》〈찬제바라밀품〉

몸의 인욕과 마음의 인욕

인욕에 두 가지 있다. 첫째는 몸의 인욕이고, 둘째는 마음의 인욕이다.

몸의 인욕은 마음을 제어할 수 없다. 몸과 입은 동요하지 않지만, 마음을 제어할 수 없기 때문에 작은 인욕이다. 그러나 마음의 인욕은 말라 죽은 나무처럼 몸과 마음이 다 함께 인욕하는 것이다. 또 작은 인욕은 설령 사람이 때리고 욕을 해도 보복하지 않는 것이고, 큰 인욕은 욕한 이나 인욕하는 이나 인욕하는 법조차 분별하지 않는 것이다. 중생 안에서의 인욕은 바로 작은 인욕이고, 법에서의 인욕은 바로 큰 인욕이다. 《대지도론》

인욕이란 무엇인가

무진의無盡意보살이 말했다.

"사리불이여, 어떤 것을 인욕이라고 하면, 욕설을 당하더라도 잠자코 받아들여 보복하지 않는 것이니 그 음성이 메아리와 같음을 잘 알기 때문입니다.

꾸짖음을 당하더라도 그대로 받아들이는 것이니 몸의 모양이 그림자의 모양과 같은 줄 잘 알기 때문입니다.

성내는 자를 보더라도 마음에 원한을 품지 않는 것이니 마음의 허상이 허깨비와 같음을 잘 알기 때문입니다.

분한 일이 있더라도 그 분한 것에 대해 보복하려고 하지 않는 것이니 마음이 청정하기 때문입니다.

명예로운 말을 듣더라도 마음에 애착을 일으키지 않는 것이니 스스로 훌륭한 체하지 않기 때문입니다.

명예롭지 못한 말을 들어도 마음에 거리낌을 일으키지 않는 것이니 공덕을 원만히 갖추기 때문입니다.

영화로움이나 이익을 만나더라도 기뻐하지 않는 것이니 자신을 잘 다스리기 때문입니다.

쇠퇴하거나 닳아 없어지는 일을 당해도 거리끼지 않는 것이니 마음이 고요하기 때문입니다.

칭찬하는 자를 보아도 마음이 놀라거나 움직이지 않는 것이니 분별을 잘하기 때문입니다.

헐뜯는 자를 보아도 마음이 위축되지 않는 것이니 마음이 넓고 크기 때문입니다.

비웃는 자를 보더라도 마음이 낮아지지 않는 것이니 편안히 머물기 때문입니다.

자랑하는 자를 보아도 마음이 높아지지 않는 것이니 기울거나 움직이지 않기 때문입니다.

즐거운 일이 생겨도 마음으로 기뻐하지 않는 것이니 유위법은 항상함이 없음을 관찰하기 때문입니다.

괴로운 일을 당해도 마음으로 괴로워한다거나 싫어하지 않는 것이니 중생을 위하기 때문입니다.

세간의 법에 물들지 않는 것이니 의지하지 않기 때문입니다. 모든 고통을 참고 받는 것이니 위급한 자를 보고는 자신이 그 고통을 대신하기 때문입니다.

마디마디 팔다리가 분해되더라도 그 고통을 참는 것이니 깨달음의 구성요소〔覺支〕를 원만히 갖추기 때문입니다.

뭇 괴로움이 몸에 가해지더라도 다 참고 받는 것이니 부처님 몸의 모양을 갖추기 때문입니다.

다른 사람의 허물과 잘못도 참는 것이니 업의 힘을 잘 짓기 때문입니다.

뜨겁게 타오름을 나타내 보여도 모든 고행을 다 닦는 것이니 외도를 조복하기 때문입니다.

그 자리에서 모든 도에 들어가는 것이니 제석과 범천과 세상을 수호하는 여러 천왕보다 뛰어나기 때문입니다.

이것을 보살의 인욕이라고 합니다." 《무진의보살경》

인욕을 청청하게 하는 법

부처님께서 말씀하셨다.

"선남자여, 보살에게 열 가지 법이 있으면 인욕을 청정하게 했다고 한다. 무엇이 열 가지인가?

안에서의 인욕, 밖에서의 인욕, 법을 위한 인욕, 부처님 가르침을 따르는 인욕, 때와 장소를 가리지 않는 인욕, 곳곳마다 참는 인욕, 이유가 없는 인욕, 괴로워하지 않는 인욕, 가엾이 여기는 인욕, 서원의 인욕이다.

'안에서의 인욕'이란 무엇인가? 보살은 배고픔, 목마름, 추위, 더위, 근심, 슬픔, 통증과 몸과 마음의 극심한 고통을 스스로 참고 받아들이며 고통스러워하지 않는다. 이를 '안에서의 인욕'이라고 한다.

'밖에서의 인욕'이란 무엇인가? 보살은 남에게서 나쁜 말이나 꾸지람이나 헐뜯고 욕하며 비방하는 소리를 듣건, 또는 부모나 형제, 자매, 권속, 화상, 아사리, 제자 같이 배우는 이들을 헐뜯고 욕하는 소리를 듣건, 혹은 불·법·승 삼보를 헐뜯는 소리를 듣건, 이와 같이 갖가지로 헐뜯는 일이 있더라도 참고 화내지 않는다. 이를 '밖에서의 인욕'이라고 한다.

'법을 위한 인욕'이란 무엇인가? 부처님께서 모든 경에서 '모든 법은 적정寂靜하고 모든 법은 적멸해서 열반과 같다'고 말씀하신 미묘한 뜻에 놀라거나 두려워하지 않고 보살은 이렇게 생각한다. '내가 만약 이 경을 이해하지 못하고 이 법을 알지 못한다면 끝내 최상의 깨달음을 얻을 수 없을 것이다.' 그런 까닭에 보살은 열심히 묻고 독송한다. 이를 '법을 위한 인욕'이라고 한다.

'부처님 가르침을 따르는 인욕'이란 무엇인가? 보살은 화나고 괴로우며 독한 마음이 일어날 때 이렇게 생각한다. '이 몸은 어디서 생겨 어디로 사라지는가? 나로부터 생겼다면 무엇이 나이며, 저것으로부터 생겼다면 무엇이 저것인가? 법의 모습이 이러하니, 어떤 인연으로부터 일어나는가?' 보살이 이렇게 생각할 때, 생겨남을 볼 수 없고, 또 연기를 볼 수 없고, 내가 생겨나는 것을 볼 수 없고, 저것이 일어나는 것을 볼 수 없으며, 또한 인연이 생겨나는 것도 볼 수 없다. 이렇게 생각하면 화내지 않고 괴로워하지 않으며 독한 마음을 품지 않게 되어 화난 마음이 곧바로 줄어든다. 이를 '부처님 가르침을 따르는 인욕'이라고 한다.

'때와 장소를 가리지 않는 인욕'이란 무엇인가? 어떤 사람은 밤에는 참는데 낮에는 참지 못하고, 혹 낮에는 참는데 밤에는 참지 못하며, 혹 저 나라에서는 참는데 이 나라에서는 참지 못하고, 혹 이 나라에서는 참는데 저 나라에서는 참지 못하며, 혹 지식인에게는 참는데 지식이 없는 사람에게는 참지 못하고, 혹 지식이 없는 사람에게는 참는데 지식인에게는 참지 못한다. 그러나 보살은 그렇지 않아 언제 어느 곳에서나 항상 참는 마음을 낸다. 이를 '때와 장소를 가리지 않는 인욕'이라고 한다.

'곳곳마다 참는 인욕'이란 무엇인가? 어떤 사람은 부모, 스승과 장로, 남편과 아내, 남녀, 대소, 내외 같은 사람들 틈에서는 참는데, 나머지 사람들에게는 참지 못한다. 보살의 인욕은 그렇지 않아, 부모에게 참는 마음을 내는 것과 같이 천민에게도 똑같이 참는 마음을 낸다. 이를 '곳곳마다 참는 인욕'이라고 한다.

'이유가 없는 인욕'이란 무엇인가? 사연이 있는 까닭에 참는 마음을 내는 것이 아니고, 이익이 있는 까닭에 참는 마음을 내는 것이 아니며, 두려움 때문에 참는 마음을 내는 것이 아니고, 남의 은혜를 입었기 때문에 참는 마음을 내는 것이 아니며, 서로 친구인 까닭에 참는 마음을 내는 것이 아니고, 부끄럽기 때문에 참는 마음을 내는 것이 아니라 보살은 항상 인욕을 닦는다. 이를 '이유가 없는 인욕'이라고 한다.

'괴로워하지 않는 인욕'이란 무엇인가? 화낼 만한 인연이라도 번뇌가 아직 일어나지 않았다면 인욕이라고 하지 않는다. 화낼 만한 인연을 만났을 때, 어떤 사람이 주먹으로 치건 칼이나 몽둥이나 손을 휘두르건 다리로 차건 헐뜯어 욕하건, 그 가운데서 마음이 동요하지 않는 것을 곧 인욕이라고 한다. 보살은 어떤 사람이 와서 화를 내도 참고 화를 내지 않아도 참으니, 이를 '괴로워하지 않는 인욕'이라고 한다.

'가엾이 여기는 인욕'이란 무엇인가? 때로 보살은 큰 능력을 가진 왕이나 왕에 버금가는 자의 모습으로 변해 고통받는 중생을 위해 그 주인이 되기도 한다. 그 고통받는 중생이 찾아와서 욕하고 괴롭힐 때도 보살은 내가 곧 주인이란 생각에 화를 내지 않는다. '이와 같은 중생은 내가 당연히 구제해서 항상 보호해주어야 하는데 어찌 화를 낼 수 있겠는가. 그러니 나는 이제 가엾이 여기는 마음으로 불쌍하게 생각하며 화를 내지 않으리라'라고 생각한다. 이를 '가엾이 여기는 인욕'이라고 한다.

'서원의 인욕'이란 무엇인가? 보살은 이렇게 생각한다. '나는 예전에 모든 부처님 앞에서 사자후를 하며 내가 성불하여 모든 생사의 진흙탕 속에서 고통받는 중생을 구제하리라고 서원했다. 내가 지금 그들을 구제하고자 한다면 화를 내어 그들을 괴롭혀서는 안 된다. 만일 내가 참지 못한다면 나 스스로도 해탈하지 못할 텐데, 하물며 중생을 이익되게 할 수 있겠는가.'

선남자여, 비유를 들어보겠다. 눈을 잘 치료하는 훌륭한 의사가 있었다. 이 의사는 중생이 이루 말할 수 없는 여러 가지 눈병에 걸린 것을 보고 '내가 중생의 눈병을 고치겠다'고 말했다. 그러나 얼마 후에 자신이 맹인이 되고 말았다. 이런 의사가 다른 사람의 눈을 고칠 수 있겠는가?"

제개장보살이 부처님께 아뢰었다.

"그럴 수 없습니다, 세존이시여."

부처님께서 제개장보살에게 말씀하셨다.

"모든 중생이 가진 무명의 어둠을 없애고자 하는 사람은 먼저 스스로 어둠의 덮개를 없앤 뒤에 남의 것도 없애주어야 한다. 안으로 지혜가 없으면서 남의 병을 치료한다면 그것은 옳지 않다. 이러한 인연으로 인욕을 닦고 화를 내서는 안 된다. 이를 '서원의 인욕'이라고 한다. 선남자여, 보살의 인욕을 청정하게 하려면 이러한 열 가지를 다 갖추어야 한다." 《보운경》

분노에 맞서 분노하지 말라

부처님께서 왕사성 죽림정사에 머무실 때 욕쟁이 바라드와자 바라문은 바라드와자 가문의 사람이 부처님의 곁으로 출가했다고 들었다. 그는 분노하고 마음이 언짢아서 부처님께 다가갔다. 가서는 오만불손하고 거친 말로 부처님을 욕하고 비난했다.

부처님께서는 욕쟁이 바라드와자 바라문에게 이렇게 말씀하셨다.

"바라문이여, 이를 어떻게 생각합니까? 그대의 친구와 동료, 가족과 친척들이 그대를 방문하러 옵니까?"

"고타마 존자여, 때때로 나의 친구와 동료, 가족과 친척들이 나를 방문하러 옵니다."

"바라문이여, 이를 어떻게 생각합니까? 그러면 그대는 그들에게 여러 음식을 내놓습니까?"

"고타마 존자여, 때때로 그들에게 여러 음식을 내놓습니다."

"바라문이여, 만일 그들이 먹지 않으면 그 음식은 누구 것이 됩니까?"

"고타마 존자여, 만일 그들이 먹지 않으면 그것은 우리 것이 됩니다."

"바라문이여, 참으로 그러합니다. 그대는 우리가 아무 욕도 하지 않는데도 욕을 하고, 모욕을 주지 않는데도 모욕을 주고, 시비를 걸지 않는데도 시비를 겁니다. 그러나 우리는 그대의 것을 받지 않습니다. 바라문이여, 그러므로 그것은 그대의 것이 됩니다.

바라문이여, 욕하는 사람에게 맞서서 욕을 하고, 모욕을 주는 사람에게 맞서서 모욕을 주고, 시비를 거는 사람에게 맞서서 시비를 걸면, 그것은 함께 음식을 먹는 것이고 서로 교환하는 것입니다. 바라문이여, 그러나 우리는 결코 그대와 함께 음식을 먹지 않고 서로 교환하지 않습니다. 바라문이여, 그러므로 그것은 그대의 것이 됩니다."

유순하고 바르게 생계를 유지하고
바른 최상의 지혜로 해탈했고
지극히 평화롭고 모든 것에 여여하고

분노가 없는 자가 어떻게 분노하는가?
분노에 맞서서 분노하는 그런 자는
더욱더 사악한 자가 되나니
분노에 맞서서 분노하지 않으면
이기기 어려운 전쟁에서 승리하도다.
그런 사람은 자신과 상대 둘 다의
이익을 도모하니
상대가 크게 화가 난 것을 알면
마음챙기고 고요하게 처신하노라.
그런 그는 자기 자신뿐만 아니라
상대방까지 둘 다를 구제하나니
이런 그를 어리석다 여기는 사람들은
법에 능숙하지 못한 자들이로다. 상윳따 니까야《욕설경》

인욕은 보배와 같다

만일 분노를 일으키면 스스로 그 몸을 태우고 그 독기에 마음이 닫혀 얼굴빛이 변하므로 남이 나를 버리고 모두 놀라 피한다. 사람들이 더 이상 사랑하지 않을 뿐 아니라 비방하며 천하게 여긴다. 그리하여 몸이 무너지고 목숨이 끝난 뒤에는 지옥에 떨어진다. 분노로 말미암아 짓지 않는 악이 없다. 그러므로 지혜로운 사람은 불을 끄듯이 분노를 버린다. 그는 분노의 허물을 알기 때문에 스스로를 이롭게 한다. 스스로도 이롭고 남도 이롭게 하기 위해서는 인욕을 행해야 한다.

마치 큰불이 집을 태울 때 용기 있는 사람이 물로 그 불을 끄는 것처럼, 지혜로운 사람이 분노를 참고 없애는 것도 그와 같다. 참는 사람은 가장 착한 마음으로 분노를 버리므로 그는 사람들의 사랑을 받고, 사람들은 그를 좋아하며 또 그를 신임한다. 그는 얼굴빛이 청정하고 마음이 고요해 경솔하지 않다. 마음이 좋고 깨끗하며 깊은 마음으로 몸과 말의 허물을 떠나고, 마음의 뜨거운 번뇌를 떠나며, 나쁜 세계의 두려움을 떠나고, 원수를 떠나며, 나쁜 이름을 떠나고, 근심과 괴로움을 떠나며, 원수의 두려움을 떠나고, 나쁜 사람의 욕설과 꾸짖음을 떠나며, 후회의 두려움을 떠나고, 나쁜 소리의 두려움을 떠나며, 이익이 없는 두려움을 떠나고, 고통의 두려움을 떠나며, 교만의 두려움을 떠난다.

만일 누구나 이런 두려움을 떠나면 그는 모든 공덕을 갖추어 명예가 널리 퍼지고, 현재와 미래 두 세상의 즐거움을 얻으며, 사람들이 부모처럼 여길 것이니, 이 인욕하는 사람을 다 친근히 대할 것이다. 그러므로 분노는 마치 독사와 같고 칼이나 불과 같다. 그러나 인욕은 그것을 모두 없앨 수 있다. 분노를 참으면 이것을 인욕이라 한다. 만일 어떤 착한 사람이 선善을 수행하려면 이렇게 생각하라.

'인욕은 보배와 같다. 그것을 잘 보호해야 한다.'

이렇게 참는 사람은 분노를 파괴할 수 있다. 바른 법의 인욕 광명은 횃불과 같이 분노의 어둠을 없애고, 또 맹인이 눈을 뜬 것과 같다. 바른 법은 가난한 사람의 재물로서 삿된 견해의 가난을 없애므로 마치 부모가 그 자식을 이롭게 하는 것과 같다. 분노에 빠진 사람에게 인욕은 큰 배가 되고, 나쁜 길에 떨어지는 사람을 구제한다. 인욕은 큰 물과 같아 지옥의 불을 끄고, 인욕의 힘은 아귀들의 인색, 질투, 굶주림, 목마름 등의 고뇌를 끊는다. 축생에 떨어져 서로 해칠 때 인욕의 힘은 그 몸과 목숨을 잃지 않게 해준다. 그러므로 즐겨 인욕해서 항상 닦아야 한다. 만일 나쁜 길을 두려워하거든 부지런히 정진해서 인욕의 힘을 생각하라. 《정법염처경》

화를 내지 않는 방법

흉악兇惡 촌장이 부처님 계신 곳으로 찾아가 부처님의 발에 절을 올리고 한쪽으로 물러나 앉아서 부처님께 아뢰었다.

"세존이시여, 어떤 법을 닦지 않았기 때문에 남에게 화를 내고, 화를 내기 때문에 입으로 나쁜 말을 하며, 그 때문에 남들이 저에게 나쁜 이름을 붙였습니까?"

부처님께서 촌장에게 말씀하셨다.

"바른 견해를 닦지 않았기 때문에 남에게 화를 내고, 화를 내기 때문에 입으로 나쁜 말을 하며, 그 때문에 남들이 나쁜 이름을 붙이는 것입니다. 또 바른 사유, 바른 말, 바른 행위, 바른 생계, 바른 정진, 바른 마음챙김, 바른 삼매를 닦지 않았기 때문에 남에게 화를 내고, 남에게 화를 내기 때문에 입으로 나쁜 말을 하며, 그 때문에 남들이 나쁜 이름을 붙이는 것입니다."

촌장이 다시 여쭈었다.

"세존이시여, 어떤 법을 닦아 익히면 남에게 화를 내지 않고, 화를 내지 않기 때문에 입으로 좋은 말을 하며, 그 때문에 남들이 좋은 이름을 붙여줍니까?"

부처님께서 촌장에게 말씀하셨다.

"바른 견해를 닦으면 남에게 화를 내지 않으리니, 화를 내지 않기 때문에 입으로 좋은 말을 하며, 그 때문에 남들이 좋은 이름을 붙여줄 것입니다. 또 바른 사유, 바른 말, 바른 행위, 바른 생계, 바른 정진, 바른 마음챙김, 바른 삼매를 닦으면 남에게 화를 내지 않고, 성을 내지 않기 때문에 입으로 좋은 말을 하며, 그 때문에 남들이 좋은 이름을 붙여줄 것입니다."

흉악 촌장이 부처님께 아뢰었다.

"놀랍습니다. 세존이시여, 그 말씀을 잘 해주셨습니다. 저는 바른 견해를 닦지 않았기 때문에 남에게 화를 내고, 남에게 화를 내기 때문에 입으로 나쁜 말을 하며, 그 때문에 남들이 저에게 나쁜 이름을 붙여주었습니다.

또 바른 사유, 바른 말, 바른 행위, 바른 생계, 바른 정진, 바른 마음챙김, 바른 삼매를 닦지 않았기 때문에 남에게 화를 내고, 남에게 화를 내기 때문에 입으로 나쁜 말을 하며, 그 때문에 남들이 저에게 나쁜 이름을 붙여주었습니다. 그러므로 저는 지금부터 화내고 억세고 거친 행동을 모두 버리겠습니다."

부처님께서 촌장에게 말씀하셨다.

"그것이 가장 참된 요점입니다."

부처님께서 이 경을 말씀하시자, 흉악 촌장은 기뻐하면서 예배하고 물러갔다. 잡아함《흉악경》

모두에게 자애롭게 대하라

비구들이여, 다른 사람들이 그대에게 말할 때는 적절하거나 혹은 적절하지 않은 때 말할 것입니다. 비구들이여, 다른 사람들이 그대에게 말할 때는 사실대로 말하거나 혹은 사실이 아닌 것을 말할 것입니다. 비구들이여, 다른 사람들이 그대에게 말할 때는 부드럽게 말하거나 혹은 거칠게 말할 것입니다. 비구들이여, 다른 사람들이 그대에게 말할 때는 원인에 근거해서 말하거나 혹은 원인과 무관하게 말할 것입니다. 비구들이여, 다른 사람들이 그대에게 말할 때는 자애로운 마음을 가지고 말하거나 혹은 안으로 증오를 품고 말할 것입니다.

비구들이여, 여기서 그대들은 이와 같이 익혀야 합니다.

'내 마음은 그것에 영향을 받지 않으리라. 악담을 내뱉지 않으리라. 이로움과 함께 연민을 가지고 머물리라. 자애로운 마음을 가지고 증오를 품지 않으리라. 나는 그 사람에 대해 자애가 함께한 마음으로 가득 채우고 머물리라. 그리고 그 사람을 자애의 마음을 내는 대상으로 삼아 모든 세상을 풍만하고, 광대하고, 끝이 없고, 원한 없고, 악의 없는, 자애가 함께한 마음으로 가득 채우고 머물리라'라고. 그대들은 이와 같이 익혀야 합니다. 맛지마 니까야《톱의 비유 경》

자애 수행의 이익

비구들이여, 자애를 통한 마음의 해탈을 계발하고, 닦고, 많이 익히고, 수레로 삼고, 기초로 삼고, 확립하고, 굳건히 하고, 부지런히 닦으면 여덟 가지 이익이 기대됩니다. 무엇이 여덟입니까?

편안하게 잠들고, 편안하게 깨어나고, 악몽을 꾸지 않고, 사람들이 좋아하고, 인간이 아닌 존재들이 좋아하고, 신들이 보호하고, 불이나 독이나 무기가 그를 해치지 못하고, 더 높은 경지를 통찰하지 못하더라도 범천의 세상에 태어납니다.

비구들이여, 자애를 통한 마음의 해탈을 계발하고, 닦고, 익히고, 수레로 삼고, 기초로 삼고, 확립하고, 굳건히 하고, 부지런히 닦으면 이러한 여덟 가지 이익이 기대됩니다. 앙굿따라 니까야《자애경》

성냄을 버리고 인욕을 행하라

항상 그 마음을 삼가고 지키며
화내는 마음을 잘 단속하라.
마음으로 짓는 나쁜 생각 없애고
도를 기억하고 생각하라.

몸가짐을 절제하고 말을 삼가며
그 마음을 거두어 지켜라.
화냄을 버리고 도를 행하되
인욕이 제일 강한 것이다. 《법구경》

만족할 줄 아는 사람이 제일 부자다

이 욕심 적은 마음으로
곧 해탈의 도를 얻을 것이니
만일 해탈을 구하고자 하면
만족함을 익힐 줄 알아야 하네.

만족할 줄 알면 늘 기쁨이 있고
기뻐함이 바로 올바른 법이네.
살림살이는 비록 누추하지만
만족할 줄 알기 때문에 항상 편하네.

만족할 줄 모르는 사람
비록 하늘을 나는 즐거움을 얻더라도
만족할 줄 모르기 때문에
괴로움의 불길이 항상 그 마음을 태우네.

부자이면서도 만족할 줄 모르면
그것 역시 가난한 이의 괴로움 되고
아무리 가난해도 만족할 줄 알면
그것은 곧 첫째가는 부자라네.

만족할 줄 모르는 이에게는

다섯 가지 욕심의 경계 더욱 넓어지리니
싫어할 줄 몰라 자꾸자꾸 구하니
긴긴밤 동안 달리며 고통스러워하고
허겁지겁 걱정 근심 마음에 있어
만족할 줄 아는 이에게 도리어 동정받네. 《불소행찬》〈대반열반품〉

어려운 일이 닥쳤을 때의 마음가짐

첫째, 몸에 병 없기를 바라지 마라. 몸에 병이 없으면 탐욕이 생기기 쉽다. 그러므로 성인이 말씀하시기를 '병고로써 좋은 약으로 삼아라' 하셨느니라.

둘째, 세상살이에 곤란 없기를 바라지 마라. 세상살이에 곤란이 없으면 제 잘난 체하는 마음과 사치한 마음이 일어난다. 그러므로 성인이 말씀하시기를 '근심과 곤란으로써 세상을 살아가라' 하셨느니라.

셋째, 공부하는 데 마음에 장애 없기를 바라지 마라. 마음에 장애가 없으면 배우는 것이 넘쳐난다. 그러므로 성인이 말씀하시기를 '장애 속에서 해탈을 얻으라' 하셨느니라.

넷째, 수행하는 데 마군 없기를 바라지 마라. 수행하는 데 마군이 없으면 서원이 굳건해지지 못한다. 그러므로 성인이 말씀하시기를 '모든 마군으로써 수행을 도와주는 벗으로 삼아라' 하셨느니라.

다섯째, 일을 계획하되 쉽게 되기를 바라지 마라. 일이 쉽게 풀리면 뜻이 경솔해지기 쉽다. 그러므로 성인이 말씀하시기를 '많은 세월을 두고 일을 성취하라' 하셨느니라.

여섯째, 친구를 사귀되 내가 이롭기를 바라지 마라. 내가 이롭고자 하면 의리가 상한다. 그러므로 성인이 말씀하시기를 '순수함으로써 사귐을 깊게 하라' 하셨느니라.

일곱째, 남이 내 뜻대로 순종해주기를 바라지 마라. 남이 내 뜻대로 순종해주면 마음이 스스로 교만해진다. 그러므로 성인이 말씀하시기를 '내 뜻에 맞지 않는 사람들로 무리를 이루라' 하셨느니라.

여덟째, 공덕을 베풀 때는 보답을 바라지 마라. 보답을 바라면 불순한 생각이 움튼다. 그러므로 성인이 말씀하시기를 '덕 베푼 것을 헌 신처럼 버리라' 하셨느니라.

아홉째, 이익을 분에 넘치게 바라지 마라. 이익이 분에 넘치면 어리석은 마음이 생기기 쉽다. 그러므로 성인이 말씀하시기를 '적은 이익으로써 부자가 되라' 하셨느니라.

열째, 억울함을 당할지라도 굳이 변명하려고 하지 마라. 억울함을 변명하다 보면 원망하는 마음을 돕는다. 그러므로 성인이 말씀하기를 '억울함을 당하는 것으로서 수행의 문으로 삼아라' 하셨느니라. 《보왕삼매론》

인욕의 다섯 가지 공덕

참을 줄 아는 사람은 다섯 가지 공덕이 있다. 첫째는 다투지도 않고 원망하지도 않는 것이고, 둘째는 아무도 그의 물건을 훔치지 못하는 것이며, 셋째는 여러 사람의 사랑을 받는 것이고, 넷째는 가엾이 여기는 마음이 많으며, 다섯째는 몸이 무너지고 목숨이 끝난 뒤에는 천상에 태어나는 것이다. 《정법염처경》

인욕은 전생의 원한을 갚는 실천

전생의 원한을 갚는 실천이란 무엇인가? 수행하는 사람이 만일 고통스러운 일을 당한다면, 다음과 같이 반성해야 한다.

"'내가 과거 한량없는 세월 동안 근본을 버리고 하찮은 것을 좇아 여러 곳을 유랑하면서 원한과 증오심을 일으켜 끝없이 남과 대립하며 사람들을 해쳐왔다. 비록 현재는 죄를 짓지 않았을지라도 지금 당하는 나의 고통은 전생에 지은 악업으로 과보가 나타난 것이지 신이나 마왕이 만들어 준 것이 아니다'라고 달게 받아들여 조금도 원망하지 않는 것이다."

경전에 말씀하시기를 "고통을 만나도 근심하지 않는다. 왜냐하면 근본을 알고 통달해 있기 때문이다"라고 했다. 이러한 마음이 되었을 때 진리에 부합해 원한의 근원을 체득해서 도를 증득할 수 있다. 그러므로 전생의 원한을 갚는 실천을 권하는 것이다.

《이입사행론》

끊임없는 노력

게으름과 부지런함

비구들이여, 이것 외에 다른 어떤 법에 의해서도 아직 일어나지 않은 나쁜 법들이 일어나고, 또 이미 일어난 착한 법들이 버려지는 것을 나는 보지 못하나니, 그것은 바로 게으름입니다. 비구들이여, 게으른 비구에게 아직 일어나지 않은 나쁜 법들이 일어나고, 또 이미 일어난 착한 법들은 버려집니다.

비구들이여, 이것 외에 다른 어떤 법에 의해서도 아직 일어나지 않은 착한 법들이 일어나고, 또 이미 일어난 나쁜 법들이 버려지는 것을 나는 보지 못하나니, 그것은 바로 부지런함입니다. 비구들이여, 부지런한 비구에게 아직 일어나지 않은 착한 법들이 일어나고, 또 이미 일어난 나쁜 법들은 버려집니다. 앙굿따라 니까야 〈손가락 튕기기 품〉

오늘 정진하라

과거, 그것은 이미 사라져버렸다.

과거를 돌이켜 따라가지 마라.
미래, 그것은 아직 생겨나지 않았다.
미래를 미리 기대하지 마라.

현재의 법들도
각각 그 순간에 통찰하라.
제압되지 않고, 무너지지 않고
그 통찰을 현자라면 실천해야 한다.

내일 죽을지 누가 알겠는가?
수행을 오늘 바로 실천하라.
맞다.
우리들은 대군을 거느린 그 죽음과 대항할 수 없기 때문이다.

밤낮으로 끊임없이 게으르지 않게 열심히
이와 같이 수행하는 그를
진실로 훌륭하게 하룻밤을 보내는 이라고
고요한 성자께서 말씀하신다. 맛지마 니까야《지복한 하룻밤 경》

정진은 착한 법들이 유지되도록 돕는다

밀린다 왕이 물었다.
"나가세나 존자여, 정진은 무엇을 특질로 합니까?"

"대왕이여, 정진은 착한 법을 돕는 것을 특질로 합니다. 정진에 의해 떠받쳐진 모든 착한 법은 없어지지 않습니다."

"비유를 들어 설명해주십시오."

"대왕이여, 예를 들면 집이 쓰러지려고 할 때, 다른 목재로 그 집을 지탱한다고 합시다. 이와 같이 지탱된 그 집은 쓰러지지 않을 것입니다. 대왕이여, 그와 마찬가지로 정진은 돕는 것을 특질로 합니다. 정진에 의해 떠받쳐진 모든 착한 법은 없어지지 않습니다."

"다시 비유를 들어 설명해주십시오."

"대왕이여, 예를 들면 큰 군대가 작은 군대를 공격한다고 합시다. 그때 작은 군대의 왕은 병사들을 규합하고 파견하여 그 원군과 협력합니다. 그리하여 작은 군대는 큰 군대를 격파할 수 있을 것입니다. 대왕이여, 그와 마찬가지로 정진은 돕는 것을 특질로 합니다. 정진에 의해 떠받쳐진 모든 착한 법은 없어지지 않습니다." 《밀린다왕문경》

육바라밀은 정진으로 증장된다

보살은 몸과 마음의 모든 크나큰 괴로움을 감수하면서도 온갖 중생의 안락을 원하기 때문에 피곤해하거나 싫증내지 않으니, 이것을 정진이라고 한다. 또한 보살은 나쁜 때와 아첨이나 곡해, 그릇된 정진을 멀리하고 올바른 정진만을 닦으니, 보시·지계·인욕·선정·지혜와 자애·연민·더불어 기뻐함·평온을 닦고 믿으며, 하고자 하는 것은 이미 했거나 마땅히 할 것이다. 지극한 마음으로 항상 정진을 하고 후회하는 일이 없으며, 온갖 착한 법을 닦거나 온갖 괴로움을 없애버릴 때는 마치 머리에 붙은 불을 끄듯이 하면서도 마음이 물러나지 않으니, 이것을 정진이라고 한다.

보살은 몸과 목숨을 아끼지 않지만, 온갖 괴로움을 없애버리기 위해 바른 법을 구하고 지킬 때에는 위엄 있는 태도를 버리지 않고 항상 착한 법을 닦아야 한다. 그리고 착한 법을 닦을 때는 게으름이 없으며, 몸과 목숨을 잃어버릴 때도 법다움을 버리지 않으니, 이것을 '깨달음의 도를 닦는 보살이 부지런히 정진을 행하는 것'이라고 한다. 즉 게으른 자는 일시에 모든 이에게 보시할 수 없으며, 계를 지닐 수도 없고, 온갖 괴로움을 참을 수도 없으며, 정진을 부지런히 닦을 수도 없고, 마음을 다잡아 선정에 집중할 수도 없으며, 선악을 분별할 수도 없다. 그렇기 때문에 육바라밀은 정진을 말미암아 점점 더 자라난다고 말하는 것이다. 만일 보살로서 정진이 뛰어난 자라면 빨리 최상의 깨달음을 증득할 수 있을 것이다. 《발보리심경론》

혼미함과 생각에 얽혀 있는 것

고요하기만 하고 깨어 있지 않으면 혼미함에 빠져 있는 것이고, 깨어 있기만 하고 고요하지 않으면 생각에 얽혀 있는 것이다. 깨어 있지도 않고 고요하지도 않으면, 혼미함에도 빠져 있고, 생각에도 얽혀 있는 것이다. 《선종영가집》

혼미함과 생각에 얽혀 있게 되는 원인

혼미해지고, 생각에 얽히는 것 그대로가 본래면목本來面目이라는 것을 알아야 한다. 본래면목과 혼미함과 생각의 얽힘은 원래 둘이 아니다. 그대가 정신이 혼미하고 생각에 얽히는 것을 떨쳐버리려 하지 않더라도 그것들은 본래 자성도 없고 실체도 없는 것이어서 저절로 소멸할 것이다. 이것은 참선하는 사람의 생각이 진실하고 간절하지 못하기 때문에 잠시 생기는 것이다. 명심해야 할 것은 한 생각 진실하고 간절하지 못하면, 곧 그런 생각을 따라 정신이 혼미해지고 생각이 얽히는 것이다. 그 다음 생각이 진실하고 간절하지 못하면 즉시 그 생각을 따라 또 다른 혼미함과 생각에 얽힘이 일어난다.

그러나 갖가지 생각이 모두 간절하고 진실하다면, 결국 혼미함과 생각의 얽힘이 들어올 곳이 없다. 혹 최후의 한 생각에 조금이라도 간절하고 진실하지 못한 점이 있으면, 즉시 그 한 생각을 따라 혼미함과 생각의 얽힘이 일어나는 것이다. 만일 최초의 한 생각부터 간절하고 진실해서 마음의 꽃이 피어날 때까지 그 마음이 끊어지지 않는다면, 혼미함이니 생각의 얽힘이니 하는 것들은 자취조차 찾아볼 수 없을 것이다. 《산방야화》

명예와 이익을 구하지 말고 정진해야 한다

그대가 처음 나에게 머리를 깎을 때 양친은 슬퍼하며 눈물을 흘렸다. 부모의 사랑과 은혜는 산처럼 무거운 것인데 그대를 놓아

보낼 때 그 심정을 무엇과 비교하겠는가? 그대는 그러한 부모의 은혜를 알고 있다면 부지런히 정진해서 수행하되 불난 것처럼 다급히 해야 한다. 명예와 이익을 구해 수행을 소홀히 한다면 그것은 무간지옥의 업을 짓는 것이다. 인생을 그 누가 영원히 살 수 있겠는가? 안타깝게도 허망한 목숨이 호흡 사이에 있다.

그러므로 우리 스승이신 세존께서는 왕의 지위를 버리고 왕궁을 떠난 것이다. 산에 들어가서 6년 동안 고행할 때는 거미가 눈썹에 거미줄 치고, 새는 어깨에 둥지를 틀었다. 갈대 싹이 무릎을 뚫었지만 그대로 조용했다. 털끝만큼인들 명예와 이익에 끄달린 일이 있었겠는가! 《태고록》

머리에 붙은 불을 끄듯이 정진하라

경에 이르기를, "대중은 머리에 붙은 불을 끄듯이 부지런히 정진해야 한다"고 했다. 이것은 일종의 비유로서 이보다 더 명확하고 통쾌한 비유는 없다. 머리에 붙은 불을 그대로 둔 채로는 매우 굶주린 상태에서 음식을 만나더라도 그 불을 끄지 않고는 먹을 겨를이 없다. 또 아무리 피곤해도 그 불을 끄지 않고는 편안히 잠잘 수 없다. 자신이 아무리 배고프고 쉬고 싶더라도 그 불을 끄지 않고는 결코 쉬거나 먹을 수 없다. 혹 머리의 불을 끄지 못한 채로 빈둥빈둥 논다면, 비록 부처나 조사 같은 성현이라도 그래서는 안 되리라는 것을 알 것이다. 머리의 불을 끄려는 듯이 정진하는 생각이 한결같이 사무쳐, 바로 그 자리에서 몸과 마음을 마치 견고한 무기와 삼엄한 성곽처럼 늠름하게 해 조금도 범하지 않게 해야 한다. 그렇게 하면 생사의 업식業識과 알음알이로 뒤바뀐 것을 버리려 하지 않아도 저절로 버리게 된다. 《동어서화》

지혜로운 정진

큰스님이 설법하시거든 그 법문이 어렵다는 생각으로 절대로 물러나고자 하는 마음을 내서는 아니 될 것이며, 혹은 평소에 늘 듣는 것이라고 소홀하게 생각하지 말아야 한다. 마땅히 마음을 텅 비우고 열심히 듣다 보면 언젠가는 반드시 깨닫는 인연을 만날 때가 있으리라. 말만 배우는 이들을 따라 입으로만 판단하지 말아야 한다. 말하자면 "독사가 마신 물은 독이 되지만 소가 마신 물은 우유가 되듯이, 지혜로운 배움은 바른 깨달음을 이루나 어리석은 배움은 괴로운 생사가 된다"고 한 말씀이 바로 이 뜻이니라. 《계초심학인문》

법사를 존중하라

법을 가르치는 법사를 업신여기지 마라. 이것이 바로 도의 걸림돌이 되어 공부에 진전이 없을 것이니 간절히 삼갈지어다. 논論에서 말씀하시기를 "만일 어떤 사람이 깜깜한 밤에 길을 갈 때 죄인이 횃불을 들고 있다고 생각해서 그 불빛을 뿌리치고 의지하지 않는다면 험한 구렁텅이에 빠지고 말 것이다"라고 했다. 법문을 들을 때는 살얼음을 밟는 듯 조심해서 반드시 눈과 귀를 기울여 깊은 뜻을 새겨듣고 마음을 가다듬어 그 깊은 뜻을 음미해야 한다. 법문이 끝난 뒤에는 고요히 앉아 그 뜻을 새겨 보되 의심 가는 데가 있으면 널리 아는 이에게 물어보아야 하며, 아침저녁으로 생각하고 물어서 털끝만큼이라도 흘려버리지 말아야 한다. 이와 같이 올바른 믿음을 낼 수 있어야 도를 품은 사람이라 할 수 있느니라. 《계초심학인문》

세속을 그리워하지 말고 정진하라

메아리 울리는 바위 동굴로 염불하는 법당을 삼고, 슬피 우는 새소리를 마음을 즐겁게 하는 벗으로 삼아야 한다. 예불하는 무릎이 얼음같이 차더라도 불을 생각하지 말고, 주린 창자가 끊어질 듯해도 밥 생각을 하지 말아야 한다. 잠깐 사이 100년에 이르는데 어찌 배우지 아니하며, 일생이 얼마이기에 수행하지 않고 놀기만 하는가. 마음속의 애착을 버린 이를 사문이라 이름하고, 세속을 그리워하지 않는 것을 출가라 하느니라. 수행자가 번뇌의 그물에 걸려 있는 것은 개가 코끼리 가죽을 쓴 것이요, 도 닦는 사람이 연정을 품는 것은 고슴도치가 쥐구멍에 들어간 것과 같다. 아무리 재주와 지혜가 있더라도 마을에 사는 사람은 부처님이 그를 가엾이 여기시고, 설사 제대로 도를 닦는 수행이 갖추어지지 않았더라도 산중에 사는 이는 성현들이 그를 기쁘게 여기신다.

《발심수행장》

염불을 수행하는 공덕

염불을 수행하는 사람은 하늘과 인간의 스승을 존중하고 하늘과 인간의 스승에게 순종한다. 믿음이 깊어지고, 마음챙김이 깊어지고, 지혜가 깊어지고, 공덕이 깊어진다. 희열과 기쁨이 커지고, 두려움과 공포를 극복하고, 고통을 감내할 수 있다. 하늘과 인간의 스승이신 분과 함께 사는 것 같은 인식을 얻는다. 염불을 항상 몸속에 지닐 때 그의 몸도 불탑처럼 예배를 받을 만하다. 그의 마음은 부처님의 경지로 향한다. 계를 범할 대상을 만날 때 마치 면전에서 하늘과 인간의 스승을 대하는 것처럼 양심과 수치심이 생겨난다. 더 이상 통찰하지 못한다 하더라도 적어도 좋은 곳으로 인도된다. 이처럼 큰 위력을 가진 염불을 슬기로운 자는 항상 게을리 하지 말아야 한다. 《청정도론》

일심으로 염불하면 극락에 왕생할 수 있다

사리불이여! 극락국토에 태어나는 중생들은 모두 보살도에서 결정코 물러나지 않는 이들이며, 그 가운데 이번 생을 마치면 성불하는 이들도 그 수를 헤아릴 수 없나니, 다만 한량없고 가없는 세월 동안 말해야 가능하다.

사리불이여! 이 말을 들은 중생들은 마땅히 저 국토에 태어나고자 발원해야 하나니, 이 모든 훌륭한 사람들과 한곳에 함께할 수 있기 때문이다.

사리불이여! 적은 선근과 복덕의 인연으로는 저 국토에 태어날 수 없다. 사리불이여! 어떤 선남자 선여인이 아미타불에 대한 말씀을 듣고 그 이름을 잊지 않고 지니되 하루, 이틀, 사흘, 나흘, 닷새, 엿새, 이레 동안 일심一心으로 흐트러지지 않으면 그 사람의 목숨이 다할 때 아미타불께서 모든 거룩한 대중과 함께 그 앞에 나타나신다. 이 사람은 목숨이 다하면 마음에 혼란 없이 곧바로 아미타불의 극락국토에 왕생한다.

사리불이여! 나는 이러한 이로움을 보기에 이렇게 설하나니, 이 말을 들은 중생은 마땅히 저 국토에 태어나기를 발원해야 한다.

《아미타경》

염불의 힘으로 위기를 벗어난 아이

사위성에 재덕財德이라는 한 장자가 있었다. 장자는 아들이 불과 세 살 때 아들에게 삼귀의를 받게 했다. 그때 산지散脂 귀신은 너무 굶주려 사위성에 들어와 어린아이를 잡아먹으려 했다. 이때 장자의 아들이 "부처님께 귀의합니다"라고 하자, 귀신은 부처님이라는 소리를 듣고 입이 막혀 아이를 잡아먹지 못하고 다만 눈에서 불을 나오게 해 어린아이를 두렵게 했다.

어린아이가 보니 귀신의 모습은 추악해서, 가슴에 세 얼굴이 있고 배꼽에는 두 얼굴이 있으며 양 무릎에도 두 얼굴이 있었다. 얼굴은 코끼리 얼굴과 같았는데, 개 어금니가 위로 나와 있었다. 눈에서는 불이 나왔으며, 불은 모두 아래로 흘렀다. 아이는 놀라고 두려워서 "부처님께 귀의합니다, 가르침에 귀의합니다, 스님들께 귀의합니다"라고 말했다.

그때 부처님께서는 천이통으로 멀리서 듣고 아난을 데리고 허공을 걸으셨다. 아난이 뒤에서 부처님을 따라갔으나 따라가질 못했다. 이에 부처님께서 신통력으로써 보배 꽃을 만드시니 그 꽃의 광명이 아난을 이끌어주었다. 아난은 꽃에 앉아서 염부제 가운데 가득한 화신불을 보았다. 낱낱 화신불은 삼천대천세계에 가득했는데, 이 여러 화신불은 삼승법三乘法을 설해 염불을 수행하도록 권하셨다. 아난은 보고 들어 곧 과거 90억 부처님께서 설하신 경전을 기억하고 지녀 잃어버리지 않았다.

그때 마을에 이르신 부처님께서 미간의 백호白毫 대인상大人相 광명을 놓으니, 그 광명은 바로 두려워하는 어린아이의 몸에 비추었다. 어린아이는 광명을 보고 부모를 보는 것 같아서 마음에 두려움이 없어졌다.

산지 귀신은 두께가 12장丈인 큰 바위를 하나 들어서 부처님께 던지려 했다. 귀신의 눈에서는 우레와 번개가 나오고 우박 퍼붓기를 비 내리듯 했다. 우박은 붉은 계란같이 허공에서 쏟아져 내렸지만, 부처님 위에 오기도 전에 화신불로 변화했다.

낱낱 화불이 화광삼매火光三昧에 드시니, 불의 광명이 마을을 불태우듯 대지가 밝고 환해졌다. 그러나 산지 귀신은 두려워하지 않고 바위를 던지니, 바위는 허공에 머물러 보배대좌를 이루었다. 보배대좌 가운데에도 백억 화신불이 있어 이구동성으로 자비로운 마음을 찬탄했다. 그러나 귀신이 항복하지 않자, 그때 윗수염은 곤두선 칼 같고 눈이 번갯불 같은 금강신金剛神이 손에 금강저를 들고 크고 날카로운 칼을 휘둘렀다. 그리고 금강저로 귀신의 이마를 치려고 팔을 걷고 크게 부르짖으니 소리가 천지를 진동했다. 귀신은 놀라서 어린아이를 안고 허리를 세우고는 단정히 꿇어앉아 부처님께 말씀드렸다.

"자애로 저의 생명을 구해주소서."

이때 금강신은 금강저를 큰 철산鐵山으로 변화시키니, 사면에서 불이 일어나 귀신을 일곱 겹으로 두르며, 맹렬한 불로 귀신의 몸을 태웠다. 어린아이는 손을 들어 귀신에게 말하기를, "'부처님께 귀의합니다'라고 말씀하세요. 저도 부처님을 불러 죽음으로부터 삶을 얻었으니, 당신도 지금 '모든 부처님께 귀의합니다'라고 말씀하세요" 했다.

그때 귀신은 놀라고 두려워서 "부처님께 귀의합니다. 고타마시여, 저를 구해주소서"라고 말했다. 부처님께서는 성스러운 음성으로 마치 자애로운 아버지가 아들을 편안하게 해주듯이 산지 귀신을 어루만져 위로해주었다.

금강신이 귀신에게 명령했다.

"너는 지금 빨리 항복해서 부처님과 법과 여러 스님께 귀의하라. 네가 만일 항복하지 않으면 너의 수많은 권속을 쳐부수어 작은 티끌같이 만들겠다."

귀신은 놀라고 두려워 온몸을 땅에 대고는 부처님께 예배하고 말씀드렸다.

"세존이시여, 저는 사람을 먹고 삽니다. 이제 사람을 죽이지 않으면 무엇을 먹어야 합니까?"

부처님께서 귀신에게 말씀하셨다.

"살생하지 말라. 나는 제자에게 명령해 항상 네가 먹을 것을 베풀 것이며, 설사 법이 없어진다 해도 나의 힘으로 너를 배부르게 하리라."

귀신은 듣고 기뻐하며 합장하고 오계를 받았다. 《불설관불삼매해경》

실상염불이란 무엇인가

색신色身에 집착하지도 않고, 법신法身에 집착하지도 않아 일체법을 알아서 영원히 고요함을 허공과 같이 해야 한다. 이 보살은 높은 세력을 얻어 색신불이나 법신불에도 탐착하지 않는다. 왜냐하면 공空의 법을 믿고 바라기 때문에 모든 법이 허공과 같은 줄 알기 때문이다. 허공은 장애가 없기 때문이다. 《십주비바사론》

중생을 구제하시는 관세음보살

무진의보살이 자리에서 일어나 오른쪽 어깨를 벗어 드러내고 부처님을 향해 합장하고 여쭈었다.

"세존이시여, 관세음보살은 무슨 인연으로 관세음이라고 합니까?"

부처님께서 무진의보살에게 말씀하셨다.

"선남자야, 만일 한량없는 백천만억 중생이 여러 고통을 받을 때 이 관세음보살의 이름을 듣고 한마음으로 그 이름을 부르면, 관세음보살이 곧 그 음성을 듣고 모두 해탈케 한다.

만일 어떤 이가 관세음보살의 이름을 받들면, 그가 혹시 큰불 속에 들어가더라도 불이 그를 태우지 못할 것이니, 이것은 관세음보살의 위신력 때문이다. 혹은 큰물에 떠내려가더라도 그 이름을 부르면 곧 얕은 곳에 이르며, 혹은 백천만억 중생이 금, 은, 유리, 차거, 마노, 산호, 호박, 진주와 같은 보배를 구하려고 큰 바다에 들어갔을 때, 가령 폭풍이 일어 그들의 배가 나찰귀羅刹鬼들의 나라에 닿았을지라도 그 가운데 만일 한 사람이라도 관세음보살의 이름을 부르면, 여러 사람이 다 나찰의 재난으로부터 벗어날 수 있으리니, 이러한 인연으로 관세음이라 이름한다.

또 어떤 사람이 해를 입었을지라도 관세음보살의 이름을 부르면, 그들이 가진 칼이나 몽둥이가 곧 산산조각으로 부서져 위험에서 벗어날 수 있다. 혹은 삼천대천 국토에 가득한 야차, 나찰들이 와서 사람들을 괴롭히려 하더라도 관세음보살의 이름만 부르면 여러 악귀가 악한 눈으로 보지도 못하겠거늘, 하물며 어찌 해칠 수 있겠느냐. 또 어떤 사람이 죄가 있거나 죄가 없거나 수갑과 쇠고랑에 손발이 채워지고 몸이 묶였을지라도 관세음보살의 이름만 부르면, 이것들이 다 끊어지고 풀어져 곧 벗어날 수 있다.

만일 또 삼천대천 국토에 한 상인의 우두머리가 여러 상인을 이끌고 귀중한 보물을 가지고 도둑이 가득한 험한 길을 지나갈 때, 그중 한 사람이 말하기를 '무서워 말고 두려워 마시오. 여러분은 진심으로 관세음보살의 이름을 부르십시오. 관세음보살이 중생의 두려움을 없애줄 것이니, 여러분이 그 이름을 부르면 이 도둑들에게서 무사히 벗어날 수 있을 것입니다'라고 해서, 여러 상인이 이 말을 듣고 '나무관세음보살' 한다면 곧 그 어려움을 벗어날 수 있을 것이다.

무진의여, 관세음보살의 위신력이 이와 같이 훌륭하다. 또 어떤 중생이 음욕이 많더라도 관세음보살을 항상 생각하고 공경하면 곧 음욕을 벗어나고, 혹은 화내는 마음이 많더라도 관세음보살을 생각하고 공경하면 곧 그 마음을 벗어날 수 있으며, 혹은 어리석음이 많더라도 관세음보살을 항상 생각하고 공경하면 곧 그 어리석음을 벗어날 수 있다. 관세음보살의 이런 위신력은 이롭게 함이 많으니, 중생은 마음으로 항상 생각해야 한다.

또 어떤 여인이 아들 낳기를 원해 관세음보살을 예배하고 공경하면 곧 복덕과 지혜가 있는 아들을 낳고, 딸 낳기를 원한다면 곧 단정하고 아름다운 딸을 낳으리니, 덕의 근본을 잘 심었으므로 여러 사람의 사랑과 존경을 받을 것이다. 관세음보살의 힘이 이와 같다.

또 중생이 관세음보살을 공경하고 예배하면 복이 헛되이 버려지지 않으리니, 그러므로 모두 관세음보살의 이름을 받들어야 한다. 《법화경》〈관세음보살보문품〉

아미타불 계신 곳

아미타불은 어느 곳에 계시는가?
마음에 붙들어 두고 간절히 잊지 말지니
생각이 다해 생각 없는 곳에 이르면
여섯 문에서는 언제나 자금광紫金光을 뿜으리라. 《나옹록》

진정한 염불

염불이라 하지만
입으로만 부처님을 외울 때는 송불誦佛이 되고
마음속에 기억하고 외울 때 비로소 염불이 된다.
부질없이 중얼거리다가 마음속의 부처님을 잃어버린다면
이것이 도 닦는 데 무슨 도움이 되겠는가!

풀이하자면,
나·무·아·미·타·불 여섯 글자 법문은
반드시 윤회를 벗어나게 하는 지름길이다.
마음에 부처님의 세상을 생각해 잊지 말고
입으로는 부처님의 명호를 똑똑히 불러
헛갈리지 말아야 한다.
이와 같이 마음과 입이 서로 잘 어우러져야 염불이라 한다.

《선가귀감》

기근과 질병의 위험으로부터 보호하기 위한 경

모든 살아 있는 것들이여,
지상에 사는 것이건 공중에 사는 것이건
다들 기뻐하라.
그리고 마음을 가다듬고 내 말을 들으라.

모든 살아 있는 것들이여,
귀를 기울이라.
밤낮으로 제물을 바치는 사람들에게 자비를 베풀어라.
함부로 대하지 말고 그들을 지키라.

이 세상과 저 세상의 그 어떤 부라 할지라도,
천상의 뛰어난 보배라 할지라도,
우리들의 완전한 스승에게 견줄 만한 것은 없다.
이 뛰어난 보배는 눈 뜬 사람 안에 있다.
이 진리에 의해서 행복하라.

마음의 통일을 얻은 스승은
번뇌와 욕망과 죽음이 없는 경지에 도달한다.
그 이치와 견줄 만한 것은 아무것도 없다.
이 뛰어난 보배는 그 이치 속에 있다.
이 진리에 의해서 행복하라.

가장 뛰어난 부처가 찬탄해 마지않는
맑고 고요한 마음의 안정을
사람들은 '빈틈없는 마음의 안정'이라고 한다.
이 마음의 안정과 견줄 만한 것은 아무것도 없다.
이 뛰어난 보배는 그 이치 속에 있다.
이 진리에 의해서 행복하라.

착한 사람들이 칭찬하는
여덟 지위를 가진 사람은 이러한 네 쌍의 사람이다.
그들은 행복한 사람의 제자이며 베풂을 받을 만한 사람들이다.
그들에게 베푼 사람은 커다란 열매를 얻는다.
이 뛰어난 보배는 승단 안에 있다.
이 진리에 의해서 행복하라.

고타마의 가르침에 따라
굳은 결심으로 부지런히 일하고 욕심을 버리면,
죽음이 없는 곳에 들어가고 도달해야 할 경지에 이르며
평안의 즐거움을 누리게 된다.
이 뛰어난 보배는 승단 안에 있다.
이 진리에 의해서 행복하라.

성문 밖에 선 기둥이 땅 속에 깊이 박혀 있으면

거세게 불어오는 바람에도 흔들리지 않는 것처럼,
성스런 진리를 관찰하는 착한 사람은 이와 같다고 나는 말한다.
이 뛰어난 보배는 승단 안에 있다.
이 진리에 의해서 행복하라.

깊은 지혜를 가진 사람이 말씀하신
거룩한 진리를 분명하게 아는 사람들은,
어떤 커다란 잘못에 빠지는 일이 있다 할지라도
여덟 번째 생존을 받지는 않는다.
이 뛰어난 보배는 승단 안에 있다.
이 진리에 의해서 행복하라.

자신이 실제로 존재한다고 믿는 견해와 의심과 형식적인 신앙.
이 세 가지가 조금 남아 있다 해도,
진리를 깨닫는 순간 그것들은 사라진다.
그는 네 가지 악한 곳을 떠나,
여섯 가지 큰 죄를 다시는 범하지 않는다.
이 뛰어난 보배는 승단 안에 있다.
이 진리에 의해서 행복하라.

또 그가 몸과 말과 생각으로 사소한 나쁜 짓을 했을지라도
그는 그것을 감출 수가 없다.

절대 평화의 세계를 본 사람은 감출 수가 없다.
이 뛰어난 보배는 승단 안에 있다.
이 진리에 의해서 행복하라.

초여름의 더위가 숲속의 나뭇가지에 꽃을 피우듯이,
눈 뜬 사람은 평안에 이르는 방법을 가르치셨다.
이 뛰어난 보배는 눈 뜬 사람 안에 있다.
이 진리에 의해서 행복하라.

뛰어난 것을 알고, 뛰어난 것을 주고,
뛰어난 것을 가져오는 위없는 이가 으뜸가는 진리를 설했다.
이 뛰어난 보배는 눈 뜬 사람 안에 있다.
이 진리에 의해서 행복하라.

묵은 업은 이미 다했고, 새로운 업은 이제 생기지 않는다.
그 마음은 미래의 생존에 집착하지 않고, 집착의 싹을 없애고,
그 성장을 원치 않는 현자들은 등불처럼 꺼져 열반에 든다.
이 뛰어난 보배는 승단 안에 있다.
이 진리에 의해서 행복하라.

모든 살아 있는 것들이여,
지상에 사는 것이건 공중에 사는 것이건,

신과 인간이 다 같이 섬기는 완성된 눈 뜬 사람에게 예배하자.
행복하라.

모든 살아 있는 것들이여,
지상에 사는 것이건 공중에 사는 것이건,
신과 인간이 다 같이 섬기는 완성된 진리에 예배하자.
행복하라.

모든 살아 있는 것들이여,
지상에 사는 것이건 공중에 사는 것이건,
신과 인간이 다 같이 섬기는 완성된 승단에 예배하자.
행복하라. 숫타니파타《보배경》

모든 존재에게 자애심을 가득 채우기 위한 경

유익한 일에 능숙해
적정의 경지를 이루려는 이는
유능하고 정직하고 고결하며
온순하고 부드럽고 겸손해야 한다.

만족할 줄 알고 공양하기 쉬우며
분주하지 않고 생활이 간소하며
감각기관은 고요하고 슬기로우며

거만하거나 탐착하지 말아야 한다.

슬기로운 이가 나무랄 일은
그 어떤 것도 하지 않으며
안락하고 평화로워
모든 중생이 행복하기를 바란다.

살아 있는 생명이면 그 어떤 것이든
움직이거나 움직이지 않거나 남김없이
길거나 크거나 중간이거나, 짧거나 작거나 비대하거나
보이거나 안 보이거나 가깝거나 멀거나
이미 있는 것, 앞으로 태어날 모든 중생이 행복하기를 바란다.

서로 속이지 말고 얕보지도 말지니,
어느 곳 누구든지
분노 때문이든 증오 때문이든
남의 고통을 바라지 말아야 한다.

마치 어머니가 하나밖에 없는 자식을
목숨으로 보호하듯이
모든 생명을 향해
가없는 자애를 키워나가야 한다.

또한 일체의 세계에 대해
위, 아래, 그리고 옆으로
장애 없이, 원한 없이, 적의 없이
무량한 자애를 닦아야 한다.

서 있을 때나 걸을 때나
앉아서나 누워서나 깨어 있는 한
자애의 마음을 굳게 새기는
이것이 거룩한 마음가짐이다.

삿된 견해에 빠지지 않고
계행과 바른 견해를 갖추어
감각적 욕망을 제거하면
다시는 윤회의 모태에 들지 않을 것이다. 숫타니파타《자애경》

행복과 번영을 위한 경

어떤 천신이 부처님께 여쭈었다.

"많은 천신들과 사람들은 안녕을 바라면서 행복에 대해 생각합니다. 무엇이 고귀한 행복인지 말씀해주십시오."

부처님께서 말씀하셨다.

어리석은 사람을 섬기지 않고

현명한 사람을 섬기며
예경할 만한 사람을 예경하는 것
이것이 고귀한 행복이라네.

적절한 곳에서 살고
일찍이 공덕을 쌓으며
자신을 바르게 확립하는 것
이것이 고귀한 행복이라네.

많이 배우고 기술을 익히며
계행을 철저히 지니고
고운 말을 하는 것
이것이 고귀한 행복이라네.

아버지와 어머니를 봉양하고
배우자와 자식을 돌보며
생업에 충실한 것
이것이 고귀한 행복이라네.

베풀고 여법하게 행하며
친척들을 보호하고
비난받을 일이 없는 행위를 하는 것

이것이 고귀한 행복이라네.

착하지 않은 법을 피하며
술 마시는 것을 절제하고
착한 법을 향해 게으르지 않는 것
이것이 고귀한 행복이라네.

존경하고 겸손하며
만족할 줄 알고 은혜를 알며
시시각각 가르침을 듣는 것
이것이 고귀한 행복이라네.

인내하고 순응하며
출가자를 만나고
때에 맞춰 법을 담론하는 것
이것이 고귀한 행복이라네.

감각기관을 단속하고
청정범행을 닦으며
사성제를 보고 열반을 실현하는 것
이것이 고귀한 행복이라네.

세상사에 부딪쳐
마음이 흔들리지 않고
슬픔 없고 티끌 없이 안온한 것
이것이 고귀한 행복이라네.

이러한 것을 실천하면
어떤 곳에서건 패배하지 않고
모든 곳에서 안녕하리니
이것이 그들에게 고귀한 행복이라네. 숫타니파타《행복경》

능엄주의 공덕

부처님께서 아난에게 말씀하셨다.

"내가 만일 이 '부처님 정수리의 광명 덩어리 반달라주般怛羅呪'의 공덕을 말하려면, 아침부터 저녁까지 음성이 연속하여 자구字句의 중간에 조금도 중첩되지 않으면서 항하의 모래처럼 많은 세월을 지내더라도 다 할 수 없느니라. 이 주문을 여래정如來頂이라고도 하나니, 너희 공부하는 자들이 윤회를 끊지 못한 이로서 지극한 정성으로 발심하여 최상의 바른 깨달음을 향하려고 하면서도 이 주문을 지송하지 않고 도량에 앉아서 몸과 마음에 마군의 일을 멀리하려 함은 옳지 않다.

아난이여, 모든 세계의 여러 국토에 있는 중생들이 그 나라에서 나는 자작나무 껍질이나 야자수 잎이나 종이나 흰 천에 이 주문을 쓰고 베껴서 향주머니에 넣어두어야 하며, 이 사람이 마음이 어두워서 외울 수 없거든 몸에 지니거나, 집 안에 써두어야 한다. 이런 사람은 일생 동안 모든 독이 해치지 못하느니라.

아난이여, 내 이제 이 주문이 세상 사람을 구호하여 두려움 없는 큰 법을 얻게 하고, 중생에게 출세간의 지혜를 성취하게 하는 공덕을 말하리라. 내가 열반한 뒤에 말세 중생들이 스스로 외우거나, 다른 이를 시켜 외우면, 이렇게 외워서 지니는 중생은 불이 태우지 못하고, 물이 빠뜨리지 못하며, 크고 작은 독이 해치지 못하고, 용과 하늘과 귀신과 정령과 토지신과 마군들의 나쁜 주문이 건드리지 못하고, 마음에 드는 바른 삼매를 얻어서 일체의 저주와 독벌레와 독약과 금독金毒과 은독銀毒이며 풀, 나무, 벌레, 뱀 등 만물의 독기가 이 사람의 입에 들어가면 감로의 맛으로 변할 것이다.

모든 나쁜 별의 신과 모든 악귀와 나쁜 마음으로 사람을 해치려는 것들이 이 사람에게는 나쁜 해악을 일으키지 못할 것이니 빈나頻那, 야가夜迦와 악귀 왕과 그 권속들이 깊은 은혜를 받았으므로 항상 수호하느니라.

아난이여, 이 주문은 항상 팔만사천 한량없는 금강장왕보살金剛藏王菩薩 종족이 많은 금강신중으로 권속을 삼아서 밤낮으로 따라다니며 지킨다." 《수능엄경》

들은 것을 그대로 기억해 간직하는 것이 지혜의 근본이다

경전을 외워 그 문장과 구절의 이치를 아는 것이 지혜의 근본이고, 이미 경전에 통달해 받들어 행하는 것이 지혜의 업이다. 들은 것을 모두 그대로 기억해서 간직하는 것이 지혜의 근본이고, 뭇 이치를 실행에 옮기되 그 이치를 어기지 않는 것이 지혜의 업이다. 들은 것을 받아들이되 거기에 집착하지 않는 것이 지혜의 근본이고, 경전에 따라서 그 바른 뜻을 아는 것이 지혜의 업이다.

《대애경》

《법화경》을 읽고 외운 공덕

미륵보살이 부처님께 말씀드렸습니다.

"세존이시여, 만일 선남자, 선여인이 이 《법화경》을 듣고 따라서 기뻐하는 사람들은 얼마만한 복을 얻습니까?"

부처님께서 미륵보살에게 말씀하셨다.

"미륵이여, 여래가 멸도한 뒤에 비구, 비구니, 우바새, 우바이나 그밖에 지혜 있는 이로서 늙은이, 젊은이가 이 경전을 듣고 따라서 기뻐하고 법회에서 나온 뒤 다른 데 가서, 승방이거나 공적한 데나 도시나 마을, 논밭, 시골에서 법회에서 들은 대로 부모나 친척이나 친구나 아는 사람들에게 힘닿는 대로 설하느니라. 또 부모나 친척이나 친구나 아는 사람들에게 힘을 따라 설하느니라. 또 그 사람이 듣고 기뻐서 다시 다른 이에게 말하고, 그 다른 사람들이 기뻐서 또 다른 사람에게 말하여, 이와 같이 또 말하고 또 말하여 50번째 사람에게 말하느니라.

미륵이여, 그 50번째의 선남자, 선여인이 듣고 따라서 기뻐한 공덕을 내가 말하리라. 그대는 자세히 들어라.

만약 4백만 억 한량없는 세계의 여섯 갈래에 네 가지로 나는 중생으로서 알로 나고, 태로 나고, 습기로 나고, 변화해 나고, 형상이 있고, 형상이 없고, 생각이 있고, 생각이 없고, 생각이 있는 것도 아니고, 생각이 없는 것도 아니고, 발이 없고, 두 발을 가지고, 네 발을 가지고, 여러 개의 발을 가진 것들이니라. 그런 중생들에게 어떤 사람이 복을 구하려고 그들이 바라는 오락거리를 주느니라. 하나하나의 중생들에게 염부제에 가득히 채운 금, 은, 유리, 자거, 마노, 산호, 호박 등의 여러 가지 보물과 코끼리, 말, 수레와 칠보로 지은 궁전, 누각 등을 주었느니라.

이 큰 시주자가 이렇게 80년 동안 보시하고 또 생각하기를 '내가 중생들이 바라는 오락거리를 보시하였으나 이 중생들이 이미 늙어서 나이 팔십이 넘어 머리가 세고 얼굴이 쭈그러지고 죽을 때가 가까웠으니, 이제는 부처님의 법으로 인도하리라' 하였느니라.

그래서 그 중생들을 모으고 불법을 선포하여 보여주고 가르쳐서 이익케 하고 기쁘게 하였느니라. 그래서 일시에 수다원도와 사다함도와 아나함도와 아라한도를 얻었고, 모든 번뇌가 없어져서 깊은 선정에 자재함을 얻게 되고, 여덟 가지 해탈을 갖추었다고 한다면 그대는 어떻게 생각하는가? 이 큰 시주자가 얻을 공덕 많다고 하겠는가?"

미륵보살이 부처님께 말씀드렸다.

"세존이시여, 이 사람의 공덕이 엄청나게 많아서 한량없고 그지없습니다. 이 시주가 중생들에게 모든 오락거리만 보시하였다 하더라도 그 공덕이 한량이 없을 것인데, 하물며 아라한과를 얻게 한 것이겠습니까."

부처님께서 미륵보살에게 말씀하셨다.

"내가 이제 분명하게 말하노라. 이 사람이 모든 오락거리로 4백만 억 한량없는 세계의 여섯 갈래 중생들에게 보시하였고, 또 아라한과를 얻게 한 공덕은 이 50번째 사람이 《법화경》 한 게송을 듣고 따라서 기뻐한 공덕만 못하느니라. 백분의 일에도, 천분의 일에도, 백천 만억분의 일에도 미치지 못하며, 산수算數와 비유로도 알지 못하느니라.

미륵이여, 이와 같이 50번째 사람이 《법화경》을 차츰차츰 전하여 듣고 따라서 기뻐한 공덕은 한량이 없고 그지없는데, 하물며 맨 처음에 그 회중에서 듣고 따라서 기뻐한 사람의 복덕이야 더욱 수승해서 한량없고 그지없는 숫자로도 비교할 수 없느니라."

《법화경》〈수희공덕품〉

《법화경》을 사경한 공덕

부처님께서 약왕藥王보살에게 말씀하셨다.

"내가 설하는 경전이 한량없는 천만 억이니라. 이미 설하였고 지금 설하고 장차 설할 것이니라. 그 가운데서 이 《묘법연화경》이 가장 믿기 어렵고 이해하기 어려우니라.

약왕이여, 이 경전은 여러 부처님의 비밀하고 중요한 법의 창고이니라. 함부로 선포하여 망령되게 사람들에게 전하여주지 말라. 부처님 세존들이 지키고 보호하는 것이니라. 옛적부터 일찍이 드러내어 말하지 않았느니라. 이 경전은 여래가 세상에 있을 때에도 원망과 질시가 많았는데 하물며 열반한 뒤이겠는가.

약왕이여, 마땅히 알라. 여래가 열반한 뒤에 어떤 사람이 이 경전을 능히 쓰고 지니고 읽고 외우고 공양하며 다른 사람에게 말한다면, 여래가 곧 그에게 옷으로 덮어줄 것이니라. 또 다른 세계에 있는 부처님께서도 보호하고 마음에 간직하는 바이니라. 이 사람은 크게 믿는 힘과 염원하는 힘과 선근의 힘이 있느니라. 마땅히 알아라. 이 사람은 여래와 함께 숙식宿食을 같이하는 사람이며, 여래가 손으로 그의 머리를 쓰다듬을 것이니라.

약왕이여, 어디서든지 이 경을 설하거나 읽거나 외우거나 쓰거나 또 이 경전이 있는 곳에는 다 마땅히 칠보로 탑을 쌓아야 하느니라. 지극히 높고 넓고 장엄하게 꾸밀 것이며, 더 이상 사리를 봉안하지 말 것이니라. 왜냐하면 이 경전에는 이미 여래의 전신全身이 있기 때문이니라. 이 탑에는 마땅히 온갖 꽃과 향과 영락과 비단 일산과 당기와 번기와 풍류와 노래로 공양 공경하고 존중 찬탄해야 하느니라. 만일 어떤 사람이 이 탑을 보고 예배하고 공양한다면 마땅히 알아라. 이 사람은 벌써 최상의 깨달음에 가까운 사람인 줄 알아야 하느니라." 《법화경》〈법사품〉

경전을 배워서 얻는 여덟 가지 큰 창고

부처님께서는 대신묘大神妙 천신에게 말씀하셨다.

"이 경전을 배우면 여덟 가지 큰 창고를 얻을 것이다. 첫째 뜻의 창고를 얻어 잊어버리는 일이 없고, 둘째 마음의 창고를 얻어 경의 법을 알고 분별하지 못하는 것이 없으며, 셋째 가고 오는 창고를 얻어 일체 부처님의 경법을 두루 알고, 넷째 다라니의 창고를 얻어 들은 일체의 것을 다 알고 기억하며, 다섯째 말솜씨의 창고를 얻어 중생을 위해 경전을 강설하면 모두 기뻐해 받고, 여섯째 법의 창고를 얻어 바른 법을 수호하며, 일곱째 뜻대로 되는 법 창고를 얻어 삼보 법의 가르침을 끊어지지 않게 하고, 여덟째 받들어 행하는 법의 창고를 얻어 '생멸 없는 법의 지혜〔無生法忍〕'를 얻을 것이다. 《불설보요경》

진정한 예배

법달은 홍주洪州 출신으로 일곱 살에 출가해 늘 《법화경》을 외웠다. 어느 날 혜능선사에게 찾아와 예배를 드리는데 머리가 땅에 닿지 않자, 선사께서 꾸짖어 말씀하셨다.

"예배를 드리는데 어찌 머리가 땅에 닿지 않는가? 그대는 어째서 예법을 따르지 않는가? 그대의 마음속에 반드시 한 물건이 있을 것이니, 지금까지 무엇을 익혀왔는가?"

"《법화경》을 이미 3천 번이나 읽었습니다."

법달이 대답하자 혜능선사께서 말씀하셨다.

"그대가 만약 만 번을 외워서 그 경전의 뜻을 터득했다 하더라도 그것을 자랑으로 여기지 않으면, 나와 함께 수행할 것이다. 그러나 그대는 지금 그것을 자부해 모두 허물인 줄을 알지 못하고 있다. 내가 게송으로 말하는 것을 들어보아라.

예배는 본래 오만한 마음을 꺾는 것인데
어찌하여 머리가 땅에 닿지 않는가?
자만심이 있으면 허물이 생겨나지만
공덕마저 잊어야 최고의 복이 된다네." 《법보단경》

죄를 지었다면 빨리 참회하라

만일 죄를 지었다가 깨끗함을 구하려거든 마음에 부끄러운 생각을 품고, 미래 세상에 반드시 나쁜 과보가 있음을 믿고 크고 무서운 생각을 내어 참회해야 한다. 마치 사람에게 불이 붙어 머리가 타고 옷이 탈 때 빨리 끄려고 서두르고, 불을 끄지 못하면 마음이 불안한 것과 같다. 죄를 저질렀을 때도 이와 같이 해야 하며, 즉시 참회해서 빨리 죄를 없애야 한다. 《금광명최승왕경》

참회하면 저 언덕에 이를 수 있다

만일 부처님 세존 앞에서
온갖 죄를 드러내어 참회한다면
이 사람은 삿된 견해를 여의어서

생사를 벗어난 저 언덕에 이를 수 있으리라. 《대방등대집경》

죄의 성품은 공하다

부처님께서 우바리에게 유마힐을 찾아가서 문병을 하라고 말씀하시자, 우바리가 부처님께 여쭈었다.

"세존이시여, 그에게 찾아가 문병하는 일을 저는 감당할 수 없습니다. 왜냐하면, 생각해보니 예전에 두 사람의 비구가 계율을 범하고 부끄러움을 못 이겨 감히 세존께 여쭙지도 못하고 저를 찾아와 말하였습니다.

'우바리 존자여, 저희들은 계율을 범하였습니다. 진심으로 부끄럽게 생각하여 감히 부처님께 나아가 여쭙지 못하오니, 바라옵건대 부디 저희들의 의심과 뉘우침을 풀어주십시오. 그리하여 허물을 면하도록 해주십시오.'

그래서 저는 그들에게 법답게 설명을 하였습니다. 그때 유마힐이 와서 저에게 말하였습니다.

'우바리여, 이 두 사람의 비구에게 죄를 더 무겁게 키우지 마십시오. 곧장 그 죄를 없애서 두 사람의 마음이 흔들리게 하지 마십시오. 왜냐하면 죄의 본성은 안에 있지 않고, 밖에 있지도 않고, 또 그 중간에 있지도 않기 때문입니다.

부처님께서 설하신 것과 같이 마음이 더러우므로 중생도 더럽고, 마음이 깨끗하므로 중생이 깨끗해지는 것입니다. 또 이 마음은 안에 있는 것도 아니고, 밖에 있는 것도 아니며, 그 중간에 있는 것도 아닙니다. 마음이 그러하듯이 죄도 또한 그와 같고, 모든 법도 그와 같으며, 있는 그대로의 모습〔如如〕을 벗어나지 못하는 것입니다.

우바리여, 마음으로 해탈을 얻었을 때 어찌 더러움이 있겠습니까?'

저는 '없습니다'라고 대답했습니다. 그러자 유마힐은 말했습니다.

'일체중생의 마음이 더럽지 않음도 이와 같습니다. 우바리여, 망상이 더러움이요, 망상이 없는 것이 깨끗한 것입니다. 뒤바뀐 생각이 더러운 것이요, 뒤바뀐 생각이 없으면 깨끗한 것입니다. 자아에 집착하는 것이 더러운 것이요, 자아를 집착하지 않으면 깨끗한 것입니다.

우바리여, 모든 법이 생멸하며 머무르지 않는 것이 허깨비나 번갯불과 같고, 모든 법은 서로 기다리는 일이 없어 한 순간도 머물러 있지 않습니다. 모든 법은 모두 망견妄見이며 꿈과 아지랑이 같고, 물 위에 뜬 달, 거울 속에 비친 모습과 같이 망상으로부터 생긴 것입니다. 이와 같이 아는 사람을 계율을 지키는 사람이라 하며, 이 같이 아는 사람을 잘 이해한 사람이라고 합니다.'"

《유마경》〈제자품〉

진정한 참회

무엇을 일러 참懺이라고 하고, 무엇을 일러 회悔라 하는가?

참懺이라는 것은 지나간 허물을 뉘우치는 것이다. 이전부터 가지고 있던 악업, 어리석음, 교만, 질투 등의 죄를 모두 뉘우쳐서 영원히 다시는 일어나지 않게 하는 것을 일러 참이라고 한다.

회悔라는 것은 다가올 허물을 뉘우치는 것이다. 지금 이후로 있을 악업, 어리석음, 교만, 질투 등의 죄를 지금 바로 깨달아 모두 영원히 끊어서 다시는 짓지 않겠다는 것을 일컬어 회라고 한다. 그러므로 참회라고 부른다.

그러나 범부들은 어리석어 다만 앞선 허물만 뉘우칠 줄 알고, 앞으로 다가올 허물은 뉘우칠 줄 모른다. 앞으로 다가올 허물을 뉘우치지 않기 때문에 앞선 허물이 사라지지 않고 뒤의 허물이 다시 생긴다. 앞선 허물이 아직 사라지지 않았고 뒤의 허물이 다시 생겨난다면, 무엇을 일러 참회라 하겠는가? 《법보단경》

열 가지 참회

살생으로 지은 죄업 참회합니다.
도둑질로 지은 죄업 참회합니다.
사음으로 지은 죄업 참회합니다.
거짓말로 지은 죄업 참회합니다.
꾸밈말로 지은 죄업 참회합니다.
이간질로 지은 죄업 참회합니다.
악한 말로 지은 죄업 참회합니다.
탐욕으로 지은 죄업 참회합니다.
성냄으로 지은 죄업 참회합니다.

어리석어 지은 죄업 참회합니다.

오랜 세월 쌓인 죄업 한 생각에 없어지니
마른풀이 타버리듯 남김없이 사라지네.
죄의 자성 본래 없어 마음 따라 일어나니
마음이 사라지면 죄도 함께 없어지네.
모든 죄가 없어지고 마음조차 사라져서
죄와 마음 공해지면 진실한 참회라네. 《천수경》

보현보살의 열 가지 큰 원력

보현보살이 부처님의 거룩한 공덕을 찬탄하고 나서 여러 보살과 선재동자에게 말했다.

"선남자여, 여래의 공덕은 시방세계 일체 모든 부처님들이 이루 다 말할 수 없이 많은 세계의 아주 작은 먼지만치 많은 수의 세월 동안 계속하여 연설할지라도 끝까지 다하지 못할 것입니다. 만약 이러한 공덕을 성취하려면 응당 열 가지 넓고 큰 행원行願을 닦아야 합니다.

열 가지 서원이란 무엇입니까? 첫째는 모든 부처님께 예배하고 공경함이요, 둘째는 부처님을 우러러 찬탄함이요, 셋째는 널리 공양함이요, 넷째는 스스로의 업장을 참회함이요, 다섯째는 남의 공덕을 따라 기뻐함이요, 여섯째는 설법하여 주기를 청함이요, 일곱째는 부처님께서 세상에 오래 머무르시기를 청함이요, 여덟째는 항상 부처님을 따라서 배움이요, 아홉째는 항상 중생들을 수순함이요, 열째는 모두 다 회향함입니다."

첫째, 모든 부처님께 예배하고 공경한다는 것

"선남자여, '모든 부처님께 예배하고 공경한다는 것'은 온 법계와 허공계 시방삼세 모든 세계의 아주 작은 먼지만치 많은 수의 모든 부처님들께 내가 보현보살의 수행과 서원의 힘으로 깊은 마음으로 믿고 이해하여 마치 눈앞에서 뵈옵듯이 받들고, 청정한 몸과 말과 마음으로 항상 예배하고 공경하는 것입니다. 낱낱 부처님의 처소에 이루 다 말할 수 없이 많은 세계의 아주 작은 먼지만치 많은 수의 몸을 나타내어 그 한 몸 한 몸이 이루 다 말할 수 없이 많은 세계의 아주 작은 먼지만치 많은 수의 부처님께 두루두루 다 예경하는 것입니다. 허공계가 다하여야 나의 이 예경함도 다하려니와 허공계가 다할 수 없으므로 나의 이 예배하고 공경함도 다함이 없습니다.

이와 같이 중생의 세계가 다하고, 중생의 업이 다하고, 중생의 번뇌가 다하여야 나의 예경도 다하려니와, 중생계와 중생의 번뇌가 다함이 없으므로 나의 이 예배하고 공경함도 다함이 없습니다. 생각생각이 계속하여 쉬지 않건만, 몸과 말과 마음으로 하는 이 일은 지치거나 싫어함이 없습니다."

둘째, 부처님을 찬탄한다는 것

"선남자여, '부처님을 찬탄한다는 것'은 온 법계와 허공계 시방삼세 일체 국토의 아주 작은 낱낱 먼지 가운데에 일체 세계의 아주 작은 먼지 수처럼 많은 부처님이 계시고, 낱낱 부처님이 계신 데마다 다 보살 대중들이 모여 둘러싸고 모시는 것입니다. 내가 마땅히 매우 깊고 훌륭한 지혜로써 부처님 앞에 나타나있듯이 알아보며, 말솜씨가 뛰어난 하늘 여인의 미묘한 혀보다 더 훌륭한 혀를 내어 그 낱낱 혀로 그지없는 소리를 내고, 낱낱 소리로 온갖 말을 다 내어, 모든 부처님들의 온갖 공덕을 찬탄하는 것입니다. 그 찬탄이 오는 세월이 다하도록 계속하여 그치지 않아 온 법계에 두루두루 하는 것입니다.

이와 같이 하여 허공계가 다하고, 중생계가 끝나고, 중생의 업이 끝하고, 중생의 번뇌가 끝나야 나의 찬탄이 다하려니와, 허공계와 중생의 번뇌가 끝날 수 없으므로 나의 찬탄도 끝나지 않습니다. 생각생각이 계속하여 잠깐도 쉬지 않건만, 몸과 말과 마음으로 하는 이 일은 지치거나 싫어함이 없습니다."

셋째, 널리 공양한다는 것

"선남자여, '널리 공양한다는 것'은 온 법계 허공계의 시방삼세 모든 세계의 먼지 속에 낱낱이 모든 세계의 먼지 수처럼 많은 부처님이 계시고, 그 낱낱 부처님 처소마다 가지가지 보살 대중이 모여 둘러싸고 모시는 것입니다. 내가 보현보살의 수행과 서원의 힘으로 깊은 믿음과 이해를 일으켜서 부처님 앞에 나타나 있듯이 알아보며, 모두 훌륭한 공양거리로 공양합니다. 이른바 꽃과 꽃다발과 천상의 음악과 천상의 일산과 천상의 옷과 천상의 여러 가지 향과 바르는 향과 사르는 향과 가루 향입니다. 이와 같은 무더기 하나하나를 수미산과 같이 크게 합니다. 또 여러 가지 등불을 켜는데 우유 등과 기름 등과 온갖 향유 등인데 낱낱 등의 심지는 수미산과 같고, 낱낱 등의 기름은 큰 바닷물과 같은 이러한 공양거리로 항상 공양합니다.

선남자여! 모든 공양 가운데는 법공양이 으뜸입니다. 부처님 말씀대로 수행하는 공양과 중생들을 이롭게 하는 공양과 중생들을 거두어주는 공양과 중생들의 고통을 대신하는 공양과 부지런히 선근을 닦는 공양과 보살의 할 일을 버리지 않는 공양과 보리심을 여의지 않는 공양이 그것입니다.

선남자여, 먼저 말한 여러 가지로 공양한 한량없는 공덕을 한 순간 잠깐 법으로 공양한 공덕에 비하면, 백분의 일도 못 되고, 천분의 일도 못 되며, 백천 구지 나유타분의 일도, 가라분의 일도, 산분의 일도, 수분의 일도, 비유분의 일도, 우파니사타분의 일도 못 됩니다.

왜냐하면 모든 부처님들은 법을 존중하기 때문입니다. 부처님의 말씀한 대로 수행하는 것이 부처님을 출생하기 때문입니다. 만약 모든 보살들이 법공양을 행하면 이것이 곧 부처님께 공양함을 성취하는 것이며, 이와 같이 수행함이 진실한 공양이기 때문입니다.

이것은 넓고 크고 가장 훌륭한 공양이니 허공계가 끝나고, 중생계가 끝나고, 중생의 업이 끝나고, 중생의 번뇌가 끝나야 나의 공양이 끝나려니와, 허공계와 중생의 번뇌가 끝날 수 없으므로 나의 이 공양도 끝나지 않습니다. 생각생각이 계속하여 잠깐도 쉬지 않건만, 몸과 말과 마음으로 하는 일은 지치거나 싫어함이 없습니다."

넷째, 업장을 참회한다는 것

"선남자여, '업장을 참회한다는 것'은 보살이 스스로 생각하기를, '내가 지나간 세상 아주 오랜 세월 동안에 탐내고 성내고 어리석은 탓으로 몸과 말과 마음을 놀리어 온갖 악한 업을 지은 것이 한량없고 가없으니, 만일 그 악한 업이 형상이 있다면 끝없는 허공으로도 그것을 다 용납할 수 없으리라. 내가 이제 청정한 세 가지 업으로 법계에 두루한 아주 작은 먼지 수와 같이 많은 세계의 부처님과 보살대중 앞에서 지성으로 참회하고 다시는 악한 업을 짓지 않으며, 깨끗한 계율의 모든 공덕에 항상 머물리라'라고 하는 것입니다.

이와 같이 허공계가 끝나고, 중생계가 끝나고, 중생의 업이 끝나고, 중생의 번뇌가 끝나야 나의 참회도 끝나려니와, 허공계와 중생의 번뇌가 끝날 수 없으므로 나의 이 참회도 끝나지 않습니다. 생각생각이 계속하여 잠깐도 쉬지 않건만, 몸과 말과 마음의 업으로 하는 일은 지치거나 싫어함이 없습니다."

다섯째, 남의 공덕을 따라 기뻐한다는 것

"선남자여, '남의 공덕을 따라 기뻐한다는 것'은 온 법계 허공계 시방삼세 모든 세계의 아주 작은 먼지만치 많은 수의 여러 부처님들이 처음 발심한 때로부터 일체 지혜를 위하여 복덕을 부지런히 닦을 적에 몸과 목숨을 아끼지 않고, 이루 다 말할 수 없이 많은 세계의 아주 작은 먼지만치 많은 수의 세월을 지나는 동안 낱낱 겁 가운데 이루 다 말할 수 없이 많은 세계의 아주 작은 먼지만치 많은 수의 머리와 눈과 손과 발을 보시하는 것입니다.

이와 같이 온갖 행하기 어려운 고행을 행하면서 갖가지 바라밀다 문門을 원만히 갖추었습니다. 또한 갖가지 보살의 지혜에 들어가 모든 부처님의 가장 훌륭한 보리를 성취하였으며, 열반에 든 뒤에는 그 사리를 나누어 공양하였나니, 그 모든 훌륭한 일들을 내가 모두 따라 기뻐합니다.

또 시방 모든 세계의 여섯 갈래 길에서 네 가지로 태어나는 모든 종류들이 지은 공덕과 한 개의 먼지만 한 것이라도 내가 모두 따라서 기뻐합니다. 또 시방삼세 모든 성문과 벽지불의 배우는 이와 배울 것 없는 이의 온갖 공덕을 내가 모두 따라서 기뻐합니다. 또 모든 보살들이 행하기 어려운 한량없는 고행을 닦으면서 가장 높고 바르고 평등한 보리를 구하던 그 넓고 큰 공덕을 내가 모두 따라서 기뻐합니다.

이와 같이 중생의 세계가 다하고, 중생의 업이 다하고, 중생의 번뇌가 다하여도 함께 기뻐하는 나의 이 일은 끝나지 아니합니다.

생각생각이 계속하여 쉬지 않건만, 몸과 말과 마음으로 하는 이 일은 지치거나 싫어함이 없습니다."

여섯째, 설법하여 주기를 청한다는 것

"선남자여, '설법하여 주기를 청한다는 것'은 온 법계 허공계 시방삼세 모든 세계의 아주 작은 먼지의 그 하나하나마다 이루 다 말할 수 없이 많은 세계의 아주 작은 먼지같이 많은 수의 넓고 큰 세계가 있으며, 그 낱낱의 세계 안에서 잠깐잠깐 동안에 이루 말할 수 없이 많은 세계의 아주 작은 먼지만치 많은 수의 부처님들이 바른 깨달음을 이루고 모든 보살 대중이 둘러앉아 있는데, 내가 몸과 말과 마음으로 하는 갖가지 방편으로써 미묘한 법문 설하여 주기를 은근히 청하는 것입니다.

이와 같이 허공계가 끝나고, 중생계가 끝나고, 중생의 업이 끝나고, 중생의 번뇌가 끝나더라도 내가 모든 부처님께 항상 바른 법 설하여 주기를 청하는 일은 끝남이 없을 것이니, 생각생각이 계속하여 잠깐도 쉬지 않건만, 몸과 말과 마음의 업으로 하는 일은 지치거나 싫어함이 없습니다."

일곱째, 부처님이 세상에 오래 머무시기를 청한다는 것

"선남자여, '부처님이 세상에 오래 머무시기를 청한다는 것'은 온 법계 허공계 시방삼세 모든 세계의 아주 작은 먼지만치 많은 수의 부처님이 열반에 드시려 하거나, 모든 보살과 성문과 연각으로서 배우는 이와 배울 것 없는 이와 내지 일체 모든 선지식에게 내가 모두 권하여 열반에 들지 말고 모든 세계의 아주 작은 먼지 만치 많은 수의 세월을 지나도록 일체중생을 이롭게 해달라고 청하는 것입니다.

이와 같이 허공계가 끝나고, 중생계가 끝나고, 중생의 업이 끝나고, 중생의 번뇌가 끝나더라도 나의 권하고 청하는 일은 끝나지 아니합니다. 생각생각이 계속하여 잠깐도 쉬지 않건만, 몸과 말과 마음의 업으로 하는 일은 지치거나 싫어함이 없습니다."

여덟째, 부처님을 따라서 배운다는 것

"선남자여, '부처님을 따라서 배운다는 것'은 이 사바세계의 비로자나 부처님께서 처음 발심한 때로부터 정진하여 물러나지 않으시고 이루 다 말할 수 없는 몸과 목숨으로 보시하였으며, 가죽을 벗겨 종이로 삼고, 뼈를 쪼개어 붓을 삼고, 피를 뽑아 먹물로 삼아서 경전 쓰기를 수미산 높이같이 하였으니, 법을 소중히 여기므로 목숨도 아끼지 않았습니다. 하물며 임금의 자리나 도시나 시골이나 궁전이나 동산 따위의 갖가지 물건을 보시하는 것과 같이 하기 어려운 고행이었겠습니까.

보리수 아래서 큰 깨달음을 이루던 일이며, 여러 가지 신통을 보이고 갖가지 변화를 일으켰습니다. 갖가지 부처님의 몸을 나타내어 온갖 대중이 모인 곳에 계실 적에 혹은 여러 큰 보살 대중들이 모인 도량이나 혹은 성문과 벽지불 대중이 모인 도량이나,

혹은 전륜성왕과 작은 왕이나 그 권속들이 모인 도량이나, 혹은 찰제리와 바라문과 장자와 거사들이 모인 도량이나, 천신과 용과 팔부신중과 사람인 듯 사람 아닌 듯한 이들이 모인 도량에까지 있었습니다.

이와 같이 여러 가지 큰 모임에서 원만한 음성을 천둥소리같이 하여 그들이 즐겨하고 좋아하는 바에 따라 중생들의 근기를 성숙하게 하던 일과, 마침내 열반에 들어보이시던 이와 같은 온갖 일을 내가 모두 따라 배웠습니다. 지금의 비로자나 부처님과 같이 이와 같은 온 법계 허공계 시방삼세 모든 세계에 있는 먼지 속의 모든 부처님들도 다 또한 이와 같이 하신 것을 염념念念이 내가 다 따라 배우는 것입니다.

이와 같이 허공계가 끝나고, 중생계가 끝나고, 중생의 업이 끝나고, 중생의 번뇌가 끝나더라도 따라 배우는 나의 이 일은 끝나지 않고 생각생각이 계속하여 잠깐도 쉬지 않건만, 몸과 말과 마음의 업으로 하는 일은 지치거나 싫어함이 없습니다."

아홉째, 항상 중생들의 뜻에 수순한다는 것

"선남자여, '항상 중생들의 뜻에 수순한다는 것'은 온 법계 허공계 시방세계의 중생들이 여러 가지 차별이 있어 알에서 나고, 태에서 나고, 습기로 나고, 변화하여 나기도 합니다. 땅과 물과 불과 바람을 의지하여 살기도 하고, 허공을 의지하여 살기도 하고, 풀을 의지하여 살기도 합니다. 여러 가지 종류, 여러 가지 몸, 여러 가지 형상, 여러 가지 모양, 여러 가지 수명, 여러 가지 종족, 여러 가지 이름, 여러 가지 성질, 여러 가지 소견, 여러 가지 욕망, 여러 가지 뜻, 여러 가지 위의, 여러 가지 의복, 여러 가지 음식, 여러 가지 시골의 마을과 도시의 궁전에 사는 이들입니다.

천신과 용과 팔부신중과 사람인 듯 아닌 듯한 것들이며, 발이 없는 것과 두 발 가진 것과 네 발 가진 것과 여러 발 가진 것들입니다. 또 몸이 있는 것과 몸이 없는 것과 생각이 있는 것과 생각이 없는 것과 생각이 있는 것도 아니고 없는 것도 아닌 것 등입니다.

이와 같은 갖가지 종류를 내가 모두 수순합니다. 갖가지로 섬기고 갖가지로 공양하기를 부모와 같이 공경하고, 스승과 아라한과 부처님이나 다름이 없이 받듭니다. 병든 이에게는 의원이 되고, 길을 잃은 이에게는 바른길을 보여주고, 캄캄한 밤에는 빛이 되어주며, 가난한 이에게는 묻혀 있는 보배를 얻게 하면서 보살이 이와 같이 일체중생들을 평등하게 이롭게 합니다.

왜냐하면 보살이 만약 중생들을 수순하게 되면 곧 모든 부처님들을 수순하여 공양하는 것이 되기 때문입니다. 만약 중생들을 존중하여 섬기면 곧 부처님을 존중하여 섬기는 것이 되기 때문입니다. 만약 중생들을 기쁘게 하면 곧 부처님을 기쁘게 하는 것이 되기 때문입니다.

왜 그렇습니까. 모든 부처님은 자비하신 마음으로 바탕을 삼으시기 때문입니다. 중생으로 인하여 큰 자비심을 일으키고, 자비로 인하여 보리심을 내고, 보리심으로 인하여 정각을 이룹니다. 비유하자면 마치 넓은 모래사장에 서 있는 큰 나무의 뿌리가 물을 만나면 가지와 잎과 꽃과 열매가 모두 무성함과 같으니, 나고 죽는 광야의 보리수도 또한 이와 같습니다.

일체중생은 나무의 뿌리가 되고, 모든 부처님과 보살들은 꽃과 열매가 되어 큰 자비의 물로써 중생들을 이롭게 하면 모든 부처님과 보살들의 지혜의 꽃과 열매를 성취할 수 있습니다. 왜냐하면 만약 모든 보살들이 큰 자비의 물로써 중생들을 이롭게 하면 최상의 깨달음을 성취할 수 있기 때문입니다. 그러므로 보리는 중생에게 달렸으니 만약 중생이 없으면 모든 보살들이 마침내 가장 높은 정각을 이룰 수 없습니다.

선남자여, 그대는 이 이치를 이렇게 알아야 합니다. '중생들에게 마음을 평등하게 함으로써 원만한 자비를 성취하고, 큰 자비심으로 중생들을 수순함으로써 부처님께 공양함을 성취하는 것이다'라고 알아야 합니다.

보살이 이와 같이 중생들을 수순하나니, 허공계가 다하고, 중생계가 다하고, 중생의 업이 다하고, 중생의 번뇌가 다하여도 나의 수순함은 다함이 없습니다. 생각생각이 계속하여 잠깐도 쉬지 않건만, 몸과 말과 마음의 업으로 하는 일은 지치거나 싫어함이 없습니다."

열째, 모두 다 회향한다는 것

"선남자여, '모두 다 회향한다는 것'은 처음 예배하고 공경함으로부터 중생들의 뜻에 수순함에 이르기까지 그 모든 공덕을 온 법계 허공계 일체중생에게 회향하여 중생들로 하여금 항상 편안하고 즐거움을 얻게 하고, 병고가 없게 하기를 원하며, 하고자 하는 나쁜 짓은 모두 이뤄지지 않고, 착한 일은 빨리 이루어지게 합니다.

온갖 나쁜 갈래의 문은 닫아버리고, 인간이나 천상이나 열반에 이르는 바른길은 열어 보이며, 만약 모든 중생들이 쌓아온 나쁜 업으로 말미암아 받게 되는 일체 무거운 고통의 과보를 내가 대신하여 받으며, 그 중생들이 모두 다 해탈을 얻고, 마침내는 더없이 훌륭한 보리를 성취하기를 원하는 것입니다.

보살이 이와 같이 회향하나니, 허공계가 끝나고, 중생계가 끝나고, 중생의 업이 끝나고, 중생의 번뇌가 끝나더라도 나의 회향은 끝나지 않고, 생각생각이 계속하여 잠깐도 쉬지 않건만, 몸과 말과 마음의 업으로 하는 일은 지치거나 싫어함이 없습니다."

《화엄경》〈보현행원품〉

금생과 내생의 이익을 모두 성취하는 공부

어떤 바라문이 부처님께 여쭈었다.

"고타마 존자시여, 무엇을 닦고 많이 공부해야 금생의 이익과 내생의 이익 둘 다를 잘 성취해서 머물 수 있습니까?"

"바라문이여, 그 하나의 법을 닦고 많이 공부하면 금생의 이익과 내생의 이익 둘 다를 잘 성취해서 머물 수 있습니다.”

“고타마 존자시여, 그러면 어떤 것이 그 하나의 법입니까?”

“바라문이여, 게으르지 않음이 그 하나의 법이니, 그것을 닦고 많이 공부하면 금생의 이익과 내생의 이익 둘 다를 잘 성취해서 머물 수 있습니다.

바라문이여, 예를 들면 땅 위에서 걸어 다니는 모든 생명의 발자국들은 다 코끼리 발자국에 포함되나니, 코끼리 발자국이야말로 으뜸이라 불리는 것과 같습니다. 그와 같이 게으르지 않음이 그 하나의 법이니, 그것을 닦고 많이 공부하면 금생의 이익과 내생의 이익 둘 다를 잘 성취해서 머물 수 있습니다.

바라문이여, 예를 들면 뾰족한 지붕 집의 서까래들은 모두 꼭대기로 이르고 꼭대기로 향하고 꼭대기로 모이나니, 꼭대기가 그들 가운데 으뜸이라 불리는 것과 같습니다. 그와 같이 게으르지 않음이 그 하나의 법이니, 그것을 닦고 많이 공부하면 금생의 이익과 내생의 이익 둘 다를 잘 성취해서 머물 수 있습니다.

바라문이여, 예를 들면 갈대를 꺾는 사람이 갈대를 꺾어서 윗부분을 잡고 앞뒤로 흔들고 아래로 내려치는 것과 같습니다. 그와 같이 게으르지 않음이 그 하나의 법이니, 그것을 닦고 많이 공부하면 금생의 이익과 내생의 이익 둘 다를 잘 성취해서 머물 수 있습니다.

바라문이여, 예를 들면 망고가 주렁주렁 열린 것을 줄기째 자르면 그 줄기에 달려 있는 모든 망고가 다 떨어지는 것과 같습니다.

그와 같이 게으르지 않음이 그 하나의 법이니, 그것을 닦고 많이 공부하면 금생의 이익과 내생의 이익 둘 다를 잘 성취해서 머물 수 있습니다.

바라문이여, 예를 들면 어떤 작은 왕이든 그들 모두는 전륜성왕에 복속되나니, 전륜성왕이 그들 가운데 으뜸이라 불리는 것과 같습니다. 그와 같이 게으르지 않음이 그 하나의 법이니, 그것을 닦고 많이 공부하면 금생의 이익과 내생의 이익 둘 다를 잘 성취해서 머물 수 있습니다.

바라문이여, 예를 들면 어떤 종류의 별빛이라 하더라도 그 모두는 달빛의 16분의 1에도 미치지 못하나니, 달빛은 그들 가운데 으뜸이라 불리는 것과 같습니다. 그와 같이 게으르지 않음이 그 하나의 법이니, 그것을 닦고 많이 공부하면 금생의 이익과 내생의 이익 둘 다를 잘 성취해서 머물 수 있습니다.

바라문이여, 이것이 그 하나의 법이니, 그것을 닦고 많이 공부하면 금생의 이익과 내생의 이익 둘 다를 잘 성취해서 머물 수 있습니다."

"경이롭습니다, 고타마 존자시여. 경이롭습니다, 고타마 존자시여. 마치 넘어진 자를 일으켜 세우시듯, 덮여 있는 것을 걷어내 보이시듯, 방향을 잃어버린 자에게 길을 가리켜주시듯, 눈 있는 자 형상을 보라고 어둠 속에서 등불을 비춰주시듯, 고타마 존자께서는 여러 방편으로 법을 설해주셨습니다. 저는 이제 고타마 존자께 귀의하옵고 법과 비구 승가에 귀의합니다. 고타마 존자께서는 저

를 재가 신자로 받아주소서. 오늘부터 목숨이 붙어 있는 그날까지 귀의하옵니다.” 앙굿따라 니까야《불방일경》

작은 물방울이 바위를 뚫듯이 정진하라

부지런히 정진한다면 일에 어려움이 없을 것이다. 그러므로 그대들은 부지런히 정진하라. 비유하면 작은 물방울이라도 쉬지 않고 떨어지면 바위를 뚫는 것과 같다. 만약 수행자의 마음이 자주 게을러져 공부를 하지 않는다면, 그것은 마치 나무를 비벼 불을 내고자 할 때 나무가 뜨겁기도 전에 쉬는 것과 같아 아무리 불을 얻고자 해도 불을 얻지 못할 것이다. 이것을 정진이라 한다.

《불수반열반약설교계경》

더욱 노력해서 결과를 성취하라

보시, 지계, 인욕은 큰 복덕이면서 평안하고 즐겁고 명예가 있으며, 바라는 것을 얻게 한다. 이미 이러한 복덕의 맛을 알았다면, 이제 다시 정진을 더해 더욱 묘하고 뛰어난 선정과 지혜를 얻어야 한다. 비유하자면, 우물을 파는데 물기가 보인다면, 더욱 노력해서 반드시 물을 얻고자 하는 것과 같다. 또한 불을 켜는데 연기가 나기 시작한다면, 더욱 부지런히 비벼서 반드시 불을 얻고자 하는 것과도 같다. 《대지도론》

힘들고 고단해도 수행을 그만두지 말라

옛날에 한 장사꾼이 바다로 나아가 보배를 찾다가 바닷속에서 황금 백천 냥의 값어치가 나가는 귀중한 보배구슬을 얻었다. 그는 이 귀중한 보배를 손에 잡았다가 그만 바다에 떨어뜨리고 말았다. 그러자 그 장사꾼은 국자 하나를 들고 크게 용맹정진하는 마음을 내어 바다의 물을 모조리 퍼내 그 마니주를 도로 찾고자 했다.

그때 해신海神은 이 사람이 국자로 바닷물을 육지로 퍼내는 것을 보고 생각했다.

'이 사람은 미련하고 어리석으며 지혜가 없구나. 바다의 물은 한량없는데 어떻게 국자로 퍼서 육지로 옮기겠는가?'

해신은 곧 게송을 읊었다.

"세간의 많은 중생이
재물과 이익을 탐내어 온갖 짓을 하지만
내 이제 그대를 보니 너무나 어리석어
그대보다 더한 사람이 없겠구나.

한량없는 이 바닷물을
지금 국자로 퍼내려 하니
괴롭고 피로해 한평생을 잃을 뿐
많이 퍼내지도 못한 채 목숨이 다하리라.

퍼내는 물은 털끝으로 찍어내는 물방울이요,
이 바다는 넓고도 매우 깊으니
지혜가 없고 생각이 없는 그대는 지금
수미산으로 귀걸이를 삼으려 하는구나."

그러자 장사꾼이 해신에게 게송으로 말했다.

"해신께서는 그런 좋지 못한 말로
내가 바다 퍼내는 일을 막지 마시오.
신은 다만 바른 뜻으로 나를 지켜보시오.
오래지 않아 바닷물을 퍼서 비워낼 것이오.

당신은 오랜 세월 이곳에 살았기에
크게 근심되고 걱정될 것이오.
내 맹세코 정진하는 마음 물러나지 않고
반드시 큰 바다를 퍼내서 말리고 말겠소.

값을 따질 수 없는 나의 보배 여기에 빠졌기에
큰 바다의 물을 마르게 하려는 것이오.
큰 바다가 바닥을 드러내면 보배를 찾으리니
보배를 얻으면 곧 집으로 돌아가리라."

그때 해신은 이 말을 듣고 크게 두려워져 이와 같이 생각했다.

'이 사람이 이토록 용맹정진해서 바닷물을 퍼내면 틀림없이 모두 퍼내고 말겠구나.'

이렇게 생각하고는 곧 그 장사꾼에게 값을 따질 수 없는 보배 구슬을 되돌려 주고 게송을 읊었다.

"무릇 사람은 모름지기 용맹한 마음을 내어
짐을 짊어져 힘들고 고단해도 그만두지 마라.
이 같은 정진력으로 잃었던 보배를 되찾아
집으로 돌아간 이를 나는 보았다."

부처님께서는 이 이야기를 들려주신 후 게송을 읊으셨다.

"정진하면 곳곳마다 소원을 이루고
게으르면 항상 큰 고통을 당하니
부지런히 용맹한 뜻을 내면
지혜 있는 사람은 이로써 깨달음을 이루리라."

부처님께서 모든 비구에게 말씀하셨다.

"그때의 장사꾼은 바로 나다. 당시 그 장사꾼은 바다로 나아가 값을 따질 수 없는 보배 구슬을 얻었으나 잃어버린 뒤에는 용맹한 마음을 일으켜 보배를 되찾았다. 오늘날도 또한 그러해서 정진

한 까닭에 최상의 깨달음과 일곱 가지 깨달음의 구성요소〔七覺支〕를 이룬 것이다.” 《불본행집경》

제석천을 감동시킨 앵무새

설산雪山 한쪽 큰 대나무 숲에 많은 새와 짐승들이 살고 있었다. 그 가운데 환희수歡喜首라는 앵무새가 있었다. 어느 날 그 숲에 바람이 몹시 불어 대나무가 서로 부딪치면서 마찰을 일으켜 큰불이 났다. 새와 짐승들은 모두 두려워했으나 의지할 곳이 없었다.

그때 앵무새가 새와 짐승들을 가엾이 여겨, 물가에 가서 날개를 적셔와 불 위에 뿌렸다. 앵무새가 자비심으로 열심히 하였기 때문에 제석천의 궁전이 감응하여 진동하였다. 제석천왕은 무슨 이유로 궁전이 진동하는지 천안天眼으로 살펴보다가, 한 앵무새가 대비심大悲心을 내어 불을 끄려고 온 힘을 다했으나 불을 끄지 못하는 것을 보았다. 제석천왕은 앵무새를 향해서 말했다.

“이 숲은 너무 커서 수천만 리나 되는데, 네 날개가 적시는 물은 몇 방울에 지나지 않는다. 어떻게 그 큰불을 끌 수 있겠는가?”

앵무새가 대답했다.

“제 마음은 매우 넓으므로 부지런히 힘쓰면 반드시 불을 끌 수 있을 것입니다. 만약 이 몸이 다하도록 불을 끄지 못하면, 다음 생의 몸을 받아 맹세코 불을 끄고야 말 것입니다.”

제석천왕이 그 뜻에 감동해 큰 비를 내렸고, 불은 곧 꺼졌다.

《잡보장경》

6절

마음 밝히는 길

마음을 편안하게 하라

욕심아, 나는 너의 근본을 안다.
욕심은 생각에서 생기는 것이니
만일 내가 너를 생각하지 않으면
너는 이내 존재하지 못하리라.

마음으로 좋다 하면 욕심 되나니
어찌 유독 다섯 가지 욕심뿐이랴.
여기서 다섯 가지 욕심 끊으면
이 사람이야말로 용사勇士라 하리라.

욕심 없으면 두려울 것 없고
마음 편안하면 근심 걱정 없나니
욕심 버려 번뇌 없어지면

그는 영원히 깊은 연못을 벗어나리라. 《법구비유경》〈애욕품〉

모든 것이 환상이다

환상인 줄 알면 곧 환상을 벗어난 것이니 더 행할 것이 없고, 환상을 벗어나면 곧 깨친 것이니 점차 닦아갈 것도 없다.

풀이하자면,

마음은 요술쟁이다. 몸은 환상의 성城이고, 세계는 환상의 옷이며, 이름과 형상은 환상의 밥이다. 그뿐만 아니라 마음을 내고 생각을 일으키는 것, 거짓이니 참이니 하는 어느 것 하나 환상 아닌 것이 없다. 시작도 없는 아득한 환상 같은 무명이 다 본래의 마음에서 나온 것이다. 환상은 실체가 없는 허공의 꽃과 같으므로, 환상이 없어지면 그 자리가 곧 번뇌에 흔들림이 없는 본래의 마음이다. 꿈에 병이 나서 의사를 찾던 사람이 잠을 깨면 근심 걱정이 사라지듯, 모든 것이 환상인 줄 아는 사람도 또한 그러하다. 《선가귀감》

증오하거나 애착하지 마라

마음속에 미워하거나 좋아하는 분별이 없다면 몸에 어찌 괴로움과 즐거움이 생겼다 사라졌다 할 수 있겠는가! 평등한 성품 가운데는 나와 남이라는 구별이 없고, 큰 거울처럼 밝은 지혜에는 가깝거나 멀다는 분별이 없다. 삼악도에 태어남과 죽음을 되풀이함은 사랑과 미움에 얽혀 있기 때문이고, 중생이 여섯 갈래로 윤회함은 친한 사람이나 친하지 않은 사람들과 지은 업으로 얽혀 있기 때문이다. 마음이 평등한 진리를 깨달으면 본래 취하고 버릴 것이 없다. 취하거나 버릴 것이 없다면 중생의 생사가 어디에 있겠는가!

최상의 깨달음을 이루고자 한다면
언제나 평등한 한마음을 지녀야 한다.
사랑이나 미움만을 따져 친밀함과 소원함을 두면
진리는 멀어지고 업만 더욱더 쌓인다.

주인공아! 그대가 사람으로 태어난 일은 눈먼 거북이 바다 한 가운데서 구멍 난 나무판자를 만나는 것과 같거늘, 한평생 수행하지 않고 게으름만 피우는가! 《자경문》

깨끗한 마음으로 자신을 이롭게 하라

비구들이여, 만약 호수가 있는데 그 물이 탁하고 더럽고 진흙탕 물이라고 합시다. 눈을 가진 어떤 자가 강둑에 서서 여러 조개류와 자갈과 조약돌이 놓인 것과, 또 물고기 떼들이 움직이는 것과 가만히 있는 것을 보려고 하지만 볼 수 없을 것입니다. 그것은 무슨 까닭입니까? 비구들이여, 물이 탁하기 때문입니다.

비구들이여, 그와 마찬가지로 혼탁한 마음으로 자신에게 이로운 것을 알고, 다른 사람에게 이로운 것을 알고, 둘 모두에게 이로운 것을 알고, 인간의 법을 초월했고, 성자들에게 적합한 지견知見의 특별함을 증득한다고 하면 그것은 있을 수 없습니다. 그것은 무슨 까닭입니까? 비구들이여, 마음이 혼탁하기 때문입니다.

비구들이여, 만약 호수가 있는데 그 물이 투명하고 맑고 깨끗하다고 합시다. 눈을 가진 어떤 자가 강둑에 서서 여러 조개류와 자갈과 조약돌이 놓인 것과, 또 물고기 떼들이 움직이는 것과 가만히 있는 것을 보려고 한다면 볼 수 있을 것입니다. 그것은 무슨 까닭입니까? 비구들이여, 물이 깨끗하기 때문입니다.

비구들이여, 그와 마찬가지로 깨끗한 마음으로 자신에게 이로운 것을 알고, 다른 사람에게 이로운 것을 알고, 둘 모두에게 이로운 것을 알고, 인간의 법을 초월했고, 성자들에게 적합한 지견의 특별함을 증득한다고 하면 그것은 가능한 일입니다. 그것은 무슨 까닭입니까? 비구들이여, 마음이 깨끗하기 때문입니다.

앙굿따라 니까야《바르게 놓이지 않음 품》

자주 사유하고 숙고하는 것은 그대로 마음의 경향이 된다

비구들이여, 비구들이 자주 사유하고 숙고한 것은 무엇이든 점차 마음의 경향이 됩니다. 그가 자주 감각적 욕망에 대해 사유하고 숙고하면, 그는 감각적 욕망을 벗어난 사유를 버리고 감각적 욕망을 계발시켜서, 그의 마음은 감각적 욕망의 사유로 향하게 됩니다.

비구들이여, 비구들이 자주 사유하고 숙고한 것은 무엇이든 점차 마음의 경향이 됩니다. 그가 자주 분노에 대해 사유하고 숙고하면, 그는 분노를 벗어난 사유를 버리고 분노를 계발시켜서, 그의 마음은 분노의 사유로 향하게 됩니다.

비구들이여, 비구들이 자주 사유하고 숙고한 것은 무엇이든 점차 마음의 경향이 됩니다. 그가 자주 폭력에 대해 사유하고 숙고하면, 그는 폭력을 벗어난 사유를 버리고, 폭력을 계발시켜서, 그의 마음은 폭력의 사유로 향하게 됩니다. 맛지마 니까야《두 가지 사유 경》

모든 것은 마음이 앞서간다

모든 것은 마음이 앞서가고 마음이 가장 중요하며
모든 것은 마음에서 만들어진다.
만일 나쁜 마음으로 말하거나 행동하면
마치 수레바퀴가 황소의 발자국을 따르듯
괴로움이 그를 따른다.

모든 것은 마음이 앞서가고 마음이 가장 중요하며
모든 것은 마음에서 만들어진다.
만일 깨끗한 마음으로 말하거나 행동하면
마치 그림자가 떠나지 않듯이
행복이 그를 따른다. 《법구경》

마음이 앞서가고 업이 일어난다

비구들이여, 나쁜 법과 나쁜 법에 동참하는 것과 나쁜 법 편에 있는 것은 그 무엇이든 마음이 그들을 앞서갑니다. 마음이 그 법들 가운데서 첫 번째로 일어나고 그다음에 나쁜 법들이 일어나는 것입니다.

비구들이여, 착한 법과 착한 법에 동참하는 것과 착한 법 편에 있는 것은 그 무엇이든 마음이 그들을 앞서갑니다. 마음이 그 법들 가운데서 첫 번째로 일어나고 그다음에 착한 법들이 일어나는 것입니다. 앙굿따라 니까야《손가락 튀기기 품》

마음공부의 중요성

비구들이여, 이것과 다른 어떤 단 하나의 법도 이렇듯 계발되지 않고 많이 익히지 않아 괴로움을 초래하는 것을 나는 보지 못하나니, 그것은 바로 마음입니다. 비구들이여, 계발되지 않고 많이 익히지 않은 마음은 괴로움을 초래합니다.

비구들이여, 마음과 다른 어떤 단 하나의 법도 이렇듯 계발되고 많이 익혀서 행복을 가져오는 것을 나는 보지 못하나니, 그것은 바로 마음입니다. 비구들이여, 계발되고 많이 익힌 마음은 행복을 가져옵니다.

비구들이여, 마음과 다른 어떤 단 하나의 법도 이렇듯 제어되지 않고 보호되지 않고 지켜지지 않고 단속되지 않아 큰 해로움을 가져오는 것을 나는 보지 못했습니다. 비구들이여, 제어되지 않고 보호되지 않고 지켜지지 않고 단속되지 않은 마음은 큰 해로움으로 인도합니다.

비구들이여, 마음과 다른 어떤 단 하나의 법도 이렇듯 제어되고 보호되고 지켜지고 단속되어 큰 이로움을 가져오는 것을 나는 보지 못했습니다. 비구들이여, 제어되고 보호되고 지켜지고 단속된 마음은 큰 이로움으로 인도합니다.

비구들이여, 여러 나무 가운데서 유연성과 적응성으로는 전단나무가 으뜸이듯이, 비구들이여, 마음과 다른 어떤 단 하나의 법도 이렇듯 계발되고 많이 익혀서 유연함과 적응함을 가져오는 것을 나는 보지 못했습니다. 비구들이여, 계발되고 많이 익힌 마음은 유연함과 적응함을 가져옵니다.

비구들이여, 마음과 다른 어떤 단 하나의 법도 이렇듯 빨리 변하는 것을 나는 보지 못했습니다. 비구들이여, 마음이 얼마나 빨리 변하는지 그 비유를 드는 것조차 쉽지 않습니다.

비구들이여, 이 마음은 빛나는 것입니다. 그 마음은 손님으로 온 번뇌들에 의해 오염되었습니다. 비구들이여, 이 마음은 빛나는 것입니다. 그 마음은 손님으로 온 번뇌들로부터 벗어났습니다.

앙굿따라 니까야《다루기 힘듦 품》

감각기관의 문을 지키는 방법

바라문 학인이여, 그러면 어떻게 비구는 감각의 대문을 잘 지키는가? 바라문 학인이여, 여기 비구는 눈으로 형상을 봄에 그 표상을 취하지 않으며, 또 그 세세한 부분상을 취하지도 않습니다. 만약 그의 눈의 감각 기능〔眼根〕이 제어되어 있지 않으면 욕심이나 싫어하는 마음 같은 나쁜 법들이 그에게 물밀 듯이 흘러들어

올 것입니다. 따라서 그는 눈의 감각 기능을 잘 단속하기 위해 수행하며, 눈의 감각 기능을 잘 지켜 보호하고, 눈의 감각 기능을 잘 단속하기에 이릅니다.

여기 비구는 귀로 소리를 들음에 그 표상을 취하지 않으며, 또 그 세세한 부분상을 취하지도 않습니다. 만약 그의 귀의 감각 기능〔耳根〕이 제어되어 있지 않으면 욕심이나 싫어하는 마음 같은 나쁜 법들이 그에게 물밀 듯이 흘러들어올 것입니다. 따라서 그는 귀의 감각 기능을 잘 단속하기 위해 수행하며, 귀의 감각 기능을 잘 지켜 보호하고, 귀의 감각 기능을 잘 단속하기에 이릅니다.

여기 비구는 코로 냄새를 맡음에 그 표상을 취하지 않으며, 또 그 세세한 부분상을 취하지도 않습니다. 만약 그의 코의 감각 기능〔鼻根〕이 제어되어 있지 않으면 욕심이나 싫어하는 마음이라는 나쁜 법들이 그에게 물밀 듯이 흘러들어올 것입니다. 따라서 그는 코의 감각 기능을 잘 단속하기 위해 수행하며, 코의 감각 기능을 잘 지켜 보호하고, 코의 감각 기능을 잘 단속하기에 이릅니다.

여기 비구는 혀로 맛을 봄에 그 표상을 취하지 않으며, 또 그 세세한 부분상을 취하지도 않습니다. 만약 그의 혀의 감각 기능〔舌根〕이 제어되어 있지 않으면 욕심이나 싫어하는 마음이라는 나쁜 법들이 그에게 물밀 듯이 흘러들어올 것입니다. 따라서 그는 혀의 감각 기능을 잘 단속하기 위해 수행하며, 혀의 감각 기능을 잘 지켜 보호하고, 혀의 감각 기능을 잘 단속하기에 이릅니다.

여기 비구는 몸으로 감촉을 느낌에 그 표상을 취하지 않으며, 또 그 세세한 부분상을 취하지도 않습니다. 만약 그의 몸의 감각 기능〔身根〕이 제어되어 있지 않으면 욕심이나 싫어하는 마음이라는 나쁜 법들이 그에게 물밀 듯이 흘러들어올 것입니다. 따라서 그는 몸의 감각 기능을 잘 단속하기 위해 수행하며, 몸의 감각 기능을 잘 지켜 보호하고, 몸의 감각 기능을 잘 단속하기에 이릅니다.

여기 비구는 마음으로 법을 지각함에 그 표상을 취하지 않으며, 그 세세한 부분상을 취하지도 않습니다. 만약 그의 마음의 감각 기능〔意根〕이 제어되어 있지 않으면 욕심이나 싫어하는 마음이라는 나쁜 법들이 그에게 물밀 듯이 흘러들어올 것입니다. 따라서 그는 마음의 감각 기능을 잘 단속하기 위해 수행하며, 마음의 감각 기능을 잘 지켜 보호하고, 마음의 감각 기능을 잘 단속하기에 이릅니다.

그는 이러한 성스러운 감각 기능의 단속을 갖추어 안으로 더럽혀지지 않는 행복을 경험합니다. 바라문 학인이여, 이와 같이 비구는 감각의 대문을 잘 지킵니다. 디가 니까야《수바 경》

마음챙김과 알아차림을 갖추는 방법

바라문 학인이여, 그러면 어떻게 비구는 마음챙김〔正念〕과 알아차림〔正知〕을 잘 갖춥니까? 바라문 학인이여, 여기 비구는 나아갈 때도 물러날 때도 자신의 거동을 분명히 알면서 행합니다. 앞을 볼 때도 돌아볼 때도 분명히 알면서 행합니다. 구부릴 때도 펼 때도 분명히 알면서 행합니다. 가사, 발우, 의복을 지닐 때도 분명히 알면서 행합니다. 먹을 때도 마실 때도 씹을 때도 맛볼 때도 분명히 알면서 행합니다. 대소변을 볼 때도 분명히 알면서 행합니다. 걸으면서, 서면서, 앉으면서, 잠들면서, 잠을 깨면서, 말하면서, 침묵하면서도 분명히 알면서 행합니다. 바라문 학도여, 이와 같이 비구는 마음챙김과 알아차림을 잘 갖춥니다. 디가 니까야《사문과경》

성스러운 삼매의 무더기

아난이 수바 바라문에게 말했다.

초선의 경지

"세상에 대한 욕심을 제거해 욕심을 버린 마음으로 머뭅니다. 욕심으로부터 마음을 청정하게 합니다. 악의의 오점을 제거해 악의가 없는 마음으로 머뭅니다. 모든 생명의 이익을 위해 연민해서 악의의 오점으로부터 마음을 청정하게 합니다. 게으름과 혼미함을 제거해 게으름과 혼미함 없이 머뭅니다. 광명상光明想을 가져 마음챙기고 알아차리며 게으름과 혼미함으로부터 마음을 청정하게 합니다. 들뜸과 후회를 제거해 들뜨지 않고 머뭅니다. 안으로 고요히 가라앉은 마음으로 들뜸과 후회로부터 마음을 청정하게 합니다. 의심을 제거해 의심을 건너서 머뭅니다. 유익한 법들에 아무런 의문이 없어서 의심으로부터 마음을 청정하게 합니다.

그와 마찬가지로 비구는 자기 마음속에서 이들 다섯 가지 장애가 제거되었음을 관찰할 때 환희가 생깁니다. 환희로운 자에게 희열이 생깁니다. 희열을 느끼는 자의 몸은 편안합니다. 몸이 편안한 자는 행복을 느낍니다. 행복한 자의 마음은 삼매에 듭니다.

그는 감각적 욕망들을 완전히 떨쳐버리고 해로운 법들을 떨쳐버린 뒤, 일으킨 생각〔尋〕과 지속적인 고찰〔伺〕이 있고, 떨쳐버렸음에서 생긴 희열과 행복이 있는 초선初禪에 머뭅니다. 그는 떨쳐버렸음에서 생긴 희열과 행복으로 이 몸을 흠뻑 적시고 충만하게 하고 가득 채우고 속속들이 스며들게 합니다. 온몸 구석구석 떨쳐버렸음에서 생긴 희열과 행복이 스며들지 않은 데가 없습니다.

바라문 학인이여, 예를 들면 솜씨 좋은 때밀이나 그의 조수가 금속 대야에 목욕 가루를 가득 담아놓고는 물을 알맞게 부어가며 계속 이기면 그 목욕 가루 덩이에 물기가 젖어들고 스며들어 물기가 안팎으로 흠뻑 스며들 뿐, 그 덩이가 물기를 흘려보내지 않는 것과 같습니다.

바라문 학인이여, 그와 마찬가지로 비구는 떨쳐버렸음에서 생긴 희열과 행복으로 이 몸을 흠뻑 적시고 충만하게 하고 가득 채우고 속속들이 스며들게 합니다. 온몸 구석구석 떨쳐버렸음에서 생긴 희열과 행복이 스며들지 않은 데가 없습니다."

제2선의 경지

"바라문 학인이여, 다시 비구는 일으킨 생각과 지속적 고찰을 가라앉혔기 때문에 더 이상 존재하지 않으며, 자기 내면의 것이고, 확신이 있으며, 마음이 단일한 상태이고, 일으킨 생각과 지속적 고찰은 없고, 삼매에서 생긴 희열과 행복으로 이 몸을 흠뻑 적시고 충만하게 하고 가득 채우고 속속들이 스며들게 합니다. 온몸 구석구석 삼매에서 생긴 희열과 행복이 스며들지 않은 데가 없습니다.

바라문 학인이여, 예를 들면 밑바닥에서 솟아나는 물로 채워지는 호수가 있다고 합시다. 그런데 그 호수에는 동쪽에서 흘러 들어오는 물도 없고, 서쪽에서 흘러 들어오는 물도 없고, 북쪽에서 흘러 들어오는 물도 없고, 남쪽에서 흘러 들어오는 물도 없으며, 또 하늘에서 때때로 소나기마저 내리지 않는다면, 그 호수의 밑바닥에서 차가운 물줄기가 솟아올라 그 호수를 차가운 물로 흠뻑 적시고 충만하게 하고 가득 채우고 속속들이 스며들게 할 것입니다. 그러면 온 호수의 어느 곳도 이 차가운 물이 스며들지 않은 곳이 없을 것입니다.

바라문 학인이여, 그와 마찬가지로 비구는 삼매에서 생긴 희열과 행복으로 이 몸을 흠뻑 적시고 충만하게 하고 가득 채우고 속속들이 스며들게 합니다. 온몸 구석구석 삼매에서 생긴 희열과 행복이 스며들지 않은 데가 없습니다."

제3선의 경지

"바라문 학인이여, 다시 비구는 희열이 빛바랬기 때문에 평온하게 머물고, 마음챙기고 알아차리며 몸으로 행복을 경험합니다. 성자들이 '평온하고 마음챙기며 행복하게 머문다'고 묘사하는 제3

선에 머뭅니다. 그는 희열이 사라진 행복으로 이 몸을 흠뻑 적시고 충만하게 하고 가득 채우고 속속들이 스며들게 합니다. 온몸 구석구석 희열이 사라진 행복이 스며들지 않은 데가 없습니다.

바라문 학인이여, 예를 들면 푸른 연꽃이나 붉은 연꽃이나 흰 연꽃이 피어 있는 호수에 어떤 푸른 연꽃이나 붉은 연꽃이나 흰 연꽃들이 물속에서 생기고 자라서 물 밖으로 나오지 않고 물속에 잠긴 채 무성하게 어우러져 있는데, 차가운 물이 그 꽃들을 꼭대기에서 뿌리까지 흠뻑 적시고 충만하게 하고 가득 채우고 속속들이 스며든다면, 그 푸른 연꽃이나 붉은 연꽃이나 흰 연꽃의 어떤 부분도 물이 스며들지 않은 곳이 없을 것입니다.

바라문 학인이여, 그와 마찬가지로 비구는 희열이 사라진 행복으로 이 몸을 흠뻑 적시고 충만하게 하고 가득 채우고 속속들이 스며들게 합니다. 온몸 구석구석 희열이 사라진 행복이 스며들지 않은 데가 없습니다."

제4선의 경지

"바라문 학인이여, 다시 비구는 행복도 버리고 괴로움도 버리고, 아울러 그 전에 이미 기쁨과 슬픔이 소멸했으므로 괴롭지도 즐겁지도 않으며, 평온으로 말미암아 마음챙김이 청정한 제4선에 머뭅니다. 그는 이 몸을 지극히 청정하고 깨끗한 마음으로 속속들이 스며들게 하고 앉아 있습니다. 온몸 구석구석 지극히 청정하고 깨끗한 마음이 스며들지 않은 데가 없습니다.

바라문 학인이여, 예를 들면 사람이 머리까지 온몸에 하얀 천을 덮어쓰고 앉아 있다면, 그의 몸 어느 부분도 하얀 천으로 덮이지 않은 곳이 없을 것입니다.

바라문 학인이여, 그와 마찬가지로 비구는 이 몸을 지극히 청정하고 깨끗한 마음으로 속속들이 스며들게 하고 앉아 있습니다. 온몸 구석구석 지극히 청정하고 지극히 깨끗한 마음이 스며들지 않은 데가 없습니다.

바라문 학인이여, 세존께서는 이러한 성스러운 삼매의 무더기〔定蘊〕들을 칭송해 말씀하셨으며, 그 안에서 사람들을 격려하고 분발하게 하고 기쁘게 하셨습니다. 그리고 여기서 더 닦아야 할 것이 남아 있습니다."

"경이롭습니다, 아난 존자시여. 놀랍습니다, 아난 존자시여. 아난 존자시여, 이 성스러운 삼매의 무더기가 갖추어졌습니다. 갖춰지지 않은 것이 아닙니다. 아난존자시여, 그리고 저는 이와 같이 구족된 성스러운 삼매의 무더기를 다른 사문과 바라문들에게서 찾아보지 못합니다.

아난존자시여, 이와 같이 갖추어진 성스러운 삼매의 무더기를 다른 사문과 바라문들이 스스로에게서 찾아본다 할지라도 그들은 '이 정도로 충분하다. 이 정도로 할 일을 다했다. 우리는 사문으로서의 목적을 성취했다. 이제 더 이상 해야 할 것은 아무것도 없다'라고 할 정도로 마음이 기쁠 것입니다. 그러나 아난존자께서는 '그리고 여기서 더 닦아야 할 것이 남아 있다'라고 말씀하십니

다.” 디가 니까야《수바 경》

삼매 이후에 더 닦아야 할 것

아난이 수바 바라문에게 말했다.

“그는 이와 같이 마음이 삼매에 들고, 청정하고, 깨끗하고, 흠이 없고, 번뇌가 사라지고, 부드럽고, 활발하고, 안정되고, 흔들림이 없는 상태에 이르렀을 때 누진통으로 마음을 향하게 하고 기울게 합니다. 그는 ‘이것이 괴로움이다’라고 있는 그대로 꿰뚫어 압니다. ‘이것이 괴로움의 일어남이다’라고 있는 그대로 꿰뚫어 압니다. ‘이것이 괴로움의 소멸이다’라고 있는 그대로 꿰뚫어 압니다. ‘이것이 괴로움의 소멸로 인도하는 도닦음이다’라고 있는 그대로 꿰뚫어 압니다. ‘이것이 번뇌다’라고 있는 그대로 꿰뚫어 압니다. ‘이것이 번뇌의 일어남이다’라고 있는 그대로 꿰뚫어 압니다. ‘이것이 번뇌의 소멸이다’라고 있는 그대로 꿰뚫어 압니다. ‘이것이 번뇌의 소멸로 인도하는 도닦음이다’라고 있는 그대로 꿰뚫어 압니다.

이와 같이 알고, 이와 같이 보는 그는 감각적 욕망의 번뇌로부터 마음이 해탈합니다. 존재의 번뇌로부터도 마음이 해탈합니다. 무명의 번뇌로부터도 마음이 해탈합니다. 해탈에서 해탈했다는 지혜가 있습니다. ‘태어남은 다했다. 할 일을 다해 마쳤다. 청정범행은 성취되었다. 다시는 어떤 존재로도 돌아오지 않을 것이다’라고 꿰뚫어 압니다.” 디가 니까야《수바 경》

기쁨이 일어나므로 괴로움이 일어난다

부루나여, 원하고 좋아하고 마음에 들고 사랑스럽고 감각적 욕망을 짝하고 매혹적인, 눈으로 인식되는 형색들이 있습니다. 비구가 만일 그것을 즐기고 환영하고 움켜쥐면 그에게 기쁨이 일어납니다. 부루나여, 기쁨이 일어나므로 괴로움이 일어난다고 나는 말합니다.

부루나여, 원하고 좋아하고 마음에 들고 사랑스럽고 감각적 욕망을 짝하고 매혹적인, 귀로 인식되는 소리들이 있습니다. 비구가 만일 그것을 즐기고 환영하고 움켜쥐면 그에게 기쁨이 일어납니다. 부루나여, 기쁨이 일어나므로 괴로움이 일어난다고 나는 말합니다.

부루나여, 원하고 좋아하고 마음에 들고 사랑스럽고 감각적 욕망을 짝하고 매혹적인, 코로 인식되는 냄새들이 있습니다. 비구가 만일 그것을 즐기고 환영하고 움켜쥐면 그에게 기쁨이 일어납니다. 부루나여, 기쁨이 일어나므로 괴로움이 일어난다고 나는 말합니다.

부루나여, 원하고 좋아하고 마음에 들고 사랑스럽고 감각적 욕망을 짝하고 매혹적인, 혀로 인식되는 맛들이 있습니다. 비구가 만일 그것을 즐기고 환영하고 움켜쥐면 그에게 기쁨이 일어납니다. 부루나여, 기쁨이 일어나므로 괴로움이 일어난다고 나는 말합니다.

부루나여, 원하고 좋아하고 마음에 들고 사랑스럽고 감각적 욕망을 짝하고 매혹적인, 몸으로 인식되는 감촉들이 있습니다. 비구가 만일 그것을 즐기고 환영하고 움켜쥐면 그에게 기쁨이 일어납니다. 부루나여, 기쁨이 일어나므로 괴로움이 일어난다고 나는 말합니다.

부루나여, 원하고 좋아하고 마음에 들고 사랑스럽고 감각적 욕망을 짝하고 매혹적인, 마음으로 인식되는 법들이 있습니다. 비구가 만일 그것을 즐기고 환영하고 움켜쥐면 그에게 기쁨이 일어납니다. 부루나여, 기쁨이 일어나므로 괴로움이 일어난다고 나는 말합니다. 맛지마 니까야《부루나를 교계한 경》

기쁨이 소멸하므로 괴로움이 소멸된다

부루나여, 원하고 좋아하고 마음에 들고 사랑스럽고 감각적 욕망을 짝하고 매혹적인, 눈으로 인식되는 형색들이 있습니다. 부루나여, 비구가 만일 그것을 즐기지 않고 환영하지 않고 움켜쥐지 않으면 그에게 기쁨이 소멸합니다. 부루나여, 기쁨이 소멸하므로 괴로움이 소멸한다고 나는 말합니다.

부루나여, 원하고 좋아하고 마음에 들고 사랑스럽고 감각적 욕망을 짝하고 매혹적인, 귀로 인식되는 소리들이 있습니다. 부루나여, 비구가 만일 그것을 즐기지 않고 환영하지 않고 움켜쥐지 않으면 그에게 기쁨이 소멸합니다. 부루나여, 기쁨이 소멸하므로 괴로움이 소멸한다고 나는 말합니다.

부루나여, 원하고 좋아하고 마음에 들고 사랑스럽고 감각적 욕망을 짝하고 매혹적인, 코로 인식되는 냄새들이 있습니다. 부루나여, 비구가 만일 그것을 즐기지 않고 환영하지 않고 움켜쥐지 않으면 그에게 기쁨이 소멸합니다. 부루나여, 기쁨이 소멸하므로 괴로움이 소멸한다고 나는 말합니다.

부루나여, 원하고 좋아하고 마음에 들고 사랑스럽고 감각적 욕망을 짝하고 매혹적인, 혀로 인식되는 맛들이 있습니다. 부루나여, 비구가 만일 그것을 즐기지 않고 환영하지 않고 움켜쥐지 않으면 그에게 기쁨이 소멸합니다. 부루나여, 기쁨이 소멸하므로 괴로움이 소멸한다고 나는 말합니다.

부루나여, 원하고 좋아하고 마음에 들고 사랑스럽고 감각적 욕망을 짝하고 매혹적인, 몸으로 인식되는 감촉들이 있습니다. 부루나여, 비구가 만일 그것을 즐기지 않고 환영하지 않고 움켜쥐지 않으면 그에게 기쁨이 소멸합니다. 부루나여, 기쁨이 소멸하므로 괴로움이 소멸한다고 나는 말합니다.

부루나여, 원하고 좋아하고 마음에 들고 사랑스럽고 감각적 욕망을 짝하고 매혹적인, 마음으로 인식되는 법들이 있습니다. 부루나여, 비구가 만일 그것을 즐기지 않고 환영하지 않고 움켜쥐지 않으면 그에게 기쁨이 소멸합니다. 부루나여, 기쁨이 소멸하므로 괴로움이 소멸한다고 나는 말합니다. 맛지마 니까야《부루나를 교계한 경》

사마타는 선정, 위빠사나는 지혜

사마타는 '없앤다'는 뜻이니 온갖 번뇌를 없애기 때문이고, 또

'굴복'이라는 뜻이니 모든 감각기관의 나쁘고 착하지 못한 것을 굴복시키기 때문이다. 또 '고요하다'는 뜻이니 몸과 말과 마음의 행위를 고요하게 하기 때문이고, 또 '멀리 벗어난다'는 뜻이니 중생으로 하여금 다섯 가지 욕망을 멀리 벗어나게 하기 때문이다. 또 '굴복시킨다'는 뜻이니 탐욕, 성냄, 어리석음의 탁함을 청정하게 하기 때문이다. 그러므로 선정이라고 한다.

위빠사나는 '바르게 본다'는 뜻이고, '분명히 본다'는 뜻이다. 또 '능숙하게 본다'는 뜻이고, '두루 본다', '순서대로 본다', '다른 모양으로 본다'는 뜻이니, 이것을 지혜라 한다. 《대반열반경》〈사자후보살품〉

선정바라밀 수행의 이익

부처님께서 월광月光 동자에게 말씀하셨다.

"보살이 선정바라밀을 수행함에 따라 서로 감응하는 열 가지 이익이 있다. 첫째 의식儀式에 편안히 머무르는 것이고, 둘째 자비의 경계를 행하는 것이며, 셋째 여러 고뇌와 번뇌가 없는 것이고, 넷째 여러 감각기관을 지키고 보호하는 것이며, 다섯째 아무것도 먹지 않아도 기쁘고 즐거움을 얻는 것이고, 여섯째 애욕을 멀리하는 것이며, 일곱째 선정을 닦아서 헛되이 세월을 보내지 않는 것이고, 여덟째 마라의 그물에서 해탈하는 것이며, 아홉째 부처님의 경계에 편안하게 머무는 것이고, 열째 해탈해서 성숙해지는 것이다." 《월등삼매경》

세 가지 지혜를 닦는 법

세 가지 지혜란, 첫째는 들어서 이룬 지혜〔聞所成慧〕, 둘째는 사유해서 이룬 지혜〔思所成慧〕, 셋째는 수행해서 이룬 지혜〔修所成慧〕이다.

들어서 이룬 지혜란 어떤 것인가? 들음으로 인하고, 들음에 의거하며, 들음으로 말미암아 이룩된 것으로 저 부분들에 대하여 힘이 있고, 자유자재하며, 바르고 두루 통달한 것이다. 그 일이 어떤 것이냐 하면, 어떤 비구가 경을 받아지니기도 하고, 율을 받아지니기도 하며, 논을 받아지니기도 하고, 화상和尙*의 설법을 듣기도 하며, 아사리阿闍梨**의 설법을 듣기도 하고, 점차로 삼장三藏을 전해주는 이의 설법을 듣기도 하며, 어떤 한 분의 이치에 맞게 말하는 설법을 듣기도 하는 것과 같다. 이것을 들음이라 한다.

이 들음으로 인하고, 이 들음에 의거하며, 들음으로 말미암아 이룩되기 때문에 저 부분들에 대하여 힘이 있고, 자유자재하며, 바르고 두루 통달하는 것이니, 이것을 들어서 이룬 지혜라 한다.

사유해서 이룬 지혜란 어떤 것인가? 사유로 인하고, 사유에 의거하며, 사유로 말미암아 이룩되어서 여러 곳에서 힘이 있고, 자유자재하며, 바르고 두루 통달한 것이다. 그 일은 어떤 것이냐 하

* 은사恩師, 구족계를 받은 지 10년이 지나 제자를 가르칠 만한 밝은 지혜를 가진 스님.

** 계사戒師, 교단에서 규칙·규범을 가르치는 모범적인 스승.

면, 어떤 한 사람이 이치에 맞게 글을 쓰고, 계산을 하거나 혹은 날날이 하는 일을 따라 생각하고 고찰하는 것과 같다. 이것을 사유라 한다.

이 사유로 인하고, 사유에 의거하며, 사유로 말미암아 이룩되어서 여러 곳에서 힘이 있고, 자유자재하며, 바르고 두루 통달한 것이니, 이것을 사유하여 이룬 지혜라 한다.

수행해서 이룬 지혜란 어떤 것인가? 닦음으로 인하고, 닦음에 의거하며, 닦음으로 말미암아 이룩되어서 저 부분들에 대하여 힘이 있고, 자유자재하며, 바르고 두루 통달한 것이다.

그 일은 어떤 것이냐 하면, 어떤 한 사람이 교묘한 방편으로 스스로 부지런히 모든 벗어나는 도를 닦아 익히고, 이렇게 닦은 도로 말미암아 욕계의 나쁜 법을 벗어난다. 일으킨 생각과 지속적 고찰이 있고 벗어남에서 생긴 희열과 행복이 있는 초선에 들어가 완전하게 머무르며, 더 나아가 제4선에 들어가 완전하게 머무르는 것과 같다. 이것을 닦음이라 한다.

이 닦음으로 인하고, 닦음에 의거하며, 닦음으로 말미암아 이룩되어서 저 부분들에 대하여 힘이 있고, 자유자재하며, 바르고 두루 통달한 것이니, 이것을 수행해서 이룬 지혜라고 한다.

《집이문족론》〈삼법품〉

열반의 길로 가는 사마타와 위빠사나

두 가지 법을 닦는다는 것은 첫째는 '사마타'이고, 둘째는 '위빠사나'이다. 이 두 법은 열반의 길을 보이는 것이다. 사마타란 생겨난 법과 아직 생겨나지 않은 법을 끊어 마음을 고요하게 하는 것이다. 위빠사나란 마음과 법을 보는 두 가지 몸이기 때문에 위빠사나라 한다. 이 두 법을 좋은 친구로 삼으면 세 가지 허물을 끊을 수 있다. 즉 탐욕에 집착하는 사람에게는 더러운 것을 관찰〔不淨觀〕하라고 가르치고, 분노하는 사람에게는 자비를 관찰〔慈心觀〕하라고 가르치며, 어리석은 사람에게는 지혜를 가르친다. 《정법염처경》〈관천품〉

사람의 성향별로 관찰하는 방법

자아를 고집하는 이에게는 자아가 없음을 말하고, 항상하다고 고집하는 이에게는 모든 것이 무상함을 말하고, 탐욕이 많은 이에게는 더러운 것을 관찰하라 말하고, 성내는 이에게는 자비를 관찰하라 말하고, 어리석은 이에게는 인연법을 관찰하라 말하고, 삼독심이 골고루 있는 이에게는 지혜와 상응하는 경계를 말해 각각 다스려 두루 관찰하게 하며, 바깥 경계를 좋아해 집착을 내는 이에게는 성품이 없음을 말해 집착에서 벗어나게 하고, 다섯 가지 욕망의 경계에 빠진 이에게는 탐낼 것이 없음을 말해 물들지 않게 하며, 고요한 선정에 얽매이는 이에게는 큰 서원의 문을 말해 모든 중생을 널리 이익되게 하는 법륜 굴림의 서원을 깊이 좋아하게 한다. 《화엄경》〈입부사의해탈경계보현행원품〉

호흡을 세는 명상은 어떻게 하는가

어떤 것을 수식數息이라고 하는가? 수행하는 사람이 한가하고 사람이 없는 곳에 앉은 다음 마음을 잡아 생각이 얽히지 않게 하고, 들이쉬고 내쉬는 숨을 열 번까지 헤아린다. 하나부터 둘까지 세다가 마음이 흐트러지면 다시 하나부터 열까지 이르게 한다. 마음이 흐트러지면 다시 숨을 헤아려야 하나니, 이것을 수식이라고 말한다. 수행하는 사람은 이와 같이 밤낮으로 한 달이든 한 해이든 수식을 익혀 열 번째 숨에 이를 때까지 마음이 어지럽지 않게 해야 한다. 이것을 게송으로 말한다.

숨 쉼에 움직이지 않음이 저 산과 같아
들이쉬고 내쉬는 숨을 헤아려 열까지 이를 것이니
낮과 밤, 한 달, 한 해를 게을리하지 말고
이렇게 수행해서 수식을 지켜야 한다.

숨을 헤아리는 것이 안정되었으면, 서로 따르게 하는 수행을 해야 한다. 비유하면 어떤 사람이 앞에서 걸어가면 그림자가 뒤따르듯이 수행도 그와 같이 해서 들이쉬고 내쉬는 숨을 따라 다른 생각이 없어야 한다. 이것을 게송으로 말한다.

숨을 헤아려 마음이 안정되면 자유를 얻으니
들이고 내쉬는 숨을 헤아리는 것이 수행이 된다.

그 마음 서로 따르면 마음이 흐트러지지 않으니
숨을 헤아려 마음을 조복하는 것을 서로 따른다고 한다. 《수행도지경》

선정의 힘

무릇 공부는 선정을 닦는 것이 가장 급한 일이다. 마음이 안정되고 고요하게 깨어 있지 않으면 이르는 곳마다 반드시 앞길이 막막해질 것이다. 바닷속에서 진주를 찾으려면 바다가 고요하고 맑게 가라앉아야 한다. 파도가 일면 진주를 찾기가 어렵기 때문이다. 선정의 물이 맑고 깨끗해지면 마음의 구슬은 저절로 드러난다. 그러므로 《원각경》에서 "어디에도 걸림 없고 맑고 깨끗한 지혜는 모두 선정에서 생겨난다"라 했고, 《법화경》에서는 "한적한 곳에서 마음을 거두어 닦아나가되 그 마음이 수미산처럼 편안히 머물러 흔들림 없어야 한다"라고 했다.

이렇게 알아야 한다. 범부와 성인의 역량을 초월하려면 반드시 마음이 고요해지는 인연을 빌려야 한다. 마음대로 앉아서 죽고 서서 죽는 자체가 모두 선정의 힘에 의지하는 것이다. 일생 공부했다 하더라도 공부를 그르칠까 두려운데 하물며 미적미적해서야 어떻게 닥쳐오는 업의 힘을 감당할 수 있겠는가! 그러므로 옛 어른께서 말씀하셨다.

"선정의 힘이 없으면 어쩔 수 없이 죽음의 문으로 끌려가서 눈을 감고 빈손으로 중생계에 돌아가 생사의 물결 속에서 헤매게 된다." 《좌선의》

좌선하는 방법

좋은 일이든 나쁜 일이든 절대로 생각하거나 헤아리지 말아야 한다. 한 생각 일어나면 즉각 알아차리고, 알아차리면 곧 그 생각은 사라진다. 오래오래 공부해서 모든 인연을 잊으면 저절로 마음이 한 덩어리가 된다. 이것이 좌선하는 요령이다. 은밀히 말하자면 좌선은 마음을 편안하고 즐겁게 만드는 법문인데, 사람들이 병에 많이 걸리는 것은 대체로 마음을 잘못 쓰기 때문이다.

이와 같이 의미를 바르게 알고 좌선을 한다면 자연히 몸이 가볍고 편안해지며, 정신이 상쾌하고 예리해질 것이다. 정념正念이 분명하고 법의 맛을 느끼면 마음이 고요해 청정하고 즐거워진다. 이미 마음을 깨달았다면 '용이 넓은 바닷물을 얻은 것과 같고 호랑이가 큰 산을 의지하는 것과 같다'고 말할 수 있다. 아직 깨닫지 못했더라도 마치 바람이 타오르는 불길에 불어주는 것과 같아서 공부에 많은 힘을 들일 필요가 없다. 다만 긍정적인 마음만 지닌다면 반드시 이 공부는 그대를 속이지 않을 것이다. 《좌선의》

선정과 지혜의 관계

수행자들이여, 선정과 지혜는 무엇과 같겠는가? 마치 등불과 그 불빛의 관계와 같다. 등불이 있으면 곧 불빛이 있고, 등불이 없으면 곧 불빛이 없는 것과 같다. 등불은 불빛의 몸체이고 불빛은 곧 등불의 작용이다. 이름은 비록 두 가지지만 몸은 본래 둘이 아니다. 선정과 지혜의 법도 또한 이와 마찬가지다. 《법보단경》

선정의 의미

수행자들이여, 무엇을 일러 선정이라고 하겠는가? 밖으로 분별된 모양을 떠남이 선禪이요, 안으로 어지럽지 않음이 정定이다. 밖으로 모양에 집착하면 안으로 곧 마음이 산란해지고, 만일 밖으로 모양을 벗어나면 마음이 산란하지 않게 된다. 본성은 스스로 깨끗하고 스스로 안정되어 있으나, 단지 경계를 보고 경계를 생각하기 때문에 산란하다. 그러나 만일 온갖 경계를 보고도 마음이 산란하지 않다면 그것이 바로 참된 정이다.

수행자들이여, 밖으로 모양을 벗어나는 것이 선이고, 안으로 산란하지 않는 것이 곧 정이다. 그래서 밖으로 선이 되고 안으로 정이 되면 그것을 곧 선정이라 말한다. 《법보단경》

유마힐의 좌선법

부처님께서 사리불에게 유마힐을 문병하라고 하자 사리불이 말씀드렸다.

"세존이시여, 저는 유마힐을 찾아가 문병하는 일을 감당할 수가 없습니다. 왜냐하면 생각해보니 저는 예전에 숲속 나무 밑에서 좌선을 했는데, 그때 그가 와서 저에게 이렇게 말했습니다.

'반드시 앉아 있다고 해서 그것을 좌선이라고 할 수는 없습니다. 좌선이란 몸과 마음의 작용이 삼계에 드러나지 않는 것입니다. 멸진정滅盡定을 일으키지 않고도 온갖 위의를 나타내는 것이 좌선이고, 진리의 법을 버리지 않으면서도 세속의 일상생활을 하는 것이 좌선입니다. 마음이 안으로 닫혀 고요함만을 추구하지 않고 밖을 향해 혼란하지 않는 것이 좌선이고, 온갖 견해에 요동하지 않으면서도 37조도품을 닦는 것이 좌선이며, 번뇌를 끊지 않고도 열반에 드는 것이 좌선입니다. 만일 이와 같이 앉을 수 있는 자라면 부처님께서 인가하실 것입니다.'" 《유마경》〈제자품〉

부처님의 가르침을 사유하는 것

부처님께서 미륵보살에게 말씀하셨다.

"선남자여, 내가 모든 보살을 위해서 설법한 것은 법을 임시로 세운 것이다. 그것은 경전, 게송, 공덕의 차이점〔記別〕, 구절, 감흥어, 인연, 비유, 제자들의 전생〔本事〕, 보살의 전생〔本生〕, 보살을 위한 경전〔方廣〕, 희유한 법, 논의論議 등이다.

보살은 이것을 잘 듣고 받아들여서 말이 걸림 없이 잘 통하며, 마음은 깊이 잘 생각하고 견해는 잘 통달하여, 자기가 잘 사유할 수 있는 법에 대해서 홀로 고요한 곳에서 마음 기울이고 사유한다.

다시 이를 바탕으로 잘 사유하는 마음을 계속해서 마음 기울이고 사유한다. 이와 같은 바른 행위를 반복하고 이에 안주하기 때문에 몸과 마음의 편안함이 일어난다. 이것을 사마타라고 한다." 《해심밀경》

참선을 하려면 먼저 계를 지켜야 한다

음란한 행위를 하면서 참선하는 것은 모래를 쪄서 밥을 지으려는 것과 같고, 생명을 함부로 죽이면서 참선하는 것은 제 귀를 막고 소리를 지르는 것과 같다. 도둑질하면서 참선하는 것은 새는 그릇에 물이 가득 차기를 바라는 것과 같고, 거짓말하면서 참선하는 것은 똥으로 향을 만들려는 것과 같다. 이런 것들은 비록 많은 지혜가 있다 하더라도 마군의 길을 이룰 뿐이다. 《선가귀감》

일상생활 가운데 마음을 돌이켜보라

이미 도를 배웠다면, 일상생활 가운데 사물을 만나고 인연에 반응하는 곳에서 나쁜 생각이 이어지지 않도록 해야 한다. 만일 돌이켜 비추어보지 못하고, 하나라도 나쁜 생각이 일어나면, 마땅히 즉각 주의를 기울여 돌이켜야 한다. 만일 한결같이 그것을 따라 나쁜 생각이 이어져 끊어지지 않는다면, 도를 가로막을 뿐만 아니라 지혜가 없는 사람이라고 한다. 《대혜어록》

선禪은 어디에 있는가

선은 고요한 곳에 있지도 않고, 시끄러운 곳에 있지도 않으며, 생각해서 분별하는 곳에 있지도 않고, 일상생활에서 인연에 응하는 곳에 있지도 않다. 비록 그러하지만 고요한 곳, 시끄러운 곳, 생각해서 분별하는 곳, 일상생활에서 인연에 응하는 곳을 결코 버려서는 안 된다. 문득 눈이 열리면, 전부 자기 집 속의 일이다. 《대혜어록》

화두삼매

당장 큰 믿음을 내고 큰 의정疑情을 일으켜 화두를 의심하고 또 의심하려면, 한 생각이 만년萬年이고 만년이 한 생각이 되어야 한다. 분명히 이 한 법의 낙처落處를 보려면, 마치 어떤 사람과 생사의 원수를 맺은 것처럼 마음이 분해서 곧 한칼에 두 동강이를 내고자 해 잠시의 틈도 없이 모든 생활이 치열하게 공부하는 시절이 되어야 한다. 만약 의심하지 않아도 저절로 의심이 일어나 자나 깨나 화두를 놓치지 않는 시절이 오면, 눈이 있어도 눈이 보이지 않는 것 같고, 귀가 있어도 귀가 먹은 것 같고, 보고 듣는 무의식적인 습관에는 떨어지지 않는다. 그러나 지금도 역시 주체와 대상이 잊히지 않아 훔치려는 마음이 쉬지를 못한다. 아무쪼록 정진에 정진을 거듭하여 걸어도 걷는 줄 모르고, 앉아도 앉는 줄 모르며, 동서도 구분하지 못하고, 남북도 분간하지 못하게 되어, 중생의 알음알이로 알 수 있는 법이 한 법도 없음을 보아야 한다. 《선요》

힘을 다해 화두를 들어라

생각이 일어나고 사라지는 것을 생사라고 한다. 이 생사에 부딪쳐 힘을 다해 화두를 들어라. 화두가 순일하게 들리면 일어나고 사라짐이 없어지는데, 일어나고 사라짐이 없어진 것을 고요함〔空寂〕이라고 한다. 고요함 가운데 화두가 없으면 무기無記라 하고, 고요함 가운데서도 화두가 살아 있는 것을 신령한 지혜〔靈知〕라고 한다. 이 텅 빈 고요함 가운데 신령한 지혜는 무너지지도 않고 난

잡하지도 않다. 이렇게 공부해나가면 머지않아 깨달을 것이다. 몸과 마음이 화두와 한 덩어리가 되면 기대고 의지할 것이 없어지고 마음이 갈 곳도 없어질 것이다. 《태고록》

공부가 익을수록 마가 틈을 엿본다

공부가 무르익어 걸어가면서도 걷는 줄 모르고 앉아도 앉는 줄 모르면, 이때 팔만사천 마군의 무리가 여섯 감각기관의 문 앞에서 틈을 엿보다가 마음을 따라 들고일어날 것이다. 그러나 마음이 흔들리지 않는다면 무슨 상관이 있으랴.

마군이란 생사를 좋아하는 귀신의 이름이고, 팔만사천 마군이란 중생의 팔만사천 번뇌를 말한다. 마魔는 본래 근본이 없는 것인데, 수행자가 바른 생각을 잃는 데서 싹이 트는 것이다. 중생은 환경에 순종하므로 탈이 없고, 수행인은 환경에 거스르므로 마가 대든다. 그래서 "도가 높을수록 마가 치성熾盛한다"고 말하는 것이다. 선정 속에서 송장을 메고 온 상주를 보고 자신의 다리를 찍거나, 또는 돼지를 보고 자신의 코를 잡아 비틀기도 하는 것이 모두 자기 마음에서 망상을 일으켜 외부의 마를 잘못 보았기 때문이다. 그러나 마음이 움직이지 않는다면 마의 여러 재주일지라도 마치 칼로 물을 베거나 빛을 불어 없애버리려는 격이 되고 말 것이다. 옛말에 "벽에 틈이 생기면 바람이 들어오고, 마음에 틈이 생기면 마가 들어온다"고 했다. 《선가귀감》

향엄 스님의 활구 참선

향엄香嚴 스님은 키가 7척이나 되며, 아는 것이 많고 말재주가 뛰어나 학문에서 스님을 당할 자가 아무도 없었다. 위산선사潙山禪師의 대중 속에 지내면서 현묘한 담론을 가지고 토론하니, 사람들이 그를 선禪의 거장이라 칭송했다. 그 뒤 여러 차례 위산선사에게 찾아가 묻고 대답하기를 마치 물 흐르듯 했다. 위산선사는 그의 학문이 깊이가 없고 경박해 심오한 근원을 통달한 것이 아님을 알았으나, 그의 말재주를 쉽사리 꺾지 못했다.

그러던 어느 날 아침에 위산선사가 다음과 같이 물었다.

"지금껏 그대가 터득한 지식은 눈과 귀를 통해 타인의 견문과 경전이나 책자에서 얻은 것일 뿐이다. 나는 그러한 내용은 묻지 않겠다. 그대는 처음 부모에게 갓 태어나 아직 동쪽과 서쪽을 알아보지 못했을 때의 본래면목本來面目을 한마디 일러보아라. 내가 그대의 공부를 가늠해보려 한다."

이에 향엄 스님이 대답을 못한 채 고개를 숙이고 한참 있다가 다시 이러쿵저러쿵 몇 마디 했으나 모두 받아들여지지 않았다. 마침내 선사에게 도를 일러주실 것을 청하니, 선사가 대답했다.

"내가 말하는 것은 옳지 않다. 그대 스스로 말해야 그대의 안목이 되는 것이다."

향엄 스님은 방으로 돌아가 모든 서적을 두루 뒤져 보았으나 한마디도 알맞은 대답이 없었다. 그러자 스님은 마침내 그 책들을 몽땅 불살라버렸다. 어떤 학인이 가까이 와서 한 권 달라고 하니,

스님이 대답했다.

"내가 평생 동안 이것 때문에 피해를 입었는데, 그대는 이것을 가지고 또다시 무엇을 하려 합니까?"

그러고는 하나도 주지 않고 몽땅 태워버렸다. 향엄 스님이 말했다.

"이번 생에는 불법을 배우지 않겠다. 난 오늘까지 나를 당할 자가 없다고 생각했는데, 오늘 위산선사에게 한 방 맞으니 그런 생각이 깨끗이 없어져버렸다. 이제는 그저 죽이나 먹고 밥이나 먹는 스님으로 여생을 보내야겠다."

그러고는 눈물을 흘리며 위산선사에게 하직을 고하고 향엄산 혜충국사慧忠國師의 유적지에서 몸과 마음을 쉬었다. 어느 날 잡초를 뽑으면서 번민을 덜고 있다가 기와 조각을 던지던 끝에 껄껄 웃으면서 크게 깨달았다. 《조당집》

화두 수행의 세 가지 요점

만일 착실한 참선을 말한다면 반드시 세 가지 요점을 갖추어야 한다. 첫 번째 요점은 큰 신심信心이 있어야 한다. 마치 신심이 수미산에 기댄 것과 같다는 것을 분명히 알아야 한다. 두 번째 요점은 큰 분심憤心이 있어야 한다. 분심은 부모를 죽인 원수를 만났을 때 그 원수를 당장 한칼에 두 동강 내려는 마음과 같아야 한다. 세 번째 요점은 큰 의심疑心이 있어야 한다. 의심은 어두운 곳에서 아무도 모르는 큰일을 저질러 은폐되었던 일들이 막 폭로되려고 할 때와 같아야 한다. 일상의 공부 가운데 과연 이 세 요점만 갖출 수 있다면 반드시 정해진 날짜 안에 공부를 이루어 독 안의 자라가 달아날까 두려워할 필요가 없다. 진실로 그 가운데 하나라도 빠진다면 마치 다리 부러진 삼발이 솥이 끝내 버려지는 것과 같은 것이다. 《선요》

사구와 활구의 차이점

혀끝을 쉬어서 따로 견해를 내지 말아야 한다. 활구活句를 참구해야지 사구死句를 참구해서는 안 된다. 활구에서 깨달으면 영겁토록 잊지 않지만, 사구에서 깨달으면 자신도 구제하지 못한다고 한다. 지금 여러분은 활구를 어떻게 이해하는가? '이 마음이 곧 부처다'가 활구 아닌가? 그렇지 않다. '마음도 아니요 부처도 아니다'가 활구 아닌가? 그렇지 않다. '마음도 아니요, 부처도 아니요, 물건도 아니다'가 활구 아닌가? 그렇지 않다. 문에 들어가자마자 방망이를 휘두른 것이 활구인가? 그렇지 않다. 문에 들어가자마자 할喝을 하는 것이 활구인가? 그렇지 않다. 단지 언어가 있으면 모두 사구이다. 《원오어록》

간절한 마음으로 공부하라

참구하는 공안公案에 대해서 간절한 마음으로 공부하기를 마치 닭이 알을 품듯 하며, 고양이가 쥐를 잡듯 하고, 굶주린 사람이 밥 생각하듯 하며 목마른 사람이 물 생각하듯 하고, 어린아이가 엄마 생각하듯 하면 반드시 철저히 꿰뚫을 때가 있으리라.

조사들의 공안이 1,700가지나 있는데, "개에게는 불성이 없다"라든지 "뜰 앞의 잣나무" "마麻가 세 근이다" "마른 똥 막대기" 같은 것들이다. 닭이 알을 품을 때는 따듯한 기운이 늘 지속되며, 고양이가 쥐를 잡을 때는 마음과 눈이 움직이지 않는다. 굶주린 이가 밥 생각하고 목마른 이가 물 생각하는 것이나 어린애가 엄마를 생각하는 것들은 모두 진심에서 우러난 것이지 억지로 지어서 내는 마음이 아니므로 간절하다고 했다. 참선하는 데 이와 같은 간절한 마음 없이 깨친다는 것은 있을 수 없는 일이다.

《선가귀감》

조사의 관문

일상생활 속에서 무슨 일을 하든지 오직 "개에게는 불성이 없다"라는 화두를 들어야 한다. 오고 감에 끊임없이 의심하다가 이치의 길이 끊어지고, 뜻의 길이 사라져 아무 맛도 느껴지지 않아 마음이 답답할 때, 바로 이 자리가 사람의 몸과 목숨을 내던질 곳이며, 또한 부처가 되고 조사가 될 대목이다.

어떤 스님이 조주 스님에게 물었다.

"개에게도 불성이 있습니까?"

조주 스님은 대답했다.

"없습니다."

이 한마디는 우리 선종禪宗 문하의 한 관문이며, 온갖 잘못된 견해와 그릇된 알음알이를 꺾어버린 무기이며, 또한 모든 부처님의 면목이고 모든 조사의 골수다. 이 관문을 뚫고 나간 뒤에야 비로소 부처나 조사가 될 수 있다. 《선가귀감》

명지로 이끄는 사마타와 위빠사나

비구들이여, 두 가지 법은 명지明知의 일부이니, 무엇이 둘입니까? 사마타와 위빠사나가 바로 그것입니다.

비구들이여, 사마타를 닦으면 어떤 이로움을 경험하는가? 마음이 계발됩니다. 마음이 계발되면 어떤 이로움을 경험하는가? 욕망이 제거됩니다.

비구들이여, 위빠사나를 닦으면 어떤 이로움을 경험하는가? 지혜가 계발됩니다. 지혜가 계발되면 어떤 이로움을 경험하는가? 무명이 제거됩니다.

탐욕에 오염된 마음은 해탈하지 못하고, 무명에 오염된 마음은 지혜가 계발되지 못합니다. 비구들이여, 탐욕이 제거되어 마음의 해탈이 있고, 무명이 제거되어 지혜의 해탈이 있습니다.

앙굿따라 니까야《명지의 일부 경》

수행자의 귀의처

비구들이여, 자신을 등불로 삼고 자신을 귀의처로 삼아 머물고, 남을 귀의처로 삼아 머물지 말아야 합니다. 법을 등불로 삼고 법을 귀의처로 삼아 머물고, 다른 것을 귀의처로 삼아 머물지 말아야 합니다.

비구들이여, 그러면 어떻게 비구는 자신을 등불로 삼고 자신을 귀의처로 삼아 머물고, 남을 귀의처로 삼아 머물지 않습니까? 어떻게 비구는 법을 등불로 삼고 법을 귀의처로 삼아 머물고, 다른 것을 귀의처로 삼아 머물지 않습니까?

비구들이여, 여기 비구는 몸에서 몸을 관찰하며 머뭅니다. 세상에 대한 욕심과 싫어하는 마음을 버리면서 근면하게, 분명히 알아차리고 마음챙기는 사람이 되어 머뭅니다.

느낌에서 느낌을 관찰하며 머뭅니다. 세상에 대한 욕심과 싫어하는 마음을 버리면서 근면하게, 분명히 알아차리고 마음챙기는 사람이 되어 머뭅니다.

마음에서 마음을 관찰하며 머뭅니다. 세상에 대한 욕심과 싫어하는 마음을 버리면서 근면하게, 분명히 알아차리고 마음챙기는 사람이 되어 머뭅니다.

법에서 법을 관찰하며 머뭅니다. 세상에 대한 욕심과 싫어하는 마음을 버리면서 근면하게, 분명히 알아차리고 마음챙기는 사람이 되어 머뭅니다. 디가 니까야《전륜성왕사자후경》

먼저 선정을 닦고 나중에 지혜를 닦아라

선남자여, 보살이 두 가지 법을 갖추면 크게 이로우리니, 첫째는 선정이고, 둘째는 지혜다.

왕골을 벨 때 급히 서두르면 끊어지는 것과 같으니, 보살이 이 두 가지 법을 닦는 일도 그와 같다.

굳게 박힌 나무를 뽑을 때, 먼저 손으로 흔들면 뒤에 뽑기가 쉽듯이 보살의 선정과 지혜도 그와 같아서, 먼저 선정으로 흔들고 나중에 지혜로 뽑아야 한다.

때 묻은 옷을 빨 때 먼저 잿물에 담그고 뒤에 맑은 물로 씻으면 옷이 깨끗해지니, 보살의 선정과 지혜도 그와 같다.

먼저 독송하고 뒤에 뜻을 이해하는 것과 같이 보살의 선정과 지혜도 그와 같다.

마치 용맹한 사람이 먼저 갑옷으로 몸을 무장한 뒤에 전쟁터에 나아가면 적을 무찌르듯이 보살의 선정과 지혜도 그와 같다.

마치 솜씨가 뛰어난 장인이 도가니에 금을 담고는 마음대로 저어서 녹이듯이 보살의 선정과 지혜도 그와 같다.

밝은 거울로 얼굴을 비추듯이, 보살의 선정과 지혜도 그와 같다.

먼저 땅을 고르고 뒤에 씨를 심으며, 먼저 스승에게 배우고 뒤에 뜻을 생각하듯이 보살의 선정과 지혜도 그와 같다.

이런 뜻으로 보살이 이 두 가지 법을 닦으면 크게 이로울 것이다.

《대반열반경》〈사자후보살품〉

7절

세상을 밝히는 지혜

뱀의 머리와 꼬리가 서로 다툰 이야기

한 뱀의 꼬리가 그 머리에게 말하였다.

"내가 앞에서 가야겠다."

머리가 꼬리에게 말하였다.

"내가 언제나 앞에서 갔는데 갑자기 왜 그러느냐?"

그러고는 머리가 앞에서 가자, 꼬리가 나무를 감고 가지 못하게 하였다. 그래서 할 수 없이 꼬리가 앞서 가다가 곧 불구덩이에 떨어져 타 죽었다. 스승과 제자도 그와 같다. 제자들이 말한다.

"스승은 늙었다 하여 항상 앞에 있지만, 우리가 젊으니 우리가 마땅히 길잡이가 되어야 한다."

그러나 젊은이는 계율에 익숙하지 못하므로 항상 계율을 범하다가, 곧 서로 이끌고 지옥으로 들어가고 만다. 《백유경》

지혜로운 사람은 자신을 다스린다

활 만드는 사람은 뿔을 다루고
뱃사공은 배를 다루며
목수는 나무를 다루지만
지혜 있는 사람은 자신을 다스린다. 《법구경》

소가 물을 마시면 우유가 되고, 뱀이 물을 마시면 독이 된다

소가 물을 마시면 우유가 되고
뱀이 물을 마시면 독이 되듯이
지혜롭게 배우면 깨달음 이루고
어리석게 배우면 계속 태어나고 죽는다.

《화엄경》〈입부사의 해탈경계 보현행원품〉

손가락을 보고 달로 여기지 마라

어떤 사람이 손가락으로 달을 가리켜 저 사람에게 보라고 했다. 그런데 저 사람이 손가락을 통해 달을 보아야 하는데, 손가락을 보고 달이라 한다면, 그 사람은 달만 잃은 것이 아니라 손가락까지 잃은 것이다. 왜냐하면 가리키는 손가락을 밝은 달이라 여기기 때문이다. 어찌 손가락만 잃었을 뿐인가? 밝은 것과 어두운 것도 모른다고 할 수 있다. 왜냐하면 가리키는 손가락을 달의 밝은 성품이라 여기기 때문이다. 《수능엄경》

해와 달처럼 항상 밝은 지혜

세상 사람들의 자성은 본래 깨끗해서 모든 법이 자성으로부터 생겨난다. 온갖 악한 일을 생각하면 나쁜 행동이 생겨나고, 온갖 착한 일을 생각하면 착한 행동이 생겨난다. 이와 같이 모든 법은 자성 속에 있다. 마치 하늘은 항상 맑고 해와 달은 항상 밝게 빛나는 것 같다. 하지만 뜬구름에 가려 위는 밝고 아래는 어둡다가 문득 바람이 불면 구름이 흩어져 구름 위와 아래가 함께 밝아지면서 만물의 모습이 모두 드러나는 것과 같다. 세상 사람의 본성이 항상 들떠 있는 것도 마치 저 하늘의 구름과 같다.

수행자들이여, 지智는 해와 같고 혜慧는 달과 같아서 지혜는 항상 밝으나, 바깥으로 경계에 집착하다 보니 자성이 허망한 생각이라는 뜬구름에 뒤덮여 밝게 비추지 못한다. 만약 선지식을 만나 참되고 바른 법을 듣고 헛된 어리석음을 스스로 제거한다면, 안팎이 밝게 통해 자성 속에 온갖 법이 모두 나타난다. 견성見性한 사람 역시 이와 같으니, 이것을 일러 청정법신불淸淨法身佛이라고 한다. 《법보단경》

반야바라밀을 닦아라

보살에게는 열두 가지 관찰이 있어 반야바라밀을 닦고 행해서 큰 이익을 얻으니, 보살은 반야바라밀을 닦아야 한다.

첫 번째, 반야는 모든 티끌을 멀리하고 광명을 일으킴이니, 보살은 반야바라밀을 닦아야 한다. 그로써 어두운 암흑의 법을 멀리하기 때문이다.

두 번째, 반야는 모든 어두운 장애를 벗어나니, 그로써 번뇌의 숲을 비추어 없애기 때문이다.

세 번째, 반야는 온갖 지혜의 광명을 놓음이니, 그로써 온갖 어리석음을 여의기 때문이다.

네 번째, 반야는 마치 쟁기로 밭을 갈아 잡초를 제거함과 같으니, 그로써 모든 무명의 뿌리를 뽑아버리기 때문이다.

다섯 번째, 반야는 마치 날카로운 쇠망치를 가지고 마음대로 부숨과 같으니, 그로써 모든 애욕의 그물을 끊기 때문이다.

여섯 번째, 반야는 마치 금강저金剛杵가 온갖 것에 망가지지 않음과 같으니, 그로써 번뇌의 산을 깨뜨리기 때문이다.

일곱 번째, 반야는 마치 큰 해가 모든 구름을 벗어나는 것과 같으니, 그로써 모든 번뇌의 진흙탕을 마르게 하기 때문이다.

여덟 번째, 반야는 마치 큰 불더미가 모든 잡초를 태움과 같으니, 그로써 업과 번뇌의 나무를 태우기 때문이다.

아홉 번째, 반야는 마치 마니구슬이 일체를 비춤과 같으니, 그로써 어두운 마음이 없어져서 모든 법에 미혹하지 않기 때문이다.

열 번째, 반야는 적멸하여 궁극에 이른 실제實際에 머무름이니, 그로써 존재하면서도 존재하지 않기 때문이다.

열한 번째, 반야는 관념을 멸해 마음에 분별심이 없음이니, 그로써 관념이 없어지기 때문이다.

열두 번째, 반야는 마음으로 구하고 즐기는 것이 없는 무원無願

을 이룸이니, 그로써 삼계를 초월하기 때문이다. 《대살차니건자소설경》

모든 실천은 반야바라밀을 어머니로 삼는다

부처님께서 미륵보살에게 말씀하셨다.

"지혜로운 사람은 두 가지 일을 관찰한다.

첫째는 자기의 이 몸에 대해 '질병과 즐겁고 괴로운 일들이 많으니, 다 전생에 뒤바뀐 망상으로 인해 온갖 업을 지은 것을 지금 받는 것이다. 만약 어리석음과 애착이 없다면 어찌 병이 있겠는가. 몸은 본래 스스로 공하고 인연은 환상으로 있는 것이며, 지음도 없고 만듦도 없는데 누가 괴로움을 받는가?'라고 관찰한다.

둘째는 다시 거듭 관찰해 '비록 나라는 관념이 없다고 할지라도 지은 복업은 다 헛되거나 버림이 없으니, 법계의 모든 중생을 다함 없는 복덕으로 씻겨 청정하게 하고 모두 바라밀을 성취하게 해 지계와 선정과 지혜로써 장엄하리라'라고 서원하는 것이다.

그러므로 모든 실천은 다 반야바라밀을 어머니로 삼는다. 마치 대지가 다 허공에 의지해서 있으나 저 허공은 의지하는 것이 없는 것과 같다." 《대승이취육바라밀다경》

유마힐의 불이법문

여러 보살이 문수보살에게 물었다.

"어떤 것이 보살의 불이법문不二法門에 들어가는 것입니까?"

문수보살이 대답했다.

"제 생각에는 일체법에 대해서 말이 없고, 설명도 없으며, 보여주는 일도 없고, 알음알이도 없고, 모든 질문과 대답을 떠나는 것이 불이법문에 들어가는 것입니다."

그러고는 문수보살이 유마힐에게 물었다.

"우리는 각자 자신의 생각을 말했습니다. 당신께서 말하실 차례입니다. 어떤 것이 보살의 불이법문에 들어가는 것입니까?"

이때 유마힐은 말없이 침묵했다. 문수보살이 감탄하며 말했다.

"훌륭하고 참으로 훌륭합니다. 문자와 언어의 설명도 전혀 없는 이것이야말로 진실로 불이법문에 들어가는 것입니다."

이와 같이 설할 때, 이곳에 모인 대중 가운데 오천 보살 모두가 생멸이 없는 지혜를 얻었다. 《유마경》〈입불이법문품〉

중도中道란 무엇인가

발생하지도 않고, 소멸하지도 않으며
상주하지도 않고, 단멸하지도 않으며
같지도 않고, 다르지도 않으며
오지도 않고, 가지도 않네.

이 인연을 말씀해주시어
여러 희론을 잘 소멸해주시니
모든 설법자 가운데 제일이신 부처님께
저는 머리를 숙여 절을 올립니다. 《중론》〈관인연품〉

공과 중도의 관계

원인과 조건에서 생긴 현상을
나는 '공空'이라고 말하고,
'거짓 이름'이라고도 하고,
'중도中道의 이치'라고도 하네.

원인과 조건에서 생기지 않은
현상은 하나도 없네.
그러므로 모든 현상은
공하지 않은 것이 없네.

원인과 조건에서 생긴 법을 나는 '공'이라고 말한다. 왜 그러한가? 여러 조건들이 갖춰지고 화합해서 현상이 발생한다. 이 현상은 여러 원인과 조건에 귀속되는 것이기 때문에 자성이 없다. 자성이 없기 때문에 공한 것이고, 공도 또한 공한 것이다. 단지 중생을 인도하기 위해서 거짓 이름을 말하는 것이다. '있다'와 '없다'의 양극단을 여의었기에 중도라 한다. 현상은 자성이 없기 때문에 '있다'라고 말할 수 없다. 또한 공도 없기 때문에 '없다'라고 말할 수 없다. 만약 현상에 자성이 있다면 여러 조건을 기다려 존재하지 않을 것이다. 만약 원인과 조건에 의존하지 않는다면 법이 있지 않은 것이다. 그러므로 공하지 않은 법은 없다. 《중론》〈관사제품〉

부처다 중생이다 하는 허망한 생각

부처다 중생이다 하는 것은 모두 그대의 허망한 생각이 지어낸 것일 뿐이다. 다만 본래의 마음을 알지 못했기 때문에 그 같은 잘못된 견해를 내는 것이다. 부처라는 견해를 내는 순간 바로 부처에게 가로막히고, 중생이라는 견해를 내는 순간 중생에게 끄달린다. 범부다 성인이다 하는 견해를 내고, 더럽다느니 깨끗하다느니 하는 등의 견해를 내는 것이 모두 장애가 되어 그대의 마음을 가로막는다. 그러므로 결국 윤회하는 것이며, 마치 원숭이가 하나의 물건을 놓으면 곧바로 다른 물건을 잡아 손이 쉴 새 없는 것과 같다. 《완릉록》

부처의 지혜를 얻으려면 마음을 닦아야 한다

삼계의 뜨거운 번뇌가 마치 불타는 집과 같은데, 거기에 참고 머물러 그 긴 고통을 달게 받고 있는가? 윤회의 고통을 면하려면 부처를 찾아야 한다. 부처는 곧 이 마음인데, 마음을 어찌 먼 곳에서 찾겠는가. 마음은 이 몸을 떠나 따로 있는 것이 아니다. 육신은 거짓이어서 생이 있고 멸이 있지만 참다운 마음은 허공과 같아서 끊이지도 않고 변하지도 않는다. 그러므로 "뼈와 살은 무너지고 흩어져 흙으로 돌아가고 바람으로 돌아가지만, 한 물건은 길이 신령스러워 하늘을 덮고 땅을 덮는다"라고 한 것이다.

슬프다! 요즘 사람들은 미혹된 지가 오래되어 자기 마음이 참다운 부처인 줄 알지 못하고 자기 성품이 참다운 법인 줄을 모른다. 법을 구하고자 하면서 멀리 성인들에게서만 구하려 하고, 부처를 찾고자 하면서도 자기 마음을 살피지 않는다. 만일 '마음 밖에 부처가 있고, 성품 밖에 법이 있다'고 굳게 고집해서 불도를 구한다면, 이와 같은 사람은 비록 티끌처럼 많은 세월이 지나도록 몸을 태우고 뼈를 두드려 골수를 내며, 피를 뽑아 경전을 쓰고 밤낮으로 눕지 않으며, 하루 한 끼만 먹고 팔만대장경을 줄줄 외며 온갖 고행을 닦는다 할지라도, 마치 모래로 밥을 짓는 것과 같아서 다만 수고로움만 더할 뿐이다. 자기 마음만 알면 수많은 법문과 한량없는 진리를 구하지 않아도 저절로 얻을 것이다.

그러므로 부처님께서 말씀하시기를 "모든 중생을 두루 살펴보니 여래의 지혜와 덕을 갖추고 있다" 하시고, "모든 중생의 갖가지 허망한 생각이 다 여래의 원만한 깨달음의 미묘한 마음에서 일어난다"고 하셨다. 이 마음을 떠나 부처를 이룰 수 없음을 알아야 한다. 과거의 모든 부처님도 이 마음을 밝힌 분이며, 현재의 모든 성현도 이 마음을 닦은 분이며, 미래의 닦고 배울 사람들도 또한 이 법을 의지해야 할 것이다. 그러므로 수행하는 사람들은 결코 밖에서 구하지 말아야 한다. 마음의 바탕은 물듦이 없어서 본래부터 원만히 이루어진 것이니, 다만 허망한 인연만 떠나면 곧 의젓한 부처다. 《수심결》

반야바라밀을 닦아야 부처가 된다

수행자들이여! 무엇을 일러 '반야'라고 하는가?

반야라는 것은 한자로 말하면 지혜다. 어느 곳이나 어느 때나 순간순간 어리석지 아니하고 늘 지혜를 실천하는 것이 곧 반야행이다. 한순간 어리석으면 반야가 끊어지고, 한순간 지혜로우면 반야가 생긴다. 그런데 세상 사람들은 어리석어서 반야를 보지 못하고 입으로는 반야를 말한다. 마음속은 어리석어서 늘 스스로 "나는 반야를 닦는다"고 말하고 순간순간 공을 말하지만, 참된 공은 알지 못한다. 반야는 모습이 없다. 지혜로운 마음이 곧 반야다. 이와 같이 이해한다면, 그것을 곧 반야의 지혜라고 말한다.

무엇을 일러 '바라밀'이라고 하는가?

이것은 인도의 말이다. 우리말로 말하면 '저쪽 언덕을 건너가는 것'이다. 뜻으로 해석하면 생멸법에서 벗어나는 것을 의미한다. 경계에 집착하면 생멸이 일어난다. 마치 물에 물결이 생기는 것과 같은데, 이것을 일러 이쪽 언덕이라고 한다. 경계에서 벗어나면 생멸이 사라진다. 마치 물이 늘 통해서 흐르는 것과 같은데, 이것을 일러 저쪽 언덕이라고 한다. 그러므로 바라밀이라고 부른다. 수행자들이여! 어리석은 사람은 입으로 외우는데, 바로 외우는 그때 망념이 있고 그릇됨이 있다. 그러나 순간순간 실천한다면, 이것을 일러 참다운 성품이라고 한다. 이런 법을 깨닫는 것이 반야법이고, 이런 행을 닦는 것이 반야행이다. 그러므로 반야행을 닦지 않으면 범부이고, 일념으로 반야행을 닦으면 자신이 부처와 같아진다. 《법보단경》

네 가지 두려움 없음

사리불이여, 여래는 네 가지 담대함이 있나니, 그것을 갖추어 여래는 큰 영웅의 위치를 천명하고 대중에서 사자후를 토하고 수승한 바퀴〔梵輪〕를 굴립니다. 무엇이 넷인가?

'그대가 정등각자라고 천명하지만 이러한 법들은 완전히 깨닫지 못했다'라고 하면서 그에 관해 어떤 사문, 바라문, 신, 마라, 범천 혹은 이 세상 어느 누구도 근거 있는 말로 나를 질책할 이런 표상을 보지 못합니다. 사리불이여, 나는 이러한 모습을 보지 못하기 때문에 매우 편안함을 얻고 두려움 없음을 얻고 담대함을 얻어 머뭅니다.

'그대가 번뇌 다한 자라고 천명하지만 이러한 번뇌는 완전히 멸하지 못했다'라고 하면서 그것에 관해 어떤 사문, 바라문, 신, 마라, 범천 혹은 이 세상 어느 누구도 근거 있는 말로 나를 질책할 이런 모습을 보지 못합니다. 사리불이여, 나는 이러한 모습을 보지 못하기 때문에 매우 편안함을 얻고 두려움 없음을 얻고 담대함을 얻어 머뭅니다.

'그대가 설한 장애가 되는 법들을 수용하더라도 전혀 장애가 되지 않는다'라고 하면서 그것에 관해 어떤 사문이, 바라문, 신, 마라, 범천 혹은 이 세상 어느 누구도 근거 있는 말로 나를 질책할 이런 모습을 보지 못합니다. 사리불이여, 나는 이러한 모습을 보지 못하기 때문에 매우 편안함을 얻고 두려움 없음을 얻고 담대함을 얻어 머뭅니다.

'그대가 어떤 목적을 위해 법을 설하더라도 그 법은 그렇게 실천하는 사람을 바르게 괴로움의 소멸로 인도하지 못한다'라고 하면서 그것에 관해 어떤 사문, 바라문, 신, 마라, 범천, 혹은 이 세상 어느 누구도 근거 있는 말로 나를 질책할 이런 모습을 보지 못합니다. 사리불이여, 나는 이러한 모습을 보지 못하기 때문에 매우 편안함을 얻고 두려움 없음을 얻고 담대함을 얻어 머뭅니다.

사리불이여, 나는 이러한 모습을 보지 못하기 때문에 매우 편안함을 얻고 두려움 없음을 얻고 담대함을 얻어 머뭅니다. 사리불이여, 이것이 여래의 네 가지 두려움 없음〔四無畏〕이니, 그 담대함을 갖추어 여래는 큰 영웅의 위치를 천명하고 대중에서 사자후를 토하고 수승한 바퀴를 굴립니다.

사리불이여, 이와 같이 알고 보는 나를 두고 어떤 이가 '사문 고타마는 인간의 법을 초월했고 성자들에게 적합한 지견知見의 특별함이 없다. 사문 고타마는 이론으로 완전 무장해 법을 설하고, 자기의 영감에 따라 검증된 법을 설한다'라고 말한다면, 그는 그 말을 철회하지 않고 그 마음을 버리지 않고 그 견해를 놓아 버리지 않는 한 마치 누가 그를 데려다 놓은 것처럼 지옥에 떨어집니다. 맛지마 니까야《사자후의 긴 경》

부처님만이 가진 위대한 법〔十八不共法〕

모든 부처님은 첫째 몸의 행위에 허물이 없고, 둘째 입에서 나오는 말에 허물이 없고, 셋째 생각에 허물이 없으며, 넷째 모든 중생에 대해 평등한 마음을 가지고, 다섯째 마음에 집중되지 않음이 없고, 여섯째 알지 못하고 버린 것 없다. 일곱째 의욕에 감소함이 없고, 여덟째 정진에 감소함이 없고, 아홉째 기억에 감소함이 없고, 열째 지혜에 감소함이 없고, 열한째 해탈에 감소함이 없고, 열둘째 해탈지견解脫知見에 감소함이 없고, 열셋째 모든 몸의 행위를 지혜롭게 행하고, 열넷째 모든 말의 행위도 지혜롭게 행하고, 열다섯째 모든 마음도 지혜롭게 행하고, 열여섯째 지혜로 과거 생을 아는 것에 막힘이 없고, 열일곱째 지혜로 미래 생을 아는 것에 막힘이 없고, 열여덟째 지혜로 현재의 세상을 아는 것에 막힘이 없는 것이다. 《대지도론》

부처님을 '여래'라고 부르는 이유

춘다여, 만일 과거가 사실이 아니고 옳지 않고 이익을 줄 수 없다고 여기면 여래는 그것을 설명하지 않습니다. 만일 과거가 사실이고 옳더라도 이익을 줄 수 없다고 여기면 여래는 그것을 설명하지 않습니다. 만일 과거가 사실이고 옳고 이익을 줄 수 있다고 하더라도 여래는 그 질문을 설명해줄 바른 시기를 압니다.

춘다여, 만일 미래가 사실이 아니고 옳지 않고 이익을 줄 수 없다고 여기면 여래는 그것을 설명하지 않습니다. 만일 미래가 사실이고 옳더라도 이익을 줄 수 없다고 여기면 여래는 그것을 설명하지 않습니다. 만일 미래가 사실이고 옳고 이익을 줄 수 있다고 하더라도 여래는 그 질문을 설명해줄 바른 시기를 압니다.

춘다여, 만일 현재가 사실이 아니고 옳지 않고 이익을 줄 수 없다고 여기면 여래는 그것을 설명하지 않습니다. 만일 현재가 사실이고 옳더라도 이익을 줄 수 없다고 여기면 여래는 그것을 설명하지 않습니다. 만일 현재가 사실이고 옳고 이익을 줄 수 있다고 하더라도 여래는 그 질문을 설명해줄 바른 시기를 압니다.

춘다여, 이처럼 과거와 미래와 현재의 법들에 대해서 여래는 시기에 맞는 말을 하고, 있는 것을 말하고, 유익한 것을 말하고, 법을 말하고, 율을 말하는 자입니다. 그래서 여래라 부릅니다.

춘다여, 신들을 포함하고 마라를 포함하고 범천을 포함한 세상에서, 사문과 바라문들을 포함하고 신과 인간을 포함한 생명체들이 보고 듣고 생각하고 알고 얻고 탐구하고 마음으로 고찰한 것을 여래는 모두 철저하고 바르게 깨달았습니다. 그래서 여래라 부릅니다.

춘다여, 여래가 위없는 바른 깨달음을 철저하고 바르게 깨달은 그 밤부터 업으로 받은 몸이 없는 완전한 열반의 요소로 완전하게 열반에 드는 그 밤사이에 설하고, 말하고, 가르친 그 모든 것은 같은 것이지 다른 것이 아닙니다. 그래서 여래라 부릅니다.

춘다여, 여래는 설한 그대로 행하는 자이고 행하는 그대로 설하는 자입니다. 이처럼 설한 그대로 행하는 자이고 행하는 그대로 설하는 자라고 해서 여래라 부릅니다.

춘다여, 여래는 신들을 포함하고 마라를 포함하고 범천을 포함한 세상에서, 사문과 바라문을 포함하고 신과 인간을 포함한 존재들 가운데서, 지배자요, 지배되지 않는 자요, 오류가 없이 보는 자요, 자유로운 자입니다. 그래서 여래라 부릅니다.

디가 니까야《정신경》

부처님의 복덕

바라문들이 말했다.

"바라문인 소나단다가 사문 고타마를 보러 가는 것은 적당하지 않습니다. 반대로 사문 고타마가 소나단다 존자를 뵈러 오는 것이 적당합니다."

소나단다가 그 바라문들에게 대답했다.

"존자들이여, 그렇다면 왜 내가 고타마 존자를 뵈러 가는 것이 적당하고, 고타마 존자께서 나를 보러 오는 것이 적당하지 않는지 내 말을 들어보십시오.

존자들이여, 참으로 사문 고타마께서는 부계와 모계 양쪽 모두로부터 순수 혈통을 이어왔고, 일곱 선대 동안 태생에 관한 한 의심할 여지가 없고 나무랄 데가 없습니다. 이런 점 때문에 고타마 존자께서 나를 보러 오는 것은 적당하지 않습니다. 반대로 내가 고타마 존자를 뵈러 가는 것이 적당합니다.

나는 이 정도로만 고타마 존자의 뛰어난 점을 알고 있습니다. 그러나 고타마 존자께서는 이 정도의 뛰어난 점만을 가지고 계시는 것이 아닙니다. 참으로 고타마 존자는 한량없는 뛰어난 점을 가지고 계시기 때문입니다.

존자들이여, 참으로 사문 고타마께서는 많은 친척을 버리고 출가하셨습니다.

사문 고타마께서는 아주 많은 금화와 황금 덩이가 지하에 묻혀 있고 다락에 저장되어 있는 것을 버리고 출가하셨습니다.

사문 고타마께서는 젊은 나이에, 머리카락은 검고 축복받은 젊음을 두루 갖춘 인생의 초년에 집을 떠나 출가하셨습니다.

사문 고타마께서는 부모님은 원치 않아서 눈물 흘리며 우셨지만 머리와 수염을 깎고 물들인 옷을 입고 집을 떠나 출가하셨습니다.

사문 고타마께서는 수려하고 멋지고 훤하며 최상의 외모를 갖추셨으며 숭고한 미와 숭고한 풍채를 가졌으며 친견하기에 모자람이 없는 분이십니다.

사문 고타마께서는 계를 갖추셨고 성스러운 계를 가진 분이고 선한 계를 가진 분이며 선한 계를 구족하신 분입니다.

사문 고타마께서는 선한 말씀을 하시고 선한 말씨를 가졌고 예의 바르고 명확하고 흠이 없고 뜻을 바르게 전달하는 언변을 갖추셨습니다.

사문 고타마께서는 많은 스승의 스승이십니다.

사문 고타마께서는 감각적 욕망을 소멸했고 사사로운 마음이 없으십니다.

사문 고타마께서는 업을 설하시고 도덕적 행위를 설하시며 바라문 사람들에게 아무런 해악을 도모하지 않습니다.

사문 고타마께서는 고귀한 가문에서, 최초의 크샤트리아 가문에서 출가하셨습니다.

사문 고타마께서는 큰 재물과 큰 재산을 가진 부유한 가문에서 출가하셨습니다.

존자들이여, 사람들은 참으로 먼 왕국과 먼 지방에서 사문 고타마께 질문을 하기 위해서 옵니다. 수천 명의 천신이 사문 고타마께 목숨 바쳐 귀의합니다.

사문 고타마께는 이러한 명성이 따릅니다. '세존께서는 아라한이며, 완전히 깨달은 분이며, 명지와 실천을 구족한 분이며, 피안으로 잘 가신 분이며, 세간을 잘 알고 계신 분이며, 가장 높은 분이며, 사람을 잘 길들이는 분이며, 하늘과 인간의 스승이며, 부처님이며, 세존이시다'라고.

사문 고타마께서는 서른두 가지 대인의 모습을 갖추셨습니다. '오십시오, 환영합니다'라고 말씀하시며, 환대하고 만남을 기뻐하시며, 눈살을 찌푸리지 않고 얼굴을 펴고 면전에서 말씀하시는 분입니다.

사문 고타마께서는 사부대중에게 존경받고 존중되고 숭상되고 공경됩니다. 많은 신과 인간들은 사문 고타마께 청정한 믿음을 가지고 있습니다.

사문 고타마께서 어떤 마을이나 성읍에 들어가면 그 마을이나 성읍에 있는 인간이 아닌 존재들이 인간을 해코지하지 않습니다.

사문 고타마께서는 승가를 이끌고 무리를 이끌며 무리의 스승이시니, 각각의 교단 창시자들 가운데 최상이라 불립니다. 보통의 사문이나 바라문들은 이런저런 잡다한 것을 통해서 명성을 얻지만, 사문 고타마의 명성은 그렇지 않습니다. 참으로 사문 고타마의 명성은 위없는 명지와 실천을 구족함을 통해서 얻은 것입니다.

마가다의 빔비사라 왕은 아들과 아내와 측근들과 대신들과 함께 목숨 바쳐 사문 고타마께 귀의했습니다. 코살라의 파사익 왕은 아들과 아내와 측근들과 대신들과 함께 목숨 바쳐 사문 고타마께 귀의했습니다. 사문 고타마께서는 마가다의 빔비사라 왕으로부터 존경받고 존중되고 숭상됩니다. 사문 고타마께서는 코살라의 파사익 왕으로부터 존경받고 존중되고 숭상됩니다. 사문 고타마께서는 뽁카라사띠 바라문으로부터 존경받고 존중되고 숭상됩니다.

존자들이여, 참으로 사문 고타마께서 짬빠 성에 도착하셔서 각가라 호수의 언덕에 머무십니다. 그런데 어떤 사문이든 바라문이든 우리 마을에 오신 분들은 우리의 손님들이십니다. 우리는 손님들을 존경하고 존중하고 숭상해야 합니다. 이제 사문 고타마께서는 도착하셔서 각가라 호수의 언덕에 머무십니다. 사문 고타마께서는 우리의 손님이십니다. 우리는 손님들을 존경하고 존중하고 숭상해야 합니다. 이런 점 때문에 고타마 존자께서 나를 보러 오는 것은 적당하지 않습니다. 반대로 내가 고타마 존자를 뵈러 가는 것이 적당합니다.

나는 이 정도로만 고타마 존자의 뛰어난 점을 알고 있습니다. 그러나 고타마 존자께서는 이 정도의 뛰어난 점만을 가지고 계시는 것이 아닙니다. 참으로 고타마 존자는 한량없는 뛰어난 점을 가지고 계시기 때문입니다."

이렇게 말하자 그 바라문들은 소나단다에게 이렇게 말했다.

"소나단다 존자께서 사문 고타마를 이렇게 칭송해 말씀하시니, 고타마 존자가 100유순 밖에 머문다 할지라도 믿음을 가진 선남자는 그를 뵙기 위해서 도시락을 어깨에 메고라도 가야겠습니다. 존자들이여, 그러니 우리는 모두 사문 고타마를 뵈러 갑시다."

디가 니까야《소나단다 경》

여래의 열 가지 힘〔如來十力〕

비구들이여, 동물의 왕 사자가 해질녘에 굴에서 나옵니다. 굴에서 나와서는 기지개를 켜고, 기지개를 켠 뒤 사방을 두루 굽어봅니다. 사방을 두루 굽어본 뒤 세 번 사자후를 토합니다. 세 번 사자후를 토한 뒤 초원으로 들어갑니다. 무슨 이유로 사자후를 토하는 것인가? '내가 위험한 곳에 가 있는 작은 생명들을 해치지 않기를!' 하는 생각 때문입니다.

비구들이여, 여기서 사자는 여래, 아라한, 정등각자를 두고 한 말입니다. 비구들이여, 여래는 대중에게 법을 설하나니 이것이 그의 사자후입니다. 비구들이여, 여래에게는 열 가지 여래의 힘이 있나니, 이러한 힘을 갖추어 여래는 영웅의 위치를 천명하고 대중에서 사자후를 토하고 수승한 바퀴를 굴립니다. 무엇이 열 가지인가?

비구들이여, 여래는 원인을 원인이라고, 원인이 아닌 것을 원인이 아니라고 있는 그대로 꿰뚫어 압니다.

다시 비구들이여, 여래는 과거, 현재, 미래 행하는 업의 과보를 조건에 따라 원인에 따라 있는 그대로 꿰뚫어 압니다.

다시 비구들이여, 여래는 모든 태어날 곳으로 인도하는 길을 있는 그대로 꿰뚫어 압니다.

다시 비구들이여, 여래는 여러 요소를 가졌고 다양한 요소를 가진 세상을 있는 그대로 꿰뚫어 압니다.

다시 비구들이여, 중생들의 다양한 성향을 있는 그대로 꿰뚫어 압니다.

다시 비구들이여, 여래는 다른 중생과 인간들의 믿음 등 근기의 한계를 있는 그대로 꿰뚫어 압니다.

다시 비구들이여, 여래는 선禪, 해탈, 삼매, 무색계 선정의 번뇌와 깨끗함과 벗어남을 있는 그대로 꿰뚫어 압니다.

다시 비구들이여, 여래는 수많은 전생의 갖가지 삶을 기억합니다.

다시 비구들이여, 여래는 청정하고 인간을 넘어선 천안으로 중생이 죽고 태어나고, 천박하고 고상하고, 잘생기고 못생기고, 좋은 곳에 가고 나쁜 곳에 가는 것을 보고, 중생이 지은 업에 따라 가는 것을 꿰뚫어 압니다.

다시 비구들이여, 여래는 모든 번뇌가 다해 아무 번뇌가 없는 마음의 해탈과 지혜의 해탈을 바로 지금 여기서 스스로 최상의 지혜로 실현하고 갖추어서 머뭅니다. 앙굿따라 니까야《사자경》

부처님께서 때로는 설명하지 않고 침묵하신 이유

어떤 것을 침묵으로 답변함이라 하는가?

만일 어떤 이가 "세간은 항상한 것인가, 무상한 것인가? 항상한 것이기도 하고 또한 무상한 것이기도 한가? 항상한 것도 아니고 무상한 것도 아닌가? 세간은 끝이 있는가, 끝이 없는가? 끝이 있기도 하고 또한 끝이 없기도 한 것인가? 끝이 있는 것도 아니고 끝이 없는 것도 아닌가? 목숨은 곧 몸인가, 목숨과 몸은 다른 것인가? 여래는 돌아가신 뒤에도 계시는 것인가, 계시지 않는 것인가? 계시기도 하고 또한 계시지 않기도 하는가? 계시는 것도 아니고 계시지 않는 것도 아닌가?"라고 물을 때, 이와 같은 이치에 맞지 않는 질문에 대해서는 내버려두고 대답하지 않아야 한다. 이때에는 마땅히 "부처님께서 '이런 질문에는 대답하지 않아야 합니다. 항상하다거나 무상하다는 것 등은 이치에 맞지 않기 때문입니다'라고 말씀하셨다"라고 답변해야 하나니, 이것을 바로 침묵으로 답변함이라 한다.

무엇 때문에 이런 질문을 침묵으로 답변하는가?

이런 질문에 대하여 내버려두고 대답하지 않으면 유익함을 이끌고, 선한 법을 이끌며, 범행을 이끌고, 신통과 지혜를 일으키며,

바른 깨달음을 내고, 열반을 증득하게 하기 때문에 이런 질문에 대해서는 마땅히 내버려 두고 대답하지 않아야 한다.

《집이문족론》〈사법품〉

부처님의 열 가지 다른 이름〔如來十號〕

'여래如來'는 세존께서 말씀하시되 "보살이 최상의 깨달음을 증득한 밤으로부터 붓다가 완전한 열반의 경계에 든 밤까지의 중간에서, 말한 모든 것과 널리 펴고 설법한 모든 것이 다 여여해서 허망함이 없다. 또한 변하거나 달라짐이 없으며, 진실하고, 이치와 같으며, 뒤바뀜이 없어서 사실대로 바른 지혜로써 본 뒤에야 설한 것입니다"라고 하신 것과 같나니, 이 때문에 '여래'라고 한다.

'아라한阿羅漢'은 탐냄, 성냄, 어리석음과 그 밖의 모두 다 끊어야 할 번뇌는 여래가 영원히 끊었고 두루 아셨다. 마치 야자나무의 뿌리와 꼭대기를 다 끊어버려서 다시는 남긴 것이 없는 것처럼, 장차 오는 세상에 영원히 나지 않는 법을 얻으신 것이니, 이 때문에 '아라한'이라 한다.

'정등각正等覺'이라 함은 세존께서 말씀하시되 "존재하는 모든 법의 모든 바른 성품을 모든 지견知見으로 환히 알아 바르고 평등하게 깨달았다"고 하신 것과 같나니, 이 때문에 '정등각'이라 한다.

'명행족明行足'에서 어떤 것이 '명明'인가? 부처님께서 지닌 무학無學*으로서의 삼명이니, 첫째는 무학의 숙명통이요, 둘째는 무학의 천안통이며, 셋째는 무학의 누진통이다. 이것을 '명'이라 한다.

어떤 것이 '행行'인가? 부처님께서 지니고 계신 무학의 몸과 말과 생계의 청정함이니, 이것을 '행'이라 한다. 또 부처님의 으뜸가고 훌륭하신 모든 동작이다. 가고 오시는 것, 돌아보시는 것, 구부리고 펴시는 것, 굽어보고 쳐다보시는 것, 가사를 입으시는 것, 옷과 발우를 수지하시는 것 등이 모두 다 엄숙하고 바르시니, 이것을 '행'이라 한다.

이 '행'과 앞에서 말한 '명'을 한데 묶어 '명행'이라 하며, 여래는 이와 같은 명과 행을 두루 갖추고 원만하게 성취하셨으며, 한결같이 선명하게 밝고, 한결같이 미묘하며, 한결같이 허물이 없으시니, 이 때문에 '명행족'이라 한다.

'선서善逝'는 부처님은 지극히 즐겁고, 안온하고, 힘듦이 없고, 고생이 없이 가시는 묘한 법을 성취하셨으니, 이 때문에 '선서'라 한다.

'세간해世間解'는 다섯 가지 취착하는 무더기를 세간이라 하는데, 여래는 그것을 지견知見으로 분명히 아시면서 바르고 평등하게 깨달으셨으니, 이 때문에 '세간해'라 한다.

'무상사無上士'는 세존께서 말씀하시되 "모든 유정으로서 발 없는 것, 두 발 달린 것, 네 발 달린 것, 여러 발 달린 것과 형상이 있는 것, 형상이 없는 것, 생각이 있는 것, 생각이 없는 것, 생각이 있는 것도 아니고 생각이 없는 것도 아닌 것에서 여래는 가장 첫

* 모든 번뇌를 끊어 더 닦을 것이 없는 아라한, 또는 그 경지.

째라고 일컫습니다"라고 하셨으니, 가장 뛰어나고 가장 높고 가장 위이고, 보다 더 높은 이가 없는 분이니, 이 때문에 '무상사'라고 한다.

'조어장부調御丈夫'는 부처님 세존께서 간략하게 세 가지의 교묘히 다루는 일로써 온갖 교화할 중생을 다루시는 것이다. 첫째는 어떤 무리에게는 한결같이 부드럽게 대하시고, 둘째는 어떤 무리에게는 한결같이 거칠게 대하시며, 셋째는 어떤 무리에게는 부드럽게 또는 거칠게 대하신다.

어떻게 여래는 그 어떤 무리에게는 한결같이 부드럽게 대하시는가? 그들을 위하여 몸의 선행과 몸의 선행으로 받게 되는 과보, 말의 선행과 말의 선행으로 받게 되는 과보, 마음의 선행과 마음의 선행으로 받게 되는 과보, 천상과 인간, 좋은 세계와 즐거운 세계, 열반에 대하여 설하시니, 이것을 바로 '여래는 그 어떤 무리에게는 한결같이 부드럽게 대하신다'고 한다.

어떻게 여래는 그 어떤 무리에게는 한결같이 거칠게 대하시는가? 그들을 위하여 몸의 악행과 몸의 악행으로 받게 되는 과보, 말의 악행과 말의 악행으로 받게 되는 과보, 마음의 악행과 마음의 악행으로 받게 되는 과보, 지옥과 축생과 아귀, 험난한 것과 나쁜 세계에 떨어지는 것에 대하여 설하시니, 이것을 '여래는 그 어떤 무리에게는 한결같이 거칠게 대하신다'고 한다.

어떻게 그 어떤 무리에게는 부드럽게 또는 거칠게 대하시는가? 때로는 그들을 위하여 몸의 선행과 말의 선행과 마음의 선행을 설하기도 하고, 혹은 때로는 그들을 위하여 몸의 선행, 말의 선행, 마음의 선행으로 받게 되는 과보를 설하기도 하며, 혹은 때로는 그들을 위하여 몸의 악행과 말의 악행과 마음의 악행을 설하기도 하고, 혹은 때로는 그들을 위하여 몸의 악행, 말의 악행, 마음의 악행으로 받게 되는 과보를 설하기도 하며, 혹은 때로는 그들을 위하여 천상, 인간, 좋은 세계, 즐거운 세계 및 열반을 설하기도 하고, 혹은 때로는 그들을 위하여 지옥, 축생, 아귀 세계, 험난한 것과 악한 세계에 떨어지는 것에 대하여 설하기도 하시니, 이것을 '여래는 그 어떤 무리에게는 부드럽게 또는 거칠게 대하신다'고 한다.

'천인사天人師'는 세존께서 아난에게 말씀하시되 "나는 비구, 비구니, 우바새, 우바이의 사부대중을 위한 스승일 뿐만 아니라 또한 천상, 악마, 범천, 사문, 바라문 등의 모든 하늘과 인간들을 위한 스승이요, 뛰어난 스승이요, 따르는 스승이며, 사범이요, 뛰어난 사범이요, 따르는 사범이며, 장수이며, 길잡이입니다"고 하신 것과 같나니, 이 때문에 여래를 '천인사'라 한다.

'부처〔佛〕'는 여래의 무학으로서의 지견, 뛰어난 식견, 깨달음, 통찰, 돌이켜 봄, 꿰뚫음 등에 대하여 이미 잘 갖추고 일으키시고, 얻고 성취하셨으니, 이 때문에 '부처'라 한다.

'세존世尊'은 착한 법이 있는 이를 세존이라 하며, 최상의 착한 모든 법을 성취한 까닭이다. 혹은 착한 법을 닦은 이를 세존이라 하나니, 이미 최상의 착한 모든 법을 닦았기 때문이다. 《법온족론》〈증정품〉

불법은 바다와 같다

목련이여, 나의 법에는 여덟 가지 특별함이 있으니 모든 제자가 보고 스스로 즐거워합니다. 무엇이 여덟 가지인가?

모든 물이 흘러 바다로 들어오는 것처럼, 나의 제자들이 점차 계를 배우고 모두가 나의 법으로 들어와 그 안에서 온갖 착한 법을 배웁니다. 목련이여, 이것이 나의 법 가운데 제자들이 보고 좋아하는 첫 번째 특별함입니다.

목련이여, 바닷물이 항상 머물러 있지만 조수潮水의 법칙을 어기지 않는 것처럼, 나의 제자들도 계율 속에 살면서 죽을 때까지 어기지 않습니다. 이것이 나의 법 가운데 제자들이 보고 좋아하는 두 번째 특별함입니다.

목련이여, 비유하자면 다섯 개의 큰 강이 모두 바다로 흘러 들어가면 본래의 이름은 없어지고 바다라고 불리는 것처럼, 나의 법 안에 네 가지 종성인 크샤트리아·바라문·바이샤·수드라 등이 믿음이 견고하고 출가해서 도를 배우면 본래의 계급 이름은 없어지고 모두를 부처님의 제자라고 부릅니다. 목련이여, 이것이 나의 법 가운데 제자들이 보고 좋아하는 세 번째 특별함입니다.

목련이여, 비유하자면 다섯 개의 큰 강과 하늘에서 내리는 비가 모두 바다로 들어와도 바닷물은 늘어나지도 줄어들지도 않는 것처럼, 나의 법에는 믿음이 견고한 여러 착한 이가 출가해서 도를 배우면 모두 무여열반의 경계에 들지만, 무여열반의 경계는 늘지도 줄지도 않는 것과 같습니다. 목련이여, 이것이 제자들이 보고 좋아하는 나의 법 가운데 네 번째 특별함입니다.

목련이여, 비유하자면 모든 바닷물은 짠맛으로 동일한 것처럼, 나의 법도 모두 해탈의 맛으로 동일합니다. 목련이여, 이것이 제자들이 보고 좋아하는 나의 법 가운데 다섯 번째 특별함입니다.

목련이여, 비유하자면 바다는 시체를 받아들이지 않는 것과 같습니다. 설사 시체가 있더라도 큰 파도에 밀려 바닷가로 나오는 것처럼, 나의 법 또한 이와 같아서 시체를 받아들이지 않습니다. 비유하면 시체라는 것은 사문이 아니면서 자신이 사문이라고 말하고, 청정범행을 닦지 않으면서 자신이 청정범행을 닦는다고 말하는 것입니다. 부정하고 더러운 나쁜 법과 삿된 견해로 계를 범해 선업에 장애가 되고, 안이 썩어서 속이 빈 나무와 같아, 비록 승가 대중 속에 앉아 있지만 마음은 언제나 승가를 떠나 있고 멀리해, 결국에는 멀리 떠나버리는 것과 같습니다. 목련이여, 이것이 제자들이 보고 좋아하는 나의 법 가운데 여섯 번째 특별함입니다.

목련이여, 비유하자면 큰 바다에는 육지에 없는 진귀한 보물들이 많이 나오는 것과 같습니다. 진귀한 보물이란 금, 은, 진주, 유리, 산호, 자거, 마노입니다. 나의 법에도 또한 진귀한 보물이 많이 나옵니다. 진귀한 보물이란 사념처, 사정근, 사여의족, 사선정, 오근, 오력, 칠각지, 팔정도입니다. 목련이여, 이것이 제자들이 보고 좋아하는 나의 법 가운데 일곱 번째 특별함입니다.

목련이여, 비유하자면 바다에는 몸이 큰 중생이 살고 있는 것과 같습니다. 몸이 큰 것은 길이가 100유순에서 700유순까지입니다. 이와 같이 목련이여, 나의 법에도 또한 커다란 몸을 받습니다. 커다란 몸이란 승가 대중 가운데 수다원도, 수다원과를 얻고, 나아가서 아라한도, 아라한과를 얻는 것입니다. 목련이여, 이것이 제자들이 보고 좋아하는 나의 법 가운데 여덟 번째 특별함입니다. 《사분율》

부처님의 자비가 없다면 중생은 성불할 수 없다

옛날 부처님은 도를 깨달아 성취한 그곳에서 생멸하는 마음을 소멸시켰다. 또한 적멸한 경지에도 머무르지 않으셨으니, 이를 두고 적멸을 드러내 보이셨다고 말한다. 이러한 적멸의 경지에는 두 가지 수승함이 있다. 첫 번째가 위로 모든 부처님의 원력에 부합해 모든 부처님과 동일한 큰 자애〔大慈〕의 힘을 내는 것이고, 둘째가 아래로 육도 중생에게 부합해 모든 중생과 동일한 큰 연민〔大悲〕를 우러르는 것이다. 이것이 대자대비를 갖추어 악도 중생을 구제한다고 하는 것이다. 중생은 깨닫지 못했기 때문에 생사를 윤회한다. 먼저 깨달은 사람이 만일 자비가 없다면 어떻게 중생 세계를 건질 수 있겠는가? 《대혜어록》

지혜로운 사람은 바위나 호수와 같다

단단한 바위가
바람에 움직이지 않듯이

지혜로운 사람들은
칭찬과 비난에 흔들리지 않는다.

깊은 호수가
맑고 고요하듯이
지혜로운 사람들은
가르침을 듣고 고요해진다. 《법구경》

잠 못 드는 사람에게 밤은 길다

잠 못 드는 사람에게 밤은 길고
지친 사람에게는 1유순도 멀다.
바른 진리를 모르는
어리석은 사람에게 윤회는 멀기만 하다.

인생의 길에서 자기보다 낫거나
동등한 사람을 찾지 못하면
단호하게 홀로 가라.
어리석은 자와의 우정은 필요 없다. 《법구경》

삼층 누각의 비유

옛날에 어떤 미련한 부자가 있었다. 그는 다른 부잣집에 갔다가 높고 넓으며 웅장하고 화려하며 시원하고 밝은 삼층 누각을 보았다. 그러자 부러운 마음이 들어 이렇게 생각했다.

'나의 재물은 저 사람보다 못하지 않다. 그런데 왜 나는 지금까지 저런 누각을 짓지 않았을까?'

이런 생각을 하고는 곧 목수를 불러서 물었다.

"저 누각처럼 아름다운 누각을 지을 수 있겠는가?"

목수가 대답했다.

"저 집은 제가 지은 누각입니다."

"지금 나를 위해 저런 누각을 지어달라."

이에 목수는 곧 땅을 재고 벽돌을 쌓아 누각을 짓기 시작했다. 미련한 부자는 벽돌을 쌓아 집을 짓는 것을 보고도 의혹이 생겨 분명하게 알 수가 없어서 목수에게 물었다.

"어떤 누각을 지으려는가?"

"삼층 누각을 지으려 합니다."

목수가 대답하자 미련한 부자가 다시 말했다.

"나는 아래 두 층은 필요 없다. 우선 나를 위해 맨 위층부터 지어라."

"그렇게는 할 수 없습니다. 어떻게 맨 아래층을 짓지 않고 이층을 지을 수 있으며, 이층을 짓지 않고 삼층을 지을 수가 있겠습니까?"

목수가 이렇게 설명했지만, 미련한 부자는 다시 고집을 피우며 말했다.

"내게는 지금 아래 두 층은 필요 없다. 그러니 나를 위해 반드시 맨 위층만 먼저 지어달라."

그때 사람들은 이 말을 듣고 모두 비웃었다.

"어떻게 맨 아래층을 짓지 않고 위층을 짓겠는가?"

이것을 비유하면, 부처님의 제자들이 부지런히 삼보를 공경하지 않고 게을리 놀면서 "나는 지금 아래 세 가지 지위는 필요 없고, 오직 아라한의 지위만을 증득하고 싶다"고 말하는 것과 같다. 그가 세상 사람들의 비웃음을 받는 것도 저 미련한 부자와 다름이 없을 것이다. 《백유경》

배를 타고 가다가 그릇을 잃어버린 이야기

옛날에 어떤 사람이 배를 타고 바다를 건너다가 은그릇 하나를 물속에 떨어뜨려 잃어버렸다. 그는 가만히 생각했다.

'지금 물에 금을 그어 표시를 해 두고 나중에 다시 와서 찾아야겠다.'

그는 두 달이나 걸려 사자국獅子國에 이르렀다. 그는 거기서 어떤 강물을 보자, 뛰어들어 전에 잃어버렸던 그릇을 찾으려고 했다. 사람들이 물었다.

"거기서 무엇을 하는가?"

그가 대답했다.

"내가 전에 그릇을 잃어버렸는데, 지금 그것을 찾으려고 합니다."

"어디서 잃어버렸는가?"

"바다에 처음 들어서자마자 잃어버렸습니다."

"잃어버린 지 얼마나 되었는가?"

"잃어버린 지 두 달쯤 되었습니다."

"잃은 지 두 달이나 되었는데 어떻게 그것을 찾겠는가?"

"내가 그릇을 잃어버렸을 때 물에 금을 그어 표시해 두었는데, 전에 표시해 두었던 물이 이 물과 다름이 없다. 그렇기 때문에 찾을 수 있을 것입니다."

사람들이 또다시 물었다.

"물은 비록 그때와 다르지 않지만, 그대는 예전에 저기서 잃어버린 것을 지금 여기서 찾는다. 그러니 어떻게 찾을 수 있겠는가?"

사람들은 모두 그를 크게 비웃었다. 이것은 마치 외도들이 바른 행위를 닦지 않고 선행을 흉내 내고, 고행을 해야 해탈할 수 있다고 잘못 생각하는 것과 같다. 《백유경》

8절

보살의 발원

보살의 의미

선생善生 장자가 물었다.

"세존이시여, 어떤 의미에서 보살이라고 합니까?"

부처님께서 말씀하셨다.

"깨달음을 얻을 수 있기 때문에 보살이라 하고, 깨달음의 성품을 가졌기 때문에 보살이라고 한다." 《우바새계경》〈집회품〉

부처님께서 처음 보리심을 낸 이유

법혜보살이 부처님께서 보리심을 낸 이유를 말했다.

"여래의 종성種性이 끊어지지 않게 하기 위한 까닭이며, 일체 세계에 두루 가득하게 하기 위한 까닭이며, 일체 세계의 중생을 제도하여 해탈케 하기 위한 까닭이며, 일체 세계의 이루고 무너짐을 다 알기 위한 까닭이며, 일체 세계에 있는 중생의 때 묻고 깨끗함을 다 알기 위한 까닭이며, 일체 세계의 자성이 청정함을 다 알기 위한 까닭이니라.

일체중생의 욕락과 번뇌와 습기習氣를 다 알기 위한 까닭이며, 일체중생이 이곳에서 죽어서 저곳에 태어나는 것을 다 알기 위한 까닭이며, 일체중생의 모든 근성과 방편을 다 알기 위한 까닭이며, 일체중생의 마음의 행을 다 알기 위한 까닭이며, 일체중생의 삼세의 지혜를 다 알기 위한 까닭이며, 일체 부처님의 경계가 평등함을 다 알기 위한 까닭으로 가장 높은 보리심을 내었느니라."

《화엄경》〈초발심공덕품〉

우바이 위사카의 보시 서원

그때 녹자모鹿子母 위사카는 여러 가지 훌륭한 음식을 준비하고 하녀에게 말했다.

"이보게, 사원으로 가서 '세존이시여, 때가 되었습니다. 공양이 준비되었습니다'라고 공양 때가 되었음을 알리게."

"마님, 알겠습니다."

하녀는 위사카에게 대답한 뒤 사원에 갔다. 그녀는 그곳에서 비구들이 옷을 벗고 몸을 비에 씻는 것을 보았다. 보고 나서 '사원에는 비구들이 없다. 외도外道들이 몸을 비에 씻는다'라고 생각해 위사카가 있는 곳으로 돌아와서 이렇게 말했다.

"마님, 사원에 비구스님들이 없었습니다. 외도들이 몸을 비에 씻고 있었습니다."

위사카는 현명하고 총명하고 슬기로워서 이와 같이 생각했다.

'틀림없이 고귀한 분들이 옷을 벗고 몸을 비에 씻고 있었을 것이다. 이 우둔한 여자가 '사원에는 비구스님들이 없다. 외도들이 몸을 비에 씻고 있다'라고 생각한 것이다.'

위사카는 다시 하녀에게 말했다.

"이보게, 사원으로 가서 '세존이시여, 때가 되었습니다. 공양이 준비되었습니다'라고 공양 때가 되었음을 알리게."

한편 부처님께서는 비구들에게 이렇게 이르셨다.

"비구들이여, 발우와 옷을 챙기시오. 공양할 시간입니다."

"세존이시여, 알겠습니다."

비구들이 부처님께 대답했다. 그때 부처님께서는 아침 일찍 옷을 입고, 발우를 들고 가사를 두르고 마치 힘센 사람이 굽힌 팔을 펴고 굽히는 듯한 그 잠깐 사이에 기타 숲에서 모습을 감추시더니 위사카의 집 앞에 모습을 나타내셨다 그리고 부처님께서는 비구 승가와 마련된 자리에 앉으셨다.

위사카는 '존자들이여, 아주 놀라운 일입니다. 존자들이여, 예전에 없던 일입니다. 여래께서는 무릎까지 폭우가 내려도, 허리까지 폭우가 내려도 한 비구도 발이나 옷을 적시지 않을 정도로 크나큰 신통과 크나큰 위력을 지녔습니다!'라고 생각하며, 떨 듯이 기뻐하면서 부처님을 비롯한 비구 승가에 여러 가지 훌륭한 음식을 손수 제공해 대접하고, 부처님께서 공양을 마치고 발우에서 손을 뗄 때까지 한쪽으로 물러나 앉았다. 한쪽으로 물러나 앉은 위사카는 부처님께 이와 같이 말씀드렸다.

“세존이시여, 저는 세존께 여덟 가지 서원을 청합니다.”

“위사카여, 여래는 서원을 뛰어넘었습니다.”

“세존이시여, 허용될 수 있는 것들이고 허물이 없는 것들입니다.”

“위사카여, 말씀해보십시오.”

“세존이시여, 저는 살아 있는 한 승가에 목욕옷을 보시하고, 이곳으로 오는 스님에게 음식을 보시하고, 유행을 떠나는 스님에게 음식을 보시하고, 병든 스님에게 음식을 보시하고, 간병하는 스님에게 음식을 보시하고, 환자에게 약을 보시하고, 항상 죽을 보시하고, 비구니 승가에 목욕옷을 보시하기를 원합니다.”

“위사카여, 그대는 어떠한 인연을 보고 여래에게 여덟 가지 서원을 청합니까?”

“세존이시여, 저는 하녀에게 이와 같이 ‘이보게, 사원으로 가서 ‘세존이시여, 때가 되었습니다. 공양이 준비되었습니다’라고 공양 때가 되었음을 알리게’라고 말했습니다. 세존이시여, 그런데 그 하녀는 사원에 가서 비구스님들이 옷을 벗고 몸을 비에 씻는 것을 보고 ‘사원에는 비구스님들이 없다. 외도들이 몸을 비에 씻는다’라고 생각하고 제가 있는 곳으로 돌아왔습니다. 가까이 와서 제게 ‘마님, 사원에 비구스님들이 없었습니다. 외도들이 몸을 비에 씻고 있었습니다’라고 말했습니다. 세존이시여, 벌거벗은 몸은 불결하고 혐오스럽고 역겹습니다. 세존이시여, 저는 이러한 인연을 보면서 살아 있는 한 승가에 목욕옷을 보시하기를 원합니다.

세존이시여, 또한 여기로 오시는 스님들은 길에 밝지 못하고 지리에 밝지 못해 어렵게 탁발하러 다닙니다. 그분이 탁발하러 오는 자에게 보시하는 저의 음식을 먹는다면, 길에 밝고 지리에 밝아져서 쉽게 탁발하러 다니실 것입니다. 세존이시여, 저는 이러한 인연을 보면서 살아 있는 한 승가에 오시는 스님들께 음식을 보시하기를 원합니다.

세존이시여, 또한 유행을 떠나는 스님들은 스스로 음식을 찾아다니다가 대열에서 뒤처지거나 가고자 하는 처소가 있더라도 때아닌 때에 도착하거나 어렵게 길을 갈 것입니다. 그분이 유행을 떠나는 자에게 보시하는 저의 음식을 먹는다면, 대열에서 뒤처지지 않고 가고자 하는 처소가 있으면 제때에 도착하고 쉽게 길을 갈 것입니다. 세존이시여, 저는 이러한 인연을 보면서 살아 있는 한 승가에 유행을 떠나는 스님들께 음식을 보시하기를 원합니다.

세존이시여, 또한 병든 스님들은 알맞은 음식을 얻지 못하면 병이 심해져 죽을 수도 있습니다. 그분이 병든 스님에게 주는 저의 음식을 먹는다면, 병이 심해지지 않고 죽지 않을 수도 있습니다. 세존이시여, 저는 이러한 인연을 보면서 살아 있는 한 승가에 병든 스님들께 음식을 보시하기를 원합니다.

세존이시여, 또한 간병하는 스님은 스스로 음식을 구하다가 환자에게 정오가 지난 뒤에 음식을 가져오면 환자는 음식을 먹을 수가 없습니다. 그분이 간병하는 스님에게 주는 저의 음식을 먹는다면, 환자에게 제때 음식을 가져와서 환자는 음식을 먹을 수가 있습니다. 세존이시여, 저는 이러한 인연을 보면서 살아 있는 한 승가에 간병하는 스님들께 음식을 보시하기를 원합니다.

세존이시여, 또한 병든 스님들은 적당한 약을 얻지 못하면 병이 심해져 죽을 수도 있습니다. 그분이 병든 스님에게 주는 저의 약을 먹는다면, 병이 심해지지도 않고 죽지 않을 수도 있습니다. 세존이시여, 저는 이러한 인연을 보면서 살아 있는 한 승가에 병든 스님들께 약을 보시하기를 원합니다.

세존이시여, 또한 세존께서는 안다까윈다 마을에서 열 가지 공덕을 보며 죽을 허용하셨습니다. 세존이시여, 저는 이러한 공덕을 보면서 살아 있는 한 승가에 항상 죽을 보시하기를 원합니다.

세존이시여, 여기 비구니스님들이 아찌라와띠 강에서 기녀들과 함께 같은 나루터에서 목욕을 하고 있었습니다. 세존이시여, 기녀들이 비구니스님들을 희롱했습니다. '존귀한 여인들이여, 그대들은 청정한 삶을 영위하기에는 너무 젊지 않습니까? 감각적 쾌락을 즐기면 어떻겠습니까? 늙으면 그때 청정한 삶을 살 수 있습니다. 그렇게 하면 그대들은 두 가지 이익을 얻을 수 있습니다.' 세존이시여, 그 기녀들에게 희롱당한 비구니스님들의 얼굴이 붉어졌습니다. 세존이시여, 여인의 벌거벗은 몸은 불결하고 혐오스럽고 역겹습니다. 세존이시여, 저는 이러한 인연을 보면서 살아 있는 한 비구니 승가에 목욕옷을 보시하기를 원합니다."

"위사카여, 그대는 어떠한 공덕을 보면서 여래에게 여덟 가지 서원을 청하는 것입니까?"

"세존이시여, 여기 사방에서 안거를 보낸 비구스님들이 있는데,

사위성으로 세존을 뵈러 올 것입니다. 그들은 세존께 다가와서 '세존이시여, 이러이러한 비구가 죽었습니다. 그의 갈 곳은 어디이고 미래의 운명은 어떠합니까?'라고 질문할 것입니다. 세존께서는 그에게 수다원이나 사다함이나 아나함이라고 설명할 것입니다.

그때 저는 그들에게 다가가서 '존자여, 존자께서는 예전에 사위성에 온 적이 있습니까?'라고 질문할 것입니다. 만일 그들이 '전에 그 비구스님이 사위성에 온 적이 있다'라고 대답하면, 그것에 대해 '틀림없이 그 존자는 내가 제공하는 목욕옷이나, 오는 자를 위한 음식이나, 유행을 떠나는 자를 위한 음식이나, 병든 자를 위한 음식이나, 간병하는 자를 위한 음식이나, 환자를 위한 약이나, 항상 죽을 받았을 것이다'라고 생각할 것입니다. 그것을 기억하면서 저에게 희열이 생겨날 것입니다. 희열이 생겨나면 기쁨이 생겨날 것입니다. 기쁨이 생겨나면 몸이 평안해질 것입니다. 몸이 평안해지면 행복을 느끼고, 행복을 느끼면 마음이 집중됩니다. 그것은 곧 저의 감각 능력의 계발, 힘의 계발, 깨달음의 구성요소 계발로 이끌 것입니다. 세존이시여, 저는 이러한 공덕을 보면서 여래께 여덟 가지 서원을 청합니다."

"훌륭합니다, 위사카여. 훌륭합니다, 위사카여. 그대가 이러한 공덕을 보면서 여래에게 여덟 가지 서원을 청하는 것은 훌륭한 일입니다. 위사카여, 그대의 여덟 가지 서원을 허용합니다."

율장《대품》

가난한 여인의 등 공양

사위성에 난다라는 이름의 가난한 여인이 있었다. 그녀는 구걸하면서 하루하루를 살아갔다. 어느 날 그녀는 모든 사람이 부처님과 스님들께 공양하는 것을 보고는 가만히 생각했다.

'나는 전생에 무슨 죄를 지었기에 빈천한 집에 태어나, 복밭을 만났어도 드릴 것이 없을까?'

못내 괴로워하고 마음 아파하면서 작은 공양이라도 올리려고, 나가서 하루 종일 구걸했지만 겨우 1전을 얻었다. 그녀는 그것을 가지고 기름집으로 가서 기름을 사려고 했다. 기름집 주인은 물었다.

"1전어치 기름을 사봐야 너무 적어서 쓸 데가 없을 텐데, 무엇에 쓰려는가?"

난다 여인은 사정을 자세히 이야기했다. 기름집 주인은 그녀를 가엾이 여겨 기름을 갑절로 주었다. 그녀는 그것을 얻고 매우 기뻐하며 등불 하나를 만들어 가지고 절로 갔다. 그녀는 그 등불을 부처님께 바친 뒤 부처님 앞에 있는 여러 등불 가운데 두었다. 그리고 서원을 세웠다.

'저는 지금 가난해서 부처님께 이 작은 등불밖에 공양할 수 없습니다. 하지만 이 공덕으로 다음 생에 지혜의 광명을 얻어 일체 중생의 어둠을 없애게 하소서.'

밤이 지나 다른 등불은 모두 꺼졌으나 그 등불만은 환하게 켜져 있었다. 날이 밝자 목련이 등불들을 끄려다가 한 등불만이 홀로 밝게 타고 있는 것을 보았다. 목련은 밝은 대낮에 등불을 켜 둘 필요가 없어 그것을 끄려 했다. 그러나 불꽃은 꺼지지 않았다. 부처님께서는 목련이 그 등불을 끄려 하는 것을 보시고 말씀하셨다.

"그 등불은 그대가 끌 수 없다. 그대가 큰 바다의 물을 거기에 쏟아붓거나 산바람으로 불어도 그것은 꺼지지 않는다. 왜냐하면 그 등불은 일체중생을 건지려고 큰마음을 낸 사람이 보시한 등불이기 때문이다."

부처님께서 이렇게 말씀하시자, 난다 여인은 다시 부처님께 나아가 예배했다. 부처님께서는 곧 그녀에게 수기를 주셨다.

"그대는 다음 세상 두 아승기와 백 겁을 지나 등광燈光이라는 부처가 될 것이고, 십호十號를 완전히 갖출 것이다."

난다 여인은 수기를 받고 기뻐하며 출가하기를 원했다. 부처님께서는 곧 허락하시어 그녀는 비구니가 되었다. 《현우경》

자기 몸을 보시한 토끼의 공양

옛날에 120세인 어떤 바라문이 있었다. 그는 젊어서부터 음욕이 없어 결혼도 하지 않고, 사람이 없는 깊은 산에 살았다. 띠풀을 엮어 집을 삼고 쑥대로 깔고 앉는 자리를 삼으며, 물과 과실로 음식을 삼아 어떤 재물도 쌓아 두지 않았다. 마음은 일 없이 고요한 곳에 있어서, 산에서 오래 살면서 날마다 짐승들과 즐겁게 지냈다. 그곳에는 네 마리 짐승이 있었는데, 여우와 원숭이와 수달과 토끼였다.

네 마리 짐승은 날마다 그 도인에게서 경전과 계율의 법을 들었다. 이렇게 오랜 세월이 지나자 그 많던 과일과 열매가 모두 없어지고 말았다. 그래서 도인은 다른 곳으로 옮겨 가려 했다. 네 마리 짐승은 큰 시름에 빠져 서로 의논했다.

"우리가 각자 도인을 위해 공양할 것을 구해오자."

원숭이는 다른 산으로 가서 맛있는 과실을 가져와 도인에게 바치며 떠나지 말기를 마음으로 원했다. 여우는 사람으로 변해 한 포대 쌀과 보릿가루를 구해와서 도인에게 바쳤다. 그것은 한 달 양식은 되었다. 그리고 머무르기를 원했다. 수달은 물에 들어가 큰 물고기를 잡아와서 도인에게 바쳤다. 그것도 한 달 양식은 되었다. 그리고 떠나지 말기를 원했다. 토끼는 생각했다.

'나는 무엇으로 저 도인을 공양할까? 나는 내 몸으로 공양하자.'

그리고 나뭇가지를 주워와 불을 붙이고는 도인에게 가서 말했다.

"지금 저는 드릴 것이 없으니, 이 불 속에 들어가 내 몸을 구워서 도인께 바칩니다. 하루 양식은 될 것입니다."

그러고는 불 속에 몸을 던졌다. 도인은 토끼를 보고 그 정성에 감동해 그곳을 떠나지 않고 계속 머물렀다. 부처님께서 말씀하셨다.

"그때의 저 바라문은 제화갈提和竭 부처님이었고, 토끼는 나였으며, 원숭이는 사리불이었고, 여우는 아난이며, 수달은 목련이었다." 《구잡비유경》

선업은 마치 배와 같다

밀린다 왕이 나가세나에게 물었다.

"나가세나 존자여, 당신들은 이와 같이 말합니다. '가령 백 년 동안 악행을 하더라도 임종에 이르러 한 번 부처님을 생각할 수 있다면 그 사람은 천상에 태어날 수가 있다'라고. 나는 이 말을 믿지 않습니다. 또 당신들은 이와 같이 말합니다. '한 번 살생을 했더라도 지옥에 떨어질 것이다'라고. 나는 이 말도 믿지 않습니다."

"대왕이여, 당신은 어떻게 생각하십니까? 작은 돌이라도 배가 없이 물 위에 뜰 수 있겠습니까?"

"존자여, 그렇지는 않습니다."

"대왕이여, 백 대의 수레에 실을 만큼 많은 돌이라도 배에 싣는다면 물 위에 뜰 수 있겠습니까?"

"존자여, 그렇습니다. 물 위에 뜰 것입니다."

"대왕이여, 선업善業은 마치 배와 같다고 보아야 할 것입니다."

"잘 알았습니다, 나가세나 존자여." 《밀린다왕문경》

보살의 큰 자비행

관자재보살이 오른손을 펴서 선재동자의 정수리를 만지며 이렇게 말했다.

"장하고 장하다, 선남자여! 그대는 이미 최상의 깨달음을 내었구나. 나는 보살의 '크게 연민하는 마음으로 빨리 행하는 해탈문'

을 성취했다. 나는 이 보살의 대비행大悲行으로 평등하게 중생을 교화하고, 거두어주며 조복하기를 끊이지 아니하노라. 선남자여, 나는 항상 대비행에 머물러 있으면서 모든 여래 계신 데도 늘 있고, 모든 중생 앞에도 늘 나타나서 교화할 수 있는 대로 이익을 주는데, 혹은 보시로 중생을 거두어주고, 혹은 사랑하는 말로 중생을 거두어주며, 혹은 이익되는 행동을 해 중생을 거두어주고, 혹은 함께 일을 하면서 중생을 거두어주며, 갖가지 신기한 몸을 나타내어 중생을 거두어주기도 하고, 여러 헤아릴 수 없는 빛깔과 깨끗한 광명을 나타내어 중생을 거두어주기도 하며, 혹은 좋은 음성과 말로써 하기도 하고, 혹은 위의와 훌륭한 방편으로 하기도 하며, 혹은 법을 말하고, 혹은 신통 변화를 나타내어 그들로 하여금 깨닫고 성취하게 하기도 하며, 혹은 갖가지 외모와 갖가지 가문과 갖가지 태어나는 곳과 같은 종류의 형상을 나타내어 그들과 함께 있으면서 성숙하게 한다."

《화엄경》〈입부사의해탈경계보현행원품〉

중생들을 먼저 교화하라

공덕림보살이 대중에게 말했다.

"보살이 이렇게 중생을 관찰하고는 이런 생각을 하느니라. '만약 이 중생들이 성숙되지 못하고, 조복되지 못한 것을 그냥 내버려두고 최상의 깨달음을 증득한다는 것은 차마 못할 일이다. 내가 먼저 중생들을 교화하면서 말할 수 없는 세월에 보살의 행을 행하되, 성숙하지 못한 이를 성숙케 하고, 조복하지 못한 이를 먼저 조복케 하리라' 하느니라." 《화엄경》〈십행품〉

부처님 형상을 생각하고 미륵의 이름을 부른 공덕

부처님께서 우바리에게 말씀하셨다.

"미륵보살이 염부제를 떠나 도솔천에 태어나는 인연은 다음과 같다. 부처님이 열반한 뒤에 모든 나의 제자가 부지런히 정진하고, 모든 공덕을 닦아 위의를 빠짐없이 하며, 탑을 청소하고 땅을 바르게 하고 좋은 향과 묘한 꽃으로써 공양한다. 그리고 여러 삼매를 행하고 바른 선정에 깊이 들어가 경전을 읽고 외운다면, 이러한 사람들은 지극한 마음이기 때문에 비록 번뇌를 끊지는 못하더라도 여섯 가지 신통을 얻은 것과 같다.

또 생각을 하나로 모아 부처님 형상을 생각하고 미륵의 이름을 부른다면, 이들도 한 찰나 사이에 팔재계八齋戒를 받고, 청정한 업을 닦아 큰 서원을 내서 목숨을 마친 뒤에는 마치 장사가 팔을 한 번 굽혔다 펴는 그러한 찰나에 곧 도솔천에 왕생해 연꽃 위에서 결가부좌하고 있을 것이다.

수많은 천신들이 하늘의 악기를 연주하며, 하늘의 만다라꽃과 마하만다라꽃을 그 위에 흩날리며 찬탄해 말하기를, '훌륭하고 훌륭합니다, 선남자여. 당신이 염부제에서 널리 복된 업을 닦았기에 이곳에 태어났습니다. 이곳은 도솔천이고, 이 천상세계의 주인의 이름은 미륵입니다. 당신은 반드시 귀의해야 합니다'라고 한다.

이 음성에 따라 예배하고 나서 백호白毫 모습의 광명을 자세히 본다면 90억 겁 동안 지은 생사의 죄를 초월한다. 이때 보살은 그가 지었던 인연에 따라 묘법妙法을 설해서 위없는 도심道心에서 물러나지 않게 할 것이다.

이러한 중생이 만일 모든 업을 깨끗이 해서 여섯 가지 일의 법을 행한다면, 도솔천에 왕생해 미륵을 만날 것이 틀림없으며, 또 미륵을 따라 염부제에 내려와서도 제일 먼저 법을 들어 미래세에 현겁賢劫*의 모든 부처님을 만날 것이다." 《미륵상생경》

열반으로 인도하는 사성제

부처님께서는 코삼비 심사빠 숲에 머무셨다. 부처님께서는 심사빠 나무 잎사귀들을 손에 조금 들고 비구들을 불러서 말씀하셨다.

"비구들이여, 이를 어떻게 생각합니까? 내가 손에 조금 들고 있는 이 잎사귀들과 저 숲 전체에 있는 잎사귀들 가운데 어느 것이 더 많습니까?"

"세존이시여, 세존께서 손에 조금 들고 계시는 그 잎사귀들은 아주 적습니다. 저 숲 전체에 있는 잎사귀들이 훨씬 많습니다."

"비구들이여, 그와 같이 내가 최상의 지혜로 안 것들 가운데 내

* 과거겁〔住劫〕, 현재겁〔賢劫〕, 미래겁〔星宿劫〕 가운데 현재의 겁으로 구류손 부처님을 시작으로 구나함모니 부처님, 가섭 부처님 그리고 석가모니 부처님 등 1천 부처가 출현한다고 한다.

가 가르치지 않은 것이 훨씬 많습니다. 내가 가르친 것은 아주 적습니다. 비구들이여, 그러면 나는 왜 가르치지 않았겠습니까?

비구들이여, 그것들은 이익을 주지 못하고, 그것들은 청정범행의 시작에도 미치지 못하고, 세상에 대한 역겨움으로 인도하지 못하고, 탐욕의 빛바램으로 인도하지 못하고, 소멸로 인도하지 못하고, 고요함으로 인도하지 못하고, 최상의 지혜로 인도하지 못하고, 바른 깨달음으로 인도하지 못하고, 열반으로 인도하지 못하기 때문입니다. 그래서 나는 그것들을 가르치지 않았습니다.

비구들이여, 그러면 나는 무엇을 가르쳤습니까? 비구들이여, 나는 이것은 괴로움이라고 가르쳤습니다. 나는 이것은 괴로움의 일어남이라고 가르쳤습니다. 나는 이것은 괴로움의 소멸이라고 가르쳤습니다. 나는 이것은 괴로움의 소멸로 인도하는 길이라고 가르쳤습니다.

비구들이여, 그러면 왜 나는 이것을 가르쳤습니까? 비구들이여, 이것은 참으로 이익을 주고, 이것은 청정범행의 시작이고, 세상에 대한 역겨움으로 인도하고, 탐욕의 빛바램으로 인도하고, 소멸로 인도하고, 고요함으로 인도하고, 최상의 지혜로 인도하고, 바른 깨달음으로 인도하고, 열반으로 인도하기 때문입니다. 그래서 나는 이것을 가르쳤습니다." 상윳따 니까야《심사빠숲 경》

신통력보다 뛰어난 가르침의 기적

부처님께서 상가와라 바라문에게 말씀하였다.

“하나인 채 여럿이 되기도 하고 여럿이 되었다가 하나가 되기도 합니다. 나타났다 사라졌다 하고 벽이나 담이나 산을 아무런 장애 없이 통과하기를 마치 허공에서처럼 합니다. 땅에서도 떠올랐다 잠겼다 하기를 물속에서처럼 합니다. 물 위에서 빠지지 않고 걸어가기를 땅 위에서처럼 합니다. 가부좌한 채 허공을 날아가기를 날개 달린 새처럼 합니다. 저 막강하고 위력적인 태양과 달을 손으로 만져 쓰다듬기도 하며, 심지어는 저 멀리 범천의 세상에까지도 몸의 자유자재함을 나타냅니다. 바라문이여, 여기 어떤 자는 여러 가지 신족통을 나툽니다. 이를 일러 신통의 기적이라 합니다.

여기 어떤 자는 드러나는 몸짓과 인간이나 인간이 아닌 존재나 신의 소리를 듣거나, 혹은 일으킨 생각과 지속적인 고찰과 일으킨 생각의 여파로 인해 무의식으로 내는 소리를 듣고 아는 것이 아니라, 일으킨 생각과 지속적인 고찰 없이 삼매에 들어 자기의 마음으로 남의 마음을 꿰뚫어 압니다. ‘이 존자는 마음이 잘 안정되었기 때문에 지금 이 마음 바로 다음에는 이러한 생각을 일으킬 것이다’라고. 그가 많은 사람에게 말을 하더라도 말한 대로 됩니다. 그렇지 않은 것이 없습니다. 이를 일러 남의 마음을 알아 드러내는 기적이라 합니다.

여기 어떤 자는 이렇게 남을 가르칩니다. ‘이렇게 생각하라. 이렇게 생각하지 마라. 이렇게 마음 기울여라. 이렇게 마음 기울이지 마라. 이것을 버려라. 이것에 들어 머물라’라고. 바라문이여, 이를 일러 가르침의 기적이라 합니다.

이들 셋 가운데 어떤 것이 더 뛰어나고 더 수승하여서 좋다고 생각합니까?"

상가와라 바라문이 대답했다.

"앞의 두 가지 기적은 그것을 나투는 자만이 그것을 경험하고, 그것을 나투는 자만의 것입니다. 이것은 마치 환영과 비슷한 것입니다. 그에 비해 가르침의 기적은 세 가지 기적 가운데서 더 뛰어나고 수승하여서 좋습니다." 앙굿따라 니까야《상가와라 경》

인욕으로 전법을 한 부루나

"부루나여, 그대는 이렇게 간략하게 나의 법문을 들었습니다. 이제 어느 지방에서 머물려고 하십니까?"

"세존이시여, 세존께서 이렇게 간략하게 법문을 설해주셨으니, 저는 수로나라는 지방에서 머물고자 합니다."

"부루나여, 수로나 사람들은 거칩니다. 부루나여, 수로나 사람들은 사납습니다. 부루나여, 만일 수로나 사람들이 그대에게 욕설을 하고 험담을 하면, 거기서 그대는 어떻게 할 것입니까?"

"세존이시여, 만일 수로나 사람들이 저에게 욕설을 하고 험담을 하면, 저는 이렇게 여길 것입니다. '이 수로나 사람들은 나에게 손찌검을 하지 않으니 참으로 친절하다. 수로나 사람들은 참으로 친절하다'라고. 세존이시여, 거기서 저는 그렇게 여길 것입니다. 선서시여, 거기서 저는 그렇게 여길 것입니다."

“부루나여, 만일 수로나 사람들이 그대에게 손찌검을 하면, 그대는 어떻게 할 것입니까?”

“세존이시여, 만일 수로나 사람들이 저에게 손찌검을 하면, 저는 이렇게 여길 것입니다. ‘이 수로나 사람들은 나에게 흙덩이를 던지지 않으니 참으로 친절하다. 수로나 사람들은 참으로 친절하다’라고. 세존이시여, 거기서 저는 그렇게 여길 것입니다. 선서시여, 거기서 저는 그렇게 여길 것입니다.”

“부루나여, 만일 수로나 사람들이 그대에게 흙덩이를 던지면, 거기서 그대는 어떻게 할 것입니까?”

“세존이시여, 만일 수로나 사람들이 저에게 흙덩이를 던지면, 저는 이렇게 여길 것입니다. ‘이 수로나 사람들은 나를 몽둥이로 때리지 않으니 참으로 친절하다. 수로나 사람들은 참으로 친절하다’라고. 세존이시여, 거기서 저는 그렇게 여길 것입니다. 선서시여, 거기서 저는 그렇게 여길 것입니다.”

“부루나여, 만일 수로나 사람들이 그대를 몽둥이로 때린다면, 그대는 어떻게 할 것입니까?”

“세존이시여, 만일 수로나 사람들이 저를 몽둥이로 때리면, 저는 이렇게 여길 것입니다. ‘이 수로나 사람들은 나를 칼로 베지 않으니 참으로 친절하다. 수로나 사람들은 참으로 친절하다’라고. 세존이시여, 거기서 저는 그렇게 여길 것입니다. 선서시여, 거기서 저는 그렇게 여길 것입니다.”

“부루나여, 만일 수로나 사람들이 그대를 칼로 베면, 그대는 어떻게 할 것입니까?”

“세존이시여, 만일 수로나 사람들이 저를 칼로 베면, 저는 이렇게 여길 것입니다. ‘이 수로나 사람들은 날카로운 칼로 내 목숨을 빼앗아 가지 않으니 참으로 친절하다. 수로나 사람들은 참으로 친절하다’라고. 세존이시여, 거기서 저는 그렇게 여길 것입니다. 선서시여, 거기서 저는 그렇게 여길 것입니다.”

“부루나여, 만일 수로나 사람들이 날카로운 칼로 그대의 목숨을 빼앗아 간다면, 그대는 어떻게 할 것입니까?”

“세존이시여, 만일 수로나 사람들이 날카로운 칼로 저의 목숨을 빼앗아 간다면, 저는 이렇게 여길 것입니다. ‘세존의 제자들 가운데는 몸이나 생명을 혐오해 자결할 칼을 찾는 자도 있다. 그러나 나는 이것을 찾지 않았는데도 칼을 만났다’라고. 세존이시여, 거기서 저는 그렇게 여길 것입니다. 선서시여, 거기서 저는 그렇게 여길 것입니다.”

“훌륭합니다, 부루나여. 참으로 훌륭합니다, 부루나여. 그대가 이러한 자제력과 평정을 갖췄다면 수로나 지방에서 살 수 있을 것입니다. 부루나여, 지금이 적당한 시간이라면 그렇게 하십시오.”

그러자 부루나는 부처님의 말씀을 듣고 나서 기뻐하고 감사드리면서 자리에서 일어나 부처님께 절을 올리고 오른쪽으로 돌아 경의를 표한 뒤 거처를 정돈하고 가사를 두르고 발우를 든 채 수로나 지방으로 떠났다. 수로나 지방에 도착해서 부루나는 그 지방에 머물렀다. 그때 부루나는 안거 동안 500명의 우바새와 500

명의 우바이를 얻었다. 그는 그 안거 중에 세 가지 명지를 실현했고, 나중에 완전한 열반에 들었다. 맛지마 니까야《부루나를 교계한 경》

설법할 때 승부를 가리고 이기려는 생각을 갖지 마라

부처님께서 목련에게 말씀하셨다.

"목련이여, 설법할 때 승부를 보지 말고 이기려는 생각을 갖지 마라. 이기려는 생각을 가지면 곧 변론이 많아지고, 변론이 많아지면 뽐냄이 생기며, 뽐냄이 생기면 질투가 있고, 질투가 있으면 마음이 쉬지 못한다. 마음이 쉬지 못하면 삼매에서 멀리 떠난다. 설법할 때 유익하기를 생각하고 정결한 말을 하며, 남의 말이 잘못되었다고 하지 말고 사자처럼 외쳐 말하라."《불설이수경》

청정한 설법과 청정하지 못한 설법

설법에는 두 가지가 있다. 첫째는 청정하게 설하는 것이고, 둘째는 청정하지 못하게 설하는 것이다.

청정하지 못하게 설하는 것에 다시 다섯 가지가 있다. 첫째는 이익을 위해 설하는 것이고, 둘째는 과보를 위해 설하는 것이며, 셋째는 남을 이기기 위해 설하는 것이고, 넷째는 세상의 보답을 위해 설하는 것이며, 다섯째는 의심하면서 설하는 것이다.

청정하게 설하는 것에도 다섯 가지가 있다. 첫째는 먼저 음식을 베푼 뒤에 설하는 것이고, 둘째는 삼보를 번창시키기 위해 설하는 것이며, 셋째는 나와 남의 번뇌를 끊기 위해 설하는 것이고, 넷째는 삿됨과 바름을 분별하기 위해 설하는 것이며, 다섯째는 듣는 사람이 가장 훌륭한 것을 얻게 하기 위해 설하는 것이다.

청정하지 못하게 설하는 것은 더럽다고 하고, 법을 어겼다고 하며, 모욕하는 것이라고 하고, 잘못하는 것이라고 하며, 뜻을 잃는 것이라고 한다.

청정하게 설하는 것은 정결하다고 하고, 또 바르게 설한다고 하며, 또 참된 말이라고 하고, 또 법을 모은 것이라고 한다.

《우바새계경》〈자리이타품〉

《법화경》을 설하는 방법

부처님께서 약왕보살에게 말씀하셨다.

"약왕이여, 만일 선남자 선여인이 여래가 열반한 뒤에 사부대중을 위하여 이 《법화경》을 설하려면 어떻게 설해야 하겠는가? 이 선남자 선여인은 여래의 방에 들어가서 여래의 옷을 입고, 여래의 자리에 앉아야 사부대중을 위하여 이 경을 널리 설할 수 있느니라. 여래의 방이라는 것은 온갖 중생 가운데 대자비한 마음이요, 여래의 옷이라는 것은 부드럽고 온화하고 인욕하는 마음이며, 여래의 자리라는 것은 모든 법이 공한 것이니라. 이런 가운데 편안히 머물러 있으면서 게으르지 않는 마음으로 여러 보살과 사부대중을 위하여 이 《법화경》을 널리 설할 것이니라." 《법화경》〈법사품〉

사홍서원四弘誓願

수행자들이여, 이미 참회를 하였으니 여러분과 더불어 사홍서원을 일으킵시다. 각각 마음을 바로 하여 잘 들으십시오.

내 마음의 중생이 가없지만 맹세코 건지겠습니다.
내 마음의 번뇌가 가없지만 맹세코 끊겠습니다.
내 마음의 법문이 한없지만 맹세코 배우겠습니다.
자성의 위없는 불도를 맹세코 이루겠습니다.

수행자들이여, 대중이 "중생이 가없지만 맹세코 건지겠습니다" 라고 이와 같이 말하는 것은 나 혜능이 제도하는 것이 아닙니다. 수행자들이여, 마음속 중생인 이른바, 삿되고 미혹한 마음, 속이고 망령된 마음, 착하지 못한 마음, 질투하는 마음, 악독한 마음 등 이와 같은 마음이 다 중생이니 각각 자성으로 스스로 건지는 것을 참된 건짐이라 합니다.

어떤 것을 자성으로 스스로 건지는 것이라 할까요? 자기의 마음 가운데 삿된 견해와 번뇌와 어리석음의 중생을 바른 견해로 건지는 것입니다. 이미 바른 견해가 있으므로 반야의 지혜로 어리석고 망령된 중생을 쳐부수어 각각 스스로 건지되, 삿된 것이 오면 바른 것으로 건지고, 미혹함이 오면 깨달음으로 건지고, 어리석음이 오면 지혜로 건지고, 악이 오면 선으로 건지는 이와 같은 건짐을 참된 건짐이라 합니다.

또 "번뇌가 가없지만 맹세코 끊겠습니다"라고 하는 것은 자성의 반야 지혜로 허망한 생각을 없애버리는 것입니다.

또 "법문이 한없지만 맹세코 배우겠습니다"라고 하는 것은 스스로 견성見性하여 항상 정법을 행하는 것이며 참된 배움이라 합니다.

또 "위없는 불도를 맹세코 이루겠습니다"라고 하는 것은 항상 겸손하게 참되고 바른 것을 행하고, 미혹도 벗어나고 깨달음도 벗어나서 항상 반야를 내고, 참도 없애고 거짓도 없애 곧바로 불성을 보아 말이 떨어지자마자 불도를 이루는 것입니다. 《법보단경》

지장보살의 서원

이때 지장보살이 부처님께 말씀드렸다.

"세존이시여, 제가 부처님의 위신력을 입었으므로 한량없는 세계에 두루 이 몸을 나투어서 모든 업보 중생을 제도하니, 만일 부처님의 큰 자비력이 아니면 이와 같은 변화를 부리지 못할 것입니다. 제가 이제 또 부처님의 부촉을 받아, 미륵 부처님께서 성불해 오실 때까지 여섯 갈래의 중생을 해탈케 하리니 오직 원하옵건대 세존께서는 염려하지 마십시오."

그때 부처님께서 지장보살에게 말씀하셨다.

"모든 중생이 해탈하지 못하는 것은 성품이 결정되지 않아 악한 습관으로 업을 짓고 착한 습관으로 결실을 맺었기 때문이다. 착하고 나쁜 경계를 따라 다섯 갈래에 윤회해 잠시라도 쉴 새가 없으며, 많은 세월을 지나도록 미혹하고 장애와 액난을 받는 것이 마치 물고기가 그물 안에서 놀면서 흐르는 물속에 있는 줄 알아 벗어났다가 들어가고 잠시 나왔다가 또다시 그물에 걸리는 것과 같다. 이와 같은 무리를 내가 걱정하고 염려했는데, 그대가 이미 예로부터 세웠던 원력을 여러 세월 동안 거듭 세워 이들 죄지은 중생 무리를 제도하려고 하니, 내가 다시 무엇을 염려하겠는가."

이 말씀을 하실 때 정자재왕定自在王보살이 부처님께 여쭈었다.

"세존이시여, 지장보살이 여러 세월로부터 지금까지 각각 어떤 서원을 세웠기에 이렇게 세존의 은근하신 찬탄을 받습니까? 원하옵건대 세존께서는 간략하게 말씀해주십시오."

부처님께서는 정자재왕보살에게 계속 말씀하셨다.

"어떤 한 왕이 일찍이 성불하기를 발원했다. 그가 곧 일체지성취여래一切智成就如來이다. 또 다른 왕은 영원토록 죄를 받는 중생을 제도하고 그때까지 성불하기를 원치 않는다고 발원했다. 그가 곧 지장보살이다. 다시 과거 한량없는 세월 전에 한 부처님께서 세상에 출현하셨는데, 이름은 청정연화목여래清淨蓮華目如來이며 그 부처님 수명은 40겁이다. 그때에 한 아라한이 있어 중생을 복으로써 제도했는데, 차례로 교화하다가 광목光目이라는 여인을 만났다. 광목이 음식을 공양하니 아라한이 '원하는 것이 무엇인가?'라고 물었다.

그러자 광목이 대답했다.

'제가 어머니께서 돌아가시던 날에 명복을 빌어 구제하고자 하나 어머니께서 나신 곳을 알지 못합니다.'

아라한이 불쌍히 여겨 선정에 들어 광목의 어머니를 보니 나쁜 세계에 떨어져서 크게 고통을 받는 것이 보였다. 이에 아라한이 광목에게 물었다.

'너의 어머니가 세상에 계실 때 무슨 죄업을 지었기에 지금 나쁜 세계에 떨어져서 큰 고통을 받고 있는가?'

광목이 대답했다.

'우리 어머니께서 평소에 물고기와 자라 등을 먹기를 좋아하셨으며, 그중에서도 미처 다 자라지 못한 물고기를 굽고 지져서 마음껏 먹었습니다. 아마 그 수가 엄청날 것입니다. 존자께서는 불쌍하게 여기시어 어떻게든 저의 어머니를 구제해주십시오.'

아라한이 불쌍히 여겨 방편으로 광목에게 말했다.

'그대가 지극정성으로 청정연화목여래를 생각하고 함께 그 형상을 그려서 모시면 산 사람이나 죽은 사람이 모두 좋은 과보를 얻는다.'

광목이 듣고는 곧 아끼던 물건들을 팔아서 부처님 형상을 그려 공양올리고 다시 공경하는 마음으로 슬피 울며 예배드렸더니 갑자기 밤중이 되어 꿈에 부처님을 뵈었다. 그 부처님의 몸은 금빛이었는데, 찬란함이 수미산과 같으며, 큰 광명을 놓으시고 광목에게 말씀하셨다.

'너의 어머니가 오래지 않아 너의 집에 태어나서 춥고 배고픔을 알 때쯤이면 곧 말을 하게 될 것이다.'

그 뒤 광목의 집안에 있는 한 하녀가 자식을 낳았는데, 사흘이 되기도 전에 말을 하며 머리를 숙여 슬피 울면서 광목에게 말했다.

'생사의 업연으로 과보는 스스로 받게 마련이다. 내가 바로 너의 어머니다. 오래도록 어두운 곳에 있었으며, 너와 헤어진 후로 여러 번 큰 지옥에 떨어졌으나 이제 너의 복력으로 사람의 몸을 받았지만 이렇게 하천한 사람이 되었다. 또 단명해 열세 살이 되면 다시 나쁜 곳에 떨어질 것이니 부디 네가 어떻게든 나를 이 고통에서 벗어나게 해다오.'

광목이 이 말을 듣고는 틀림없이 어머니인 것을 의심치 않고 슬피 울면서 하녀의 자식에게 말했다.

'우리 어머니가 틀림없다면 본래 지은 죄업을 다 아실 것입니다. 무슨 죄업을 지어서 나쁜 세계에 떨어졌습니까?'

그러자 하녀의 자식이 된 어머니가 대답했다.

'살생하고, 헐뜯고 욕했던 두 가지 죄업으로 과보를 받았다. 만일 네가 복을 지어 나를 고통에서 구제해주지 않았다면 나는 이런 업을 지었으므로 도저히 벗어날 수 없었을 것이다.'

광목이 다시 물었다.

'지옥에서 죄로 말미암아 받은 고통은 어떤 것입니까?'

'죄의 고통은 차마 말로 할 수 없고, 백천 년을 지낼지라도 끝내 다 말하지 못할 것이다.'

광목은 그 말을 듣고 나서 눈물을 흘리고 슬피 울며 허공을 향해 말했다.

'원하옵건대, 부디 저의 어머니가 영원히 지옥에서 벗어나, 열세 살을 마치고 다시 무거운 죄 때문에 나쁜 세계에 빠지지 않게 해 주시고, 시방에 모든 부처님께서는 자비로 저를 불쌍히 여기시어 제가 어머니를 위해 세운 이 광대한 서원을 들어주십시오. 만일 저의 어머니가 삼악도와 하천함과 여인의 몸까지 벗어나서 영원히 과보를 받지 않게 된다면, 제가 지금부터 이 뒤로 한량없는 세월 동안 많은 세계에 있는 지옥과 삼악도에서 죄받는 중생을 맹세코 구원해 지옥, 축생, 아귀 등을 벗어나게 하고, 이와 같이 죄보를 받은 사람들이 다 성불하게 한 뒤에야 비로소 바른 깨달음을 이루겠습니다.'

이렇게 서원하기를 마치자 공중에서 청정연화목여래의 음성이 들려왔다.

'광목이여, 그대가 대자비심으로 어머님을 위해 이와 같이 큰 서원을 세웠으니, 내가 관찰하건대 그대의 어머니는 열세 살을 마치면 이 과보의 몸을 버리고 바라문으로 태어나서 백세의 수명을 누릴 것이고, 그 업보를 마치면 무우국토無憂國土에 태어나서 헤아릴 수 없는 겁을 살다가 성불해 널리 인간과 천상의 중생을 제도하니, 그 수는 항하의 모래알 수만큼이나 많을 것이다.'" 《지장경》

법장비구의 48가지 큰 서원

부처님께서 법장비구에게 말씀하셨다.

"법장비구여, 지금이야말로 그대의 서원과 수행의 결과를 대중에게 널리 알려 기쁘게 보리심을 일으키게 할 때이니라. 보살들은 이미 들은 대로 이 법을 수행해 그것으로 한량없는 큰 서원을 성취할 것이니라."

이에 법장비구가 부처님께 여쭈었다.

'세존이시여, 오직 원하옵건대 제 말을 듣고 살펴주소서. 저의 서원을 자세히 말씀드리겠습니다.

만일 제가 부처가 될 때 그 국토에 지옥, 아귀, 축생이 있다면, 저는 차라리 부처가 되지 않겠습니다.

만일 제가 부처가 될 때 그 국토에 사는 중생이 목숨이 다한 뒤 삼악도에 떨어진다면, 저는 차라리 부처가 되지 않겠습니다.

만일 제가 부처가 될 때 그 국토에 사는 중생의 몸이 황금빛이 나지 않는다면, 저는 차라리 부처가 되지 않겠습니다.

만일 제가 부처가 될 때 그 국토에 사는 중생이 형체와 빛깔이 같지 않아서 아름답고 추한 것의 차이가 난다면, 저는 차라리 부처가 되지 않겠습니다.

만일 제가 부처가 될 때 그 국토에 사는 중생이 숙명통宿命通을 얻지 못해 한량없는 과거의 옛일을 알지 못한다면, 저는 차라리 부처가 되지 않겠습니다.

만일 제가 부처가 될 때 그 국토에 사는 중생이 천안통天眼通을 얻지 못해 한량없는 모든 불국토를 보지 못한다면, 저는 차라리 부처가 되지 않겠습니다.

만일 제가 부처가 될 때 그 국토에 사는 중생이 천이통天耳通을 얻지 못해 한량없는 모든 부처님 말씀을 받아 지니지 못한다면,

저는 차라리 부처가 되지 않겠습니다.

만일 제가 부처가 될 때 그 국토에 사는 중생이 타심통他心通을 얻지 못해 한량없는 모든 불국토에 있는 중생의 생각을 알지 못한다면, 저는 차라리 부처가 되지 않겠습니다.

만일 제가 부처가 될 때 그 국토에 사는 중생이 신족통神足通을 얻지 못해 한 찰나에 백천억 나유타에 이르는 모든 불국토를 지나가지 못한다면, 저는 차라리 부처가 되지 않겠습니다.

만일 제가 부처가 될 때 그 국토에 사는 중생이 누진통漏盡通을 얻지 못해 자신의 생각에 탐착하고 헤아린다면, 저는 차라리 부처가 되지 않겠습니다.

만일 제가 부처가 될 때 그 국토에 사는 중생이 부처가 되려는 바른 결심에 머물지 못해 반드시 열반에 들지 못한다면, 저는 차라리 부처가 되지 않겠습니다.

만일 제가 부처가 될 때 저의 광명에 한계가 있어 한량없는 모든 불국토를 비추지 못한다면, 저는 차라리 부처가 되지 않겠습니다.

만일 제가 부처가 될 때 수명에 한계가 있어 한량없는 세월에 이르지 못한다면, 저는 차라리 부처가 되지 않겠습니다.

만일 제가 부처가 될 때 그 국토 가운데 성문들을 헤아릴 수 있고, 삼천대천세계의 성문과 연각들이 한량없는 세월 동안 모두 함께 계산해 그 수를 알 수 있다면, 저는 차라리 부처가 되지 않겠습니다.

만일 제가 부처가 될 때 그 국토에 사는 중생은 목숨이 한량없을 것입니다. 다만 중생 제도의 서원에 따라 수명의 길고 짧음은 자유자재로 할 수 있습니다. 모두가 이와 같이 되지 않는다면, 저는 차라리 부처가 되지 않겠습니다.

만일 제가 부처가 될 때 그 국토에 사는 중생이 좋지 않은 일은 물론 나쁜 이름이라도 있다면, 저는 차라리 부처가 되지 않겠습니다.

만일 제가 부처가 될 때 시방세계의 한량없는 모든 부처님께서 저의 이름을 칭찬하지 않으신다면, 저는 차라리 부처가 되지 않겠습니다.

만일 제가 부처가 될 때 시방세계의 중생이 지극한 마음으로 믿고 좋아해 저의 국토에 태어나고자 해서 열 번 염불했음에도 태어나지 못한다면, 저는 차라리 부처가 되지 않겠습니다. 다만 오역죄五逆罪*와 정법을 비방하는 것은 제외합니다.

만일 제가 부처가 될 때 시방세계의 중생이 보리심을 일으켜 모든 공덕을 쌓고 지극한 마음으로 서원을 일으켜 저의 국토에 태어나고자 하는데도 그들이 임종할 때 제가 대중과 함께 가서 그들 앞에 나타나지 못한다면, 저는 차라리 부처가 되지 않겠습니다.

만일 제가 부처가 될 때 시방의 중생이 저의 이름을 듣고 저의

* ①부친을 살해함, ②모친을 살해함, ③아라한을 살해함, ④부처님에게 상해를 입힘, ⑤승가를 분열시킴. 이 다섯 가지 악행을 저지른 자는 반드시 무간지옥에 떨어진다고 함.

국토를 생각한 뒤 많은 공덕의 근본을 심고 지극한 마음으로 회향해 저의 국토에 태어나고자 하는데도 그 목적을 이루지 못한다면, 저는 차라리 부처가 되지 않겠습니다.

만일 제가 부처가 될 때 그 국토에 사는 중생이 삼십이상을 원만히 성취하지 못한다면, 저는 차라리 부처가 되지 않겠습니다.

만일 제가 부처가 될 때 다른 모든 불국토의 보살들이 저의 국토에 와서 태어난다면 반드시 일생보처一生補處*의 지위에 이를 것입니다. 다만 그들의 소원에 따라 중생을 위해 큰 서원을 세우고, 선근 공덕을 쌓아 일체중생을 제도하거나 모든 불국토를 노닐며 보살의 행을 닦고, 온 세계의 여러 부처님을 공양하고, 항하의 모래알처럼 한량없는 중생을 교화해 위없는 바르고 참된 부처님의 도를 세우고자 하는, 일반적인 단계를 초월하여 곧바로 보현보살의 10대원의 덕을 닦는 사람은 제외합니다. 만약 그렇게 하지 못한다면, 저는 차라리 부처가 되지 않겠습니다.

만일 제가 부처가 될 때 그 국토의 보살들이 부처님의 위신력을 입고, 한 번 식사하는 사이에 한량없는 모든 부처님 국토에 두루 다니면서 여러 부처님을 공양할 수 없다면, 저는 차라리 부처가 되지 않겠습니다.

만일 제가 부처가 될 때 그 국토의 보살들이 여러 부처님 앞에서 공덕의 근본을 드러내려 하는데 구하는 공양물을 마음대로

* 다음 생에 반드시 성불하여 부처가 되는 보살의 경지를 말함.

모두 갖추지 못하는 일이 있다면, 저는 차라리 부처가 되지 않겠습니다.

만일 제가 부처가 될 때 그 국토의 보살들이 일체지一切智를 얻어 불법을 연설할 수 없다면, 저는 차라리 부처가 되지 않겠습니다.

만일 제가 부처가 될 때 그 국토의 보살들이 금강역사와 같은 몸을 얻지 못한다면, 저는 차라리 부처가 되지 않겠습니다.

만일 제가 부처가 될 때 그 국토에 사는 중생과 일체 만물은 청정하게 장엄되었고, 화려하게 빛나고, 그 모양과 색깔이 뛰어나며 미묘함을 이루 다 헤아리는 것이 불가능합니다. 그런데 모든 중생이 천안통을 얻어 그 미묘한 장엄의 이름과 수를 분명하게 헤아릴 수 있다면, 저는 차라리 부처가 되지 않겠습니다.

만일 제가 부처가 될 때 그 국토의 보살들과 적은 공덕이라도 있는 자가 그 도량의 나무가 한없이 빛나고 그 높이가 사백 유순이나 되는 것을 알아보지 못한다면, 저는 차라리 부처가 되지 않겠습니다.

만일 제가 부처가 될 때 그 국토의 보살들이 경전을 읽고 외우고 남에게 설법할 수 있는 말솜씨와 지혜를 얻지 못한다면, 저는 차라리 부처가 되지 않겠습니다.

만일 제가 부처가 될 때 그 국토의 보살들이 지니는 지혜와 말솜씨에 한계가 있다면, 저는 차라리 부처가 되지 않겠습니다.

만일 제가 부처가 될 때 불국토가 청정해 모두 빠짐없이 온 세계에 있는 일체 무량무수의 불가사의한 부처님의 세계를 비추어

보는 것이 마치 맑은 거울로 얼굴을 비춰 보는 것과 같지 않다면, 저는 차라리 부처가 되지 않겠습니다.

만일 제가 부처가 될 때 지상이나 허공에 있는 궁전과 누각, 시냇물과 연못, 화초와 나무 등 국토 안에 있는 일체 만물은 모두 헤아릴 수 없는 보배와 수많은 향으로 이루어지고, 기묘하게 장식되었으며, 모든 인간계나 천상계보다 뛰어나고, 그 향기가 널리 온 세계에 퍼져 보살들은 그 향기를 맡고 모두 부처님의 행을 닦을 것입니다. 만약 그렇지 않다면, 저는 차라리 부처가 되지 않겠습니다.

만일 제가 부처가 될 때 온 세계의 한량없고 불가사의한 모든 불국토의 중생 몸에 저의 광명이 비추면, 몸과 마음이 부드럽고 경쾌해져 인간계와 천상계를 초월할 것입니다. 만약 그렇지 않다면, 저는 차라리 부처가 되지 않겠습니다.

만일 제가 부처가 될 때 온 세계의 한량없고 불가사의한 모든 불국토의 중생이 저의 이름을 듣고 보살의 생멸 없는 지혜와 갖가지 깊은 다라니를 얻지 못한다면, 저는 차라리 부처가 되지 않겠습니다.

만일 제가 부처가 될 때 온 세계의 한량없고 불가사의한 모든 불국토의 핍박받고 차별받는 존재들이 저의 이름을 듣고 환희하고, 믿고 즐거워하고, 보리심을 일으키고, 핍박받고 차별받는 몸으로 태어나는 것을 싫어했는데도 목숨을 마친 뒤에 다시 핍박받고 차별받는 모습을 받는다면, 저는 차라리 부처가 되지 않겠습니다.

만일 제가 부처가 될 때 온 세계의 한량없고 불가사의한 모든 불국토에 사는 여러 보살의 무리는 저의 이름을 듣고 목숨을 마친 뒤에도 항상 청정범행을 닦아 성불할 것입니다. 만약 그렇지 못하면, 저는 차라리 부처가 되지 않겠습니다.

만일 제가 부처가 될 때 온 세계의 한량없고 불가사의한 모든 불국토에 사는 여러 천인과 인간들이 저의 이름을 듣고 오체투지해서 예배하고 환희심을 내어 믿고 좋아하며 보살행을 닦음에도 여러 천인과 사람들이 공경하지 않는다면, 저는 차라리 부처가 되지 않겠습니다.

만일 제가 부처가 될 때 그 국토에 사는 천인과 인간들이 의복을 얻고자 하면 생각하는 대로 바로 의복이 생기고, 마치 부처님께서 찬탄하시는 바와 같이 법도에 맞는 미묘한 옷이 저절로 몸에 입혀지는 것과 같습니다. 그런데 만약 그 옷을 바느질하거나 물들이거나 세탁해야 한다면, 저는 차라리 부처가 되지 않겠습니다.

만일 제가 부처가 될 때 그 국토에 사는 천인과 인간들이 느끼는 유쾌함과 즐거움이 번뇌를 여읜 비구와 같지 않다면, 저는 차라리 부처가 되지 않겠습니다.

만일 제가 부처가 될 때 그 국토의 보살들이 뜻에 따라 온 세계의 헤아릴 수 없는 장엄하고 청정한 불국토를 보고자 한다면, 원하는 대로 보배 나무 가운데서 모두 비추어 보는 것이 마치 밝은 거울로 자신의 얼굴을 보는 것과 같을 것입니다. 만약 그렇지 않다면, 저는 차라리 부처가 되지 않겠습니다.

만일 제가 부처가 될 때 다른 국토에 있는 여러 보살이 저의 이름을 듣고 성불할 때까지 온몸의 감각기관이 결여되어서 완전하지 않다면, 저는 차라리 부처가 되지 않겠습니다.

만일 제가 부처가 될 때 다른 국토에 있는 보살들로서 저의 이름을 들은 이는 모두 빠짐없이 청정한 해탈삼매를 얻습니다. 그 삼매에 머물러 한 생각 동안에 헤아릴 수 없고 불가사의한 모든 부처님을 공양하더라도 삼매를 잃지 않을 것입니다. 만약 그렇지 못하면, 저는 차라리 부처가 되지 않겠습니다.

만일 제가 부처가 될 때 다른 국토에 있는 여러 보살의 무리로서 저의 이름을 들은 이는 수명이 다한 뒤에 존귀한 가문에 태어날 것입니다. 만약 그렇지 못하면, 저는 차라리 부처가 되지 않겠습니다.

만일 제가 부처가 될 때 다른 국토에 있는 보살들이 저의 이름을 듣고 환희하고 뛸 듯이 기뻐하며 보살행을 닦아 모든 공덕을 갖추지 못한다면, 저는 차라리 부처가 되지 않겠습니다.

만일 제가 부처가 될 때 다른 국토에 있는 보살들이 저의 이름을 들으면 모두 빠짐없이 보등삼매普等三昧를 속히 얻을 것이며, 이 삼매에 머물러 성불할 때까지 항상 무량하고 불가사의한 모든 부처님을 친견할 수 있을 것입니다. 만약 그렇지 못하면, 저는 차라리 부처가 되지 않겠습니다.

만일 제가 부처가 될 때 그 국토의 보살들이 원하는 것에 따라서 듣고자 하는 법문을 자연히 들을 수 없다면, 저는 차라리 부처가 되지 않겠습니다.

만일 제가 부처가 될 때 다른 국토에 있는 보살들이 저의 이름을 듣고 곧바로 물러남이 없는 지위에 이르지 못한다면, 저는 차라리 부처가 되지 않겠습니다.

만일 제가 부처가 될 때 다른 국토에 있는 보살들이 저의 이름을 듣고 제1법인*, 제2법인**, 제3법인***에 이르지 못하고, 모든 불법에 대해 물러남 없음에 이르지 못한다면, 저는 차라리 부처가 되지 않겠습니다." 《무량수경》

승만 부인의 열 가지 서원

부처님으로부터 미래에 성불하리라는 수기를 받은 승만 부인은 열 가지 서원을 세웠다.

"저는 오늘부터 깨달음을 이룰 때까지 받은 계율에 대해 범할 생각을 내지 않겠습니다.

저는 오늘부터 깨달음을 이룰 때까지 여러 어른에 대해 거만한 마음을 내지 않겠습니다.

저는 오늘부터 깨달음을 이룰 때까지 여러 중생에게 성내는 마

* 진리를 들어도 놀라지 않고, 믿고 이해하며, 받아 지니는 음향인音響忍.

** 진리를 따라서 깊이 관찰하여 깨달음을 얻는 유순인柔順忍.

*** 모든 법은 생겨남도 없고 소멸도 없다는 것을 깨닫는 무생법인無生法忍.

음을 일으키지 않겠습니다.

저는 오늘부터 깨달음을 이룰 때까지 다른 이의 잘생긴 모습이나 아름다운 물건에 대해 시기하는 마음을 일으키지 않겠습니다.

저는 오늘부터 깨달음을 이룰 때까지 안팎의 것에 대해 인색한 마음을 내지 않겠습니다.

저는 오늘부터 깨달음을 이룰 때까지 나의 몸을 위해서는 재물을 모으지 않고, 받은 것이 있으면 모두 가난한 중생을 구제하겠습니다.

저는 오늘부터 깨달음을 이룰 때까지 나의 몸을 위해서는 사섭법四攝法을 행하지 않고, 온갖 중생을 위해서 애착하지 않는 마음, 만족함이 없는 마음, 거리낌이 없는 마음으로 중생을 돌보겠습니다.

저는 오늘부터 깨달음을 이룰 때까지 고독해서 의지할 데가 없거나, 구금을 당했거나, 병이 났거나, 갖가지 액난을 당해 곤궁해진 중생을 보면 잠깐도 그냥 지나치지 않고, 그를 편안하고 이익되게 해주며 그 고통에서 벗어나게 한 뒤에야 떠나겠습니다.

저는 오늘부터 깨달음을 이룰 때까지 동물을 잡아 기르는 등의 여러 나쁜 짓과 모든 계율을 범하는 것을 보면 내버려 두지 않겠습니다. 제가 힘을 얻을 때 여러 곳에서 이런 중생을 보면 항복받아야 할 사람에게는 항복받고, 용서해줄 사람은 용서하겠습니다. 왜냐하면 잘못을 항복시키고 때로는 용서함으로써 불법을 오래 머물게 할 수 있기 때문입니다. 불법이 오래 머물면 천인과 인간들이 많아지고, 악도惡道가 점점 줄어서 여래께서 굴리시는 법륜을 따라 법륜을 굴리게 될 것입니다. 이런 이익 때문에 구해서 거두어들임을 버리지 않겠습니다.

저는 오늘부터 깨달음을 이룰 때까지 올바른 법을 거두어 지녀 잊어버리지 않겠습니다. 왜냐하면 올바른 법을 잊어버리는 것은 곧 대승을 잊는 것이고, 대승을 잊는 것은 바라밀을 잊는 것이며, 바라밀을 잊는 것은 대승이 아닙니다. 만일 보살로서 대승을 결정하지 않는 자는 올바른 법을 거두어 지니지 못할 것이며, 좋아함을 따라서 들어가려 할지라도 영원히 범부를 뛰어넘지 못할 것입니다.

저는 이와 같이 한량없는 큰 잘못을 보았으며, 또 미래에 올바른 법을 거두어 지니는 보살들의 한량없는 복과 이익을 보기 때문에 이러한 큰 서원을 세우는 것입니다." 《승만경》

약사여래의 12가지 큰 서원

첫째 대원은, 내가 내세에 최상의 깨달음을 얻었을 때, 나의 광명이 찬란하여 한량없고 수없이 많고 가없는 세계를 남김없이 비추고, 32가지 대장부의 모습과 80가지 특징으로써 그 몸을 장엄하며, 모든 존재들이 나와 다름이 없도록 하는 것이다.

둘째 대원은, 내가 내세에 깨달음을 얻었을 때, 몸은 유리와 같아 안팎이 명철하고 깨끗하여 하자와 티끌이 없고, 광명은 광대하고 공덕은 높고 높아 몸이 안주하여 불꽃그물로 장엄하기가 해와 달을 능가하여 저승의 중생은 모두 이 빛을 받아 뜻하는 대로 모든 일을 성취하는 것이다.

셋째 대원은, 내가 내세에 깨달음을 얻었을 때, 한량없고 가없는 지혜의 방편으로써 모든 존재들이 다함없는 사용할 물건을 얻게 하고, 중생들의 소유물이 빈약하지 않도록 하는 것이다.

넷째 대원은, 내가 내세에 깨달음을 얻었을 때, 만약 여러 존재가 삿된 도를 행하면 그 모두를 보리도에 안주하게 할 것이다. 만약 성문승과 독각승을 행하는 이가 있으면 그 모두를 대승에 안주하여 서도록 하는 것이다.

다섯째 대원은, 내가 내세에 깨달음을 얻었을 때, 만약 한량없고 가없는 존재들이 나의 법 안에서 범행을 수행하면, 그 모두가 계를 빠짐없이 얻게 하고, 삼취정계三聚淨戒를 갖출 수 있도록 할 것이며, 설사 깨뜨리고 범하는 일이 있어도 나의 이름을 들으면 도리어 청정함을 얻어 나쁜 갈래에 떨어지지 않게 하는 것이다.

여섯째 대원은, 내가 내세에 깨달음을 얻었을 때, 만약 여러 존재의 몸이 하열하여 온갖 기관이 불구이거나, 추악하고, 천하며, 완고하고, 어리석거나, 눈과 귀가 멀고, 농아이거나, 손과 발이 비틀리고, 다리를 쓸 수 없고, 등이 굽거나, 온몸이 곪거나, 정신질환 등 온갖 병고가 있더라도 나의 이름을 들으면 모두가 단정함과 지혜를 얻고, 모든 감각기관이 완전히 구비되고 모든 질병과 고통이 없게 하는 것이다.

일곱째 대원은, 내가 내세에 깨달음을 얻었을 때, 만약 여러 존재들이 온갖 병으로 절박하여 구할 길 없고, 돌아갈 수 없고, 의사가 없고, 약이 없고, 부모가 없고, 집이 없고, 빈궁하고 괴로움이 많으나 나의 명호를 한 번만이라도 귀로 들으면 병의 모든 것이 없어지고 몸과 마음이 안락하고 집과 권속과 재물이 모두 풍족하고 나아가서는 위없는 깨달음을 증득하는 것이다.

여덟째 대원은, 내가 내세에 깨달음을 얻었을 때, 만약 핍박받고 차별받는 몸 때문에 쫓기고 괴로워하여 극히 싫어하는 마음이 나서 이 몸을 버리고자 원하면, 나의 이름을 듣기만 하여도 모두 핍박받고 차별받는 몸에서 변하여 당당한 모습을 갖출 수 있고, 나아가서는 위없는 깨달음을 증득하는 것이다.

아홉째 대원은, 내가 내세에 깨달음을 얻었을 때, 모든 존재들이 마군의 올무나 그물에서 벗어나 모든 외도의 결박에서 해탈시키고, 만약 온갖 나쁜 견해의 수풀에 떨어지면 그 모두를 이끌어 거두어서 바른 견해에 있게 하고, 얼마 동안 여러 보살행을 닦게 하여 빨리 위없는 바르고 평등한 깨달음을 증득하게 하는 것이다.

열째 대원은, 내가 내세에 깨달음을 얻었을 때, 만약 여러 존재들이 왕의 법을 어겨 묶이고 매를 맞고 옥에 갇히고, 혹은 사형을 당하게 되고, 기타 한량없는 재난으로 능욕을 받아 슬픔과 근심으로 애타게 되어 몸과 마음에 괴로움을 받을 때, 만약 나의 이름을 들으면 나의 복덕과 위신력으로 그 모든 근심과 괴로움에서 해탈하게 하는 것이다.

열한째 대원은, 내가 내세에 깨달음을 얻었을 때, 만약 여러 존재들이 굶주림과 목마름으로 괴롭힘을 받아 음식을 구하기 위하여 여러 가지 악업을 짓는다 해도, 나의 명호를 듣고 오롯한 마음으로 수지하면, 나는 마땅히 먼저 최상의 묘한 음식으로 그 몸을 배부르게 하고, 뒤에 법의 맛으로 마침내는 안락하게 하여 이를 세우게 하는 것이다.

열두째의 대원은, 내가 내세에 깨달음을 얻었을 때, 만약 여러 존재들이 가난하여 옷이 없고, 파리와 모기에게 물리고, 추위와 더위로 밤낮 괴로움을 당할 때, 만약 나의 명호를 듣고 오롯한 마음으로 수지하며 그 바라는 것, 즉 훌륭한 옷과 모든 보배로 장엄한 화환과 바르는 향과 북과 기악과 온갖 장신구를 얻을 수 있고, 마음의 뜻하는 바를 따라 모두가 만족하는 것이다. 《약사경》

관세음보살에게 올리는 큰 서원

자비하신 관세음께 귀의하오니 일체법을 어서 속히 알아지이다.
자비하신 관세음께 귀의하오니 지혜의 눈 어서어서 얻어지이다.
자비하신 관세음께 귀의하오니 모든 중생 어서 속히 건네지이다.
자비하신 관세음께 귀의하오니 좋은 방편 어서어서 얻어지이다.
자비하신 관세음께 귀의하오니 지혜의 배 어서 속히 올라지이다.
자비하신 관세음께 귀의하오니 고통 바다 어서어서 건너지이다.
자비하신 관세음께 귀의하오니 계정혜를 어서 속히 얻어지이다.
자비하신 관세음께 귀의하오니 열반 언덕 어서어서 올라지이다.

자비하신 관세음께 귀의하오니 무위 집에 어서 속히 들어지이다.
자비하신 관세음께 귀의하오니 진리의 몸 어서어서 이뤄지이다.

칼산지옥 제가가면 칼산절로 꺾여지고
화탕지옥 제가가면 화탕절로 사라지며
지옥세계 제가가면 지옥절로 없어지고
아귀세계 제가가면 아귀절로 배부르며
수라세계 제가가면 악한마음 선해지고
축생세계 제가가면 지혜절로 얻어지이다. 《천수경》

행선축원문

아침저녁 향과 등불 부처님 앞 올리옵고
삼보전에 귀의해 공경 예배 하옵나니
우리나라 태평하고 온갖 재앙 소멸되며
온 세계 평화롭고 부처님 법 이뤄지이다.

저희가 이와 같이 세세생생 날 적마다
반야 지혜 좋은 인연 물러나지 아니하고
우리 본사 세존처럼 용맹하신 뜻 세우고
비로자나 여래같이 큰 깨달음 이룬 뒤에
문수사리 보살처럼 깊고 밝은 큰 지혜와
보현보살 본을 받아 크고 넓은 행원으로

넓고 넓어 끝이 없는 지장보살 몸과 같이
천수천안 관음보살 삼십이응 몸을 나퉈
시방삼세 넓은 세계 두루 돌아다니면서
모든 중생 제도해 열반도에 들게 할 제
내 이름을 듣는 이는 삼악도를 벗어나고
내 모습을 보는 이는 생사번뇌 해탈하며
백천만겁 지나면서 이와 같이 교화해
부처님도 중생도 모든 차별 없어지이다.

시방세계 불제자들 모든 소원 이뤄지고
선망 부모 제형숙백 왕생극락하옵시며
살아계신 은사 육친 수명 장수하옵시고
온 법계의 애혼 고혼 삼도 고해 벗어나며
산문 도량 정숙해 근심 걱정 없어지고
도량 내의 대소 재앙 영원토록 소멸되며

토지 천룡 신장님들 삼보님을 호지하고
산신 국사 호법신은 상서 정기 드높이며
일체중생 모두 함께 저 언덕에 태어나고
세세생생 언제라도 보살도를 행해서
구경에는 일체지가 원만하게 이뤄지이다.
마하반야바라밀

나무 석가모니불
나무 석가모니불
나무 시아본사 석가모니불. 《나옹록》

이산혜연선사 발원문

시방삼세 부처님과 팔만사천 큰 법보와
보살성문 스님네께 지성귀의 하옵나니
자비하신 원력으로 굽어살펴 주시옵소서.

저희들이
참된 성품 등지옵고 무명 속에 뛰어들어
나고 죽는 물결 따라 빛과 소리 물이 들고
심술궂고 욕심내어 온갖 번뇌 쌓았으며
보고 듣고 맛봄으로 한량없는 죄를 지어
잘못된 길 갈팡질팡 생사고해 헤매면서
나와 남을 집착하고 그른 길만 찾아다녀
여러 생에 지은 업장 크고 작은 많은 허물
삼보전에 원력 빌려 일심참회 하옵나니

바라옵건대
부처님이 이끄시고 보살님네 살피옵서
고통 바다 헤어나서 열반 언덕 가사이다.

이 세상에 명과 복은 길이길이 창성하고
오는 세상 불법 지혜 무럭무럭 자라나서
날 적마다 좋은 국토 밝은 스승 만나오며
바른 신심 굳게 세워 아이로서 출가하여
귀와 눈이 총명하고 말과 뜻이 진실하며
세상일에 물 안 들고 청정범행 닦고 닦아
서리같이 엄한 계율 털끝인들 범하리까.
점잖은 거동으로 모든 생명 사랑하여
이내 목숨 버리어도 지성으로 보호하리.
삼재팔난 만나잖고 불법 인연 구족하며
반야지혜 드러나고 보살 마음 견고하여
제불정법 잘 배워서 대승 진리 깨달은 뒤
육바라밀 행을 닦아 아승지겁 뛰어넘고
곳곳마다 설법으로 천 겹 만 겹 의심 끊고
마군중을 항복 받고 삼보를 잇사올 제
시방제불 섬기는 일 잠깐인들 쉬오리까.
온갖 법문 다 배워서 모두 통달하옵거든
복과 지혜 함께 늘어 무량중생 제도하며
여섯 가지 신통 얻고 무생법인 이룬 뒤에

관음보살 대자비로 시방법계 다니면서
보현보살 행원으로 많은 중생 건지올 제

여러 갈래 몸을 나퉈 미묘 법문 연설하고
지옥아귀 나쁜 곳엔 광명 놓고 신통 보여
내 모양을 보는 이나 내 이름을 듣는 이는
보리마음 모두 내어 윤회 고를 벗어나되
화탕지옥 끓는 물은 감로수로 변해지고
검수도산 날쌘 칼날 연꽃으로 화하여서
고통 받던 저 중생들 극락세계 왕생하며
나는 새와 기는 짐승 원수 맺고 빚진 이들
갖은 고통 벗어나서 좋은 복락 누려지다.
모진 질병 돌 적에는 약풀 되어 치료하고
흉년 드는 세상에는 쌀이 되어 구제하되
여러 중생 이익한 일한 가진들 빼오리까.
천 겁 만 겁 내려오던 원수거나 친한 이나
이 세상 권속들도 누구누구 할 것 없이
얽히었던 애정 끊고 삼계고해 뛰어나서

시방세계 중생들이 모두 성불하사이다.
허공 끝이 있사온들 이내 소원 다하리까.
유정들도 무정들도 일체종지 이루어지이다. 《치문경훈》

보살의 회향이란

금강당보살이 모든 보살에게 말했다.

"무슨 뜻으로 회향이라 이름하는가. 세간을 영원히 건너 피안彼岸에 이르게 하므로 회향이라 하고, 여러 가지 무더기에서 길이 벗어나 피안에 이르게 하므로 회향이라 하며, 언어의 길을 건너서 피안에 이르게 하므로 회향이라 하고, 여러 생각을 떠나서 피안에 이르게 하므로 회향이라 하며, 자아가 있다는 견해를 끊고 피안에 이르게 하므로 회향이라 하고, 의지한 곳을 아주 여의어 피안에 이르게 하므로 회향이라 하며, 짓는 일을 영원히 끊고 피안에 이르게 하므로 회향이라 하고, 모든 존재에서 벗어나 피안에 이르게 하므로 회향이라 하며, 모든 취착을 버리고 피안에 이르게 하므로 회향이라 하고, 세상 법을 영원히 떠나서 피안에 이르게 하므로 회향이라 합니다.

보살이 이렇게 회향할 때, 업에 집착하지 않고, 과보에 집착하지 않으며, 몸에 집착하지 않고, 물건에 집착하지 않으며, 세계에 집착하지 않고, 방위에 집착하지 않으며, 중생에 집착하지 않고, 중생 없는 데도 집착하지 않으며, 모든 법에 집착하지 않고, 모든 법 없음에 집착하지도 않습니다.

보살이 이렇게 회향할 때, 이 선근으로 세간에 널리 보시해서 모든 중생이 부처님 지혜를 이루어 청정한 마음을 얻고 지혜가 명료하며, 안으로 마음이 고요하고 밖으로 인연에 동하지 않으며, 삼세 부처님의 종성을 증장하고 성취하기를 원합니다."

《화엄경》〈십회향품〉

보살은 일체중생을 구호하기 위해 선근을 회향한다

금강당보살이 모든 보살에게 말했다.

"보살은 한 중생만을 위해 마음을 내어 최상의 깨달음을 구해 그 선근을 회향하는 것이 아니고, 한 부처 세계만을 깨끗이 하려는 것이 아니며, 한 부처님만을 믿으려는 것이 아니고, 한 부처님만을 보려는 것이 아니며, 한 가지 불법만을 들으려는 것이 아닙니다. 그는 일체중생을 구호하기 위해 선근을 회향하는 것입니다. 그리하여 일체의 부처 세계를 모두 깨끗이 하고, 일체의 부처님을 믿으며, 일체의 부처님을 뵙고, 일체의 부처님을 공경 공양하며, 일체 부처님의 바른 설법을 듣고, 일체의 큰 서원을 모두 이루기 위해 온갖 선근을 최상의 깨달음에 회향하는 것입니다."

《화엄경》〈금강당보살품〉

제4장

불국토 구현

1절

가장 소중한 생명

가까운 이의 죽음을 대하는 마음

이 세상에 사람의 목숨이란 것은
정해져 있지 않아 알 수가 없다.
비참하고 짧아서 괴로움에 얽혀 있다.

태어난 존재로서 죽음을 피하려고 하지만
그러한 방법은 존재하지 않는다.
늙으면 반드시 죽음이 닥치는데,
실로 이것은 존재의 운명이다.

결국 잘 익은 과일처럼
아침이면 떨어질 위험이 뒤따른다.
이와 같이 태어난 사람들에게는
죽음의 두려움이 항상 따라다닌다.

옹기장이가 빚은 질그릇이
마침내 모두 깨지고 말듯이
태어난 사람의 목숨도
결국은 죽음으로 끝을 맺는다.

젊은 사람이나 늙은 사람이나
어리석은 사람이나 현명한 사람이나
모두가 죽음 앞에서는 굴복한다.
모든 사람은 반드시 죽는다.

죽음에 굴복해 고통을 당하면서
다른 세상으로 가지만,
아버지는 자식을 구하지 못하며
친척도 그가 아는 친척을 구하지 못한다.

자세히 살펴보라.
많은 친척이 통곡하며 지켜보는 가운데
마치 도살장으로 끌려가는 소처럼
사람들이 하나하나 죽어간다.

이와 같이 세상의 모든 사람은
늙음과 죽음에 고통 받는다.

그러므로 현자는
세상의 이치를 잘 알아 슬퍼하지 않는다.

그대는 어디서 왔는지 어디로 가는지
가고 오는 그 길을 알지 못한다.
생사의 양극단을 알지 못해
부질없이 통곡만 한다.

그렇게 슬피 울고 통곡하면서
어리석게 자신을 해치는 사람에게
이익이 하나라도 생긴다면
현자도 그렇게 했을 것이다.

하지만 울부짖고 슬퍼해서는
마음의 평안을 얻을 수 없다.
그의 괴로움은 더욱 심해지고
몸만 계속 여윌 뿐이다.

몸만 여위고 안색만 창백해져서
스스로를 해칠 뿐이다.
그렇게 한다고 죽은 이가 살아날 수 없으니
통곡하는 것은 부질없는 일이다.

슬픔을 버리지 않는 사람은
더욱더 괴로움에 빠진다.
죽은 사람 때문에 울부짖는 것은
슬픔의 포로가 되는 것이다.

이런저런 업에 끌려서
태어날 운명에 처한 다른 이들을 보라.
죽음의 지배 아래 놓여
두려움에 떨고 있는 생명들을 보라.

사람들이 어떻게 생각할지라도
결과는 생각과 다르게 나타난다.
세상에서 떠남도
이와 같으니 세상의 이러한 이치를 보라.

이 세상에 사람이 백 년을 살거나
그 이상을 산다 하더라도
결국엔 친지와 헤어져야 하고,
이 세상의 목숨을 버린다.

그러니 부처님의 가르침을 배워서
목숨이 다해 죽은 이를 보고

더 이상 그를 보지 못한다고
슬피 울며 비탄해 하는 것을 그만두어야 한다.

불이 활활 타오르는 집은 물을 부어 불을 꺼야 하듯이,
현명한 이나 지혜로운 이나
슬기로운 이나 선한 이들은
바람에 솜털을 날려버리듯이
생겨나는 슬픔을 날려버려야 한다.

자신의 행복을 원하는 사람이라면
몸에 박힌 화살을 뽑아버리듯이
자신에게 있는 비탄과 갈망과
근심과 번뇌의 화살을 뽑아버려야 한다.

번뇌의 화살을 뽑아버려 집착이 없고
마음의 평안을 얻으면,
모든 슬픔을 뛰어넘어
슬픔이 없는 사람이 되어 열반에 들 것이다. 숫타니파타《화살경》

천도재를 지내는 공덕

죽은 이들은 자신의 집으로 돌아와서 담장 밖이나, 벽이나, 집의 세 갈래나 네 갈래로 갈라진 틈에 서 있거나, 문기둥에 의지해

서 있다. 하지만 먹을 것과 마실 것과 씹을 것과 삼킬 것을 가족들이 많이 가지고 있어도, 그들의 악업 때문에 아무도 그 죽은 이들을 기억하지 않는다. 죽은 이를 연민하는 이라면, '이 공덕이 죽은 가족들에게 나누어지기를!', '죽은 가족들이 행복하기를!'이라고 염원하면서, 깨끗하고 훌륭하며 공양올릴 만한 마실 것과 먹을 것을 적당한 시간에 보시한다.

그곳에 이른 죽은 가족들도 그 자리에 모여들어 먹을 것과 마실 것을 보시한 것에 감사하고 존경하는 마음으로 '훌륭하다!'를 부르며 다음과 같이 기뻐한다.

"그들 때문에 이러한 것을 얻었습니다."

"살아 있는 가족들이 오래 살기를 바랍니다."

"그들은 우리에게도 공양을 올렸고, 자신들도 큰 결실을 얻었습니다."

사실 죽은 이들이 사는 곳에는 농사도 없고, 목축도 찾아볼 수 없고, 돈으로 장사하는 것도 없고, 무역하는 것도 없다. 그곳의 죽은 이들은 오직 이곳에서 보시한 것만으로 살아간다.

높은 곳에 내린 빗물이 아래로 흘러가듯이, 이곳에서 보시한 것이 죽은 이들에게 이익을 가져다준다. 마치 흘러 들어오는 냇물로 넘치는 강물이 바다를 가득 채우듯이, 이곳에서 보시한 것이 죽은 이들에게 이익을 가져다준다.

"그들은 나에게 이것을 주었고, 이것을 해주었습니다. 그들은 나의 가족이고 친구이고 동료였습니다."

죽은 이들이 전에 해주었던 일들을 회상하며, 죽은 이들을 위해 공양을 올려야 한다. 울며 슬퍼하고 땅을 치며 통곡해도, 그 죽은 이들에게는 아무 이익이 없는데도 남은 가족들은 그렇게 지낸다.

잘 머무는 승가에 올린 공양은 오랫동안 복덕이 되고 즉시 이익을 가져다준다. 그는 가족으로서 해야 할 도리도 한 것이고, 죽은 이들을 위해 뛰어난 공양도 한 것이며, 비구들에게 힘도 선사한 것이다. 그러니 그대들은 적지 않은 공덕을 실천한 것이다.

끗다까 니까야《담장 밖 경》

49재를 지내는 공덕

자신이 지은 악업으로 악도에 떨어지게 되었더라도 가족들이 그를 위하여 짓는 인연공덕으로 갖가지 죄가 소멸된다. 또한 만약 그가 죽은 뒤 49일 안에 가족들이 여러 가지 공덕을 지으면, 그 사람은 영원히 악도를 벗어나 인간과 천상에 태어나 뛰어나고 묘한 즐거움을 받으며, 현재의 가족들도 한량없는 이익을 받는다.

《지장경》

늙음과 죽음

어느새 늙음이 닥쳐와
좋던 모습 변해서 노인이 됐네.
젊을 땐 뜻대로 되었건만
늙어지니 뜻대로 되는 게 없네.

아무리 백 년 동안 산다 해도
죽고 나면 과거가 되네.
늙었다 하여 남들이 싫어하는데
병까지 걸렸다네.

이 하루가 지나고 나면
목숨도 따라서 줄어든다네.
마치 적은 물속의 고기 같나니
거기에 무슨 즐거움 있으랴.

늙으면 외모가 퇴색하고
병들면 몸은 저절로 무너져
온몸이 허물어지고 썩고 마니
목숨을 마치는 것이 그러하니라. 《법구경》

건강할 때 복덕을 지어라

자기가 건강할 때 빨리 복덕을 지어야 하니
만약 병고를 만나면
마음으로는 복덕을 닦고 싶어도
그 몸과 기력이 허락하지 않는다.

가족이나 친척들이

내가 반드시 죽을 것이라는 것을 알면
나에게 비록 재물이 있어도
마음대로 보시할 수 없다. 《대장엄론경》

아무런 기약 없이 갑자기 닥쳐오는 죽음

옛날에 부처님께서 왕사성 죽림정사에 계셨는데, 여러 제자와 함께 성안으로 들어가 어떤 사람의 공양을 받고 설법하신 뒤에 해질녘이 되어 성을 나오셨다. 마침 길에서 많은 소 떼를 풀어 성으로 몰고 돌아가는 어떤 사람을 만났는데, 소들이 모두 살이 쪘으며 배가 불러 이리저리 뛰고 서로 떠받으면서 좋아했다. 그때 부처님께서는 게송을 읊으셨다.

마치 소 치는 사람이 채찍을 들고
소를 길러 잡아먹듯이
늙음과 죽음도 이와 같아서
기른 뒤에 목숨을 앗아가네.

수많은 가문의 남녀 가운데
한 사람도 빠짐없이
재물을 쌓고 모아도
잃지 않는 이 없네.

이 세상 태어나 밤낮으로
목숨이 스스로 줄어들어
차츰 줄어 다함이
마치 저 말라가는 웅달샘 같네.

부처님께서 죽림정사에 이르러 발을 씻고 앉으시자 아난이 앞으로 나아가 여쭈었다.

"세존께서는 아까 길에서 게송을 읊으셨는데, 그 뜻을 자세히 알지 못하겠습니다. 원컨대 몽매함을 깨우쳐주십시오."

부처님께서 말씀하셨다.

"그대는 어떤 사람이 소 떼를 몰고 가는 것을 보았습니까?"

"예, 보았습니다."

부처님께서 아난에게 말씀하셨다.

"그것은 도살업자의 소 떼입니다. 본래는 천 마리가 있었는데 도살업자가 날마다 성 밖으로 사람을 보내 좋은 물과 풀을 구해서 먹여 살찌게 한 다음, 살찐 소부터 가려내어 날마다 도살했습니다. 그렇게 해서 죽은 소가 절반이 넘건만 나머지 소들은 그것도 모른 채 서로 떠받고 뛰어다니며 소리 지르고 좋아했습니다. 나는 그들의 어리석음을 가엾게 여겼기 때문에 그 게송을 읊었던 것입니다.

아난이여, 어찌 그 소들뿐이겠습니까? 세상 사람들도 또한 마찬가지입니다. 항상 '나'라고 헤아려 그것이 덧없는 것임을 알지 못하고, 다섯 가지 욕망의 즐거움을 탐해 그 몸을 기르고 마음껏 향락을 즐기면서 서로 해치고 죽입니다. 그리하여 오래도록 머물지 못하고 죽음이 아무런 기약 없이 갑자기 닥쳐오건만 그들은 까마득하게 깨닫지 못하니 저 소들과 무엇이 다르겠습니까?" 《법구비유경》〈무상품〉

벗어날 수 없는 죽음

옛날에 부처님께서 왕사성 죽림정사에서 설법하고 계셨다. 그때 어떤 바라문 사형제가 있었는데, 그들은 모두 다섯 가지 신통을 얻어 7일 뒤에는 목숨이 다하리라는 것을 알았다. 그래서 그들은 서로 의논했다.

"우리는 다섯 가지 신통의 힘으로 하늘과 땅을 엎치락뒤치락할 수도 있고, 해와 달을 어루만질 수도 있으며, 산을 옮겨 놓고 흐르는 강물을 멈추게 하는 등 하지 못하는 일이 없는데, 어찌 죽음을 피하지 못하겠는가?"

그러자 한 사람이 대답했다.

"나는 큰 바닷속에 들어가 물 밖으로 나오지도 않고, 밑에까지 가라앉지도 않으며, 그 중간에 있겠다. 아무리 죽음의 귀신이라 한들 어떻게 내가 있는 곳을 알겠는가?"

또 한 사람이 말했다.

"나는 수미산 속에 들어가 그 표면을 합쳐 틈이 없게 하겠다. 아무리 죽음의 귀신이라 한들 어떻게 내가 있는 곳을 알겠는가?"

또 한 사람이 말했다.

"나는 허공으로 올라가 허공에 숨어 있겠다. 아무리 죽음의 귀신이라 한들 어떻게 내가 있는 곳을 알겠는가?"

또 한 사람이 말했다.

"나는 큰 시장 한복판에 들어가 숨어 있겠다. 죽음의 귀신이 와서 한 사람을 잡아가려할 때 어찌 굳이 나만을 찾으려 하겠는가?"

그 네 사람은 이렇게 의논을 마치고 왕 앞으로 나아가 하직하면서 말했다.

"저희의 수명을 계산해 보니 앞으로 7일밖에 남지 않았습니다. 그래서 지금 죽음을 피해 도망치려고 합니다. 죽음을 벗어난 뒤에 다시 돌아와 뵈려 하니, 부디 덕에 힘쓰기를 바랍니다."

그들은 왕과 이별하고 저마다 자신이 있을 곳으로 갔다. 그러나 7일의 기한이 지나자 모두 목숨을 마치고 말았으니, 비유하면 마치 과일이 익으면 저절로 떨어지는 것과 같았다.

시장 감독이 왕에게 아뢰었다.

"어떤 한 바라문이 시장 안에서 갑자기 죽었습니다."

왕은 곧 그 바라문임을 알고 말했다.

"네 사람이 죽음을 피하려고 떠나더니 벌써 한 사람이 죽었구나. 나머지 세 사람인들 어찌 죽음을 면했겠는가?"

왕은 곧 수레를 꾸미고 부처님 처소로 나아가 예배한 뒤에 물러나 앉았다. 왕이 부처님께 아뢰었다.

"바라문 사형제가 있었는데, 그들은 모두 다섯 가지 신통을 얻어 자신의 목숨이 다한 것을 알고 죽음을 피해 떠났습니다. 지금 그들은 과연 죽음을 벗어났습니까?"

부처님께서 왕에게 말씀하셨다.

"사람에게는 벗어날 수 없는 네 가지 일이 있습니다. 첫째는 중음中陰에 머물면서 태어나지 않을 수 없고, 둘째는 태어난 이상 늙지 않을 수 없으며, 셋째는 늙으면 병들지 않을 수 없고, 넷째는 이미 병이 들고 나면 죽지 않을 수 없는 것입니다."

그리고 부처님께서는 곧 게송을 말씀하셨다.

허공도 아니요, 바닷속도 아니며
깊은 산속의 바위틈도 아니다.
죽음을 받지 않고 그것을 벗어날
그 어떤 장소도 있을 수 없네.

'이것에 힘쓰리라. 이것은 내가 했다. 이것을 이루리라.'
사람들은 이렇게 초조히 날뛰면서
늙음과 죽음의 근심을 그대로 밟고 다니네.

이런 줄 알아 스스로 고요히 하고
이리하여 삶이 다함을 보면
비구는 마군들을 싫어해
비로소 생사에서 벗어나리라. 《법구비유경》〈무상품〉

미리 착한 일을 행하라

밀린다 왕이 나가세나에게 물었다.

"사람이 착한 일을 하려고 하면, 착한 일을 먼저 해야 합니까, 뒤에 해야 합니까?" "먼저 착한 일을 해야 합니다. 뒤에 하는 것은 사람에게 이익이 되지 않습니다." "대왕께서 목이 마를 때 땅을 파서 우물을 만들려고 하면 갈증이 가십니까?"

"갈증이 가시지 않습니다. 먼저 우물을 파놓아야 합니다."

"그런 까닭에 착한 일도 먼저 해놓아야 합니다."

나가세나가 왕에게 물었다.

"배가 고플 때 사람에게 씨를 뿌려 경작하게 하면 곡식이 곧 익어서 먹을 수 있습니까?"

"먹을 수 없습니다. 먼저 준비를 해놓아야 합니다."

"사람도 이와 같이 먼저 착한 일을 해야 합니다. 급한 일이 생겼을 때 착한 일을 하면 사람의 몸에 이롭지 않습니다."

"비유하면, 왕에게 원한이 있는데 그때를 당해서 전투에 필요한 것을 갖추려면 되겠습니까?"

"그러면 안 됩니다. 원한이 있으면 미리 준비해야 합니다."

"부처님께서 경전에서 말씀하시기를, '착한 일을 해야 한다. 뒤에 하는 것은 이익이 되지 않는다'고 하셨습니다. '큰길을 버리고 삿된 길을 취하지 말며, 어리석은 사람을 모범으로 삼아서 착한 일을 하지 않고 악한 일을 하면 안 된다'고 하셨습니다. 그리하면 나중에 주저앉아 울어도 소용이 없습니다. 사람이 바른길을 버리

고 부정한 길을 취하면 죽을 때 후회합니다." 《밀린다왕문경》

생사고해에서 헤매는 중생을 비유한 이야기, 안수정등岸樹井藤

빈두로가 우타연 왕에게 말했다.

"대왕이여, 제가 지금 왕을 위해 간략하게 비유를 들어 생사 가운데서 다섯 가지 욕망의 즐거운 맛에 탐착하는 온갖 허물에 관해 말하려고 하니, 왕은 지극한 마음으로 잘 들으십시오.

옛날에 어떤 사람이 넓은 들판을 가다가 크고 험악한 코끼리를 만났습니다. 그 사람은 코끼리에게 쫓기는 두려움 때문에 미친 듯이 내달렸으나 숨을 곳이 없었습니다. 그러다가 언덕에 있는 한 우물을 보고 곧 나무뿌리를 잡고 따라 내려가 우물 안으로 들어가 숨었습니다.

그때 흰쥐와 검은쥐가 이빨로 나무의 뿌리를 갉고 있었고, 우물의 네 벽에서는 네 마리의 독사가 혀를 날름거리며 그를 물려고 했으며, 우물 아래에는 독을 지닌 큰 용이 있었습니다. 옆에 있는 네 마리의 독사는 너무 무섭고, 아래의 독을 지닌 용은 두려웠습니다. 그런데 그가 잡고 있는 나무의 뿌리가 흔들리자 나뭇가지를 타고 벌집에서 흐른 세 방울의 꿀이 그의 입속으로 떨어졌습니다. 이때 나무가 흔들려 벌집을 무너뜨렸으니 벌들이 흩어져 날며 그 사람을 쏘아댔습니다. 또한 들판에는 불이 일어나 그 나무를 태울 지경에 이르렀습니다.

대왕이여, 그 사람의 고뇌는 헤아릴 수 없을 정도였습니다."

왕은 근심과 걱정으로 싫은 마음이 나서 말했다.

“존자여, 그 사람에게는 즐거움의 맛은 적고 고통은 지극히 많습니다. 맛보는 것이 소 발자국에 괸 물 정도라면, 겪는 고통은 큰 바다의 물과 같습니다. 맛보는 것이 겨자씨 정도라면, 고통은 수미산과 같습니다. 맛보는 것이 반딧불 정도라면, 고통은 해나 달과 같습니다. 또한 연뿌리에 난 구멍을 허공에 빗대는 것과 같으며, 모기를 금시조에 빗대는 것과 같습니다. 그 즐거움을 맛보는 것과 고통의 실상이 이와 같습니다.”

빈두로가 말했다.

“광야는 생사를 비유한 것이고, 그 남자는 범부를 비유한 것이며, 코끼리는 무상함을 비유한 것이고, 언덕의 우물은 사람의 몸을 비유한 것이며, 나무뿌리는 사람의 목숨을 비유한 것이고, 흰쥐와 검은쥐는 밤과 낮을 비유한 것이며, 나무뿌리를 갉는 것은 시시각각으로 소멸함을 비유한 것이고, 네 마리의 독사는 사대四大를 비유한 것이며, 꿀은 다섯 가지 욕망의 즐거움을 비유한 것이고, 벌 떼는 나쁜 생각을 비유한 것이며, 들불이 태운다는 것은 늙음을 비유한 것이고, 아래의 독룡은 죽음을 비유한 것입니다. 그러므로 ‘다섯 가지 욕망의 즐거운 맛은 지극히 적고 고통은 지극히 크다’는 것을 반드시 아셔야 합니다. 생로병사는 모든 사람에게 해당되는 것이니 세상 사람들의 몸과 마음이 매우 고통스러워지며, 귀의할 곳이 없고 온갖 고통의 핍박함이 번개처럼 빠르게 다가와 근심과 걱정이 있습니다. 그러므로 다섯 가지 욕망의 즐거

움에 애착하지 말아야 합니다." 《빈두로 경》

삶과 죽음

우리가 태어날 때는 어디서 오며, 죽을 때는 어디로 가는가? 오고 가는 곳을 안다면 비로소 불법을 배운 사람이라고 할 만하다. 삶과 죽음을 아는 자는 누구인가? 삶과 죽음을 받는 자는 또 누구인가? 오고 가는 곳을 알지 못하는 자는 또 누구인가? 문득 오고 가는 곳을 알아차리는 자는 또 누구인가? 이 이야기를 듣고 이해하지 못하고 눈만 껌뻑껌뻑하고, 뱃속은 어수선하고 가슴 속에는 한 개의 불덩이를 넣어 둔 것과 같은 자는 또 누구인가? 만약 알고자 한다면, 단지 이해하지 못하는 곳에서 깨달아야 한다. 곧장 깨달았다면, 비로소 삶과 죽음이 결단코 상관없음을 알게 된다. 《대혜어록》

참마음은 나고 죽음이 없다

누구든지 임종할 때 오직 다섯 가지 무더기가 모두 텅 비어 있어 사대四大로 이루어진 이 몸에는 '나'라고 할 것이 없음을 관찰해야 한다. 참마음은 어떠한 형상이 없으므로 오지도 않고 가지도 않으며, 이 몸이 생길 때 그 성품이 생겨나는 것도 아니요, 이 몸이 죽을 때도 그 성품이 없어지는 것도 아니다. 지극히 맑고 고요해 마음과 경계가 하나다.

오직 이와 같이 관찰해서 단박에 깨치면 삼세의 인과에 얽매이지 않는다. 이런 사람이야말로 세간을 초월한 자유인이라고 할 수 있다. 부처님을 만나더라도 따라가려는 마음이 없고, 지옥을 보아도 두렵거나 무서워하는 생각이 없다. 오직 스스로 무심無心하기만 하면 법계와 하나 되어 같아질 뿐이니 이것이야말로 공부의 요체라고 할 수 있다. 그러므로 살면서 지은 업이 씨앗이 되고 죽음에 이르러 그 열매를 맺는 것이니 도를 닦는 사람들은 이 점을 마음에 새겨야 한다. 《선가귀감》

누구나 자기 자신이 가장 사랑스럽다

어느 날, 코살라의 파사익 왕은 말리 왕비와 함께 왕궁의 누각 위층으로 올라갔다. 그때 파사익 왕은 말리 왕비에게 말했다.

"말리여, 그대 자신보다 더 사랑스런 자가 있습니까?"

"대왕이시여, 제게는 저 자신보다 더 사랑스런 자가 없습니다. 대왕이시여, 그런데 대왕께서는 자기 자신보다 더 사랑스런 자가 있습니까?"

"말리여, 나에게도 나 자신보다 더 사랑스런 자는 없습니다."

그러고는 파사익 왕은 누각을 내려와서 부처님께 갔다. 가서는 부처님께 절을 올리고 한 곁에 앉았다. 한 곁에 앉은 파사익 왕이 부처님께 말리 왕비와의 이야기를 말씀드리자, 부처님께서는 그 뜻을 아시고 게송을 읊으셨다.

마음으로 사방을 찾아보건만

자신보다 사랑스러운 자 볼 수 없어라.
이처럼 누구에게나 자신이 사랑스러운 법
그러므로 자기를 사랑하는 자, 남을 해치지 말아야 한다.

상윳따 니까야《말리까 경》

안거를 시작하게 된 인연

부처님께서는 왕사성 죽림정사에 계셨다. 그런데 당시 부처님께서는 비구들에게 안거를 아직 제정하지 않았기 때문에 비구들은 겨울에도 여름에도 우기雨期에도 돌아다녔다. 그러자 사람들이 혐오하고 책망하고 분개하고 비난했다.

"어찌 사문 석가의 아들들은 겨울에도 여름에도 우기에도 돌아다니며, 곡식과 풀을 짓밟고, 식물의 목숨을 해치고, 숱한 작은 생명의 목숨을 앗아간단 말인가? 저 이교도들도 그 가르침은 나쁘더라도 안거를 지키고 준비하려고 하며, 저 새들도 나뭇가지 끝에 둥우리를 짓고 안거를 지키고 준비하려고 한다. 그런데 이 사문 석가의 아들들은 겨울에도 여름에도 우기에도 돌아다니며, 곡식과 풀을 짓밟고, 식물의 목숨을 해치고 숱한 작은 생명의 목숨을 앗아가고 있다."

비구들은 사람들이 혐오하고 책망하고 분개하고 비난하는 것을 들었다. 그래서 부처님께 그 사실을 알려드렸다. 그러자 부처님께서는 그것을 인연과 기회로 삼아 법문을 설하고 비구들에게 말씀하셨다.

"비구들이여, 안거에 드는 것을 허용합니다."

그때 비구들은 '언제 안거에 들어가야 할까?'라고 생각하고 부처님께 그 사실을 전해드렸다.

"비구들이여, 우기 중에 안거에 드는 것을 허용합니다." 율장《대품》

자신의 살을 베어 스님들께 공양하다

바라나시에 사는 쑵삐야 부부는 둘 다 청정한 믿음을 지녔고, 보시자로서 실천자로서 승가를 섬겼다. 아내 쑵삐야는 사원으로 들어가 처소와 승방을 찾아다니며 비구들에게 물었다.

"존자들이여, 누가 병들었습니까? 누구를 위해 무엇을 가져와야 합니까?"

그때 어떤 비구가 설사약을 복용했다. 그래서 그 비구는 쑵삐야에게 이렇게 말했다.

"자매여, 저는 설사약을 복용했습니다. 저에게 고깃국이 필요합니다."

"존자여, 가져오겠습니다."

이렇게 말하고는 집으로 가서 하인에게 말했다.

"여보게, 가서 고기를 구해오게."

"예, 마님. 알겠습니다."

하인은 쑵삐야에게 대답하고 바라나시를 모두 돌아다녔으나 고기를 사지 못했다. 그 하인은 돌아가서 이렇게 말했다.

"마님, 고기가 없습니다. 오늘은 도살이 금지된 날입니다."

쑵삐야는 이렇게 생각했다.

'만일 그 병든 비구스님이 고깃국을 얻지 못하면 병이 심해지거나 죽을 수도 있다. 내가 약속하고도 가져가지 않으면, 그것은 옳지 않은 일이다.'

그러고는 칼로 자신의 허벅지 살을 베어 하인에게 주었다.

"이보게, 이 고기를 요리해서 이러이러한 정사에 계신 비구스님이 병들었는데, 그분에게 갖다 드리게. 스님이 나에 대해 물으면 아프다고 말씀드리게."

그녀는 윗옷으로 허벅지를 감싼 뒤에 내실로 들어가 자리에 누웠다. 그때 남편은 집에 가서 하인에게 물었다.

"마님은 어디에 있는가?"

"마님께서는 내실에서 누워 계십니다."

남편은 아내가 있는 곳으로 찾아가서 물었다.

"그대는 왜 누워 있습니까?"

"아프기 때문입니다."

"왜 아픕니까?"

아내는 남편에게 사실대로 말했고, 사정을 들은 남편은 이와 같이 생각했다.

'오! 참으로 놀라운 일이다. 오! 예전에는 없던 일이다. 아내는 신심이 있고 청정한 믿음을 가져 자신의 살까지 보시했는데, 무엇인들 보시하지 않겠는가?'

그는 기뻐하며 부처님께서 계신 곳으로 찾아갔다. 가까이 가서는 한쪽으로 물러나 앉았다. 한쪽으로 물러나 앉은 남편은 부처님께 이와 같이 말씀드렸다.

"세존이시여, 세존께서는 내일 스님들과 함께 저의 공양을 받아주십시오."

부처님께서는 침묵으로 허락하셨다. 남편은 부처님께서 허락하신 것으로 알고 자리에서 일어나 부처님께 인사를 드리고 오른쪽으로 돌아 그곳을 떠났다. 남편은 그날 밤이 지나자 훌륭한 음식을 준비해 부처님께 공양 때가 되었음을 알려드렸다.

"세존이시여, 때가 되었습니다. 공양이 준비되었습니다."

부처님께서는 아침 일찍 옷을 입고 가사를 두르고 발우를 들고 쑵삐야 부부의 집으로 찾아가셨다. 가서 스님들과 함께 마련된 자리에 앉았다. 남편은 부처님께서 계신 곳으로 갔다. 가까이 가서 부처님께 인사를 올리고 한쪽으로 물러나 앉았다. 부처님께서는 남편에게 물으셨다.

"아내는 어디 있습니까?"

"세존이시여, 아픕니다."

"그렇다면 여기로 오라고 하십시오."

"세존이시여, 그럴 수 없습니다."

"그렇다면 그녀를 안고 데려오십시오."

남편은 아내를 안아서 데리고 왔다. 그녀가 부처님을 친견하자마자 커다란 상처가 치유되고 피부에 털이 자라났다.

"세존이시여, 정말 놀라운 일입니다. 세존이시여, 예전에 없던 일입니다. 여래의 크나큰 신통력과 크나큰 능력으로 세존을 친견하자마자 크나큰 상처가 치유되고 피부에 털이 자라났습니다."

쑵삐야 부부는 뛸 듯이 기뻐하며 이렇게 말씀드리고, 부처님을 비롯한 스님들께 손수 음식을 대접한 뒤 부처님께서 발우에서 손을 떼시자 한쪽으로 물러나 앉았다. 부처님께서는 쑵삐야 부부에게 법문으로 교화하고 격려하고 북돋우고 기쁘게 하신 뒤 자리에서 일어나 그곳을 떠나셨다. 율장《대품》

개미를 살려준 공덕으로 수명을 연장한 사미

옛날에 어떤 아라한이 한 사미를 보살폈다. 그는 그 사미가 7일 뒤에 목숨을 마칠 것을 알고, 그에게 시간을 주어 집에 돌려보내면서 7일째가 되거든 돌아오라고 말했다.

사미는 스승에게 하직하고 집으로 돌아가는 도중에 개미들이 물에 떠내려가 곧 죽게 생긴 것을 보았다. 그는 자비심으로 가사를 벗어 거기에 흙을 담고 물을 막은 후, 개미를 집어 마른땅으로 옮겨 개미를 모두 살려주었다.

사미는 7일째가 되어 스승에게로 돌아갔다. 이상하게 생각한 스승은 선정에 들어 관찰해서 그 사미가 다른 복은 없는데 개미를 구한 인연으로 살게 된 것임을 알게 되었다. 《잡보장경》

살생의 죄가 가장 무겁다

살생은 죄 가운데서도 그 죄가 무겁다. 왜냐하면 사람이 갑자기 죽음을 맞이하면 소중한 보물도 아끼지 않고 오직 목숨을 보전하는 것으로 우선을 삼기 때문이다. 비유하건대 어느 장사꾼의 경우와 같으니, 그가 바다에서 보물을 건져가지고 나오려고 할 때 그 배가 갑자기 부서져서 보물을 몽땅 잃었다. 그런데도 오히려 기뻐하면서 손을 흔들며 말했다.

"하마터면 큰 보물을 잃을 뻔했다."

사람들이 이상히 여겨 물었다.

"그대는 재물을 잃고 알몸으로 벗어났는데, 어찌 기뻐하면서 하마터면 큰 보물을 잃을 뻔했다고 말하는가?"

그러자 그가 대답했다.

"모든 보물 가운데 사람의 목숨이 제일이다. 사람은 목숨 때문에 재물을 구하지, 재물 때문에 목숨을 구하지는 않는다."

그러므로 부처님께서 말씀하셨다.

"열 가지 착하지 못한 길 가운데 살생이 가장 앞에 오며, 다섯 가지 계율 가운데서도 가장 앞에 온다. 만일 어떤 사람이 갖가지 방법으로 복덕을 닦으나 불살생계가 없으면 이익이 없다. 그것은 왜냐하면 비록 부귀한 곳에 태어나 세력이 있고 호강하더라도 수명이 짧다면 누가 그 즐거움을 누리랴. 이런 까닭에 모든 죄 가운데서 살생의 죄가 가장 무겁고, 다른 모든 공덕 가운데서 불살생계가 제일임을 알 수 있다. 세상에서는 목숨을 아끼는 일이 가장 으뜸이다. 어째서 그런 줄 알겠는가? 모든 세상 사람들이 갖은 형벌과 고문을 달게 받는 것은 목숨을 아끼기 때문이다.

또한 어떤 사람이 계를 받고 생각하기를, '오늘부터는 일체의 중생을 죽이지 않으리라'라고 한다면 이는 이미 한량없는 중생에게 자기가 아끼고 소중히 여기던 물건을 베풀어준 것이니, 얻는 공덕 또한 한량이 없을 것이다." 《대지도론》

여섯 방향에 예경을 하는 이유

장자의 아들이여, 어떻게 성스러운 제자는 여섯 방향을 감싸는 자가 되는가? 장자의 아들이여, 이들 여섯 방향을 알아야 합니다. 동쪽 방향은 부모라고 알아야 합니다. 남쪽 방향은 스승이라고 알아야 합니다. 서쪽 방향은 자식과 아내라고 알아야 합니다. 북쪽 방향은 친구와 동료라고 알아야 합니다. 아래 방향은 하인과 고용인들이라고 알아야 합니다. 위 방향은 사문과 바라문이라고 알아야 합니다.

장자의 아들이여, 아들은 다음의 다섯 경우로 동쪽 방향인 부모를 섬겨야 합니다. '나는 그분들을 잘 봉양할 것이다. 그분들에게 의무를 행할 것이다. 가문의 대를 확고하게 할 것이다. 유산인 부모의 훈육대로 잘 실천할 것이다. 부모가 돌아가시면 그분들을 위해서 보시를 잘할 것이다'라고. 장자의 아들이여, 이와 같이 아들은 동쪽 방향인 부모를 섬깁니다.

그러면 부모는 다시 다음의 다섯 경우로 아들을 사랑으로 돌봅니다. 사악함으로부터 멀어지게 하고, 선에 들어가게 하며, 기술을 배우게 하고, 어울리는 아내와 맺어주며, 적당한 때 유산을 물려

줍니다.

장자의 아들이여, 이러한 다섯 경우로 아들은 동쪽 방향인 부모를 섬기고, 부모는 다시 이러한 다섯 경우로 아들을 사랑으로 돌봅니다. 이렇게 해서 동쪽 방향은 감싸지고 안전해지고 두려움이 없는 것입니다.

장자의 아들이여, 제자는 다음의 다섯 경우로 남쪽 방향인 스승들을 섬겨야 합니다. 일어나서 맞이하고, 섬기고, 배우려 하고, 개인적으로 시봉하고, 기술을 잘 배웁니다. 장자의 아들이여, 이와 같이 제자는 남쪽 방향인 스승들을 섬깁니다.

그러면 스승들은 다시 다음의 다섯 경우로 제자를 사랑으로 돌봅니다. 잘 훈육되도록 훈육하고, 잘 이해하도록 이해시키며, 기술을 모두 다 배우도록 잘 가르쳐주고, 친구와 동료에게 잘 소개해주며, 모든 곳에서 안전하게 보호해줍니다.

장자의 아들이여, 이러한 다섯 경우로 제자는 남쪽 방향인 스승들을 섬기고, 스승들은 다시 이러한 다섯 경우로 제자를 사랑으로 돌봅니다. 이렇게 해서 남쪽 방향은 감싸지고 안전해지고 두려움이 없는 것입니다.

장자의 아들이여, 남편은 다음의 다섯 경우로 서쪽 방향인 아내를 섬겨야 합니다. 존중하고, 얕보지 않고, 바람피우지 않고, 권한을 넘겨주고, 장신구를 사줍니다. 장자의 아들이여, 이와 같이 남편은 서쪽 방향인 아내를 섬깁니다.

그러면 아내는 다시 다음의 다섯 경우로 남편을 사랑으로 돌봅니다. 맡은 일을 잘 처리하고, 주위 사람들을 잘 챙기고, 바람피우지 않고, 집안의 재산을 잘 보호하고, 모든 맡은 일에 숙련되고 게으르지 않습니다.

장자의 아들이여, 이러한 다섯 경우로 남편은 서쪽 방향인 아내를 섬기고, 아내는 다시 이러한 다섯 경우로 남편을 사랑으로 돌봅니다. 이렇게 해서 서쪽 방향은 감싸지고 안전해지고 두려움이 없는 것입니다.

장자의 아들이여, 선남자는 다음의 다섯 경우로 북쪽 방향인 친구와 동료들을 섬겨야 합니다. 베풀고, 친절하게 말하고, 그들에게 이익이 되도록 행하고, 자기 자신에게 하듯이 대하고, 언약을 어기지 않습니다. 장자의 아들이여, 이와 같이 선남자는 북쪽 방향인 친구와 동료들을 섬깁니다.

그러면 친구와 동료들은 다시 다음의 다섯 경우로 선남자를 사랑으로 돌봅니다. 취해 있을 때 보호해주고, 취해 있을 때 소지품을 보호해주고, 두려울 때 의지처가 되어주고, 재난에 처했을 때 떠나지 않고, 그의 자녀들을 존중합니다.

장자의 아들이여, 이러한 다섯 경우로 선남자는 북쪽 방향인 친구와 동료들을 섬기고, 친구와 동료들은 다시 이러한 다섯 경우로 선남자를 사랑으로 돌봅니다. 이렇게 해서 북쪽 방향은 감싸지고 안전해지고 두려움이 없는 것입니다.

장자의 아들이여, 주인은 다음의 다섯 경우로 아래 방향인 하인과 고용인들을 섬겨야 합니다. 힘에 맞게 일거리를 배당해주고, 음식과 임금을 지급하고, 병이 들면 치료해주고, 특별히 맛있는 것이 있으면 같이 나누고, 적당한 때에 쉬게 합니다. 장자의 아들이여, 이와 같이 주인은 아래 방향인 하인과 고용인들을 섬깁니다.

그러면 하인과 고용인들은 다시 다음의 다섯 경우로 주인을 사랑으로 돌봅니다. 먼저 일어나고, 나중에 자고, 주어진 것에 만족하고, 일을 아주 잘 처리하고, 주인에 대한 명성과 칭송을 달고 다닙니다.

장자의 아들이여, 이러한 다섯 경우로 주인은 아래 방향인 하인과 고용인들을 섬기고, 하인과 고용인들은 다시 이러한 다섯 경우로 주인을 사랑으로 돌봅니다. 이렇게 해서 아래 방향은 감싸지고 안전해지고 두려움이 없는 것입니다.

장자의 아들이여, 선남자는 다음의 다섯 경우로 위 방향인 사문과 바라문들을 섬겨야 합니다. 자애로운 몸의 업으로 대하고, 자애로운 말의 업으로 대하고, 자애로운 마음의 업으로 대하고, 대문을 항상 열어 두고, 일용품을 공급합니다. 장자의 아들이여, 이와 같이 선남자는 위 방향인 사문과 바라문들을 섬깁니다.

그러면 사문과 바라문들은 다시 다음의 다섯 경우로 선남자를 사랑으로 돌봅니다. 사악함으로부터 멀리하게 하고, 선에 들어가게 하고, 선한 마음으로 자애롭게 돌보며, 배우지 못한 것을 가르쳐주고, 배운 것을 깨끗하게 해주고, 천상으로 가는 길을 일러 줍니다.

장자의 아들이여, 이러한 다섯 경우로 선남자는 위 방향인 사문과 바라문들을 섬기고, 사문과 바라문들은 다시 이러한 다섯 경우로 선남자를 사랑으로 돌봅니다. 이렇게 해서 윗 방향은 감싸지고 안전해지고 두려움이 없는 것입니다. 디가 니까야 《교계싱갈라 경》

2절

불자의 삶

사랑하는 사람과 다음 생에서도 함께하려면

나꿀라삐따 장자 부부가 “세존이시여, 저희 부부는 지금 이 생뿐만 아니라 다음 생도 함께하기를 간절히 원합니다”라고 말씀드리자 부처님께서는 이렇게 말씀하셨다.

“남편과 아내가 둘 다 지금 여기에서도 서로서로 보기를 원할 뿐만 아니라, 내세에서도 서로서로 보기를 원한다면, 그들 둘은 동등한 믿음과 동등한 계행과 동등한 베풂과 동등한 지혜를 가져야 합니다. 그러면 그대들은 지금 여기서도 서로서로 보게 될 것이고, 내세에서도 서로서로 보게 될 것입니다.” 앙굿따라 니까야《어울리는 삶 경》

목련 존자가 환생한 어머니를 삼보에 귀의시키다

목련은 이와 같이 생각했다.

‘세존께서 예전에 이렇게 말씀하셨다. 부모님께서는 자식을 위해 하기 어려운 일을 하시고, 젖을 먹여 길러주시며, 갖가지 세상의 일들을 가르쳐서 알게 하신다. 가령 어떤 사람이 한쪽 어깨에는 아버지를 올리고, 한쪽 어깨에는 어머니를 올려놓고 백 년을 지낸다 하더라도 부모님의 은혜를 갚을 수가 없다. 또 대지의 온갖 보배와 장신구로 부모님을 봉양하더라도 부모님의 은혜를 갚을 수 없으며, 부모님을 진심으로 존경하는 것이 못 된다.

만일 부모님께서 삼보를 믿지 않으시면 삼보를 믿게 해드려야 은혜를 갚는 것이다. 부모님께서 계행을 지키지 않는다면 계를 지킬 수 있도록 해드리고, 부모님께서 인색하고 남에게 보시를 하지 않거든 기꺼이 보시할 수 있게 해드리며, 부모님께서 지혜가 없거든 지혜를 갖추도록 해드리는 것이 은혜를 갚는 것이라 하셨다.'

목련은 또 이렇게 생각했다.

'부처님께서 말씀하신 것을 내가 지금까지 하나도 한 것이 없구나.'

그러고는 바로 삼매에 들어 돌아가신 어머니께서 어느 곳에 태어났는지 살펴보았다. 목련은 천안으로 돌아가신 어머니께서 마리지摩利支 세계에 태어나신 것을 보고 이렇게 생각했다.

'누가 그곳에 가서 법으로 교화할 수 있을까? 이것은 그 누구도 할 수 없고 오직 부처님만이 하실 수 있는 일이다.'

그리고 부처님 계신 곳으로 가서 부처님께 말씀드렸다.

"세존이시여, 부모님께서는 자식에게 하기 어려운 일을 해주십니다. 돌아가신 저의 어머니께서는 지금 마리지 세계에 태어나셨는데, 그 세계에 가서 어머니를 교화할 수 있는 자가 없습니다. 부디 세존께서 인도해주시기를 간절히 바랍니다."

부처님께서 목련에게 말씀하셨다.

“누구의 신통력으로 그 세계에 갈 생각입니까?”

“저의 신통력으로 부처님과 함께 그 세계에 갈 수 있도록 자비를 베풀어주십시오.”

목련은 부처님과 함께 한 발을 옮기는 것이 하나의 세계와 하나의 수미산을 건너는 신통력으로 7일이 걸려서 마리지 세계에 도착했다. 목련의 어머니는 목련이 먼 곳으로부터 오는 것을 보았다.

“오래도록 너를 보지 못했는데, 어떻게 올 수 있었느냐?”

마리지 세계 사람들은 이 말을 듣고 이렇게 말했다.

“이 여인은 나이가 어린데 어째서 자식은 늙었을까?”

목련이 그들에게 말했다.

“이분은 저를 낳고 길러주셨습니다. 이분은 저의 어머니십니다.”

그때 부처님께서는 목련의 어머니가 원하는 것과 번뇌의 종류와 그 성질을 아시고, 그녀를 깨닫게 하기 위해 사성제의 이치를 설하셨다. 그녀는 설법을 듣고 수다원과를 얻어 금강의 지혜로써 20가지의 자아가 있다는 견해를 꺾어 없앴다. 자아가 있다는 견해를 부수고 진리를 보아 모든 사견을 깨뜨렸다. 그리고 세 가지 인연에 대해 말씀하셨다.

“세존께서 저를 유익하게 하셨습니다. 이 이익은 부모나 국왕이나 천신의 권속들과 사문·바라문들은 할 수 없으며, 이것은 오직 부처님만이 하실 수 있는 일입니다. 피의 바다를 마르게 하시고, 뼈의 산을 깨뜨리며, 나쁜 곳의 문을 닫고, 열반의 길을 열어 보이며, 천상과 인간에 태어나는 선업을 일으킵니다."

그러고는 곧 게송을 읊었다.

세존의 위신력으로
나쁜 곳으로 향하는 길을 막았네.
악도惡道에는 많은 어려움이 있으니
열반에 이르는 문을 열어 보이셨네.

세존께서는 모든 허물을 제거하셨으니
지혜의 눈을 생기게 하시고
청정한 근원에 도달하게 하시며
고해苦海의 언덕을 뛰어넘게 하셨네.

세존께서는 천상과 인간의 스승이시라
생로병사의 괴로움을 잘 제거하셨네.
수없이 많은 세상이 지나도 만나 뵙기 어려운데
이제 만나 뵙고 수다원이 되었네.

이렇게 게송을 읊고 나서 부처님께 말씀드렸다.

"세존이시여, 저는 이제 불·법·승 삼보에 귀의해 우바이가 되겠습니다. 목숨이 다할 때까지 귀의하겠습니다. 이제 부처님과 목련 존자에게 공양을 올리고자 합니다."

그때 세존께서는 잠자코 청을 받아들이셨다. 목련의 어머니는 부처님께 음식을 받들어 올렸다. 《근본설일체유부 비나야약사》

우란분절의 유래

부처님께서 사위성에 계실 때 목련이 비로소 여섯 가지 신통을 얻었다. 부모를 제도해 그 은혜를 갚으려고 도道의 눈으로 관찰하니, 돌아가신 어머니가 아귀 세계에 태어나 음식을 먹지 못해 고통을 받고 있었다.

목련은 슬피 울며, 아귀 세계로 가서 어머니에게 음식을 드렸다. 그러나 밥이 어머니의 입에 들어가기도 전에 불덩이로 변해 어머니는 음식을 먹지 못했다. 목련이 급히 돌아와 슬픈 얼굴로 그 일을 부처님께 말씀드리자, 부처님께서 목련에게 말씀하셨다.

"그대 어머니는 죄의 뿌리가 깊어서 그대 혼자의 힘으로는 어찌할 수가 없다. 여러 스님의 위신력으로 해탈을 얻어야 한다. 내가 구제하는 법을 말해주겠다.

7월 15일에 액난에 빠진 부모를 위해 국수와 밥과 다섯 가지 과일과 물 긷는 그릇과 향기로운 기름과 촛불과 평상과 침구 등을 장만해 여러 스님에게 공양을 올려야 한다. 이날 모든 성현이나 보살이 스님으로 변화해 대중 속에 있으면서 이 공양을 받을 것이다. 만일 어떤 이가 이와 같이 공양을 올린다면, 부모와 친척이 모두 삼악도에서 벗어나 해탈할 것이다." 《불설보은봉분경》

어머니의 은혜

어머니의 은혜는 열 가지가 있다. 아이를 잉태해 열 달 동안 온 정성을 기울여 지키고 보호해준 은혜, 해산할 때 괴로움을 겪는 은혜, 자식을 낳고도 모든 근심을 잊는 은혜, 입에 쓴 음식은 삼키고 단 음식은 아기에게 먹여주는 은혜, 마른자리 골라 아이 눕히고 젖은 자리에 눕는 은혜, 때맞추어 젖을 먹여 길러준 은혜, 대소변 가려 더러운 것을 세탁해주는 은혜, 자식이 먼 길을 떠나면 생각하고 염려하는 은혜, 자식을 위해 온갖 궂은일을 다 하는 은혜, 늙어 죽을 때까지 자식을 사랑해주는 은혜가 그것이다.

《부모은중경》

지혜는 나이의 많고 적음에 달린 것이 아니다

비록 나이가 80, 90, 100세라 하더라도, 만일 그가 시기에 맞지 않는 말을 하고, 사실이 아닌 것을 말하고, 유익하지 못한 것을 말하고, 법에 어긋나게 말하고, 율에 저촉되는 말을 하며, 시의적절하지 않고, 이유가 분명하지 못하고, 주제가 제한되어 있지 못하고, 이익을 주지 못하고, 담아둘 만하지 못한 말을 하는 자라면 그는 단지 '어리석은 장로'라는 이름을 얻을 뿐이다.

그러나 비록 나이가 젊어서 머리칼이 검고, 축복받은 젊음을 갖춘 초년의 나이라 할지라도, 시기에 맞는 말을 하고, 사실을 말하고, 유익한 것을 말하고, 법을 말하고, 율을 말하며, 시의적절하고, 이유가 분명하고, 주제가 제한되어 있고, 이익을 주고, 담아둘 만한 말을 하는 자라면 그는 '현명한 장로'라는 이름을 얻을 것이다.

앙굿따라 니까야《우루벨라경》

좋은 벗은 수행의 전부다

아난이 부처님께 말씀드렸다.

"세존이시여, 좋은 친구와 사귀는 것, 좋은 동료와 사귀는 것, 좋은 벗과 사귀는 것은 청정범행의 절반에 해당합니다."

"그렇게 말하지 마시오, 아난이여. 그렇게 말하지 마시오, 아난이여. 좋은 친구와 사귀는 것, 좋은 동료와 사귀는 것, 좋은 벗과 사귀는 것은 청정범행의 전부입니다. 아난이여, 비구가 좋은 친구와 사귀고 좋은 동료와 사귀고 좋은 벗과 사귀면, 그는 성스러운 팔정도를 닦을 것이고, 성스러운 팔정도를 많이 익힐 것이라는 점을 기대할 수 있습니다." 상윳따 니까야《절반경》

누가 진정한 친구인가

무엇이 여행할 때의 친구이며
무엇이 자신의 집에서 친구입니까?
무엇이 일이 생겼을 때 친구이며
무엇이 미래의 친구입니까?

부처님께서 말씀하시길,

"대상隊商이 여행할 때의 친구이며

어머니가 자신의 집에서 친구이니라.
동료는 일이 생겼을 때 언제든 친구이며
자신이 지은 공덕이 미래의 친구니라." 상윳따 니까야《친구경》

괴로움에서 벗어나는 조건들

무엇이 사람의 친구이고
무엇이 그를 가르칩니까?
무엇을 기뻐할 때 사람은
모든 괴로움에서 해탈합니까?

부처님께서 말씀하시길,
"믿음이 사람의 친구이고
지혜가 그를 가르친다.
열반을 기뻐할 때
사람은 모든 괴로움에서 해탈한다." 상윳따 니까야《한 짝 경》

진실한 친구

부끄러워할 줄 모르고 혐오해
'나는 당신의 친구다'라고 말하면서도
할 수 있는 일을 도와주지 않는 사람,
그는 친구가 아님을 알아야 한다.

친구들에게 실천 없이
달콤한 말만 앞세운다면,
현자들은 그에 대해서
말만 하고 실천하지 않는 자라고 알아야 한다.

항상 전전긍긍하며 우정에 금이 갈까 염려하면서도
친구의 결점만을 보는 사람은 친구가 아니다.
아들이 아버지의 품에 안기듯 의지하고
타인 때문에 우정에 금가지 않는 사람이야말로 친구다.

훌륭한 결과를 바라는 사람은
인간으로서 적당한 짐을 지고
기쁨을 낳고 칭찬을 받으며
안락을 가져올 조건을 닦는다.

멀리 벗어남의 맛을 누리고
고요함의 맛을 누리고
진리의 기쁨이 있는 맛을 누리는 사람은
고뇌를 떠나고 악을 떠난다. 숫타니파타《부끄러움 경》

멀리해야 할 친구들

부처님께서 싱갈라에게 말씀하셨다.

“장자의 아들이여, 다음 네 가지는 친구인 척하지만 친구가 아니라고 알아야 합니다. 아무것도 가져오지 않았으면서도 분명히 가져왔다고 하는 자는 친구인 척하지만 친구가 아니라고 알아야 합니다. 말만 최고로 하는 자는 친구인 척하지만 친구가 아니라고 알아야 합니다. 듣기 좋은 말만 하는 자는 친구인 척하지만 친구가 아니라고 알아야 합니다. 나쁜 짓에 동무가 되는 자는 친구인 척하지만 친구가 아니라고 알아야 합니다.

장자의 아들이여, 다음 네 경우를 통해서 아무것도 가져오지 않았으면서도 분명히 가져왔다고 하는 자는 친구인 척하지만 친구가 아니라고 알아야 합니다. 적게 주고, 많은 것을 원하고, 두려움 때문에 의무를 행하고, 자신의 이익만 챙깁니다. 장자의 아들이여, 이런 네 경우를 통해서 아무것도 가져오지 않았으면서도 분명히 가져왔다고 하는 자는 친구인 척하지만 친구가 아니라고 알아야 합니다.

장자의 아들이여, 다음 네 경우를 통해서 말만 최고로 하는 자는 친구인 척하지만 친구가 아니라고 알아야 합니다. 과거에 이렇게 하려 했다는 번지르르한 말에 의지하고, 미래에 이렇게 할 것이라는 번지르르한 말에 의지하고, 아무 의미없는 말로 호의를 얻으려 하고, 일이 생겼을 때는 문제가 생겨서 도와줄 수 없다고 합니다. 장자의 아들이여, 이런 네 경우를 통해서 말만 최고로 하는 자는 친구인 척하지만 친구가 아니라고 알아야 합니다.

장자의 아들이여, 다음 네 경우를 통해서 듣기 좋은 말만 하는 자는 친구인 척하지만 친구가 아니라고 알아야 합니다. 사악한 것에 동의하고, 좋은 것에 동의하지 않으며, 면전에서 칭송하는 말을 하고, 등 뒤에서 비난하는 말을 합니다. 장자의 아들이여, 이런 네 경우를 통해서 듣기 좋은 말만 하는 자는 친구인 척하는 적이라고 알아야 합니다.

장자의 아들이여, 다음 네 경우를 통해서 나쁜 짓에 동무가 되는 자는 친구인 척하지만 친구가 아니라고 알아야 합니다. 게으름의 근본이 되는 술과 중독성 물질 섭취에 몰두할 때 동무가 되고, 적절하지 않을 때 길거리 배회에 몰두하는 동무가 되며, 구경거리 보러 다니기에 몰두하는 동무가 되고, 게으름의 근본이 되는 노름에 몰두할 때 동무가 되는 것입니다. 장자의 아들이여, 이런 네 경우를 통해서 나쁜 짓에 동무가 되는 자는 친구인 척하는 적이라고 알아야 합니다."

부처님께서는 이렇게 말씀하신 뒤 다시 게송으로 말씀하셨다.

가져오지 않았으면서도 분명히 가져왔다고 하는 친구,
말만 최고로 하는 친구,
듣기 좋은 말만 하는 친구,
나쁜 짓을 할 때의 친구.
이들 넷은 친구가 아니라고 잘 알고서
현자는 두렵기만 한 이러한 길을 멀리 피해야 하리라.

디가 니까야《교계싱갈라 경》

가까이해야 할 친구들

"장자의 아들이여, 다음 네 가지는 친구이되 마음을 나누는 친구라고 알아야 합니다. 도움을 주는 친구는 마음을 나누는 친구라고 알아야 합니다. 즐거우나 괴로우나 한결같은 친구는 마음을 나누는 친구라고 알아야 합니다. 바른 것을 조언해주는 친구는 마음을 나누는 친구라고 알아야 합니다. 연민하는 친구는 마음을 나누는 친구라고 알아야 합니다.

장자의 아들이여, 다음 네 경우를 통해서 도움을 주는 친구는 마음을 나누는 친구라고 알아야 합니다. 취해 있을 때 보호해주고, 취한 자의 소지품을 보호해주고, 두려울 때 의지처가 되어주고, 해야 할 일이 생겼을 때 두 배로 필요한 물품을 보태줍니다. 장자의 아들이여, 이런 네 경우를 통해서 도움을 주는 친구는 마음을 나누는 친구라고 알아야 합니다.

장자의 아들이여, 다음 네 경우를 통해서 즐거우나 괴로우나 한결같은 친구는 마음을 나누는 친구라고 알아야 합니다. 비밀을 털어놓고, 비밀을 지켜주고, 재난에 처했을 때 떠나지 않고, 목숨까지도 그를 위해서 버립니다. 장자의 아들이여, 이런 네 경우를 통해서 즐거우나 괴로우나 한결같은 친구는 마음을 나누는 친구라고 알아야 합니다.

장자의 아들이여, 다음 네 경우를 통해서 바른 것을 조언해주는 친구는 마음을 나누는 친구라고 알아야 합니다. 사악함으로부터 멀리하게 하고, 선에 들어가게 하고, 배우지 못한 것을 배우게 하고, 천상의 길을 가르쳐줍니다. 장자의 아들이여, 이런 네 경우를 통해서 바른 것을 조언해주는 친구는 마음을 나누는 친구라고 알아야 합니다.

장자의 아들이여, 다음 네 경우를 통해서 연민하는 친구는 마음을 나누는 친구라고 알아야 합니다. 친구의 불행을 기뻐하지 않고, 친구의 행운을 기뻐하며, 친구를 비난하는 자를 멀리하고, 친구를 칭송하는 자를 칭찬합니다. 장자의 아들이여, 이런 네 경우를 통해서 연민하는 친구는 마음을 나누는 친구라고 알아야 합니다."

부처님께서는 이렇게 말씀하신 뒤 다시 게송으로 말씀하셨다.

도움을 주는 친구,
즐거우나 괴로우나 한결같은 친구,
바른 것을 조언해주는 친구,
연민하는 친구.
이들 넷이 친구라고 잘 알고서
현자는 전적으로 그들을 섬겨야 하나니
마치 어머니가 친자식에게 하듯이.

계를 구족한 현자는
밤에 언덕에서 불이 타오르듯이 빛나네.

마치 벌들이 부지런히 재물을 모을 때
재물인 꿀이 모이는 것이
마치 개미집이 높이 자라는 것과 같다네. 디가 니까야《교계싱갈라 경》

남을 꾸짖을 때의 마음가짐

우바리가 물었다.

"세존이시여, 비구가 남을 꾸짖고자 하면, 안으로 어떤 이치를 관찰하고 꾸짖어야 합니까?"

부처님께서 대답하셨다.

"우바리여, 비구가 다른 사람을 꾸짖고자 하면, 다섯 가지 이치를 확립한 후에 꾸짖어야 합니다.

'나는 적당한 때 말하지 적당하지 않은 때 말하지 않으리라.'

'나는 진실하게 말하지 허황되게 말하지 않으리라.'

'나는 부드럽게 말하지 거칠게 말하지 않으리라.'

'나는 유익하게 말하지 무익하게 말하지 않으리라.'

'나는 자애의 마음으로 말하지 분노의 마음으로 말하지 않으리라.'

우바리여, 비구가 다른 사람을 꾸짖고자 하면, 다섯 가지 이치를 확립한 후에 꾸짖어야 합니다." 율장《소품》

비난받지 않는 사람은 없다

아뚤라여,

'사람들은 침묵한다고 비난하고,
말이 많다고 비난하고,
말이 적다고 비난한다.
그러니 이 세상에서 비난받지 않는 사람은 없다'라는 것은
요즘뿐 아니라 예부터 그러했다.

항상 비난을 받거나
항상 칭찬을 받는 사람은
과거에도 없었고, 지금도 없고,
앞으로도 없을 것이다.

그러나 지혜로운 사람들은
매일 관찰해본 뒤 그를 칭찬한다.
흠 없는 인격체이며,
현명하고,
복덕과 지혜를 갖추었으므로.

마치 금덩이처럼 순수한 그를
누가 감히 비난할 수 있겠는가.
천신도 그를 찬미하고
범천 역시 그를 찬미한다. 《법구경》

향을 싼 잎사귀에서는 향내가 나고,
생선을 묶은 새끼줄에서는 비린내가 난다

부처님께서 사원으로 돌아오다가 길에 떨어져 있는 잎사귀를 보시고 말씀하셨다.

"그것을 집어라."

제자들은 그것을 집었다. 부처님께서 물으셨다.

"그것은 무엇에 쓰였던 잎사귀인가?"

"이것은 향을 쌌던 잎사귀입니다. 지금은 비록 버려졌지만 향내는 여전합니다."

부처님께서 다시 걸어가시는데 끊어진 새끼줄 토막이 땅에 떨어져 있었다. 부처님께서 또 물으셨다.

"그것은 무엇에 쓰였던 새끼줄인가?"

"이 새끼줄에서 비린내가 나는 것으로 보아 생선을 묶었던 새끼줄인 것 같습니다."

부처님께서 말씀하셨다.

"어떤 물건이든 본래는 깨끗하지만, 모두 인연을 따라 죄와 복을 일으킨다. 현자를 가까이하면 도道의 뜻이 높아지고, 어리석은 이를 벗하면 재앙이 온다. 그것은 마치 향을 쌌던 잎사귀에서는 향내가 나고, 생선을 묶었던 새끼줄에서는 비린내가 나는 것과 같아서 차츰 물들어 친해지면서도 사람들은 그것을 깨닫지 못한다." 《법구비유경》〈쌍요품〉

원한은 원한에 의해서는 풀리지 않는다

이 세상에서 원한은
원한에 의해서는 결코 풀리지 않고,
원한을 버림으로써 풀린다.
이것은 영원한 진리다.

우리들이 여기서 죽는다는 것을
다른 사람들은 알지 못한다.
그러나 그것을 아는 사람들은
그로 인해 싸움을 그친다. 《법구경》

두 선사의 우정

유배 생활을 하던 대혜선사大慧禪師가 황제의 은혜를 입어 북쪽으로 돌아오게 되었다. 마침 육왕사育王寺에 주지 자리가 비어 있어서 굉지선사宏智禪師가 그를 그곳 주지로 천거했다. 굉지는 대혜가 오면 대중이 많아져 반드시 식량이 바닥날 것임을 미리 알고 소임자에게 이렇게 일러두었다.

"그대는 나를 위해 한 해 예산을 서둘러 준비하고 창고의 일용품은 모두 두 배로 비축해두도록 하시오."

소임자는 분부대로 했다. 이듬해 과연 대혜가 오니 대중이 천 명을 넘어 얼마 안 돼서 창고가 바닥이 났다. 그리하여 대중은 갈팡질팡하고 대혜도 어쩔 줄을 몰라 했다. 이에 굉지가 쌓아두었던 물품을 모조리 꺼내서 도와주니 모든 대중이 구제를 받았다. 대혜는 굉지를 찾아가 감사 인사를 건넸다.

"옛 부처가 아니면 어떻게 이와 같은 역량이 있겠습니까?"

하루는 대혜가 굉지의 손을 잡고 말했다.

"우리 두 사람 다 늙었소. 그대가 부르면 내가 대답하고, 내가 부르면 그대가 대답하다가 하루라도 먼저 죽는 사람이 있으면 남은 사람이 장례를 치러주도록 합시다."

그 이듬해 굉지가 입적하니 대혜가 마침내 장례를 주관해 그 약속을 어기지 않았다. 《인천보감》

바른 생활을 경영하는 방법

어떤 것이 바른 생활을 경영하는 것인가? 그가 가진 재물에서 지출과 수입을 맞춰보며 빈틈없이 관리해 수입이 많고 지출이 적거나, 지출이 많고 수입이 적게 하지 않아야 합니다. 마치 저울을 잡은 사람이 적으면 보태고, 많으면 덜어 평형을 이뤄야 하는 것과 같습니다. 이와 같이 재물을 헤아려 수입과 지출을 알맞게 해서 수입이 많고 지출이 적거나, 지출이 많고 수입이 적게 하지 않아야 합니다.

만일 재물이 없는데도 마구 뿌려 쓰면서 생활한다면 사람들은 모두 그를 우담바라 열매라고 부를 것입니다. 그는 어리석고 탐욕이 많아 뒷날을 돌아보지 않기 때문입니다. 또 재물이 풍부한데도 그것을 쓰지 않는다면 주위 사람들은 "이 어리석은 사람은 굶어 죽는 개와 같구나"라고 말할 것입니다. 그러므로 가진 재물을 잘 헤아려 수입과 지출을 알맞게 해야 하나니, 이것이 바른 생활을 경영하는 것입니다. 잡아함《울사가 경》

바르게 얻은 재산으로 해야 할 네 가지 일

장자여, 이러한 성스러운 제자는 열정적인 노력으로 얻었고, 팔의 힘으로 모으고 땀으로 획득했으며, 법답고 법에 따라서 얻은 재물로 네 가지 일을 합니다. 무엇이 넷인가?

장자여, 여기 성스러운 제자는 열정적인 노력으로 얻었고, 팔의 힘으로 모으고 땀으로 획득했으며, 법답고 법에 따라서 얻은 재물로 자신을 행복하게 하고 만족하게 하고 바르게 행복을 지키도록 합니다. 부모를 행복하게 하고 만족하게 하고 바르게 행복을 지키도록 합니다. 아들과 아내와 하인과 일꾼들을 행복하게 하고 만족하게 하고 바르게 행복을 지키도록 합니다. 친구와 친척들을 행복하게 하고 만족하게 하고 바르게 행복을 지키도록 합니다. 장자여, 이것이 네 가지 가운데 첫 번째이니, 그가 합리적이고 알맞게 재물로써 행한 것입니다.

다시 장자여, 여기 성스러운 제자는 열정적인 노력으로 얻었고, 팔의 힘으로 모으고 땀으로 획득했으며, 법답고 법에 따라서 얻은 재물로써 모든 재난, 즉 불과 물과 왕과 도둑과 적과 나쁜 마음을 가진 상속인 등의 여러 재난으로부터 자신을 보호합니다. 그는 자신을 안전하게 지킵니다. 장자여, 이것이 두 번째이니, 그가 합리적이고 알맞게 재물로써 행한 것입니다.

장자여, 여기 성스러운 제자는 열정적인 노력으로 얻었고, 팔의 힘으로 모으고 땀으로 획득했으며, 법답고 법에 따라서 얻은 재물로 다섯 가지 공양을 하나니, 그것은 친지에게 하는 공양, 손님에게 하는 공양, 조상신들에게 하는 공양, 왕에게 하는 공양, 신에게 하는 공양입니다. 장자여, 이것이 세 번째이니, 그가 합리적이고 알맞게 재물로써 행한 것입니다.

장자여, 여기 성스러운 제자는 열정적인 노력으로 얻었고, 팔의 힘으로 모으고 땀으로 획득했으며, 법답고 법에 따라서 얻은 재물로 사문과 바라문들에게 정성을 다한 보시를 합니다. 그러한 사문과 바라문들은 교만과 게으름을 금하고 인욕과 온화함으로 살면서, 각자 자신을 길들이고 제어하여 완전한 열반에 들게 합니다. 이러한 사문과 바라문들에게 하는 보시는 고귀한 결실을 가져다주고, 신성한 결실을 가져다주며, 행복을 익게 하고 천상에 태어나게 합니다. 장자여, 이것이 네 번째이니, 그가 합리적이고 알맞게 재물로써 행한 것입니다.

장자여, 이러한 성스러운 제자는 열정적인 노력으로 얻었고, 팔의 힘으로 모으고 땀으로 획득했으며, 법답고 법에 따라서 얻은 재물로 이러한 네 가지 일을 합니다. 장자여, 누구든지 이러한 네 가지 일 외에 다른 일로 재물을 쓰는 자를 두고 합리적이지 않고 알맞지 않게 재물을 사용했다고 합니다. 장자여, 누구든지 이러한 네 가지 합리적인 행위에 따라서 재물을 쓰는 자를 두고 그가 합리적

이고 알맞게 재물을 사용했다고 합니다. 앙굿따라 니까야《합리적인 행위 경》

감각적 욕망을 즐기는 재가자가 얻어야 할 네 가지 행복

장자여, 재가자는 가끔씩 혹은 기회가 주어지면 감각적 욕망을 즐깁니다. 그 재가자가 얻어야 할 네 가지 행복이 있습니다. 무엇이 넷인가? 소유하는 행복, 재물을 누리는 행복, 빚 없는 행복, 비난받을 일이 없는 행복입니다.

장자여, 그러면 어떤 것이 소유하는 행복입니까? 장자여, 여기 선남자에게 열정적인 노력으로 얻었고, 팔의 힘으로 모으고 땀으로 획득했으며, 법답고 법에 따라서 얻은 재물이 있습니다. 그는 "내게는 열정적인 노력으로 얻었고, 팔의 힘으로 모으고 땀으로 획득했으며, 법답고 법에 따라서 얻은 재물이 있다"라고 행복을 얻고 기쁨을 얻습니다. 장자여, 이를 일러 소유하는 행복이라 합니다.

장자여, 그러면 어떤 것이 재물을 누리는 행복입니까? 장자여, 여기 선남자는 열정적인 노력으로 얻었고, 팔의 힘으로 모으고 땀으로 획득했으며, 법답고 법에 따라서 얻은 재물로 재물을 누리고 공덕을 짓습니다. 그는 "나는 열정적인 노력으로 얻었고, 팔의 힘으로 모으고 땀으로 획득했으며, 법답게 법에 따라서 얻은 재물로 재물을 누리고 공덕을 짓는다"라고 행복을 얻고 기쁨을 얻습니다. 장자여, 이를 일러 재물을 누리는 행복이라 합니다.

장자여, 그러면 어떤 것이 빚 없는 행복입니까? 장자여, 여기 선남자는 적건 많건 어떠한 빚도 가지고 있지 않습니다. 그는 "나는 적건 많건 어떠한 빚도 가지고 있지 않다"라고 행복을 얻고 기쁨을 얻습니다. 장자여, 이를 일러 빚 없는 행복이라 합니다.

장자여, 그러면 어떤 것이 비난받을 일이 없는 행복입니까? 장자여, 여기 선남자는 비난받을 일이 없는 몸의 업을 갖추고, 비난받을 일이 없는 말의 업을 갖추고, 비난받을 일이 없는 마음의 업을 갖춥니다. 그는 "나는 비난받을 일이 없는 몸의 업을 갖추고, 비난받을 일이 없는 말의 업을 갖추고, 비난받을 일이 없는 마음의 업을 갖춘다"라고 행복을 얻고 기쁨을 얻습니다. 장자여, 이를 일러 비난받을 일이 없는 행복이라 합니다.

장자여, 이것이 가끔씩 혹은 기회가 주어지면 감각적 욕망을 즐기는 재가자가 얻어야 할 네 가지 행복입니다.

빚 없는 즐거움을 얻고 난 뒤에 소유하는 행복을 기억할지라.
인간은 재물의 행복을 누리면서 지혜로써 직관한다.
슬기로운 자는 직관하면서 두 가지 부분을 모두 안다.
그러나 소유하는 행복, 재물을 누리는 행복, 빚 없는 행복은
비난받을 일이 없는 행복의 16분의 1에도 미치지 못한다.

앙굿따라 니까야《빚 없음 경》

재산을 관리하는 방법

급고독給孤獨 장자가 오백 명의 거사와 함께 부처님을 찾아와 여쭈었다.

“집에서 재산을 경영하는 자들에겐 몇 가지 부류가 있으며, 출가해서 도를 닦는 것과 행이 어떻게 다릅니까? 어떤 법을 받들어야 위없는 바르고 참된 도를 빨리 이루며, 다시 무엇으로 중생을 교화해야 합니까?”

부처님께서 말씀하셨다.

“재산에는 세 가지가 있습니다. 첫째는 천한 재산이고, 둘째는 중간의 재산이며, 셋째는 으뜸가는 재산입니다.

‘천한 재산’이란 돈과 재물만을 모으면서 입거나 먹는 데 절대 돈을 쓰지 않는 것입니다. 경과 계율을 닦지도 않고, 부모에게 효도하지도 않고 공양하지도 않으며, 가족을 넉넉하게 부양하지도 않습니다. 자신의 편안함을 위해 충분히 배불리 먹고 넉넉히 소비하면서 하인과 손님과 일꾼들은 떨어진 옷으로 겨우 몸만 가리고 입에 풀칠이나 할 만큼 음식을 주며, 미련하게 지키고 아끼기를 벌이 꿀 사랑하듯이 합니다. 또한 성인과 사문을 받들지 않고, 보시하지 않으며, 덕을 행하기를 좋아하지 않습니다.

‘중간의 재산’이란 부모 봉양하기를 편안하고 지극한 마음으로 하고, 나갈 때 말씀드리고 돌아와 보고하며, 안색이 변하지 않고, 아침에는 고요히 하고 저녁에는 반성하며, 조심스런 마음으로 공경하고 삼가는 것입니다. 어버이의 은혜가 끝없는 줄 생각하며, 배우자와 자식들에게 때맞춰 옷과 음식을 공급하고, 온정이 넘쳐흘러 함께 기뻐합니다. 가족에게 이같이 하고 끝끝내 삿된 일을 하는 법이 없으며, 하인과 손님, 권속과 일꾼을 살펴 굶주리거나 모자라게 하지 않습니다.

그러나 죽은 뒤에 다시 태어난다는 것을 믿지 않고 '죽으면 사라져 끝이 난다'라고 말합니다. 또한 성인과 사문을 받들어 공경하지 않으며, '선을 행하고 은덕을 보시하면 뒷날 복을 얻어 남들보다 뛰어나다'는 것을 수긍하지 않습니다.

'으뜸가는 재산'이란 재물을 알맞게 쓰고 항상 부모를 편안하게 해드리며, 나아가 계율을 범하지 않고 예절에 어긋나지 않으며, 하는 일은 맑고 깨끗해 더럽히거나 물들지 않는 것입니다. 어른을 공경하고 현자에게 겸손하며, 많이 아는 이들에게 묻고 받아들여 평등한 마음으로 삿되지 않고, 하천하고 가난한 사람들 모두에게 의지처가 되어주며, 가족을 돌보아 언제나 풍족히 갖추게 하고, 모든 삿된 생각을 없애버리고 바른 다스림을 닦으며, 하인과 일꾼을 편안하게 하고 궁핍하지 않게 하며, 함부로 매질하지 않고 더욱더 그들을 사랑하고 가엾이 여깁니다.

옛 성인과 훌륭한 학자와 바른 학인과 출가해서 법을 따르는 사문과 현자들을 받들어 공경하되 이른 아침부터 밤늦도록 예를 행하며 그 뜻을 잃지 않고, 부족한 것들을 보시해 도덕을 이루어 경전을 강설하고 어리석은 이들을 교화하며, 좋은 방편으로 그 시기를 잃지 않습니다. 또한 스스로도 편안하면서 모든 중생을 보호합니다. 이런 사람은 가장 높고 위없고 비교할 자가 없으며, 맞설 자 없는 세상의 대장부가 되어 견줄 자 없이 뛰어납니다." 《불설연도속업경》

재가자의 가장 훌륭한 즐거움

재가자들에게 네 가지 좋아하는 법이 있으니, 첫째는 남에게 재물을 빚진 것이 없어 자신에게도 남에게도 부끄러운 빚이 없는 것입니다. 둘째는 매우 큰 부자가 자기에게는 아껴 쓰지 않고 부모나 처자, 친척, 권속에게는 아끼며, 또 사문에게도 공양하지 않는 것입니다. 셋째는 매우 큰 부자가 몸에는 화려한 의복을 입고 입에는 가장 맛있는 음식을 마음껏 먹으며, 부모에게도 공양하고 친척이나 권속들에게도 나누어주며, 사문도 받들어 섬기는 것입니다. 넷째는 몸과 입과 마음으로 짓는 업이 모두 나쁘지 않고 총명하고 지혜로우며, 법문을 많이 듣는 것을 좋아하는 것입니다.

재가자에게 비록 이러한 네 가지 좋아하는 것이 있지만, 남에게 빚지지 않는 것과 아끼고 탐내는 이러한 법을 '가장 낮은 즐거움'이라 하고, 즐겨 보시를 행하는 것을 '중간의 즐거움'이라 하며, 몸과 입과 마음으로 나쁜 짓을 하지 않고 총명하며 지혜롭고 법문을 많이 듣는 것을 좋아하는 이 법을 '가장 훌륭한 즐거움'이라고 합니다. 《대반열반경》

자식과 재물 때문에 걱정하지 마라

자식이 있고 재물 있다 해서
어리석은 사람 공연히 허덕이네.
'나'라고 하는 이 몸도 내가 아니거니
자식과 재물을 무엇 때문에 걱정하리. 《법구경》

집착하지 마라

아무런 의미 없이 나고 죽으며
가고 오면서 괴로워하건만
마음은 몸을 탐하고 집착해서
거듭된 괴로움 끝이 없다네.

지혜로운 사람은 그 고통 보고
그런 줄 알아 몸을 버리고
잡념을 없애 욕심을 끊고
애욕이 다해 태어남 없으리. 《법구비유경》〈광연품〉

인색한 부자의 최후

옛날에 이리사伊利沙라는 사람이 있었는데, 그는 큰 부자였지만 인색하고 탐욕스러워서 좋은 옷과 맛있는 음식은 즐기지 않았다. 그 옆집에는 가난한 노인이 살고 있었는데, 그는 날마다 고기를 마음대로 먹었고 손님이 끊이지 않았다.

이리사는 '나는 수없이 많은 재물을 가지고 있으면서도 저 노인보다 못하구나'라고 생각했다. 그래서 닭 한 마리를 잡고 한 되의 쌀밥을 지어 수레에 싣고, 아무도 없는 곳으로 가서 음식을 내려놓고 막 먹으려 했다. 그때 제석천왕이 개로 변해서 내려와 그의 눈치를 아래위로 살폈다. 이리사가 개에게 말했다.

"만일 네가 공중에 거꾸로 매달리면 너에게 음식을 주겠다."

개는 곧 공중에 거꾸로 매달렸다.

"네가 눈을 빼어 땅에 놓으면 너에게 이 음식을 주겠다."

곧 개의 두 눈이 빠져 땅에 떨어졌다. 그러자 이리사는 개를 피해 다른 곳으로 옮겨갔다. 개의 몸이었던 제석천왕은 이리사로 변해 수레를 타고 그의 집으로 갔다. 집에 도착한 제석천왕은 문지기를 시켜 거짓으로 이리사라고 하는 사람이 있거든 때려서 내쫓으라고 했다. 뒤늦게 돌아온 이리사는 문지기에게 꾸짖음을 당하고 내쫓겼다. 제석천왕은 이리사의 재물을 모두 가져다 보시했다. 이리사는 집에 돌아가지도 못하고 모든 재산을 잃었기 때문에 그만 미쳐버렸다. 그때 제석천왕이 다시 다른 사람으로 변해서 이리사에게 물었다.

"너는 왜 그리 걱정하는가?"

"내 재물이 모두 없어졌기 때문이다."

제석천왕이 말했다.

"대개 사람은 재물이 많으면 걱정이 많은 법이다. 죽음은 오가는 기약도 없이 갑자기 오는데, 재물을 쌓아두고 먹지도 않고 보시도 하지 않으면, 죽어서는 아귀가 되어 언제나 옷과 음식이 모자랄 것이요, 혹 아귀를 벗어나 사람이 되더라도 비천한 신분으로 태어날 것이다. 너는 죽음을 생각하지 않고, 부자이면서도 인색하고 탐욕스러워서 먹지도 않으니 또 무엇을 바라는가?" 《구잡비유경》

음식을 절제하면 얻는 이익

그 무렵 코살라의 파사익 왕은 양동이 분량의 음식을 먹었다. 그때 파사익 왕은 음식을 잔뜩 먹고 숨을 헐떡거리며 부처님께 다가갔다. 가서는 부처님께 절을 올리고 한 곁에 앉았다. 부처님께서는 파사익 왕이 음식을 잔뜩 먹고 숨을 헐떡이는 것을 아시고 게송을 읊으셨다.

사람이 항상 마음챙기면서
음식에 대해 적당량을 알면
괴로운 느낌은 줄어들고
목숨 보존하며 천천히 늙어가리.

그 무렵 수다사나 바라문 학인이 파사익 왕 뒤에 서 있었다. 그때 파사익 왕이 수다사나 바라문 학인를 불러서 말했다.

"수다사나여, 이리 오너라. 그대는 세존 곁에서 이 게송을 잘 배워 내가 식사를 할 때마다 그것을 외워라. 그러면 나는 그대에게 매일 100냥을 평생 급여로 줄 것이다."

"그렇게 하겠습니다, 대왕이시여."

수다사나 바라문 학인은 파사익 왕에게 대답한 뒤, 부처님 곁에서 이 게송을 잘 배워 파사익 왕이 식사를 할 때마다 그것을 외웠다.

사람이 항상 마음챙기면서
음식에 대해 적당량을 알면
괴로운 느낌은 줄어들고
목숨 보존하며 천천히 늙어가리.

그 뒤 파사익 왕은 차츰차츰 음식을 줄여 한 접시 정도의 밥만 먹고 살았다. 파사익 왕은 훗날 아주 날씬해지자 손으로 팔다리를 쓰다듬으며 게송을 읊었다.

금생과 내생의 두 가지 이익으로
세존께서는 나를 연민하셨구나! 상윳따 니까야《양동이 분량의 음식 경》

수행자는 마음의 농사를 짓는다

바라드와자 바라문이 "사문이여, 나는 밭을 갈고 씨를 뿌립니다. 그리고 밭을 갈고 씨를 뿌리고 나서 먹습니다. 사문이여, 그대도 또한 밭을 갈고 씨를 뿌리십시오. 밭을 갈고 씨를 뿌리고 나서 드십시오"라고 부처님을 비판하였다. 그러자 부처님께서는 "바라문이여, 나 또한 밭을 갈고 씨를 뿌립니다. 그리고 밭을 갈고 씨를 뿌리고 나서 먹습니다"라고 하면서 가르침을 주셨다.

믿음은 씨앗이며, 고행은 비이며
지혜는 나의 멍에와 쟁기입니다.

부끄러움은 쟁기의 자루이며
마음은 멍에의 끈이고
마음챙김은 나의 보습과 소몰이 막대입니다.

몸을 절제하고, 말을 절제하고
배에 맞게 음식을 절제하고
진리를 잡초 제거의 도구로 삼고
온화함은 멍에를 벗음입니다.

정진은 속박에서 평온으로 실어가는,
나의 짐을 진 황소입니다.
되돌아감 없이 나아갑니다.
거기에 이르면 슬퍼하지 않습니다.

이와 같이 밭갈이가 이루어집니다.
그것은 불사不死의 열매가 됩니다.
이 밭갈이를 하고 나면 모든 괴로움에서 벗어납니다.

숫타니파타 《까시 바라드와자의 경》

무엇이 행복인가

일이 생겼을 때 친구들이 행복이고
모든 면에서 만족이 행복이며

생의 마지막에 공덕이 행복이고
모든 괴로움의 소멸이 행복이다.

이 세상에서 어머니에 대한 공경은 행복이고
또한 아버지에 대한 공경도 행복이며
이 세상에서 사문에 대한 공경은 행복이고
또한 성자에 대한 공경도 행복이다.

늙을 때까지 계행이 행복이고
확고한 신뢰가 행복이며
지혜를 얻음이 행복이고
악을 행하지 않음이 행복이다. 《법구경》

그릇됨을 지워 없애는 실천

부처님께서 춘다에게 말씀하셨다.

"춘다여, 그대들은 여기서 지워 없앰을 실천해야 한다.

'다른 사람들은 해칠지라도 우리는 해치지 않으리라'라고.

'다른 사람들은 생명을 죽일지라도 우리는 생명을 죽이지 않으리라'라고.

'다른 사람들은 주지 않은 것을 가질지라도 우리는 주지 않은 것을 가지지 않을 것이다'라고.

'다른 사람들은 청정범행을 지키지 않을지라도 우리는 청정범행을 지키리라'라고.

'다른 사람들은 거짓말을 할지라도 우리는 거짓말을 하지 않으리라'라고.

'다른 사람들은 이간질을 할지라도 우리는 이간질을 하지 않으리라'라고.

'다른 사람들은 욕설을 할지라도 우리는 욕설을 하지 않으리라'라고.

'다른 사람들은 꾸며낸 말을 할지라도 우리는 꾸며낸 말을 하지 않으리라'라고.

'다른 사람들은 욕심을 부리더라도 우리는 욕심을 부리지 않으리라'라고.

'다른 사람들은 나쁜 마음을 품을지라도 우리는 나쁜 마음을 품지 않으리라'라고.

'다른 사람들은 그릇된 견해를 지닐지라도 우리는 바른 견해를 지니리라'라고.

'다른 사람들은 그릇된 사유를 할지라도 우리는 바른 사유를 하리라'라고.

'다른 사람들은 그릇된 말을 할지라도 우리는 바른말을 하리라'라고.

'다른 사람들은 그릇된 행위를 할지라도 우리는 바른 행위를 하리라'라고.

'다른 사람들은 그릇된 생계를 영위할지라도 우리는 바른 생계를 영위하리라'라고.

'다른 사람들은 그릇된 정진을 할지라도 우리는 바른 정진을 하리라'라고.

'다른 사람들은 그릇된 마음챙김을 할지라도 우리는 바른 마음챙김을 하리라'라고.

'다른 사람들은 그릇된 삼매를 가질지라도 우리는 바른 삼매를 가지리라'라고.

'다른 사람들은 그릇된 지혜를 가질지라도 우리는 바른 지혜를 가지리라'라고.

'다른 사람들은 그릇된 해탈을 할지라도 우리는 바른 해탈을 하리라'라고.

'다른 사람들은 게으름과 혼미함에 빠질지라도 우리는 게으름과 혼미함을 떨쳐 버리리라'라고.

'다른 사람들은 들뜰지라도 우리는 들뜨지 않으리라'라고.

'다른 사람들은 의심할지라도 우리는 의심을 건너뛰리라'라고.

'다른 사람들은 분노할지라도 우리는 분노하지 않으리라'라고.

'다른 사람들은 적대적인 마음을 품을지라도 우리는 적대적인 마음을 품지 않으리라'라고.

'다른 사람들은 모욕할지라도 우리는 모욕하지 않으리라'라고.

'다른 사람들은 얕볼지라도 우리는 얕보지 않으리라'라고.

'다른 사람들은 질투할지라도 우리는 질투하지 않으리라'라고.

'다른 사람들은 인색할지라도 우리는 인색하지 않으리라'라고.

'다른 사람들은 속일지라도 우리는 속이지 않으리라'라고.

'다른 사람들은 사기 칠지라도 우리는 사기 치지 않으리라'라고.

'다른 사람들은 완고할지라도 우리는 완고하지 않으리라'라고.

'다른 사람들은 거만할지라도 우리는 거만하지 않으리라'라고.

'다른 사람들은 훈계하기 어려운 사람이 될지라도 우리는 훈계하기 쉬운 사람이 되리라'라고.

'다른 사람들은 나쁜 도반을 사귈지라도 우리는 좋은 도반을 사귀리라'라고.

'다른 사람들은 게으를지라도 우리는 게으르지 않으리라'라고.

'다른 사람들은 믿음이 없을지라도 우리는 믿음을 가지리라'라고.

'다른 사람들은 양심이 없을지라도 우리는 양심을 가지리라'라고.

'다른 사람들은 수치심이 없을지라도 우리는 수치심을 가지리라'라고.

'다른 사람들은 적게 배우더라도 우리는 많이 배우리라'라고.

'다른 사람들은 정진하지 않더라도 우리는 열심히 정진하리라'라고.

'다른 사람들은 마음챙김을 놓아버리더라도 우리는 마음챙김을 확립하리라'라고.

'다른 사람들은 지혜가 없더라도 우리는 지혜를 갖추리라'라고.

'다른 사람들은 자기 견해를 고수하고 굳게 거머쥐고 그것을 쉽게 놓아 버리지 못하더라도, 우리는 우리의 견해를 고수하지 않게 굳게 거머쥐지 않고 그것을 쉽게 놓아 버리리라'라고 그대들은 이

렇게 지워 없앰을 실천해야 한다." 맛지마 니까야《지워 없앰 경》

경을 읽고 예불할 때의 마음가짐

경을 읽을 때는
마땅히 중생이
부처님의 설하신 바를 따라서
모두 가져 잊어버리지 않기를 원할지어다.

만약 부처님을 볼 때에는
마땅히 중생이
걸림 없는 눈을 얻어서
모든 부처님을 보기를 원할지어다.

부처님을 자세히 살펴볼 때에는
마땅히 중생이
모두 보현보살과 같이
단정하고 엄숙하기를 원할지어다.

부처님의 탑을 볼 때에는
마땅히 중생이
탑과 같이 존중해서
천신과 사람의 공양 받기를 원할지어다.

공경하는 마음으로 탑을 볼 때에는
마땅히 중생이
모든 천신과 사람들의
함께 우러러보는 바가 되기를 원할지어다.

탑에 정례할 때에는
마땅히 중생이
모든 천신과 사람들이
이마를 볼 수 없기를 원할지어다.

탑을 오른쪽으로 돌 때에는
마땅히 중생이
행동에 거슬림이 없어서
온갖 지혜 이루기를 원할지어다.

탑을 세 바퀴 돌 때는
마땅히 중생이
부처님의 도를 부지런히 구해서
마음에 게으르고 쉼이 없기를 원할지어다.

부처님의 공덕을 찬탄할 때는
마땅히 중생이

온갖 덕을 갖추어서
끝없이 찬탄하기를 원할지어다.

부처님의 상호를 찬탄할 때에는
마땅히 중생이
부처의 몸을 성취해서
형상 없는 법 증득하기를 원할지어다. 《화엄경》〈정행품〉

진정한 재가 신자가 되는 법

부처님께서는 석가족 카필라성의 니그로다 숲에 머무셨다. 그때 석가족의 마하나마가 부처님께 다가갔다. 부처님께 절을 올리고 한 곁에 앉았다. 한 곁에 앉은 마하마나는 부처님께 이렇게 여쭈었다.

"세존이시여, 어떻게 재가 신자가 됩니까?"

"마하나마여, 붓다에 귀의하고 법에 귀의하고 승가에 귀의할 때 재가 신자가 됩니다. 마하나마여, 이렇게 해서 재가 신자가 됩니다."

"세존이시여, 그러면 어떻게 재가 신자가 계를 지킵니까?"

"마하나마여, 재가 신자는 생명을 죽이는 것을 멀리하고, 주지 않는 것을 가지는 것을 멀리하고, 삿된 음행을 멀리하고, 거짓말을 멀리하고, 게으름의 근본이 되는 술과 중독성 물질을 멀리합니다. 마하나마여, 이렇게 재가 신자는 계를 지킵니다."

"세존이시여, 그러면 어떻게 재가 신자가 믿음을 가집니까?"

"마하나마여, 여기 재가 신자는 믿음을 가집니다. 그는 '세존께서는 아라한이며, 바르게 깨달으신 분이며, 명지와 실천을 구족하신 분이며, 피안으로 잘 가신 분이며, 가장 높으신 분이며, 사람을 잘 길들이는 분이며, 하늘과 인간의 스승이시며, 부처이시며, 세존이시다'라고 여래의 깨달음을 믿습니다. 마하나마여, 이렇게 재가 신자는 믿음을 가집니다."

"세존이시여, 재가 신자는 어떻게 보시를 해야 합니까?"

"마하나마여, 재가 신자는 인색함의 때가 없는 마음으로 재가에 사나니, 아낌없이 보시하고, 청정하게 보시하고, 주는 것을 좋아하고, 다른 사람의 요구에 반드시 부응하고, 보시하고 나누어 가지는 것을 좋아합니다. 마하나마여, 이렇게 재가 신자는 보시를 합니다."

"세존이시여, 그러면 어떻게 재가 신자가 지혜를 갖춥니까?"

"마하나마여, 재가 신자는 지혜를 가집니다. 성스럽고, 꿰뚫음을 갖추었으며, 괴로움의 소멸로 바르게 인도하는, 일어나고 사라짐으로 향하는 지혜를 갖춥니다. 마하나마여, 이렇게 재가 신자는 지혜를 갖춥니다." 상윳따 니까야《마하나마 경》

설법을 듣는 공덕

설법을 들으면 매우 갚기 어려운 네 가지 은혜를 갚을 수 있다. 첫째는 어머니의 은혜고, 둘째는 아버지의 은혜며, 셋째는 부처님

은혜고, 넷째는 법사의 은혜다. 만일 어떤 이가 이 네 분을 공양하면 그는 한량없는 복을 얻어 현재는 사람들의 칭찬을 받고, 미래 세상에서는 깨달음을 얻을 것이다. 왜냐하면 설법하는 힘으로 교만한 사람은 억제되고, 탐착하는 사람은 보시를 믿으며, 거친 사람은 부드러워지고, 어리석은 사람은 지혜로워지기 때문이다. 또 설법의 힘으로 인과를 모르는 사람은 바로 믿음을 얻고, 삿된 견해를 가진 이는 바른 견해에 들어가며 살생, 도둑질, 삿된 음행 등을 즐기는 사람은 그것을 멀리 떠나기 때문이다. 그는 이렇게 설법해서 억제하는 인연으로 마침내는 열반을 얻는다. 《정법염처경》〈관천품〉

보살의 사무량심四無量心

부처님께서 여러 보살들에게 말씀하셨다.

"모든 계율을 청정하고 원만하게 지니며, 큰 연민으로 안의 모든 권속을 관찰하고 큰 자애로 중생의 공적함을 관찰하며, 큰 기쁨으로 세간에는 즐거워할 만한 것이 없음을 관찰하고, 큰 평온으로 마음의 자유로움을 관찰합니다. 일체지一切智와 갖가지 묘한 공덕을 성취해서 잘 활용하고, 법계와 같은 청정하고 원만한 법신을 내면서도 거기에 집착하지 않습니다.

모든 권속을 다 청정하게 하고는 그들의 성향을 따라 두루 설법해 그들이 세간을 싫어하게 하되 세간의 모든 음성으로 잘 말합니다. 그들의 행동을 따라 과보를 나타내 보이고, 한량없는 갖가지 방편을 내서는 성향을 따라 다스리고 교화합니다. 그 선근이 성숙하지 않은 이는 성숙하게 하고, 성숙한 이는 해탈하게 하면서 한량없는 물러나지 않는 불사佛事를 나타내 보입니다.

갖가지 법문을 널리 설명해 한량없는 중생의 마음을 다 청정하게 하고, 큰 연민의 두터운 구름을 일으켜 한량없는 감로의 법우法雨를 내리며, 큰 자애가 평등해서 세 가지 바퀴로 중생 교화를 나타냅니다. 비록 왕궁에 있지만 모든 불사를 두루 나타내 보이고, 모든 세계에서 불사를 나타내 보이며, 걸림 없는 부처의 신통을 냅니다. 세 가지 방편의 업을 두루 갖추며, 몸과 말의 두 가지 행위가 끝까지 청정하고, 마음의 행위도 매우 깊어 끝까지 걸림이 없으며, 교묘한 방편을 얻어 중생을 이롭게 합니다." 《화엄경》〈불부사의법품〉

재가자의 마음 쓰는 법

문수보살이 지수智首보살에게 말씀하였다.

"보살이 집에 있을 때에는
마땅히 중생이
집의 성품이 공한 줄 알아서
그 핍박 면하기를 원할지어다.

부모를 효성으로 섬길 때에는
마땅히 중생이
부처님을 잘 섬겨서
일체를 보호하고 공양하기를 원할지어다.

가족이 모일 때에는
마땅히 중생이
원수거나 친하거나 평등하여
길이 탐착 여의기를 원할지어다.

다섯 가지 욕망의 즐거움 얻었을 때는
마땅히 중생이
욕심의 화살을 빼어버리고
구경에 안온하기를 원할지어다.

즐거운 놀이로 모일 때에는
마땅히 중생이
법으로써 스스로 즐기고
놀이가 진실이 아님을 알기를 원할지어다.

만약 궁실宮室에 있을 때에는
마땅히 중생이
성인의 지위에 들어가서
길이 더러운 욕망을 없애기를 원할지어다.

장신구를 걸칠 때에는
마땅히 중생이

모든 거짓 장식을 버리고
진실한 곳에 이르기를 원할지어다.

누각에 오를 때에는
마땅히 중생이
정법正法 누각에 올라서
일체를 철저히 보기를 원할지어다.

만약 보시하는 일이 있을 때에는
마땅히 중생이
일체를 버리고
마음에 애착함이 없기를 원할지어다.

여러 대중이 모일 때에는
마땅히 중생이
여러 가지 모인 법을 버리고
일체 지혜를 이루기를 원할지어다.

만약 액난을 만날 때에는
마땅히 중생이
뜻을 따라 자재하여
행하는 것이 걸림이 없기를 원할지어다. 《화엄경》〈정행품〉

신체적 특징에 집착하지 마라

신체적 특징들은
모두 헛된 것이니
신체적 특징이 신체적 특징 아님을 본다면
바로 여래를 보리라. 《금강경》〈여리실견분〉

《금강경》 사구게를 받아 지니는 공덕

부처님께서 수보리에게 말씀하셨다.

"수보리여! 그대 생각은 어떠한가? 어떤 사람이 삼천대천세계에 칠보를 가득 채워 보시한다면 이 사람의 복덕이 진정 많겠는가?"

수보리가 대답했다.

"매우 많습니다. 세존이시여! 왜냐하면 이 복덕은 바로 복덕의 본질이 아닌 까닭에 여래께서는 복덕이 많다고 하셨기 때문입니다."

"다시 어떤 사람이 이 경의 사구게四句偈만이라도 받아 지니고 다른 사람을 위해 설해준다고 하자. 그러면 이 복이 저 복보다 더 뛰어나다. 왜냐하면 수보리여! 모든 부처님과 모든 부처님의 가장 높고 바른 깨달음의 법은 다 이 경에서 나왔기 때문이다. 수보리여! 부처의 가르침이라고 말하는 것은 부처의 가르침이 아니다."

《금강경》〈의법출생분〉

공경하고 합장한 공덕

어떤 중생이 공경하고 합장하면 열 가지 공덕을 얻는다. 첫 번째는 훌륭한 복을 받고, 두 번째는 높은 가문으로 태어나며, 세 번째는 훌륭하고 뛰어난 몸을 얻고, 네 번째는 뛰어난 음성을 얻으며, 다섯 번째는 뛰어난 일산日傘을 얻고, 여섯 번째는 뛰어난 말솜씨를 얻으며, 일곱 번째는 뛰어난 믿음을 얻고, 여덟 번째는 뛰어나 계율을 얻으며, 아홉 번째는 뛰어난 지식을 얻고, 열 번째는 뛰어난 지혜를 얻는다. 《업보차별경》

불탑에 예배한 공덕

어떤 중생이 불탑에 예배하면 열 가지 공덕을 얻는다. 첫 번째는 뛰어난 얼굴과 좋은 음성을 얻고, 두 번째는 그가 말을 하면 사람들이 모두 믿고 복종하며, 세 번째는 대중 가운데서도 두려움이 없고, 네 번째는 천신과 인간이 보호하며, 다섯 번째는 위세를 두루 갖추고, 여섯 번째는 세력 있는 중생이 모두 와서 따르며, 일곱 번째는 항상 모든 부처님과 보살을 가까이하고, 여덟 번째는 큰 복을 받으며, 아홉 번째는 목숨을 마치고는 천상에 나고, 열 번째는 열반을 빨리 증득한다. 《업보차별경》

부처님과 스님들께 일용품을 보시한 공덕

만일 어떤 사람이 부처님과 스님들께 발우와 일용품을 보시하면 열 가지 공덕이 있다. 첫째는 얼굴이 빛나며 윤택해지고, 둘째는 그릇이 풍족해져 마음대로 쓸 수 있으며, 셋째는 굶주림과 목마름이 없어지고, 넷째는 보물이 풍족해지며, 다섯째는 나쁜 세계를 멀리하고, 여섯째는 천신과 인간이 기뻐하며, 일곱째는 복된 외모를 갖추고, 여덟째는 존귀해져 자유로워지며, 아홉째는 언제나 하늘에 태어나고, 열째는 열반을 빨리 증득한다. 《분별선악보응경》

재가자의 삶과 수행

사대부는 도를 배우더라도 출가한 사람들과는 크게 다르다. 출가자는 부모에게 맛있는 음식을 드리지도 않고 친척들과도 확실하게 헤어져서 한 개 물병과 발우에 의지할 뿐이니, 일상 속에서 인연을 만나는 곳에 도를 가로막는 여러 가지 원수가 없고, 한마음 한뜻으로 이 일을 몸소 파고들 수 있다. 사대부들은 눈을 뜰 때나 감을 때나 도를 방해하는 원수 아닌 것이 없다. 만일 지혜가 있는 자라면, 다만 이 원수 속에서 공부해야 하니, 유마힐이 "번뇌와 짝하는 것이 곧 여래의 씨앗이다"라고 말한 것이 바로 이것이다. 《대혜어록》

성지순례를 해야 하는 이유

아난이 부처님께 말씀드렸다.

"세존이시여, 전에는 안거가 끝나면 비구들은 여래를 친견하러 왔고 우리는 그런 마음을 잘 닦은 비구들을 맞이했으며, 그들은 세존을 친견하고 공경을 할 수 있었습니다. 세존이시여, 그러나 이

제 세존께서 가시고 나면 우리는 그런 마음을 잘 닦은 비구들을 맞이하지 못할 것이고, 그들은 세존을 친견하고 공경하지 못할 것입니다.”

부처님께서 아난에게 대답하셨다.

“아난이여, 믿음을 가진 선남자가 친견해야 하고 절박함을 일으켜야 하는 네 장소가 있습니다. 네 가지 장소는 어떤 곳입니까?

‘여기서 여래께서 태어나셨다.’ 아난이여, 이곳이 믿음을 가진 선남자가 친견해야 하고 절박함을 일으켜야 하는 장소입니다.

‘여기서 여래께서 위없는 바른 깨달음을 얻으셨다.’ 이곳이 믿음을 가진 선남자가 친견해야 하고 절박함을 일으켜야 하는 장소입니다.

‘여기서 여래께서 위없는 법의 바퀴를 굴리셨다.’ 이곳이 믿음을 가진 선남자가 친견해야 하고 절박함을 일으켜야 하는 장소입니다.

‘여기서 여래께서 무여열반의 요소로 완전하게 열반하셨다.’ 이곳이 믿음을 가진 선남자가 친견해야 하고 절박함을 일으켜야 하는 장소입니다.

아난이여, 이것이 믿음을 가진 선남자가 친견해야 하고 절박함을 일으켜야 하는 네 장소입니다.

아난이여, ‘여기서 여래께서 태어나셨다’, ‘여기서 여래께서 위없는 바른 깨달음을 얻으셨다’, ‘여기서 여래께서 위없는 법의 바퀴를 굴리셨다’, ‘여기서 여래께서 무여열반의 요소로 완전하게 열반하셨다'라고 하면서 믿음을 가진 비구들과 비구니들과 우바새들과 우바이들이 이곳을 방문할 것입니다.

아난이여, 누구든 이러한 성지순례를 떠나며 청정한 믿음을 가진 사람들은 모두 몸이 무너져 죽은 뒤 좋은 곳, 천상세계에 태어날 것입니다." 디가 니까야《대반열반경》

재가에서의 수행

수행자들이여, 만약 수행하기를 바란다면 재가에서도 할 수 있으니 수행하려면 꼭 사찰에 있어야 하는 것은 아닙니다. 재가자가 집에 있으면서도 잘 수행한다면 저 동쪽 사람의 마음이 착한 것과 같고, 출가자가 사찰에 있으면서도 수행하지 않는다면 저 서쪽 사람의 마음이 악한 것과 같습니다. 다만 마음이 청정하면 곧 자성이 그대로 서방정토입니다.《법보단경》

어려움이 있으면 서로 돕고 아끼고 사랑하라

부처님께서 왕사성에 계실 때였다. 어떤 비구가 병이 들었으나 간호해줄 제자가 없어 죽게 되었다. 이 소식을 들으신 부처님께서 비구들에게 말씀하셨다.

"오늘 이후로 병든 비구가 있으면 스승이 제자를 간호하되 자식과 같이 하고, 제자는 스승을 간호하되 아버지와 같이 해야 합니다. 그리하여 서로서로 아끼고 사랑하며 받들어 공경하십시오. 그래야만 정법이 오래 머물고 번성합니다."《사분율》

가장 훌륭한 보시는 병든 사람을 간호하는 것

부처님께서는 기원정사에 계실 때 비구들에게 말씀하셨다.

"병든 사람을 돌보아주는 것은 나 붓다를 돌보는 것이고, 병자를 간호하는 것은 곧 나를 간호하는 것입니다. 왜냐하면 내가 지금 직접 병자를 간호해주려고 하기 때문입니다.

비구들이여, 나는 어떤 사람이 천상과 인간, 사문과 바라문에게 하는 보시 가운데 병자를 돌보아주는 보시보다 더 뛰어난 것을 보지 못하였습니다. 그러니 이 보시를 행해야 비로소 참다운 보시가 되어 큰 과보를 얻고 큰 공덕을 얻어, 그 명성이 널리 골고루 퍼지고 감로법의 맛을 얻게 될 것입니다. 그것은 여래, 아라한, 정등각을 말하는 것입니다.

온갖 보시 가운데에서 가장 훌륭한 것은 이 보시보다 더 나은 것이 없는 줄 알고 이 보시를 행하면, 그것은 곧 참다운 보시가 되어 큰 과보와 큰 공덕을 얻을 것입니다. 그러므로 나는 지금 이런 인연으로 인하여 이렇게 말합니다.

'병자를 돌보아주는 사람은 곧 나를 돌보는 것과 다름이 없다.'

그렇게 하면 그대들은 언제나 큰 복을 얻을 것입니다. 모든 비구들이여, 꼭 이와 같이 익혀야 합니다." 증일아함《일입도품》

수행자의 바른 대화법

비구들이여, 믿음으로 집을 나와 출가한 좋은 가문의 아들들이 그러한 주제로 대화를 하는 것은 적절하지 않습니다. 그대들이 모였을 때 해야 할 일은 법에 관한 이야기나, 성스러운 침묵 두 가지 뿐입니다.

이 세상의 어떤 감각적 행복과
천상의 행복이라도
갈애가 종식된 행복의
16분의 1의 가치도 안 된다. 《자설경》

사람의 혀는 도끼와 같다

사람이 태어날 때
입안에 도끼가 생긴다.
어리석은 사람은 나쁜 말을 하여
자기 자신을 찍는다.

비난할 것은 칭찬하고
칭찬할 것은 비난해서
입으로 불행을 만들기 때문에
행복을 얻지 못한다.

바른길을 간
훌륭한 사람에게
증오를 품는다면

그 불행은 무엇보다 크다. 상윳따 니까야《꼬깔리까 경》

재물이 아니라 법의 상속자가 되라

비구들이여, 그대들은 내 법의 상속자가 되어야지 재물의 상속자가 되어서는 안 됩니다. 나는 그대들에게 연민이 생겨서 '어떻게 나의 제자들이 재물의 상속자가 아니라 법의 상속자가 될 수 있을까?'라는 생각을 했습니다. 비구들이여, 만일 그대들이 내 법의 상속자가 되지 못하고 재물의 상속자가 된다면, 그대들은 그 때문에 '스승의 제자들은 법의 상속자가 아니라 재물의 상속자로 머문다'라는 비난을 받을 것입니다. 나도 또한 그 때문에 '스승의 제자들은 법의 상속자가 아니라 재물의 상속자로 머문다'라는 비난을 받을 것입니다. 맛지마 니까야《법의 상속자 경》

무소의 뿔처럼 혼자서 가라

어떤 자들은 출가해도 만족하기 어렵고
가정에 사는 재가자와 같으니,
다른 사람의 자식에게 관심 두지 말고
무소의 뿔처럼 혼자서 가라.

흑단나무가 잎을 떨어뜨리는 것처럼
영웅으로서 재가 생활의 특징들을 없애버리고
재가 생활의 속박들을 끊고

무소의 뿔처럼 혼자서 가라.

만일 어질고 단호한 동반자,
성숙한 벗을 얻는다면,
어떠한 난관들도 극복하리니,
기쁘게 마음챙김을 확립해서 그와 함께 가라.

어질고 단호한 동료 수행자,
현명하고 성숙한 벗을 얻지 못한다면,
왕이 정복했던 나라를 버리고 가듯
무소의 뿔처럼 혼자서 가라.

우리는 참으로 친구를 얻은 행복을 기린다.
훌륭하거나 비슷한 친구를 사귀되,
이런 벗을 만나지 못하면 허물없음을 즐기며
무소의 뿔처럼 혼자서 가라.

금 세공사가 잘 만들어낸
빛나는 한 쌍의 황금 팔찌도
한 팔에서 서로 부딪치는 것을 보면서
무소의 뿔처럼 혼자서 가라.

이와 같이 두 사람이 같이 있으면
잔소리와 말다툼이 일어나리니,
이러한 두려움이 다가옴을 잘 살펴
무소의 뿔처럼 혼자서 가라.

소리에 놀라지 않는 사자처럼
그물에 걸리지 않는 바람처럼
물에 더렵혀지지 않는 연꽃처럼
무소의 뿔처럼 혼자서 가라. 숫타니파타《무소의 뿔 경》

출가수행의 목적

출가해서 스님 되는 일이 어찌 작은 일이겠는가? 편안하고 한가로운 생활을 구하기 위함도 아니요, 따뜻이 입고 배불리 먹으려는 것도 아니며, 명예와 이익을 얻으려는 것도 아니다. 생사의 괴로움에서 벗어나려는 것이요, 번뇌를 끊으려는 것이며, 부처님 지혜를 이으려는 것이고, 삼계에서 뛰쳐나와 중생을 건지기 위한 것이다. 《선가귀감》

출가자는 재물과 이익을 멀리하고 소박하게 생활하라

원련선사元璉禪師가 대중에게 설법할 때면 늘 사람들에게 재물과 이익을 멀리하고 먹고 입는 것을 간소하게 하라고 했다. 또 언젠가는 "만일 도를 배우려거든 먼저 가난과 고생 속에서 힘써 수행해야 한다. 그렇게 하지 않고는 도를 이루려고 해도 이룰 수가 없다"라고 했다. 원련은 입적할 때 대중을 불러놓고 말했다.

"내가 평소 그대들에게 재물과 이익을 멀리하고 먹고 입는 것을 소박하게 하면 반드시 도업을 이룰 것이라고 가르쳤다. 무슨 까닭인가? 모든 죄업은 재물 때문에 생겨나고 모든 더러움은 입과 몸에서 일어나기 때문이다. 나는 일생 동안 재물을 모으지 않았고 대중과 따로 밥을 먹지 않았으니, 그것이 내 분수 밖의 일이어서가 아니라 부처님께서 그렇게 가르쳤기 때문이다.

어버이를 작별하고 출가해서 마음을 알고 근원을 통달해 무위법無爲法을 깨닫고자 하면, 세간의 재물을 버리고 걸식으로 만족하며 하루 한 끼 먹고 나무 밑에서 하룻밤을 자야 한다. 이것이 부처님의 밝으신 가르침인데, 어찌 그것을 어길 수 있겠는가? 내가 만일 잘 먹고 잘 입으려 했다면, 어째서 세속에 살면서 어딜 가나 마음대로 행동하지 않고, 무엇 때문에 부처님의 형상과 옷을 빌려 불법문중을 파괴하겠는가? 이미 불자가 되었으면 불자다운 행동을 해야 하며, 나는 복이 있고 인연이 있으니 마음 놓고 업을 지어도 된다고 생각해서는 안 된다. 그것은 부모와 스승에까지 누를 끼쳐 함께 지옥에 들어가는 일이다."《인천보감》

출가자의 수행과 삶

출가자란 중생을 위해 자애, 연민, 커다란 서원과 크나큰 은혜를 품고 있는 사람을 말한다.

자애란 언제나 온갖 중생이 편안하기를 바라는 마음이고, 연민이란 늘 중생의 온갖 고통을 없애주려는 마음이다. 커다란 서원이란 이 세상 모든 사람과 더불어 참된 진리를 깨닫고자 맹세하는 것이고, 크나큰 은혜란 많은 사람에게 아낌없이 올바른 법을 베푸는 것이다.

출가자는 다른 사람들이 참을 수 없는 것을 참아내고, 다른 사람들이 행할 수 없는 것을 실천한다. 올바른 삶을 살아가니 음식을 얻어먹더라도 부끄럽게 여기지 않고, 욕심을 내지 않으니 누더기와 깨진 발우라도 자신을 가난하게 여기지 않는다. 다투는 마음이 없으니 욕되고 수치스러운 일을 당해도 상대를 업신여기지 않고, 원망하는 마음이 없으니 남들과 똑같이 살면서도 품위를 잃지 않는다.

출가자는 참된 모습으로 중생을 대하고 지극한 자애심으로 자신을 닦아가므로 이 세상 어디에 있어도 늘 화목할 수 있고 모든 사람을 두루 공경할 수 있다. 출가자의 말에는 허망함이 없는 까닭에 그 믿음이 지극하고, 그 법에 '나'라는 것이 없으므로 그 겸양 또한 진실한 것이다. 출가자는 위엄이 있어 공경할 만하고, 위의가 있어 본받을 만하다. 천신들이 우러러보며 옷깃을 여미고, 세상에 복을 내려줄 수 있고 세상 사람들을 이끌어 갈 수도 있다. 출가자는 자신의 몸조차 잊고 살고 있으니, 짐승에게 몸을 던져 주어도 아까워하지 않고 경전을 독송할 때는 추위와 더위를 이겨내며 공부를 그만두는 일이 없다. 《치문경훈》

출가자와 재가자는 보시와 가르침으로 서로 의지한다

비구들이여, 바라문들과 장자들은 그대들에게 커다란 도움을 줍니다. 그들은 그대들에게 의복과 탁발 음식과 처소와 필수 약품을 제공합니다.

비구들이여, 그대들은 바라문들과 장자들에게 커다란 도움을 줍니다. 그대들은 그들에게 처음도 훌륭하고 중간도 훌륭하고 마지막도 훌륭한, 내용을 갖추고 형식이 완성된 가르침을 설하고 지극히 원만하고 오로지 청정한 거룩한 삶을 보여줍니다.

비구들이여, 거센 물결을 건너고 올바른 괴로움의 종식을 이루기 위해 이와 같이 서로 의지해서 청정한 삶을 영위합니다.

재가자와 출가자가 서로 의지하여
멍에로부터의 위없는 평온, 참다운 진리를 성취한다.
재가자들로부터 출가자들은
위급함과 어려움을 제거하는
의복과 필수품과 처소를 공양 받는다.

집 있는 자, 재가자들은 행복하신 분에게 의지해
성자를 믿고 고귀한 지혜로써 선정에 든다.
세상에서 행복하신 분의 길, 그 가르침을 닦아
감각적 쾌락의 욕망을 원하는 자들은
천상에서 환희하며 기뻐한다. 《여시어경》

출가의 공덕

나가세나는 밀린다 왕에게 말했다.

"대왕이여! 참으로 세존은 이렇게 말씀하셨습니다.

'비구들이여! 나는 재가자 혹은 출가자의 올바른 실천을 칭찬한다. 비구들이여! 재가자나 출가자 그 누구라도 올바르게 실천한 사람은 올바른 실천에 수반되는 곤란을 극복하고 올바른 이치와 착한 법을 성취한다.'

대왕이여! 이것은 그대로입니다. 올바르게 실천하는 자는 가장 뛰어난 사람입니다. 가령 출가자라 하더라도 '나는 출가하였다'라고 하면서 올바로 실천하지 않는다면, 그는 사문의 지위에서 멀어지고 혹은 또 바라문의 지위에서 멀어진 자입니다. 하물며 흰 옷을 입고 있는 재가자에 있어서는 말할 나위도 없습니다. 대왕이여! 가령 재가자라도 올바르게 실천한 자는 올바른 이치와 착한 법을 성취합니다. 출가자라도 올바르게 실천한 자는 올바른 이치와 착한 법을 성취합니다.

대왕이여! 그러나 출가자야말로 사문의 지위의 주인이고 우두머리입니다. 출가자는 많은 공덕, 여러 가지 공덕, 헤아릴 수 없는 공덕이 있습니다. 집을 버리는 공덕은 어느 누구도 다 헤아려 알 수 없습니다.

대왕이여! 예를 들면 그 누구라도 '큰 파도의 파도는 이것뿐이다'라고 하여 큰 파도의 파도를 다 헤아려 알 수 없는 것처럼, 그와 마찬가지로 출가는 많은 공덕, 여러 가지 공덕, 헤아릴 수 없는 공덕이 있습니다. 출가의 공덕은 어느 누구도 다 헤아려 알 수 없습니다.

대왕이여! 출가자는 무슨 일이든 해야 할 일을 모두 속히 성취하며 오랜 시간이 걸리지 않습니다. 어떤 이유이겠습니까? 출가자는 간소한 생활에 만족하여 환희하고, 세간으로부터 멀리 떠나고, 세속과 사귀지 않고, 수행에 열심히 힘쓰고, 집과 거주처가 없고, 계를 완전히 지키고, 번뇌의 근절에 힘쓰는 수행자이고, 고행의 실천에 뛰어나기 때문입니다. 그런 까닭에 출가자는 무슨 일이든 해야 할 일을 모두 빨리 성취하며 오랜 시간이 걸리지 않습니다.

대왕이여! 예를 들면 마디가 없고, 반듯하고, 잘 다듬어져 있고, 올곧고, 때가 묻지 않은 화살은 빠르게 시위를 떠나 반듯하게 나는 것처럼, 그와 마찬가지로 출가자는 무슨 일이든 해야 할 일을 모두 빨리 성취하며 오랜 시간이 걸리지 않습니다."

"잘 알았습니다. 나가세나 존자여! 이는 진실로 그대로라고 나는 인정합니다." 《밀린다왕문경》

3절

지금 여기, 부처님 나라

나라가 쇠퇴하지 않는 일곱 가지 법

마가다국의 아사세 왕이 월지국을 침략할 생각으로 사신을 보내 부처님의 자문을 구했다. 그때 아난이 부처님 뒤에서 부처님께 부채질을 해드리고 있었다. 그러자 부처님께서는 아난을 불러서 말씀하셨다.

"아난이여, 그대는 월지의 사람들이 정기적으로 모이고, 자주 모인다고 들었는가?"

"세존이시여, 저는 월지의 사람들이 정기적으로 모이고, 자주 모인다고 들었습니다."

"아난이여, 월지의 사람들이 정기적으로 모이고 자주 모이는 한, 월지의 사람들은 번영할 것이고 쇠퇴란 기대할 수 없습니다."

"아난이여, 그대는 월지의 사람들이 화합해서 모이고, 화합해서 해산하고, 화합해서 월지의 업무를 본다고 들었는가?"

"세존이시여, 저는 월지의 사람들이 화합해서 모이고, 화합해서 해산하고, 화합해서 월지의 업무를 본다고 들었습니다."

"아난이여, 월지의 사람들이 화합해서 모이고, 화합해서 해산하고, 화합해서 월지의 업무를 보는 한, 월지의 사람들은 번영할 것이고 쇠퇴란 기대할 수 없습니다."

"아난이여, 그대는 월지의 사람들이 공인하지 않은 것은 인정하지 않고, 공인한 것은 깨뜨리지 않으며, 공인되어 내려온 오래된 월지의 법들을 준수한다고 들었는가?"

"세존이시여, 저는 월지의 사람들이 공인하지 않은 것은 인정하지 않고, 공인한 것은 깨뜨리지 않으며, 공인되어 내려온 오래된 월지의 법들을 준수한다고 들었습니다."

"아난이여, 월지의 사람들이 공인하지 않은 것은 인정하지 않고, 공인한 것은 깨뜨리지 않으며, 공인되어 내려온 오래된 월지의 법들을 준수하는 한, 월지의 사람들은 번영할 것이고 쇠퇴란 기대할 수 없습니다."

"아난이여, 그대는 월지의 사람들이 월지의 연장자들을 존경하고 존중하고 숭상하고 예배하며, 그들의 말을 경청해야 한다고 여긴다고 들었는가?"

"세존이시여, 저는 월지의 사람들이 월지의 연장자들을 존경하고 존중하고 숭상하고 예배하며, 그들의 말을 경청해야 한다고 여긴다고 들었습니다."

"아난이여, 월지의 사람들이 월지의 연장자들을 존경하고 존중하고 숭상하고 예배하며, 그들의 말을 경청해야 한다고 여기는 한, 월지의 사람들은 번영할 것이고 쇠퇴란 기대할 수 없습니다."

"아난이여, 그대는 월지의 사람들이 다른 집안의 아내와 남의 집안의 딸들을 강제로 끌고 와서 자기와 함께 살게 하지 않는다고 들었는가?"

"세존이시여, 저는 월지의 사람들이 다른 집안의 아내와 남의 집안의 딸들을 강제로 끌고 와서 자기와 함께 살게 하지 않는다고 들었습니다."

"아난이여, 월지의 사람들이 남의 집안의 아내와 남의 집안의 딸들을 강제로 끌고 와서 자기와 함께 살게 하지 않는 한, 월지의 사람들은 번영할 것이고 쇠퇴란 기대할 수 없습니다."

"아난이여, 그대는 월지의 사람들이 안에 있거나 밖에 있는 월지의 탑묘塔廟들을 존경하고 존중하고 숭상하고 예배하며, 탑묘에 전에 이미 바쳤고 전에 이미 시행했던 법다운 봉헌을 철회하지 않는다고 들었는가?"

"세존이시여, 저는 월지의 사람들이 안에 있거나 밖에 있는 월지의 탑묘들을 존경하고 존중하고 숭상하고 예배하며, 탑묘에 전에 이미 바쳤고 전에 이미 시행했던 법다운 봉헌을 철회하지 않는다고 들었습니다."

"아난이여, 월지의 사람들이 안에 있거나 밖에 있는 월지의 탑묘들을 존경하고 존중하고 숭상하고 예배하며, 탑묘에 전에 이미 바쳤고 전에 이미 시행했던 법다운 봉헌을 철회하지 않는 한, 월지의 사람들은 번영할 것이고 쇠퇴란 기대할 수 없습니다."

"아난이여, 그대는 월지의 사람들이 아라한들을 법답게 살피고 감싸고 보호해서 아직 오지 않은 아라한들은 그들의 영토에 오게 하고, 이미 그들의 영토에 온 아라한들은 편안하게 살도록 한다고 들었는가?"

"세존이시여, 저는 월지의 사람들이 아라한들을 법답게 살피고 감싸고 보호해서 아직 오지 않은 아라한들은 그들의 영토에 오게 하고, 이미 그들의 영토에 온 아라한들은 편안하게 살도록 한다고 들었습니다."

"아난이여, 월지의 사람들이 아라한들을 법답게 살피고 감싸고 보호해서 아직 오지 않은 아라한들은 그들의 영토에 오게 하고, 이미 그들의 영토에 온 아라한들은 편안하게 살도록 하는 한, 월지의 사람들은 번영할 것이고 쇠퇴란 기대할 수 없습니다."

이 말을 전해들은 아사세 왕은 월지국을 침략하려는 결심을 나중으로 미루었다. 디가 니까야《대반열반경》

다투는 법과 다툼이 없는 법

"비밀스러운 이야기를 해서도 안 되고 공개적 비판을 해서도 안 된다"라고 말한 것은 무엇을 의지해야 한단 말인가?

비구들이여, 여기 비밀스러운 이야기가 사실이 아니고 진실이 아니고 이익을 줄 수 없다고 안다면, 그 비밀스러운 이야기는 결코 해서는 안 됩니다. 비밀스러운 이야기가 사실이고 진실이라도 이익을 줄 수 없다고 안다면, 그 비밀스러운 이야기를 하지 않으려고 노력해야 합니다. 비밀스러운 이야기가 사실이고 진실이고 이익을 줄 수 있다고 안다면, 거기서 그 비밀스러운 이야기를 할 시기를 잘 보아야 합니다.

공개적 비판이 사실이 아니고 진실이 아니고 이익을 줄 수 없다고 안다면, 공개적인 비판을 결코 해서는 안 됩니다. 공개적인 비판이 사실이고 진실이라도 이익을 줄 수 없다고 안다면, 공개적인 비판을 하지 않으려고 노력해야 합니다. 공개적인 비판이 사실이고 진실이고 이익을 줄 수 있다고 안다면, 거기서 공개적 비판을 할 시기를 잘 보아야 합니다.

"비밀스러운 이야기를 해서도 안 되고 공개적 비판을 해서도 안 된다"라고 말한 것은 이것을 의지해서 한 말입니다.

"침착하게 말해야 하고 다급하게 말해서는 안 된다"라고 말한 것은 무엇을 의지해야 한단 말인가?

비구들이여, 여기서 다급하게 말하면 몸도 피곤하고 마음도 흥분하고 목소리도 갈라지고 목도 쉽니다. 다급하게 말하는 자의 말은 불분명하고 이해하기 어렵습니다. 비구들이여, 여기 침착하게 말하면 몸도 피곤하지 않고 마음도 흥분하지 않고 목소리도 갈라지지 않고 목도 쉬지 않습니다. 침착하게 말하는 자의 말은 분명하고 이해하기가 쉽습니다.

"침착하게 말해야 하고 다급하게 말해서는 안 된다"라고 말한 것은 이것을 의지해서 한 말입니다.

비구들이여, 여기 저급하고 저속하고 범속하고 비열하고 이익

없는 감각적 쾌락과 관련된 즐거움에 속하는 기쁨을 추구하는 것은 괴로움을 가져오고 성가심을 가져오고 절망을 수반하고 열병을 수반하며, 그것은 그릇된 길입니다. 그러므로 이것은 분쟁의 법입니다.

비구들이여, 여기 저급하고, 범속하고, 비열하고, 이익이 없음에도 불구하고 감각적 쾌락과 즐거움을 추구하지 않는 것은 괴로움과 성가심을 가져오지 않고, 절망과 열병을 수반하지 않는 바른 길입니다. 그러므로 이것은 다툼이 없는 법입니다.

비구들이여, 여기 고통스럽고 비열하고 무익한, 자기 학대에 몰두하는 것은 괴로움과 성가심을 가져오고 절망과 열병을 수반하는 그릇된 길입니다. 그러므로 이것은 분쟁의 법입니다.

비구들이여, 여기 고통스럽고 비열하고 무익한 자기 학대에 몰두하지 않는 것은 괴로움과 성가심을 가져오지 않고 절망과 열병을 수반하지 않는 바른 길입니다. 그러므로 이것은 다툼이 없는 법입니다.

비구들이여, 여래는 이 양극단을 떠나 중도中道를 철저하고 바르게 깨달았나니, 그것은 안목과 지혜를 만들며, 고요함과 최상의 지혜, 바른 깨달음, 열반으로 인도합니다. 이것은 괴로움과 성가심을 가져오지 않고 절망과 열병을 수반하지 않는 바른 길입니다. 그러므로 이것은 다툼이 없는 법입니다.

맛지마 니까야《무쟁의 분석 경》

중생이 병을 앓으면, 보살도 병을 앓는다

문수보살이 말했다.

"거사여, 이 병은 견딜 만하십니까? 치료가 되어 병이 덜해졌습니까? 심해지지는 않았습니까? 세존께서는 매우 걱정하시며 문병하라고 저를 보내셨습니다. 거사여, 이 병은 무엇 때문에 생겼으며, 또 얼마나 오래되었고, 어떻게 하면 나을 수 있겠습니까?"

유마힐이 말했다.

"저의 병은 어리석음과 탐심에서 생겼습니다. 모든 중생이 병들어 있으므로 나도 병들었습니다. 만일 모든 중생의 병이 사라진다면 저의 병도 사라질 것입니다. 왜냐하면 보살은 중생을 위해 생사에 들어섰으니, 생사가 있는 곳에 병이 있기 때문입니다. 만일 중생이 병에서 떠난다면 보살도 병이 없을 것입니다.

비유하면, 어떤 장자에게 외아들이 있는데, 그 아들이 병에 걸리면 그 부모도 병을 앓고, 만일 아들의 병이 나으면 부모도 낫는 것과 같습니다. 보살도 이와 같아서 모든 중생을 사랑하기를 내 자식 대하듯 합니다. 중생이 병을 앓으면 보살도 병을 앓으며, 중생의 병이 나으면 보살의 병도 낫습니다." 《유마경》〈문수사리문질품〉

중생은 보살의 복밭이며 선지식이니

공덕림보살이 모든 보살에게 말했다.

"불자들이여, 무엇을 보살의 환희행이라 하는가. 불자들이여, 이 보살이 대시주가 되어 가진 물건을 다 보시하느니라. 그 마음이 평등하여 후회하거나 아낌이 없으며, 과보를 바라지 아니하며, 이름을 구하지 아니하며, 이익을 탐하지도 아니하느니라.

다만 일체중생을 구호하며, 일체중생을 거두어주며, 일체중생을 이익케 하기 위한 것이니라. 모든 부처님의 본래 닦으신 행을 배우며, 모든 부처님의 본래 닦으신 행을 생각하며, 모든 부처님의 본래 닦으신 행을 좋아하며, 모든 부처님의 본래 닦으신 행을 청정히 하며, 모든 부처님의 본래 닦으신 행을 증장하며, 모든 부처님의 본래 닦으신 행에 머물러 지니며, 모든 부처님의 본래 닦으신 행을 나타내며, 모든 부처님의 본래 닦으신 행을 연설하기 위함이니라. 중생들로 하여금 괴로움을 여의고 즐거움을 얻게 하려는 것이니라.

보살이 행을 닦을 때 모든 중생으로 하여금 환희하고 즐겁게 하려 하니, 어느 지방에나 가난한 곳이 있으면 원력으로써 그곳에 태어나되 호사스럽고 크게 부유해 재물이 다함이 없으며, 가령 잠깐 동안에 한량없고 수없는 중생이 보살에게 와서 "어진 이여, 우리는 몹시 가난해서 끼니를 이어갈 수 없고 굶주려 목숨을 부지할 수 없으니, 바라옵건대 불쌍히 여기시어 나에게 쌀을 보시해 먹고살게 하소서"라고 말한다면, 보살은 곧 보시해서 그가 환희하고 만족하게 합니다. 이렇게 한량없는 백천 중생이 와서 구걸하더라도 보살은 조금도 물러나거나 겁내는 기색이 없고, 다시 자비로운 마음이 늘어나니 중생이 모두 와서 구걸하는 것을 보살이 보고는 더욱 환희해 이렇게 생각합니다.

"나는 지금 좋은 이익을 얻었다. 이 중생은 나의 복밭이며 나의 선지식이니, 구하지도 않고 청하지도 않았지만 일부러 와서 나로 하여금 불법 가운데 들게 한다. 나는 이렇게 배우고 닦아서 모든 중생의 마음을 어기지 않을 것이다." 《화엄경》〈십행품〉

중생 교화에 대한 보살의 마음가짐

금강장보살이 모든 보살들에게 말했다.

"불자여, 이 보살이 다시 또 일체중생에게 이익하게 하는 마음과, 안락하게 하는 마음과, 인자한 마음과, 가엾이 여기는 마음과, 딱하게 여기는 마음과, 거두어주려는 마음과, 수호하는 마음과, 자기와 같다는 마음과, 스승이라는 마음과, 큰 스승이라는 마음을 내느니라.

또 생각하기를 '중생이 가련하여 삿된 소견과 나쁜 꾀와 나쁜 욕망과 나쁜 도道의 숲에 떨어졌도다. 내가 그들로 하여금 바른 소견에 머물러서 진실한 도를 행하게 하리라'라고 하느니라.

또 생각하기를 '일체중생이 남과 나를 분별하여, 서로서로 파괴하고 다투고 미워함이 치성하여 쉬지 아니하니, 내가 마땅히 그들로 하여금 위없이 크게 인자한 가운데 머물게 하리라'라고 하느니라.

또 생각하기를 '일체중생이 탐착하는 데 만족한 줄 모르고, 오직 재물만을 구하며 잘못되게 살아가려 하니, 내가 마땅히 그들로 하여금 몸과 말과 마음으로 짓는 일이 청정하여 옳게 살아가는 법 가운데 머물게 하리라'라고 하느니라.

또 생각하기를 '일체중생이 항상 세 가지 독한 것〔三毒〕만 따르므로 여러 가지 번뇌가 그로 인해 치성하고, 벗어날 방편을 구할 줄을 알지 못하느니라. 내가 마땅히 그들로 하여금 일체 번뇌의 큰 불을 끄고, 청량한 열반의 자리에 있게 하리라'라고 하느니라.

또 생각하기를 '일체중생이 어리석어 깜깜하고 망령된 소견에 덮이어, 답답하게 막힌 숲속에 들어가서 지혜의 광명을 잃고, 넓은 벌판의 험한 길에서 여러 가지 나쁜 소견을 일으키느니라. 내가 마땅히 그들로 하여금 장애가 없이 청정한 지혜의 눈을 얻어 일체 법의 실상을 알고 다른 이의 가르침을 따르지 않게 하리라'라고 하느니라.

또 생각하기를 '일체중생이 나고 죽는 험한 길에 있으면서 장차 지옥, 축생, 아귀에 떨어지거나 나쁜 견해의 그물에 들어가서 어리석음의 숲속에서 길을 잃고 삿된 길을 따라가며 뒤바뀐 행을 행하느니라. 비유하면 마치 눈먼 사람이 인도하는 사람도 없이 빠져나갈 길이 아닌데도 나갈 길인 줄만 알고 마군의 경계에 들어가 악한 도둑에게 붙들리듯이 마군의 마음을 따르고 부처님의 뜻과는 멀어지느니라. 내가 마땅히 이와 같은 험난한 곳에서 구제해서 두려움이 없는 일체 지혜의 성城에 머물게 하리라'라고 하느니라.

또 생각하기를 '일체중생이 큰 폭류의 물결에 휩쓸려서 욕망의 폭류와, 존재의 폭류와, 무명의 폭류와, 소견의 폭류에 들어가 생사에서 소용돌이치고 애욕의 강물에 떠다니면서 빠르게 솟구치고 심하게 부딪치느라고 살펴볼 겨를이 없느니라. 탐내는 생각과 성내는 생각과 해치려는 생각을 따라서 버리지 못하는데, 나의 몸이라고 고집하는 나찰에게 붙들려서 영원히 애욕의 숲속으로 끌려 들어가 탐욕과 애정에 집착을 깊이 내고, '나'라는 교만의 언덕에 머물며, 육처六處라는 마을에 있게 되어 구원할 이도 없고 제도할 이도 없느니라. 내가 마땅히 그들에게 큰 자비심을 일으키고 여러 선근으로 구제하여 환난이 없게 하고, 물든 것을 떠나 고요하게 일체 지혜의 보배 섬에 머물게 하리라'라고 하느니라.

또 생각하기를 '일체중생이 세상의 감옥 속에 있으면서 온갖 고통이 많고, 항상 사랑하고 미워하는 생각을 품어 스스로 두려워하며, 탐욕이라는 무거운 형틀에 얽매이고, 무명의 숲속에 가려졌으므로 삼계에서 벗어나지 못하느니라. 내가 마땅히 그들로 하여금 길이 삼유三有*를 여의고 장애가 없는 대열반에 머물게 하리라'라고 하느니라.

또 생각하기를 '일체중생이 나라는 데 집착하여 다섯 무더기의 동굴 속에서 벗어나지 못하고, 육처라는 빈 마을을 의지하여 네 가지 뒤바뀐 행을 일으키며, 네 마리 독사에게 시달리고 다섯 무더기란 원수에게 살해를 당하면서 한량없는 고통을 받느니라. 내가 마땅히 그들로 하여금 가장 수승하고 집착이 없는 곳에 머물

* 욕망으로 이루어진 세계〔欲界〕의 존재, 욕망을 벗어났지만 물질은 남아 있는 세계〔色界〕의 존재, 욕망과 물질을 모두 벗어난 세계〔無色界〕의 존재.

게 하리니, 소위 일체 장애가 없어진 가장 높은 열반이니라'라고 하느니라.

또 생각하기를 '일체중생이 마음이 비좁고 용렬하여 가장 높은 일체 지혜의 도를 행하지 못하므로, 비록 벗어나려고 하면서도 성문승과 벽지불승만 좋아하느니라. 내가 마땅히 광대한 부처님 법과 광대한 지혜에 머물게 하리라'라고 하느니라.

불자여, 보살이 이와 같은 계율을 보호하며 지니며 자비한 마음을 잘 증장케 하느니라. 《화엄경》〈십지품〉

지도자가 새겨야 할 이야기

다음과 같은 일곱 가지 일 때문에 왕의 몸이 위태롭게 된다. 첫째는 색色에 빠지고 곧고 바르기를 힘쓰지 않는 것이고, 둘째는 술을 즐겨 어지럽게 취해서 나랏일을 돌보지 않는 것이며, 셋째는 장기將棋에 빠져 예절을 닦지 않는 것이고, 넷째는 사냥을 다녀 살생하면서 인자한 마음이 전혀 없는 것이며, 다섯째는 나쁜 말 쓰기를 좋아해 좋은 말을 하지 않는 것이고, 여섯째는 부역과 벌을 상식 이상으로 심하게 주며, 일곱째는 도리에 어긋나게 백성의 재산을 빼앗는 것이다.

또 세 가지 일 때문에 나라를 기울게 하니, 첫째는 사악하고 아첨하는 나쁜 사람들을 가까이하는 것이고, 둘째는 현인과 성인을 따르지 않고 그 충고를 받아들이지 않는 것이며, 셋째는 다른 나라 정벌하기를 좋아해 백성을 돌보지 않는 것이다. 이 세 가지 일을 버리지 않으면 나라가 무너지는 것이 아침이 아니면 저녁일 것이다.

대개 왕이 되면 온 나라 사람이 우러러본다. 그러므로 왕은 누구나 건널 수 있는 다리와 같이 온 백성을 제도해야 하고, 친함과 소원함이 저울과 같이 평등해야 하며, 길을 따라가듯 성현의 자취에 어긋나지 않아야 한다. 또 왕은 해와 같이 온 세상을 두루 비춰주어야 하고, 달과 같이 모든 것에 밝고 시원한 것을 주어야 하며, 부모와 같이 백성을 사랑하고 가엾이 여겨야 하고, 하늘과 같이 일체를 덮어주어야 하며, 땅과 같이 만물을 싣고 길러야 하고, 불과 같이 온 백성을 위해 나쁘고 근심되는 것을 태워야 하며, 물과 같이 사방을 윤택하게 해야 하고, 또 과거의 전륜성왕처럼 열 가지 선한 길로 중생을 교화해야 한다. 《잡보장경》

지도자가 바른길로 인도해야 한다

마치 소 떼가 물을 건널 때처럼
길잡이 소가 바로 가지 못하면
그 소 떼는 모두 바로 가지 못하니
그것은 길잡이 소를 따르기 때문이네.

중생도 또한 그와 같아서
대중에게는 반드시 길잡이가 있나니
만일 길잡이가 나쁜 법을 행하면

그 뒤를 따르는 이는 말할 것도 없다네.

백성이 모두 괴로움을 받는 것은
왕의 법이 바르지 못한 데 있네.
그러므로 알아라. 나쁜 법 행하면
백성도 따라서 그러하리라. 증일아함《안반품》

지도자가 주의해야 할 일

바라문이 선재동자에게 말했다.

"왕이 나라를 세우고 사람을 보호함에 항상 세 가지 일을 주의해야 합니다. 첫째는 다섯 가지 두려움을 없애야 하고, 둘째는 세 가지 신하를 택해야 하며, 셋째는 왕의 식사를 정밀하게 해야 합니다. 그 까닭은 왕을 세우고 백성을 다스릴 때 먼저 백성이 두려움이 없어야 하고, 신하의 덕이 구비되어야 왕을 도울 수 있으며, 왕의 식사가 정밀해야 몸과 물건을 사랑하고 사람에게 충성과 효도를 가르쳐 부모와 어른을 존중히 섬기기 때문입니다."

선재가 물었다.

"어떤 것이 다섯 가지 두려움이고, 어째서 이 나라에만 없습니까?"

"첫째는 왕의 덕이 검소하고 재정과 세금이 고루 공평하니 나라에 빼앗길 두려움이 없고, 둘째는 왕족들이 점잖고 보배를 탐내지 않으니 귀족들에게 침해당할 공포가 없으며, 셋째는 관리들이 직책을 잘 지키고 은혜와 용서함이 많으므로 관리에게 착취당할 두려움이 없고, 넷째는 사람들이 예의가 있고 나라 안에 속이는 일이 없으므로 도둑맞을 두려움이 없으며, 다섯째는 이웃이 화평하고 덕화에 감복하므로 이웃 나라에 노략질당할 두려움이 없는 것입니다." 《화엄경》〈입부사의해탈경계보현행원품〉

화합하는 여섯 가지 방법

비구들이여, 여섯 가지 기억해야 할 법이 있으니, 이것들은 동료 비구들에게 호감을 주고 공경을 불러오고 도움을 주고 분쟁을 없애고 화합하고 단결하게 합니다. 무엇이 여섯 가지인가?

비구들이여, 여기 비구는 동료 비구들이 앞에 있건 없건 그들에 대해 자애로운 몸의 행위를 유지합니다. 이것이 기억해야 할 법이니 동료 비구들에게 호감을 주고 공경을 불러오고 도움을 주고 분쟁을 없애고 화합하고 단결하게 합니다.

다시 비구들이여, 여기 비구는 동료 비구들이 앞에 있건 없건 그들에 대해 자애로운 말의 행위를 유지합니다. 이것이 기억해야 할 법이니 동료 비구들에게 호감을 주고 공경을 불러오고 도움을 주고 분쟁을 없애고 화합하고 단결하게 합니다.

다시 비구들이여, 여기 비구는 동료 비구들이 앞에 있건 없건 그들에 대해 자애로운 마음의 행위를 유지합니다. 이것이 기억해야 할 법이니 동료 비구들에게 호감을 주고 공경을 불러오고 도움을 주고 분쟁을 없애고 화합하고 단결하게 합니다.

다시 비구들이여, 여기 비구는 법답게 얻은 법다운 것들이 있을 때, 그것이 비록 발우 안에 담긴 것일지라도 그렇게 얻은 것들을 공평하게 나누어서 수용하고, 계를 잘 지키는 동료 비구들과 함께 나누어 사용합니다. 이것도 기억해야 할 법이니 동료 비구들에게 호감을 주고 공경을 불러오고 도움을 주고 분쟁을 없애고 화합하고 단결하게 합니다.

다시 비구들이여, 여기 비구는 동료 비구들이 앞에 있건 없건 훼손되지 않았고, 뚫어지지 않았고, 오점이 없고, 얼룩이 없고, 벗어나게 하고, 현자들이 찬탄하고, 집착하지 않고, 삼매에 도움이 되는 그런 계들을 그 동료 비구들과 함께 동등하게 갖추어 머뭅니다. 이것도 기억해야 할 법이니 동료 비구들에게 호감을 주고 공경을 불러오고 도움을 주고 분쟁을 없애고 화합하고 단결하게 합니다.

다시 비구들이여, 성스럽고, 벗어남으로 인도하고, 그것을 실천하는 자에게 괴로움의 소멸에 이르는 바른 견해가 있으니, 여기 비구는 동료 비구들이 앞에 있건 없건 그 바른 견해를 그들과 함께 동등하게 갖추어 머뭅니다. 이것도 기억해야 할 법이니 동료 비구들에게 호감을 주고 공경을 불러오고 도움을 주고 분쟁을 없애고 화합하고 단결하게 합니다.

비구들이여, 이들 법 가운데 최상이고 포괄적이고 총체적인 것은 바른 견해입니다. 그것은 성스럽고, 벗어남으로 인도하고, 그것을 실천하는 사람을 바르게 괴로움의 소멸로 인도하는 것입니다.

맛지마 니까야《꼬삼비 경》

잘 화합하는 도반

아나율과 난제와 금비는 부처님을 맞이하였다. 그 가운데 한 사람은 부처님의 발우와 가사를 받아들고, 한 사람은 자리를 준비하고, 한 사람은 발 씻을 물을 가져왔다. 부처님께서는 마련된 자리에 앉으시고 발을 씻으셨다. 세 존자는 부처님께 절을 올리고 한 곁에 앉았다. 부처님께서는 한 곁에 앉은 아나율에게 이렇게 말씀하셨다.

"아나율이여, 그대들은 견딜 만한가? 잘 지내고 있는가? 탁발하는 데 어려움은 없는가?"

"저희는 견딜 만합니다, 세존이시여. 잘 지냅니다, 세존이시여. 탁발하는 데 어려움은 없습니다, 세존이시여."

"아나율이여, 그런데 그대들은 사이좋게 화합하고, 정중하고 다투지 않고, 물과 우유가 잘 섞이듯이 서로를 우정 어린 눈으로 보면서 머무르고 있는가?"

"참으로 그러합니다. 세존이시여, 저희는 사이좋게 화합해 다투지 않고, 물과 우유가 잘 섞이듯이 서로를 우정 어린 눈으로 보면서 머뭅니다."

"아나율이여, 그러면 그대들은 어떻게 사이좋게 화합해 다투지 않고, 물과 우유가 잘 섞이듯이 서로를 우정 어린 눈으로 보면서 머무르는가?"

"세존이시여, 여기서 저희에게 이런 생각이 듭니다. '내가 이러한 도반들과 함께 머문다는 것은 참으로 나에게 이익이고, 참으로 나에게 축복이다'라고. 그래서 제게는 이 도반들이 눈앞에 있건 없건 항상 그들에 대해 자애로운 몸의 행위를 유지하고, 자애로운 말의 행위를 유지하고, 자애로운 마음의 행위를 유지합니다. 그러면 제게 이런 생각이 듭니다. '이제 나는 나의 마음을 제쳐두고 이 도반들의 마음을 따라야겠다'라고. 세존이시여, 그러면 저는 저의 마음을 제쳐두고 이 도반들의 마음을 따릅니다. 세존이시여, 참으로 저희는 몸은 다르지만 마음은 하나라고 생각합니다.

세존이시여, 이와 같이 저희는 사이좋게 화합하고 정중하고 다투지 않고, 물과 우유가 잘 섞이듯이 서로를 우정 어린 눈으로 보면서 머뭅니다."

난제와 금비도 역시 부처님께 그렇게 말씀드렸다. 그러자 부처님께서 말씀하셨다.

"아나율이여, 장하고 장하구나! 아나율이여, 그런데 그대들은 게으르지 않고 열심히, 스스로 독려하며 머무르고 있는가?"

"참으로 그러합니다, 세존이시여. 저희는 게으르지 않고 열심히, 스스로 독려하며 머뭅니다."

"아나율이여, 그러면 어떻게 그대들은 게으르지 않고 열심히, 스스로 독려하며 머무르고 있는가?"

"세존이시여, 여기서 저희 가운데 먼저 탁발을 마치고 마을에서 돌아온 자는 자리를 마련하고, 마실 물과 발 씻을 물을 준비하고, 여분의 음식을 담을 통을 준비합니다. 나중에 탁발을 마치고 마을에서 돌아온 사람은 남은 음식이 있으면 그가 원하면 먹고, 원하지 않으면 풀이 없는 곳에 버리거나 생물이 없는 물에 던져 넣습니다. 그는 자리를 치우고, 마실 물과 발 씻을 물을 치우고, 여분의 음식 담은 통을 치우고 밥 먹은 곳을 닦아 냅니다. 누구든 마시는 물 항아리나 씻는 물 항아리나 뒷물 항아리가 바닥이 나거나 비어 있는 것을 보면, 그는 그것을 준비합니다. 만일 너무 무거워서 혼자 감당할 수 없으면, 손짓으로 다른 사람을 불러서 손을 맞잡고 가져옵니다.

세존이시여, 그러나 우리는 그 때문에 묵언을 깨뜨리지 않습니다. 세존이시여, 또한 닷새마다 법담으로 온 밤을 지새웁니다. 세존이시여, 이와 같이 저희는 게으르지 않고 열심히 스스로 독려하며 머뭅니다." 맛지마 니까야《오염원경》

부처님 가르침을 기준으로 화합해야 한다

비구들이여, 그대들이 사이좋게 화합해 논쟁하지 않고 법을 닦을 때 상호 비방, 비열한 견해, 마음의 상처, 불쾌함, 반감이 생길 수도 있습니다. 그러면 어떤 한쪽 편 비구들 가운데 현명하다고 생각되는 비구에게 가서 이렇게 말해야 합니다.

'도반이여, 우리가 사이좋게 화합해 논쟁하지 않고 법을 닦는 동안 상호 비방, 비열한 견해, 마음의 상처, 불쾌함, 반감이 생겼습니다. 세존께서 이것을 아시면 걱정하시겠습니까?'

비구들이여, 바르게 설명하는 비구는 이렇게 설할 것입니다.

'우리가 사이좋게 화합해 논쟁하지 않고 법을 닦는 동안 상호 비방, 비열한 견해, 마음의 상처, 불쾌함, 반감이 생겼습니다. 세존께서 이것을 아신다면 세존께서는 걱정하실 것입니다.'

'도반이여, 이런 법을 버리지 않고 열반을 실현할 수 있겠습니까?'

바르게 설명하는 비구는 이렇게 말할 것입니다.

'도반이여, 이런 법을 버리지 않고는 열반을 실현할 수 없습니다.'

그러고는 다른 편의 비구들 가운데 현명하다고 생각되는 비구에게 가서 이렇게 말해야 합니다.

'도반이여, 우리가 사이좋게 화합해 논쟁하지 않고 법을 닦는 동안 상호 비방, 비열한 견해, 마음의 상처, 불쾌함, 반감이 생겼습니다. 세존께서 이것을 아시면 걱정하시겠습니까?'

비구들이여, 바르게 설명하는 비구는 이렇게 설할 것입니다.

'우리가 사이좋게 화합해 논쟁하지 않고 법을 닦는 동안 상호 비방, 비열한 견해, 마음의 상처, 불쾌함, 반감이 생겼습니다. 세존께서 이것을 아신다면 세존께서는 걱정하실 것입니다.'

'도반이여, 이런 법을 버리지 않고 열반을 실현할 수 있겠습니까?'

바르게 설명하는 비구는 이렇게 말할 것입니다.

'도반이여, 이런 법을 버리지 않고는 열반을 실현할 수 없습니다.'

비구들이여, 만일 다른 비구들이 그 비구에게 '존자가 이 비구들을 해로움에서 벗어나 유익함에 굳건히 머물도록 했습니까?'라고 물으면, 바르게 설명하는 비구는 이와 같이 설할 것입니다.

'도반이여, 저는 세존을 뵈러 갔습니다. 세존께서는 제게 법을 설해주셨습니다. 그 법을 듣고 저는 비구들에게 설명해주었습니다. 그 비구들은 그 법을 듣고 해로움에서 벗어나 유익함에 굳건히 머물렀습니다.'

비구들이여, 이렇게 설명하는 비구는 자신을 칭송하지 않고 남을 비난하지 않고 여래의 가르침대로 설명합니다. 어떤 이유로도 그의 주장은 비난받지 않습니다. 맛지마 니까야《어떻게 생각하는가 경》

화합의 법문

그때 부처님께서 두 번, 세 번 거듭 코삼비 지방에 사는 비구들에게 말씀하셨다.

"서로 싸우고 욕하고 비방하면서 시비를 가리지 말고 싸움을 그만두시오. 함께 화합해서 지내고, 같은 스승에게 배우기를 물과 우유가 서로 섞이는 것같이 하면 불법 안에서 이익을 얻고 안락할 것입니다."

그 비구들이 이와 같이 말했다.

"세존이시여, 진리의 주인이신 여래께서는 편안하게 지내십시오. 비구들의 다툼은 저희 일이니 알아서 하겠습니다."

부처님께서는 코삼비에 사는 비구들에게 다음과 같이 게송으로 말씀해주셨다.

온갖 나쁜 소문을 퍼뜨리고
거룩한 법은 구하지 않고
승가의 화합을 깨뜨리는 것은
다른 것 때문이 아니다.

뼈를 자르고 목숨을 해치고
소와 말과 재산을 빼앗고
온 나라가 싸움으로 어지러웠어도
오히려 화합했다.

그대들은 갖가지로 서로 욕하거나
꾸짖는 일을 하지 마라.
이와 같은 짓을 하는 사람 있으면
원한은 끝내 없어지지 않으리라.

갖가지 나쁜 말로 욕하고 비방하더라도
끝까지 갚으려고 생각하지 마라.
묵묵하게 잘 참고 견딘다면
원한이 자연히 풀어지리라.

원한을 원한으로 갚으려 한다면
끝내 원한은 없어지지 않는다.

원망이 없으면 원한은 자연히 없어지리니
그런 법이 진실로 수승하고 즐거운 것이라네. 《사분율》

천한 사람과 고귀한 사람

화를 내고 원한을 품으며,
악독하고 시기심이 많고 견해가 그릇되어
속이기를 잘하는 사람이 있다면,
그를 천한 사람으로 아십시오.

한 번 생겨나는 것이건 두 번 생겨나는 것이건,
이 세상에 있는 생명을 해치고
살아 있는 생명에 자비심이 없는 사람이 있다면,
그를 천한 사람으로 아십시오.

마을과 도시를 파괴하거나 약탈하면서
압제자로 세상에 널리 알려진 사람이 있다면
그를 천한 사람으로 아십시오.

마을에 있거나 숲에 있거나
남의 것을 나의 것이라고 하고,
주지 않는 것을 빼앗는 사람이 있다면
그를 천한 사람으로 아십시오.

사실은 빚이 있지만,
돌려달라고 독촉 받더라도
'갚을 빚은 없다'고 발뺌하는 사람이 있다면
그를 천한 사람으로 아십시오.

얼마 안 되는 물건을 탐내어
길 가는 행인을 살해하고
그 물건을 약탈하는 사람이 있다면
그를 천한 사람으로 아십시오.

증인으로 불려 나갔을 때,
자신이나 남 때문에 또는 재물 때문에
거짓으로 증언하는 사람이 있다면
그를 천한 사람으로 아십시오.

때로는 폭력으로 혹은 서로 사랑에 빠져
친지나 배우자와
부적절한 관계를 맺는 사람이 있다면
그를 천한 사람으로 아십시오.

자기는 재물이 풍족하면서도
나이 들어 늙고 쇠약한 어머니와 아버지를

부양하지 않는 사람이 있다면
그를 천한 사람으로 아십시오.

어머니와 아버지 그리고 형제나 자매
혹은 배우자의 어머니를
때리거나 욕하는 사람이 있다면,
그를 천한 사람으로 아십시오.

유익한 충고를 구하는데도
불리하게 가르쳐주거나
불분명하게 일러주는 사람이 있다면,
그를 천한 사람으로 아십시오.

악한 일을 하고도
자기가 한 일을 모르기를 바라며,
그 일을 숨기는 사람이 있다면,
그를 천한 사람으로 아십시오.

남의 집에서는 융숭한 대접을 받으면서도
손님에게는 대접하지 않는 사람이 있다면,
그를 천한 사람으로 아십시오.

바라문이나 사문
또는 탁발하는 수행자를
거짓말로 속이는 사람이 있다면,
그를 천한 사람으로 아십시오.

식사 때가 되었는데도
바라문과 사문에게 욕하며
공양을 올리지 않는 사람이 있다면,
그를 천한 사람으로 아십시오.

어리석음에 묶여
사소한 물건을 탐해서
진실이 아닌 것을 말하는 사람이 있다면,
그를 천한 사람으로 아십시오.

자기를 칭찬하고
타인을 경멸하며
스스로 교만에 빠진 사람이 있다면,
그를 천한 사람으로 아십시오.

남을 화내게 하고 이기적이고 악의적이며
인색하고 거짓을 일삼고

양심과 수치심을 모르는 사람이 있다면,
그를 천한 사람으로 아십시오.

깨달은 사람을 비방하고
혹은 출가나 재가 제자들을
헐뜯는 사람이 있다면,
그를 천한 사람으로 아십시오.

천상의 세계를 포함한 모든 세계에서
아라한이 아닌 자가
아라한이라고 주장한다면,
그 도적은 그야말로 가장 천한 사람입니다.

내가 그대에게 설한
이러한 사람들이야말로
참으로
천한 사람입니다.

태어날 때부터 천한 사람이 아니고
태어나면서부터 바라문인 것도 아닙니다.
행위에 따라서
천한 사람도 되고 바라문도 되는 것입니다. 숫타니파타《천한 사람의 경》

깨달음에는 신분의 차이가 없다

파사익 왕이 부처님께 여쭈었다.

"세존이시여, 크샤트리아와 바라문과 바이샤와 수드라의 네 계급이 있습니다. 이들이 다섯 가지 노력하는 자의 요소들을 갖추고 바른 노력을 한다면, 이것과 관련해 그들에게 구별이 있고 차이점이 있습니까?"

"대왕이여, 여기서 한 사람의 해탈이 다른 사람의 해탈과 아무런 차이점이 없다고 나는 말합니다.

대왕이여, 예를 들면 어떤 사람이 마른 사까 나무를 가져와 불을 지피면 열이 날 것이고, 이제 다른 사람이 마른 망고 나무를 가져와 불을 지피면 열이 날 것이며, 이제 또 다른 사람이 마른 무화과나무를 가져와 불을 지피면 열이 날 것입니다.

대왕이여, 이를 어떻게 생각합니까? 그 불은 각기 다른 나무로 지폈기 때문에 불꽃과 불꽃 사이에, 색깔과 색깔 사이에, 광채와 광채 사이에 어떤 차이점이 있겠습니까?"

"그렇지 않습니다, 세존이시여."

"대왕이여, 정진으로 점화되고 노력으로 지핀 불꽃도 그와 같아서 그들의 해탈과 해탈 사이에는 어떠한 차이점도 없다고 나는 말합니다." 맛지마 니까야《깐나깟탈라 경》

모든 사람을 공경한 상불경보살

부처님께서 득대세得大勢보살에게 말씀하셨다.

"득대세보살이여, 무슨 인연으로 이름을 상불경常不輕이라 하였는가. 이 비구는 비구거나, 비구니거나, 우바새거나, 우바이거나 간에 보는 대로 예배하고 찬탄하면서 이렇게 말하였느니라.

'나는 그대들을 깊이 공경하고 감히 가벼이 여기거나 업신여기지 않습니다. 왜냐하면 그대들은 모두 보살의 도를 행하여 마땅히 성불할 것이기 때문입니다.'

이 비구는 오로지 경전을 읽거나 외우지는 아니하고 다만 예배만을 행하였느니라. 멀리서 사부대중을 보더라도 또한 일부러 따라가서 예배하고 찬탄하면서 '나는 그대들을 깊이 공경하고 감히 가벼이 여기거나 업신여기지 않습니다. 왜냐하면 그대들은 모두 보살도를 행하여 마땅히 성불할 것이기 때문입니다'라고 하였느니라." 《법화경》〈상불경보살품〉

불성에는 차별이 없다

혜능선사는 이렇게 회고했다.

"이 몸은 불행하게도 아버지가 일찍 돌아가시고 어머니만 홀로 남겨져 뒤에 남해南海로 왔는데, 살림이 가난하고 어려워 시장에서 나무를 팔아 생계를 꾸렸다. 어느 날, 한 손님이 나무를 사고는 여관까지 가져다 달라고 해서, 나는 나무를 가져다주고 돈을 받아 문밖으로 나오다가 한 손님이 경 읽는 소리를 들었다. 나는 '마땅히 집착 없이 그 마음을 내야 한다'라는 경문을 한 번 듣자 곧 마음이 열려 깨달았다. 그리고 그 손님에게 물었다.

'무슨 경전을 읽습니까?'

그 손님이 대답했다.

'《금강경》이다.'

내가 다시 물었다.

'어디서 오셨기에 이런 경전을 가지고 있습니까?'

그 손님이 말했다.

'나는 기주蘄州 황매현黃梅縣의 동선사東禪寺에서 왔다. 그 절은 오조홍인五祖弘忍대사가 교화하시는데, 제자가 천 명이 넘는다. 나는 그곳에 가서 인사드리고 이 경을 받았다. 대사께서는 늘 승속의 대중에게 권하기를 《금강경》만 외우면 곧 스스로 본성을 보아 깨닫는다고 하셨다.'

숙세의 인연이 있어서인지 어떤 손님이 은 열 냥을 주면서, '노모의 의복과 양식에 충당하고, 곧바로 황매산으로 가서 오조께 참례하라'고 했다. 그래서 나는 노모를 편안히 모셔두고 하직한 뒤, 한 달도 지나지 않아 황매산에 도착했다. 오조께 예배를 드리자 오조께서 나에게 물었다.

'그대는 어느 지방 사람인가? 그리고 무엇을 구하려 하는가?'

내가 답했다.

'제자는 영남嶺南 신주新州* 백성입니다. 먼 곳에서 와 스님께 예배드리는 것은, 오직 부처가 되고자 하는 것이지 다른 것을 구

* 중국 남부에 위치한 광동성廣東省 부근.

하는 것이 아닙니다.'

오조께서 말씀하셨다.

'그대는 영남 사람으로 오랑캐인데 어떻게 부처가 될 수 있겠는가?'

내가 말했다.

'사람의 출신은 남쪽과 북쪽이 있지만 불성은 본래 남쪽과 북쪽이 따로 없습니다. 오랑캐의 몸과 스님의 몸은 같지 않지만 불성에 무슨 차별이 있겠습니까?'" 《법보단경》

마음이 맑아야 불국토도 맑아진다

장자의 아들 보적寶積은 부처님께 여쭈었다.

"세존이시여, 우리 오백 명 장자의 아들은 모두가 이미 최상의 깨달음을 구하는 마음을 일으켜 불국토의 청정을 듣고자 합니다. 오직 원하옵건대 세존이시여, 여러 보살이 정토를 이루기 위해서 하는 수행에 대해 설해주십시오."

부처님께서 말씀하셨다.

"훌륭하구나. 보적이여, 여러 보살을 위해 여래에게 정토를 이루기 위해서 하는 수행에 대해 물었으니, 자세히 듣고 잘 생각하라. 내 그대를 위해 설하리라."

이에 보적을 비롯한 오백 명 장자의 아들은 부처님의 가르침을 따라 귀를 기울였다. 부처님께서는 말씀하셨다.

"보적이여, 중생의 국토가 곧 보살의 불국토다. 왜냐하면 보살은 교화할 중생을 따라서 불국토를 취하고, 중생이 마음을 조복하는 것에 따라 불국토를 취하기 때문이다. 또 모든 중생이 어떠한 나라에 의해 부처님의 지혜로 깨달아 들어가야 하는가에 따라 불국토를 취하고, 모든 중생이 어떠한 나라에 의해 보살의 선근을 일으켜야 하는가에 따라서 불국토를 취하는 것이다. 왜냐하면 보살이 정토를 취하는 것은 모든 중생을 이롭게 하기 위한 것이기 때문이다. 비유하면 어떤 이가 빈터에 집을 짓고자 하면 뜻대로 아무런 걸림이 없겠지만, 만일 허공에 짓고자 한다면 끝내 지을 수 없는 것과 같다. 보살도 이와 같아서 중생을 성취시키고자 하기 때문에 불국토를 취하고자 원하는 것이니, 불국토를 취하고자 원하는 자는 허공에서 이룰 수 없다.

올곧은 마음이 보살의 정토이니, 보살이 부처가 될 때 속이지 않는 중생이 그 나라에 와서 태어난다.

깊은 마음이 보살의 정토이니, 보살이 부처가 될 때 공덕을 갖춘 중생이 그 나라에 와서 태어난다.

보리심이 보살의 정토이니, 보살이 부처가 될 때 대승의 가르침을 실천하는 중생이 그 나라에 와서 태어난다.

보시가 보살의 정토이니, 보살이 부처가 될 때 모든 재물을 보시할 줄 아는 중생이 그 나라에 와서 태어난다.

지계가 보살의 정토이니, 보살이 부처가 될 때 십선도十善道를 행해 서원을 가득 채운 중생이 그 나라에 와서 태어난다.

인욕이 보살의 정토이니, 보살이 부처가 될 때 삼십이상으로 장엄한 중생이 그 나라에 와서 태어난다.

정진이 보살의 정토이니, 보살이 부처가 될 때 모든 공덕을 힘써 닦는 중생이 그 나라에 와서 태어난다.

선정이 보살의 정토이니, 보살이 부처가 될 때 마음을 가다듬어 흔들림 없는 중생이 그 나라에 와서 태어난다.

지혜가 보살의 정토이니, 보살이 부처가 될 때 반드시 성불할 수 있도록 결정된 중생이 그 나라에 와서 태어난다.

이와 같이 보적이여, 보살이 그 올곧은 마음을 따라 곧 바른 행을 일으킬 수 있고, 그 행에 따라서 곧 깊은 마음을 얻는다. 그리고 깊은 마음을 따라 마음도 악을 버리고 선을 따른다. 마음이 악을 버리고 선을 따르면 모든 가르침과 같이 행하게 되고, 가르침과 같이 행하면 회향할 수 있으며, 그 회향에 따라 곧 방편을 얻고, 그 방편에 따르면 곧 중생을 성취하며, 중생을 성취함에 따라서 불국토가 깨끗해지고, 불국토가 깨끗해짐에 따라서 설하는 법도 깨끗해지며, 설하는 법이 깨끗해짐에 따라서 지혜도 깨끗해지고, 지혜가 깨끗해짐에 따라서 그 마음이 맑아지며, 그 마음이 맑아짐에 따라서 모든 마음의 공덕이 깨끗해진다.

그러므로 만약 보살이 정토를 얻고자 한다면 그 마음을 맑게 해야 한다. 그의 마음이 맑음에 따라서 불국토도 곧 맑아지기 때문이다." 《유마경》〈불국품〉

극락세계의 모습

부처님께서 사리불에게 말씀하셨다.

“여기에서 서쪽으로 십만 억의 불국토를 지나면 극락이라는 세계가 있느니라. 그 국토에 아미타 부처님이 계시면서 지금도 법을 설하고 계시느니라. 사리불이여, 저 국토의 이름을 왜 ‘극락’이라 하는가 하면, 그 국토의 중생들에겐 아무런 고통이 없고 다만 온갖 즐거움만 누리므로 극락이라 하느니라.

또 사리불이여, 극락국토는 일곱 겹의 난간과 일곱 겹의 그물과 일곱 겹으로 줄지어선 나무들이 있는데, 네 가지 보배가 그 주위를 모두 에워싸고 있다. 그렇기 때문에 그 나라를 극락이라 하느니라.

또 사리불이여, 극락국토에는 일곱 가지 보배로 된 연못이 있는데, 여덟 가지 공덕을 갖춘 물이 가득 차 있고, 연못 바닥에는 순금 모래가 깔려 있으며, 사방으로 난 계단과 길은 금, 은, 유리, 파려로 이루어져 있고, 위에 있는 누각에도 금, 은, 유리, 파려, 차거, 적주, 마노의 일곱 가지 보석으로 장엄되고 꾸며져 있느니라. 연못 안에는 수레바퀴만큼 큰 연꽃이 피어 있어 푸른 연꽃에서는 푸른빛이, 노란 연꽃에서는 노란빛이, 붉은 연꽃에서는 붉은빛이, 흰 연꽃에서는 흰빛이 나 미묘하게 생긴 꽃들이 모두 향기롭고 깨끗하니라.

사리불이여, 극락국토는 이와 같이 공덕으로 장엄된 것들이 즐비하니라.

또 사리불이여, 그 불국토의 공중에는 항상 천상의 음악이 울려 퍼지고 땅은 황금으로 이루어졌으며, 하루 종일 만다라꽃이 비 오듯 쏟아져 내려 위로는 허공계를 장엄하고 아래로는 황금으로 된 땅을 장엄하느니라. 그 나라 중생들은 언제나 맑은 새벽에 온갖 아름다운 꽃들을 꽃바구니에 가득 담아 다른 세계의 십만 억 부처님께 공양올리고, 곧 밥 때가 되면 본국으로 돌아와 식사를 하고는 거닐기를 하느니라.

사리불이여, 극락국토에는 이와 같이 공덕 장엄이 온전히 갖추어져 있느니라.

또 사리불이여, 극락국토에는 언제나 갖가지 기묘한 여러 색깔의 백학, 공작, 앵무, 사리, 가릉빈가, 공명 등의 새들이 있고, 이 새들이 하루 종일 부드럽고 아름다운 소리를 내느니라. 그 소리는 모두 법을 설하는 노래로 오근五根, 오력五力, 칠보리분七菩提分, 팔성도분八聖道分의 여러 가지 법을 설하는 것이니라. 극락의 사람들은 이 소리를 듣고 모두 부처님을 생각하고, 가르침을 생각하며, 승보를 생각하느니라.

사리불이여, 그대는 이 새들이 실제 죄의 과보로 태어났다고 말하지 말라. 왜냐하면 저 부처님 국토에는 삼악도三惡道가 없기 때문이니라.

사리불이여, 저 부처님 국토에는 악도라는 이름도 없거늘 하물며 실제로 그런 것이 있겠느냐? 이 새들은 모두 아미타불께서 법음을 널리 펴시고자 변화시켜 만들어낸 것이니라.

사리불이여, 저 부처님 국토에 미묘한 바람이 불어 줄지어선 보배나무들과 보배그물이 흔들리면, 마치 백천 가지 음악이 동시에 연주되는 것처럼 미묘한 소리가 나나니, 이 소리를 들은 사람들은 부처님을 생각하고, 가르침을 생각하며, 승보를 생각하는 마음이 저절로 생겨나느니라.

사리불이여, 그 부처님 국토에는 이와 같이 공덕의 장엄이 온전히 갖추어져 있느니라. 《아미타경》

중생이 곧 부처이고 부처가 곧 중생이다

모든 부처님과 일체중생은 오로지 한마음일 뿐 다른 어떠한 법도 없다. 이 마음은 시작 없는 옛적부터 생겨난 적도 사라진 적도 없으며, 푸르거나 누른 것도 아니고, 형체도 모양도 없다. 있음과 없음에 속하지 않으며, 새롭거나 낡은 것으로 헤아릴 수도 없다. 길지도 않고 짧지도 않으며, 크지도 않고 작지도 않다. 모든 한계와 이름을 초월해 있으며, 자취와 상대적인 것에서 벗어나 있다. 있는 그대로가 바로 이것이며, 생각을 움직이면 곧바로 어긋난다. 마치 허공과 같이 끝이 없으며 가히 헤아릴 수도 없다. 오직 이 한마음이 그대로 부처일 뿐 부처와 중생이 새삼스럽게 다를 것이 없다. 다만 중생은 모양에 집착해 밖에서 부처를 구하고자 하기 때문에 구하면 구할수록 더욱더 잃는다. 부처로 하여금 부처를 찾게 하거나 마음을 가지고 마음을 붙잡으려 한다면, 아무리 오랜 세월이 지나고 몸이 다할지라도 끝내 얻을 수 없다. 그런데도 중생은 생각을 쉬고 헤아림을 잊어버리면, 부처가 저절로 눈앞에 나타난다는 사실을 모른다. 이 마음이 그대로 부처고 부처가 곧 중생이다. 그러므로 중생일 때도 이 마음은 줄지 않고, 부처일 때도 늘어나지 않는다. 또한 육바라밀을 닦는 일과 강바닥 모래알 같이 수많은 공덕이 본래 그 자체에 갖추어져 있어서 더 닦아 더 할 필요가 없다. 《전심법요》

불성은 어디에 있는가

"만일 불성이 현재 이 몸에 있다면, 이미 몸 가운데 있으면서 범부를 벗어나지 못한 것이니, 어째서 저는 지금 불성을 보지 못 합니까?"

"그대 몸 가운데 있건만 그대가 스스로 보지 못하는 것이다. 그대가 하루 일상 가운데 배고픔을 알고 목마름을 알며 추움을 알고 더움을 알며 혹 성내고 혹 기뻐도 하는데, 이것이 무슨 물건인가? 또한 이 육신은 흙과 물과 불과 바람의 네 가지 요소가 모인 것이기 때문에 그 바탕이 미련해 아는 감정이 없는데, 어떻게 보고 듣고 깨달아 알겠는가? 보고 듣고 깨닫고 아는 그것이 바로 그대의 불성이다. 그러므로 임제선사가 말씀하시기를 '네 가지 요소는 법을 설할 줄도 들을 줄도 모르고, 허공도 법을 설할 줄도 법을 들을 줄도 모르는데, 다만 그대의 눈앞에 뚜렷이 홀로 밝고 형상이 없는 물건이라야 비로소 법을 설하고 들을 줄 안다'고 했다. 이른바 형상 없는 물건 이것이 모든 부처의 법인法印이며 또한 그대의 본래 마음이다." 《수심결》

서쪽에서 온 달마대사가 전한 뜻

예전의 모든 부처와 조사를 살펴보면 진실로 사람들에게 전한 법은 하나도 없다. 만일 법을 전해 미혹된 중생을 구제하고자 한다면 남을 속이는 것일 뿐만 아니라 자기 자신도 속는다. 원만히 밝은 성품이 큰 허공을 가득 채우고 있어서 천차만별한 갖가지 현상도 그 본체는 서로 다르지 않다. 사람마다 낱낱이 모두 이것을 갖추고 있는데 어떤 법을 가지고 누구에게 전해준단 말인가! 마음이 부처이고 부처가 곧 마음이므로 부처가 부처를 찾을 필요는 없다. 서쪽에서 온 달마대사가 전한 뜻을 알고자 하는가? 9 곱하기 9는 원래 81이다. 《백운어록》

마음이란 무엇인가

무엇을 마음이라 하는가? 마음은 여러분 모두에게 있는 것이며, '자기'라 부르기도 하고 '주인공'이라 부르기도 한다. 언제나 이것에게 부려지고 어디서나 이것의 계획을 따르는 것이다. 하늘을 이고 땅에 서는 것도 이것이고, 바다를 지고 산을 떠받치는 것도 이것이다. 그대에게 입을 열고 혀를 놀리게 하는 것도 이것이고, 그대에게 발을 들고 걸음을 걷게 하는 것도 이것이다. 이 마음은 항상 눈앞에 있지만, 보아도 보이지 않고 들어도 들리지 않으며, 마음을 먹고 찾되 찾으면 찾을수록 더욱 멀어진다.

한 생각도 생기기 전이나 한결같이 참되어 망념이 없을 때는 물들거나 더러움이 없다. 마치 옛 거울의 빛처럼 깨끗하고 움직임

없는 맑고 고요한 물처럼 밝아서, 호인胡人이 오면 호인이 나타나고 한인漢人이 오면 한인이 나타난다. 하늘과 땅을 비추고 과거와 현재를 비추되 털끝만큼도 숨김이 없고 털끝만큼도 걸림이 없다. 이것은 모든 부처와 조사의 경계이며 또 여러분이 옛날부터 지금까지 써도 써도 다하지 않는 본래 가진 물건이다. 《나옹록》

일체유심조一切唯心造

원효법사와 의상법사가 함께 당나라로 스승을 찾아가다가 밤이 되어 어떤 동굴에 머물게 되었다. 한밤중에 원효는 갈증을 느끼고 마실 물이 생각나서 물을 찾던 중 마침내 자리 곁에서 고인 물을 발견하고 손으로 떠서 마셨더니 매우 맛이 좋았다. 다음 날 아침에 날이 밝아 살펴보니 그 물은 부패한 시체에서 흘러나와 고인 물이었다. 그때 마음속에 깊은 혐오감을 느끼고 모두 토해버리려고 하다가 마음이 활짝 열리듯 크게 깨달았다. 그리고 말하기를 "내가 듣건대 부처님 말씀에 '삼계가 마음일 뿐이요, 모든 법도 마음일 뿐이다'라고 하셨다. 그런 고로 깨끗함과 더러움은 나의 마음속에 있는 것이지 그 실체가 물에 있는 것이 아니라는 것을 알았다" 하고 되돌아가 널리 교화에 힘썼다. 《종경록》

법의 성품에 대한 노래

법의성품 원융하여 두모습이 있지않고
모든법은 부동하여 본래로 고요하네.

이름없고 모양없고 모든것이 끊어지니
증득하여 알수있지 다른경계 아니로다.
참된성품 깊고깊어 지극히 미묘하니
자기성품 고집않고 인연따라 이루나니
하나속에 일체있고 일체속에 하나이며
하나바로 일체이고 일체바로 하나이네.
작은티끌 하나속에 시방세계 머금었고
일체모든 티끌들도 한결같이 그러하네.
한량없는 오랜시간 한찰나와 다름없고
한찰나가 곧그대로 한량없는 시간이니
구세십세 서로서로 둘이없이 하나이나
뒤섞이지 아니하고 따로따로 이뤄지네.
처음발심 하는때가 깨달음을 이룬때며
생사고와 열반락이 항상서로 함께하네.
이치현상 그윽하여 나눠지지 아니하니
열부처님 보현보살 대성인의 경계일세.
부처님의 해인삼매 자재하게 들어가서
마음대로 드러냄이 헤아릴수 없음이라
중생위한 보배비가 온허공에 가득하여
중생들은 제각각 근기따라 이익얻네.
그러므로 수행자가 본래자리 되돌아가
망상심을 쉬려하는 분별조차 내지않고

조건없는 좋은방편 마음대로 펼쳐내어
본래집에 돌아가서 분수따라 자량얻네.
다라니의 다함없는 보배를 사용하여
법계의 진실한 보배궁전 장엄해서
실제의 중도자리 오롯하게 앉았으니
옛적부터 부동함을 부처라고 이름하네. 《법성게》

부록

부처님 당시 인도 지도
불교사 연표
색인

부처님 당시 인도 지도

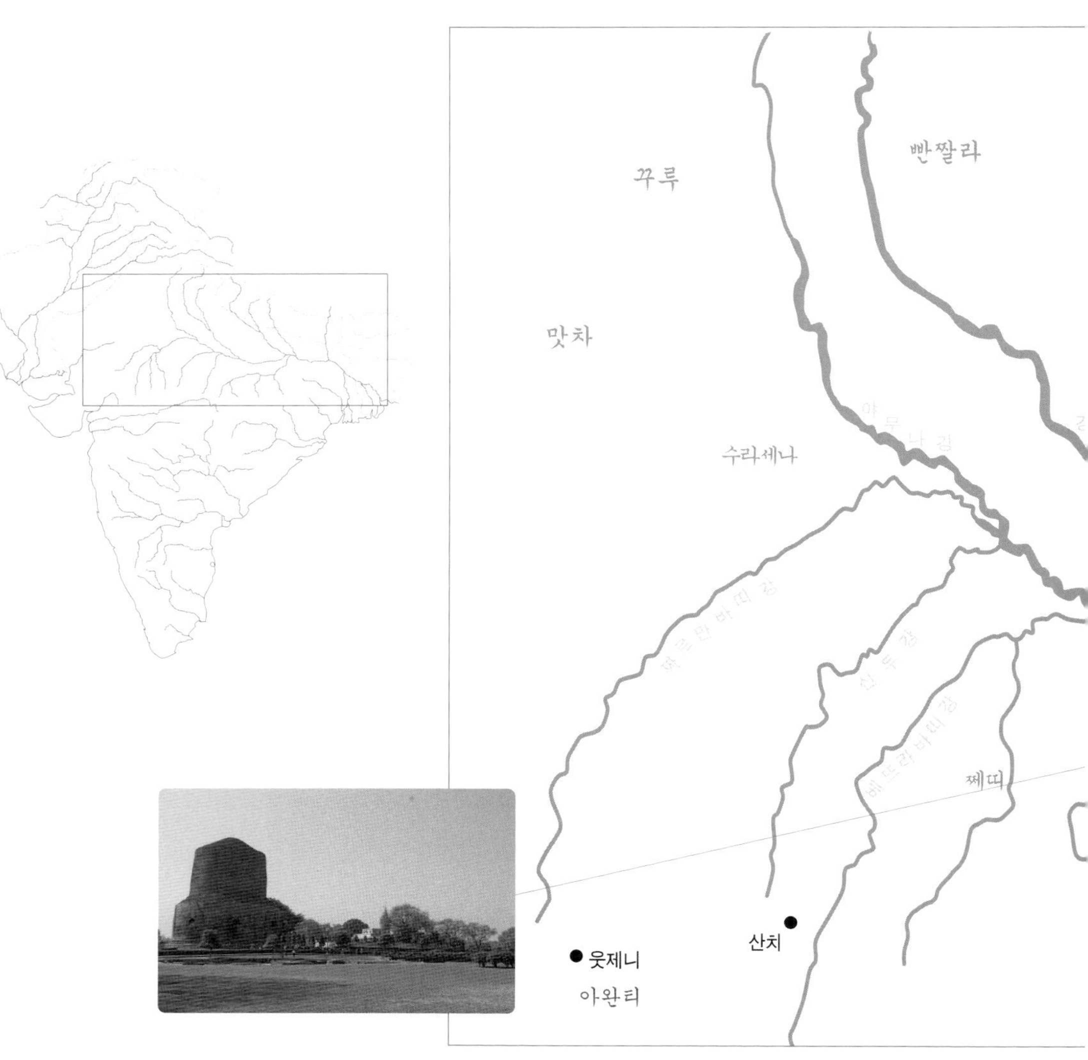

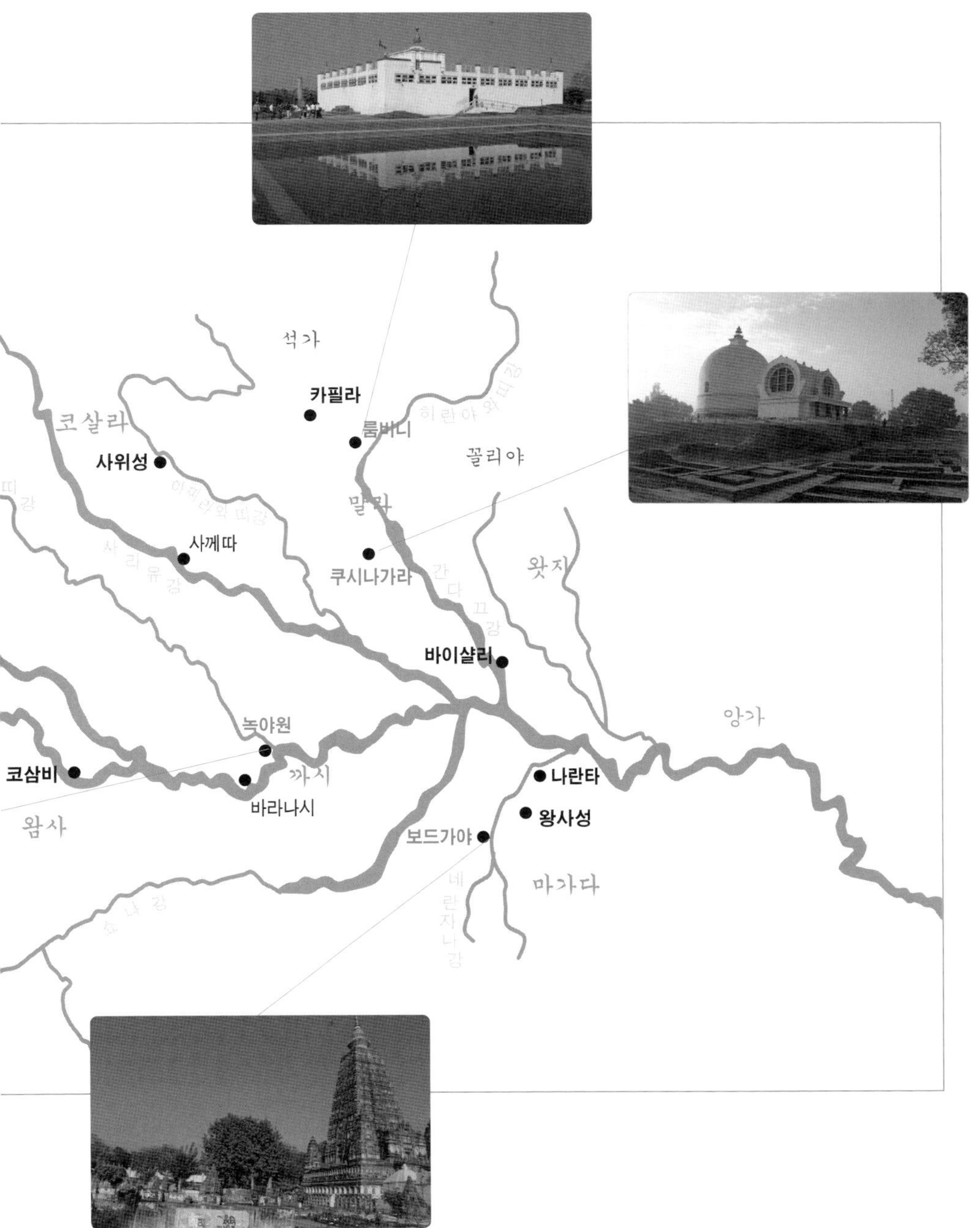

석가
카필라
룸비니
코살라
사위성
꼴리야
말라
사께따
쿠시나가라
왓지
바이샬리
녹야원
코삼비
까시
바라나시
앙가
나란타
왕사성
보드가야
왐사
마가다

불교사 연표

B.C.E(Before Common Era)

시대 \ 국가		인도 (부처님의 일생 : 부처님의 연표는 초기경전에 바탕한 후대 주석서를 근거한 것이고, 구체적인 연대는 WFB(세계불교도협회) 제정 불기를 기준으로 작성함)
3000~		▪인더스문명이 시작됨(인더스강, 갠지스강 : 힌두스탄 평원)
1500~		▪아리안족 인도 펀잡 지방으로 이동
1200~		▪힌두교 경전《베다》등장
1000~		▪브라흐마나 문헌 성립 ▪힌두교 경전《우파니샤드》등장 ▪바라문 계급 성립, 사성四姓 계급 제도가 주장됨 ▪16대국과 도시의 성립. 무역이 이루어짐. 6사외도六師外道와 자유사상가 사문沙門의 출현
624년	탄생	▪카필라국의 정반왕과 마야왕비 사이에서 왕자로 탄생하다.(이름 : 싯다르타) (북전은 약 100년 이후) ▪태어난 지 7일 만에 어머니 마야왕비가 돌아가시고, 이모인 마하파자파티에 의해 양육되다.
612년	12세	▪농경제에 참석한 후 잠부나무 아래에서 선정에 들다.
605년	19세	▪꼴리야성의 야소다라 공주와 결혼하다. ▪부왕이 삼시전三時殿을 세움, 호화로운 궁중생활을 하다. ▪사문유관四門遊觀 : 성 밖에서 생로병사의 괴로움을 목격하다.
595년	29세	▪아들 라훌라가 탄생하다. ▪왕궁을 떠나 출가하다. ▪알라라 칼라마 웃다카 라마풋타 등 여러 수행자를 찾아 수행하다.
589년	35세	▪우루벨라의 장군촌 근처의 숲속에서 6년 고행하다. ▪보드가야의 보리수 아래에서 성도하다.

588년	36세	▪바라나시 녹야원에서 다섯 비구에게 처음 법을 설하다. ▪부유한 집안의 청년 야사가 출가하다. ▪야사의 부모가 부처님께 귀의하여 최초의 우바새, 우바이가 되다. ▪야사의 친구 50여 명이 출가한 후, 전도를 선언하다. ▪마가다국의 우루벨라에서 가섭 삼형제와 천 명의 제자가 집단으로 출가하다. ▪마가다국의 빔비사라왕이 교단 최초의 절인 죽림정사를 기증하다. ▪사리불과 목련이 250명의 제자와 함께 귀의하다. ▪마하가섭이 귀의하다.
587년	37세	▪정반왕의 부름에 따라 고향 카필라를 방문하다. ▪동생 난다와 아들 라훌라가 출가하다. ▪아나율, 아난 등 석가족 왕자와 이발사 우팔리가 출가하다.
586년	38세	▪급고독 장자가 기원정사를 보시하다. ▪코살라국의 파사익왕이 귀의하다.
585년	39세	▪바이샬리의 재앙을 퇴치하고 자이나 교도들이 개종하다.
584년	40세	▪로히니 강물을 두고 벌어진 석가족과 꼴리야족의 분쟁을 해결하다. ▪정반왕이 서거하다. ▪아난의 권유로 마하파자파티가 석가족과 꼴리야족의 여인 500명과 함께 출가하다.
583년	41세	▪빔비사라왕의 왕비 케마가 출가하다. ▪코삼비에 세 곳의 정사가 세워지다. ▪남쪽 아완티국까지 불법이 전해지다.
580년	44세	▪코삼비의 승가가 분쟁하다.
579년	45세	▪코삼비 승가의 분쟁을 해결하다.
577년	47세	▪웨란자에서 안거하다.
569년	55세	▪아난이 부처님의 시자가 되다.
568년	56세	▪살인자 앙굴리말라를 교화하다.
567년	57세	▪빔비사라왕의 태자 아사세가 태어나다.

562년	62세	▪16년 동안 사위성에서 우기 안거에 들다.
545년	79세	▪아사세왕이 왓지국을 공격하려고 사신을 보내 부처님께 의견을 묻다. ▪사리불과 목련이 입적하다.
544년	80세	▪바이샬리 인근 벨루아에서 마지막 안거에 들다. ▪대장장이 아들 춘다의 마지막 공양을 받다. ▪뿍꾸사의 마지막 가사 공양을 받다. ▪마지막 제자 수밧다를 교화하다. ▪쿠시나가라의 사라쌍수 아래서 완전한 열반에 드시다.
544년		▪불멸 후 왕사성 칠엽굴에 500명의 제자가 모여 경장과 율장을 편찬하다.(제1차 결집, 왕사성 결집, 500 결집이라고도 한다)
400년경		▪불멸 후 100년경 바이샬리의 700명 승려가 율에 관한 분쟁을 해결하기 위해 결집하다.(제2차 결집, 바이샬리 결집, 700 결집이라고도 한다) ▪계율 문제를 둘러싼 상좌부와 대중부의 분열(부파불교 시작)
327년		▪마케도니아 알렉산드로스 대왕의 인도 침입
317년		▪마가다국이 멸망하고 찬드라굽타 즉위, 마우리아 왕조 성립
268년~		▪마우리아 왕조의 제3대 아소카왕 즉위(재위 기간 B.C.E. 268년~232년) ▪즉위 8년, 깔링가국 정복, 아소카왕 불교에 귀의하다.(성지순례, 탑 건립) ▪즉위 10년, 법의 순례 시작, 칸다하르 제1법칙 발표하다. ▪즉위 12년, 마애법칙 제4장을 시작으로 242년까지 석주법칙 7장을 새기다. ▪즉위 18년, 마우리아의 수도 화씨성에서 목갈리풋타팃사의 주도로 1천여 명의 승려가 모여 경전을 결집하다.(제3차 결집, 화씨성 결집, 또는 천 인 결집이라고도 한다) ▪법대관을 설치, 간다라, 카쉬미르, 스리랑카, 태국, 미얀마, 그리스 등 9개 지역에 전법사를 파견하다. ▪아소카왕이 스리랑카에 왕자 마힌다 장로와 공주 상가밋따를 파견, 남방 상좌부를 형성하다. ▪인도아대륙 전체에 불교가 전파되고 8만4천 탑을 인도 전역에 건립하다.

200년경	▪뿌샤미뜨라, 마우리아 왕조를 멸망시키고 슝가 왕조 건립하다. ▪밀린다왕과 나가세나 존자의 대론을 기록한 밀린다왕문경이 만들어지다. ▪상좌부와 대중부 내부의 지말 분열이 진행되다.(18부파 또는 20부파 성립) ▪부파별로 다양한 아비달마 논서들이 편찬되다. ▪산치대탑, 바르후트탑 조성, 불교미술이 흥기하다.
100년경	▪서인도 지방에 불교석굴 사원이 조성되기 시작하다. ▪스리랑카에 아누라다뿌라 대탑이 건립되다. ▪스리랑카에 무외산사가 건립되다. ▪스리랑카에 팔리어 삼장 문자가 결집되다.

C.E.(Common Era)

국가 시대	인도·아시아불교사	중국불교사	한국불교사
C.E.~	▪1세기 초부터 대승불교 운동 시작 ▪《반야경》, 《화엄경》 등 초기 대승경전 출현	▪B.C.139년 한 무제, 비단길 개척. 인도 및 서역과의 교류 시작됨 ▪불교 전래(후한後漢 명제明帝 때, 가섭마등, 축법란이 불교 전래하고 낙양에 백마사 건립했다는 전승)	*한국사 연대 •고조선 : B.C.E. 2333~B.C.E. 108 •부여 : B.C.E. 2세기?~C.E. 494 •신라 : B.C.E. 57~C.E. 935(통일신라 : B.C.E. 676~C.E. 935) •고구려 : B.C.E. 37~C.E. 668 •백제 : B.C.E. 18~C.E. 660 •가야 : 42~532 •발해 : 698~926 •후고구려 : 890~918 •후백제 : 892~935 •고려 : 918~1392 •조선 : 1392~1910 •일제강점기 : 1910~1945 •미군 군정 : 1945~1948 •대한민국 : 1948~현재
100~	▪북인도 간다라, 마투라에서 불상 제작 시작 ▪쿠샨왕조 카니시카왕(재위 127?~151?), 불교 보호, 캐쉬미르 환림사에서 제4차 결집 ▪아슈바고샤(마명, 100?~160?), 《불소행찬》 저술 ▪나가르주나(용수, 150?~250?), 《중론》, 《십이문론》, 《대지도론》 등 저술, 중관학설 수립	▪148년 안세고, 《안반수의경》 등 번역 ▪167년 지루가참, 《도행반야경》, 《반주삼매경》, 《수능엄삼매경》 등 번역 ▪교지 지역(지금의 베트남 북부)에 불교 전래	
200~	▪200년경 《발지론》, 《대비바사론》 등 아비달마 논서 편찬 ▪250년경 《해심밀경》, 《여래장경》, 《승만경》, 《열반경》 등 유식계, 여래장계의 중기 대승	▪241년 강승회(?~280), 중국에 들어와 강남 지방에서 교화. 오나라 손권의 귀의를 받아 건초사 건립	

국가 / 시대	인도·아시아불교사	중국불교사	한국불교사
200~	경전 성립(~4세기경까지) ▪아리야데바(제바, 170?~270?), 《백론》 등 저술	▪247년 지겸, 《불설의족경》 등 대승경전 번역	
300~	▪311년 굽타왕조, 보드가야에 대보리사 건립 ▪아잔타, 엘로라 등 석굴 사원과 불탑 건립 ▪유가행파의 시조, 마이트레야(미륵, 270?~350?), 유식학설 수립 ▪아상가(무착, 310?~390?), 《유가사지론》, 《대승장엄경론》, 《섭대승론》, 《금강반야경론》 등 저술 ▪바수반두(세친, 316?~396?), 《구사론》, 《유식삼십송》 등 저술, 힌두 각 파와 논쟁함	▪265년 축법(266~313), 《현겁경》, 《정법화경》 등 대승경전 번역 ▪310년 불도징(233~348), 낙양에 들어옴. 이후 후조 왕실의 고문이 되어 초기 중국 불교계의 기반을 닦음 ▪366년, 승려 낙준에 의해 돈황석굴 조성 ▪374년 도안(312~385), 《종리중경목록》 편찬, 승려의 성姓을 석釋으로 할 것 주장 ▪390년 혜원(334~416), 《사문불경왕자론》 저술. 후에 여산에서 백련결사 결성	▪동진의 지둔(지도림, 314~366), 고구려 도인에게 서신 보냄 ▪372년 고구려 소수림왕 2년, 전진왕 부견이 순도를 통해 불교 전래 ▪375년 고구려, 성문사(초문사), 이불란사 건립 ▪384년 백제 침류왕 원년, 동진에서 마라난타를 통해 불교 전래 ▪385년 백제, 한산에 사찰 창건, 10인 출가 ▪392년 고구려, 평양에 9개 사찰 건립
400~	▪430년경 붓다고사(불음), 스리랑카에서 《청정도론》 저술, 테라바다(상좌부불교) 교리 집대성 ▪굽타 왕조의 왕 쿠마라굽타 1세(재위 414~455?), 날란다 사원 건립 ▪디그나가(진나, 480?~540?), 《집량론》, 《인명	▪법현, 인도와 스리랑카 유학(399~413) ▪401년 구마라집(344~413), 장안에 들어옴. 다수의 대승경전과 논서 번역, 대승불교 사상이 본격적으로 전해짐 ▪혜원, 구마라집과 서신으로 대승의 교의에 대해	▪신라 눌지왕(417~458) 때 고구려 승려 묵호자가 불교 전래했다는 전승 ▪418년 직지사 창건 ▪426년 대흥사 창건 ▪452년 가야, 질지왕 때 허왕후 명복을 비는 왕후사 창건 전승

국가 / 시대	인도·아시아불교사	중국불교사	한국불교사
400~	정리문론》 저술, 불교 논리학 인명因明 확립	문답함(《대승대의장》) ▪도생(355~434), 《법화경소》, 《주유마경》, 《돈오성불론》 등 저술 ▪승조(384~414), 《물불천론》, 《부진공론》, 《반야무지론》, 《열반무명론》 저술(후에 《조론》으로 합본) ▪410년 법총(468~559), 《사분율》, 《마하승기율》, 《오분율》 번역 ▪414년 법현(340~420), 《불국기》 저술 ▪418년 불타발타라(359~429), 60권 《화엄경》 등 번역 ▪421년 담무참(385~433), 《대반열반경》 번역 ▪436년 구나발타라(394~468), 《잡아함경》, 《능가경》, 《승만경》 등 번역 ▪446년 북위 태무제(423~452), 폐불 훼석 ▪운강석굴 조성(460~494) ▪용문석굴 조성(494~520)	▪신라 소지왕(479~500) 때 고구려 승려 아도가 불교 전래했다는 전승 ▪493년 동화사 창건 ▪498년 고구려, 문자왕 때 평양에 금강사 창건 ▪480년경 고구려 승랑, 중국에 유학하여 삼론학 수학

국가 / 시대	인도·아시아불교사	중국불교사	한국불교사
500~	▪500년경 근대 힌두교 발생 ▪515년 훈족의 인도 침입 ▪530년 흉노족의 왕 미히라굴라, 불교사원과 탑 파괴 ▪550~800년경 힌두교에서 부처님을 비쉬뉴신의 화신으로 함 *6세기 후반 비나다류지, 베트남에 중국 선불교 전래	▪500년경 보리달마, 중국에 선법 전래, 중국 선종의 초조가 됨 ▪504년 양 무제(502~549), 불교 진흥 ▪508년 북위에서 보리유지와 늑나마제, 《심지경론》 번역 ▪512년 고구려, 승랑, 양무제가 보낸 고승 10명에게 삼론학을 가르침 ▪518년 승우(445~518), 《출삼장기집》 편찬 ▪519년 혜교(497~554), 《양고승전》 편찬 ▪520년 혜가(487~593), 선법 전수, 중국 선종의 2조가 됨 ▪527년 양무제, 무차대회 개최 ▪546년 파라마르타(진제, 499~569), 《섭대승론》, 《불성론》, 《구사론》 등 번역 ▪552년 승찬(?~606), 선법 전수, 중국 선종의 3조가 됨. 《신심명》 저술 ▪574년 북주 무제(560~578), 폐불 단행	▪526년 백제 성왕, 겸익이 인도에서 구해온 율장 72권을 번역하였다는 전승 ▪527년 백제 성왕, 웅진(공주)에 대통사 완성 ▪527년 신라 법흥왕, 경주에 흥륜사 창건 시도. 귀족들의 반대로 중단하였다 이차돈의 순교로 공사 속개(불교 공인) ▪528년 불국사 창건 ▪538년 백제 성왕, 사비(부여) 천도, 정림사 등 사찰 창건 ▪544년 화엄사 창건 ▪549년 신라 최초 유학승 각덕, 양나라에서 귀국 ▪551년 신라, 고구려에서 망명해 온 혜량 국통으로 임명(백고좌강회, 팔관회 시행) ▪552년 백제 성왕, 일본에 불교 전파 ▪553년 신라 진흥왕, 황룡사 창건 시작(569년 완공) ▪553년 법주사 창건 ▪554년 수덕사 창건

국가 / 시대	인도·아시아불교사	중국불교사	한국불교사
500~		▪581년 수 문제(541~604) 즉위, 폐불 중단하고 불교 중흥 ▪597년 수 비장방, 《역대삼보기》 편찬 ▪담란(47~542), 《왕생론주》 저술 ▪천태지의(538~597), 《법화문구》, 《법화현의》, 《마하지관》 등 강술(제자 관정이 필록), 천태종 확립 ▪신행(540~594), 삼계교 창시 ▪담천(542~607), 폐불 기간 남방에서 수학한 《섭대승론》 북방에 전래 ▪길장(549~623), 삼론종 집대성	▪576년 고구려 의연, 북제에 가서 불교의 시말과 중국 불교의 역사에 대하여 물음 ▪577년 백제 위덕왕, 일본에 경론과 율사, 기술자 등을 보내 일본불교 지원 ▪577년 선운사 창건 ▪595년 고구려 혜자와 백제 혜총, 일본 쇼토쿠 태자에 불교 강의 ▪599년 백제 법왕, 오합사 창건 ▪599년 금산사 창건
600~	▪609년 아잔타 제1~2굴 벽화 완성 ▪인드라부티(687~717?), 금강승 조직 ▪7세기 중반 밀교의 《대일경》 성립	▪601년 수 문제, 전국 각지에 사리탑 건설(인수사리탑) ▪628년 북경 북쪽의 방산 운거사에서 석경 제작 시작됨 ▪640년 당 태종, 티베트에 불교 전래 ▪645년 현장(602~664), 인도 유학 마치고 귀국. 《대당서역기》 찬술. 이후 당 태종의 후원하에	▪600년 백제 법왕, 왕흥사 창건(634년 준공) ▪600년 신라 원광(542~640), 중국 유학 마치고 귀국 ▪608년 신라 원광, 수에 걸사표를 씀. 〈세속오계〉 제시 ▪610년 고구려 담징, 일본에 건너가 불교, 유학, 그림, 제지법 등을 전해줌

국가 / 시대	인도·아시아불교사	중국불교사	한국불교사
600~		《유가사지론》 번역, 이후 《해심밀경》《반야심경》 등 다수의 경론 번역 ▪659년 현장, 규기(632~682)와 함께 《성유식론》 편역 ▪690년 당 측천무후, 전국에 대운사 건립 ▪695년 의정(635~713), 인도 순례 마치고 귀국. 《남해기귀내법전》, 《대당서역구법고승전》 저술 ▪699년 실차난타(652~710), 《화엄경》 80권본 번역 ▪도작(562~645), 《안락집》 저술 ▪도신(580~651), 선종 4조, 《입도안심요방편법문》 저술 ▪도선(596~667), 《사분율행사초》, 《속고승전》 저술 ▪홍인(601~674) 선종 5조, 《최상승론》 저술. 동산법문 ▪지엄(602~668), 화엄종 개창자. 《화엄경수현기》, 《화엄공목장》, 《화엄오십요문답》 등 저술	▪627년경 신라 원측(613~696), 당에 유학, 장안 서명사에 머물며 현장이 인도에서 가져온 경론을 번역하고 《해심밀경소》, 《성유식론소》 등 저술 ▪633년 백양사 창건 ▪634년 신라 선덕여왕, 분황사 창건 ▪639년 백제, 익산 미륵사 준공 ▪640년 마곡사 창건 ▪643년 신라 자장(590~658), 당 유학 마치고 귀국. 대국통에 취임. 계율종 개창 ▪643년 월정사 창건, 통도사 창건 ▪645년 신라 선덕여왕, 황룡사 9층목탑 건립 ▪646년 자장, 통도사 창건, 금강계단 설립 ▪650년 원효, 의상과 당나라 유학 시도하였으나 고구려군에 막혀 실패 ▪652년 신흥사 창건 ▪670년 의상(625~702), 중국에서 귀국(676년 부석사 창건하고 화엄학 가르침). 화엄종 개창

국가 / 시대	인도·아시아불교사	중국불교사	한국불교사
600~		▪신수(606?~706), 북종선의 시조 ▪선도(613~681), 정토종 확립 ▪혜능(638~713), 선종 6조, 《육조단경》 저술, 남종선의 시조 ▪법장(643~712), 《화엄탐현기》, 《화엄오교장》 등 저술 ▪현각(665~713), 《선종영가집》, 《증도가》 저술	▪678년 범어사 창건 ▪681년 고운사 창건 ▪692년 도증, 중국에서 원측에게 신유식학 수학하고 귀국 ▪원효(617~686), 《십문화쟁론》, 《열반종요》, 《대승기신론소》, 《금강삼매경론》, 《판비량론》 등 저술. 법성종 개창
700~	▪712년 이슬람교 인도 침입 ▪밀교 번성(빨라 왕조, 8~11세기) ▪바즈라보디(금강지, 671~741), 밀교를 스리랑카에 전함 ▪다르마빨라왕(770~810), 비끄라마쉴라 사원 건립, 밀교의 중심지가 됨 *쟈바의 사일렌드라 왕조(750~832), 인도네시아 보로부두르 불교사원 건립 *775년경 티베트 최초의 삼예사원 건립	▪716년 정각, 《능가사지기》 편찬 ▪716년 선무외(637~735), 《허공장구문지법》, 《대일경》 등 밀교경전 번역 ▪719년 금강지(671~741), 《금강정유가중략출념송경》 등 밀교경전 번역 ▪720년 불공(705~774), 《금강정경》 등 밀교경전 번역 ▪720년 이통현 (635~730), 《신화엄경론》 찬술 ▪730년 지승(668~740), 《계원석교록》 저술 ▪732년 신회(684~758), 무차대회 열고 북종선 비판	▪721년 신라 왕자 김교각(697~794), 당나라에 건너가 출가, 구화산에서 75년 수행 ▪724년 쌍계사 창건 ▪727년 혜초(704~787), 인도 여행 마치고 중국으로 돌아옴. 《왕오천축국전》 저술 ▪751년 경덕왕 재상 김대성, 불국사와 석굴암 창건. ▪751년 연기, 지리산 화엄사에서 《화엄경》 사경 ▪758년 원성왕 일가 갈항사 중창 ▪758년 건봉사 만일염불회 결성 전승

시대 \ 국가	인도·아시아불교사	중국불교사	한국불교사
700~		▪738년 당 현종, 전국에 개원사를 건립 ▪774년《역대법보기》 편찬 ▪787년 징관(738~839)《화엄경소》완성 ▪남악회양(677~744), 선종 7조 ▪마조도일(709~788), 선종 8조, 조사선 주창 ▪백장회해(749~814), 선종 제9조,《백장청규》 제정	▪760년 월명, 〈도솔가〉 지음 ▪764년 진표, 금산사 중창하고 미륵불 조성. 법상종 개창 ▪765년 충담사, 〈안민가〉 지음 ▪771년 혜공왕, 성덕대왕 신종 주조 ▪태현(617~686),《화엄경고적기》,《성유식론학기》,《범망경고적기》,《기신론고적기》등 저술
800~	▪814년 티베트,《번역명의대집》완성 *824년 티베트, 역경목록집《댄깔마》완성 *836~842년 티베트, 란다르마왕(809~842) 불교 탄압 *829년 베트남, 백장의 제자 무언통이 선종 전함	▪818년 돈황본《육조단경》완성 ▪819년 유학자 한유(768~824), 〈논불골표〉 상소로 불교 비판 ▪845년 당 무종의 폐불 ▪847년 일본 승려 엔닌(794~864), 중국에서 일본으로 귀국하여《입당구법순례행기》저술 ▪황벽희운(?~850), 중국 선종 제10대 조사 ▪임제의현(?~867), 중국 선종 제11대 조사, 임제종 창시 ▪조주종심(778~897), 무자無字 화두를 남김	▪802년 순응, 해인사 창건 ▪804년 송광사 창건 ▪809년 은해사 창건 ▪821년 도의, 당에서 남종선 수학하고 귀국, 설악산 진전사에서 선법을 전함 ▪830년 혜소(774~850), 당에서 귀국, 지리산에 쌍계사 창건. 선법과 함께 범패 전함 ▪832년 흥덕왕 아들 심지, 출가하여 동화사 창건 ▪854년 용주사 창건 ▪864년 도선(827~898), 옥룡사 창건.《도선비기》등 저술

시대＼국가	인도·아시아불교사	중국불교사	한국불교사
800~		▪규봉종밀(780~841), 《선원제전집도서》, 《사자승습도》 저술	▪9세기 중엽 이후 선종 본격적 전래, 구산선문 개창(주요 산문의 근거 사찰 : 사굴산문 굴산사, 성주산문 성주사, 희양산문 봉암사, 봉림산문 봉림사, 동리산문 태안사, 가지산문 보림사, 사자산문 흥령사(현 법흥사), 수미산문 광조사, 실상산문 실상사)
900~	▪전반적으로 밀교 융성. 경량유가파와 중관유가파도 융성함 ▪중관파의 프라즈냐카라마티(950~1030), 《입보리행론》 주석 ▪경량유가파의 즈냐나스리미트라(980~1030), 《찰나멸론》, 《유신론비판》 등 저술 ▪라트나카라샨티, 《팔천송반야경》의 주석인 《반야바라밀다론》을 저술	▪955년 후주 세종, 폐불단행 ▪955년 오월국왕 전홍숙, 목판본 《보협인다라니경》을 넣은 보협인탑을 만들어 각지에 봉안 ▪960년 송나라(960~1279) 건국 ▪971~983년 최초 목판 대장경인 〈촉판(북송관판, 개보칙판)대장경〉 간행 ▪988년 찬녕(919~1001), 《송고승전》 편찬 ▪법안문익(885~958), 중국 선종 오가의 법안종을 창시, 《종문십규론》 저술 ▪운문문언(864~949), 중국 선종 오가의 운문종을 창시	▪936년 태조, 후삼국 통합, 개태사 세움 ▪940년 태조, 신흥사 공신당 낙성식에서 무차대회 개최 ▪943년 태조, 〈훈요 10조〉를 통해 불법신봉과 불사 흥륭을 강조 ▪951년 광종, 태조의 원찰로 봉은사 창건 ▪958년 광종, 승과 개시 ▪961년 제관(?~970), 오월국의 요청으로 천태종 문헌을 가지고 중국에 건너감. 중국에서 《천태사교의》 저술 ▪963년 광종, 모후의 원찰로 귀법사 창건하고 화엄종 승려 균여를 주석하게 함

국가 시대	인도·아시아불교사	중국불교사	한국불교사
900~		▪영명연수(904~975) 법안종 3조, 《종경록》, 《만선동귀집》, 《유심결》 등 저술	▪968년 귀법사에서 수륙재 형식의 무차대회 개최 ▪968년 승려 36인 선발하여 영명연수의 문하에 유학 보냄 ▪969년 봉선사 창건 ▪971년 광종, 고달원·희양원·도봉원을 부동선원으로 지정 ▪982년 성종, 최승로, 〈시무책〉에서 부패 불교 비판 ▪991년 한언공, 송에서 대장경 인쇄본 가져옴 ▪균여(923~973), 《법계도원통기》, 《수현기원통초》, 《탐현기원통초》, 《교분기원통초》, 《보현십원가》 등 지음
1000~	▪11세기 이슬람교도, 인도 중앙부로 침입 *캄보디아, 크메르왕조 수리야바르만 1세(1002~1050) 즉위, 불교 외호 *1010년 베트남, 이공온, 이조(1010~1225)를 건국, 불교 중흥 ▪1027년 시륜 딴뜨라의 성립 *1042년 인도의 고승 아띠샤(982~1054), 티베트에서 《보리도등론》 저술	▪1004년 도원, 《경덕전등록》 편찬 ▪1019년 도성, 《석씨요람》 편찬 ▪1031~1054년 〈거란대장경〉 완성 ▪1050년경 보명과 곽암의 〈심우도〉 성행 ▪1059년 왕안석의 개혁정치, 선종과 정토종이 발달함 ▪1064년 계주, 《정토왕생전》 저술	▪1007년 총지사에서 목판본 《보협인다라니경》 간행 ▪1011년 초조대장경 판각 시작 ▪1018년 현종, 부모의 원찰로 현화사 창건 ▪1020년 현화사에서 《대반야경》, 《삼본화엄경》, 《금광명경》, 《법화경》 간행 ▪1029년 초조대장경을 완성

국가 시대	인도·아시아불교사	중국불교사	한국불교사
1000~	*1044년 미얀마, 바간왕국(1044~1299) 세움, 상좌부 불교 확립 *1055년 스리랑카, 미얀마로부터 불법을 역수입 *1079년 미얀마, 보드가야 대탑 수리	▪1075~1103년, 북송 〈동선사판 대장경〉 간행 ▪1084년 사마광, 《자치통감》 편찬 ▪양기방회(992~1049), 임제종 양기파 개창함 ▪황룡해남(1002~1069), 임제종 황룡파 개창함	▪1063년 거란으로부터 대장경 보내옴 ▪1067년 문종, 원찰 흥왕사 준공 ▪1080년 담진, 송에서 화두선 수학하고 귀국 ▪1086년 의천, 송에서 화엄과 천태 수학하고 귀국, 교장도감 설치하여 경론의 주석서를 모은 교장 간행(1093년 교장목록인 《신편제종교장총록》 편찬) ▪1097년 의천, 모후의 원찰로 국청사 낙성
1100~	*캄보디아, 크메르 왕조 수리야바르만 2세, 12세기 초 앙코르와트 건립 *캄보디아, 크메르 왕조 자야바르만 7세, 12세기 후반 앙코르 톰 건립 ▪12세기 말~13세기 초, 이슬람군대 동인도의 불교사원을 파괴, 승려는 티베트, 네팔, 인도 동북단으로 피난	▪1103년 자각, 《좌선의》, 《선원청규》 편찬 ▪1112~1151년, 남송 〈개원사판대장경〉 간행 ▪1121년 각범(1071~1128), 《선림승보전》 편찬 ▪1126년 계환, 《모법연화경요해》, 《수능엄경요해》 편찬 ▪1126~1132년, 남송 〈원각사판대장경〉 간행 ▪1128년 원오극근(1063~1135), 《벽암록》 저술	▪1101년 천태종 승과 시행, 천태종 공식 개창 ▪1107년 예종, 담진을 왕사로 책봉, 선종 부흥 ▪1129년 법상종 승려 진억, 수정사 결사 개창 ▪1131년 인종, 묘청의 건의로 궁중에 팔성당 건립, 불보살과 산신 신앙 습합 ▪1150년 옥룡사 도선국사비 찬술 ▪1170년 무인의 난. 무인정권에 반발한 승려들 봉기하였으나 실패

국가 시대	인도·아시아불교사	중국불교사	한국불교사
1100~		▪대혜종고(1086~1163), 간화선 주창. 《서장》, 《대혜보각선사어록》, 《선림보훈》 등 저술 ▪굉지정각(1091~1157), 《묵조명》 저술, 조동종의 묵조선 수행법 주장	▪1176년 공주 명학소 민중 봉기, 사찰 습격 ▪1181년 농민 봉기군, 왕실 원찰 봉은사 습격 ▪1190년 지눌(1158~1210), 팔공산 거조사에서 정혜결사 개창(1200년 순천으로 옮겨 수선사로 이름 변경. 조계종 선풍을 일으킴. 《권수정혜결사문》, 《수심결》, 《법집별행록절요》, 《계초심학입문》 등 저술)
1200~	▪1203년 이슬람군, 비끄라마쉴라 사원과 날란다 사원 파괴, 인도 불교 소멸 *1238년 태국 쑤코타이 왕국(1238~1438), 스리랑카로부터 상좌부불교 다시 도입 *1260년 몽고 쿠빌라이 칸(1215~1294), 티베트 불교 적극적 수용, 팍파(파스파)를 국사에 임명 *1265년 몽고, 표음문자인 파스파 문자 창제 *1299년 미얀마 바간왕국, 몽고의 침공으로 멸망	▪1206년 몽골제국 건설 ▪1223년 만송행수(1166~1246), 《종용록》 저술 ▪1228년 무문혜개(1183~1260), 《무문관》 저술 ▪1231~1305년 원, 〈연성사판(적사판) 대장경〉 간행 ▪1250년 티베트 불교, 몽골에 진출 ▪1264년 원 세조, 총제원 설치 불교 통괄 ▪1269년 대석지반, 《불조통기》 저술	▪1202년 동화사, 부인사 승려들, 농민봉기에 참가 ▪1215년 각훈(?~1230), 《해동고승전》 편찬 ▪1216년 원묘요세(1163~1245), 강진 만덕산에서 백련결사 개창, 천태법화신앙과 정토신앙에 기초한 염불신앙 선양 ▪1217년 최충헌 타도를 위한 승군 반란 ▪1227년 수선사 제2세 혜심(1178~1234), 《선문염송》 찬술 ▪1232년 초조대장경과 교장이 몽고 침입으로 소실됨. 처인성에서 승장 김윤후가 몽고 장수

국가 / 시대	인도·아시아불교사	중국불교사	한국불교사
1200~		▪1270년 원, 호국 인왕사 건립. 티베트 라마교를 보호, 수용함 ▪1279년 남송 멸망. ▪1270년 백운종, 강남에서 〈보령사대장경〉 간행 *몽산덕이, 고봉원묘, 중봉명본 등의 간화선사, 강남 지방에서 선법 홍포 ▪몽산덕이(1231~?), 《몽산화상법어》, 《덕이본육조단경》, 《몽산화상육도보설》 ▪고봉원묘(1238~1295), 《고봉원묘선사어록》 ▪중봉명본(1263~1323), 《중봉광록》	살리타이를 사살함. ▪1236년 대장도감 설치, 〈재조대장경〉(해인사 팔만대장경) 간행(1251년 완성) ▪1238년 몽고군에 황룡사 소실 ▪1281년 일연(1206~1289), 《삼국유사》 편찬 ▪1296년 충렬왕, 원의 항주의 휴휴암으로 몽산덕이 참배하고 법문 받음
1300~	*1345년 태국 쑤코타이 왕조 리타이왕, 《불교 우주론》 저술, 단기출가 습속 만들어짐 *1361년 태국 아유타야 왕조 라마티보디왕, 불교를 국교로 선포 *1372년 미얀마, 양곤 쉐다곤탑 완공	▪1324년 인도 승려 제납박타(지공, ?~1362), 원나라 연경(북경)에 들어와 마하가섭 이래 선종 제108대 조사를 자처, 연경에 있던 고려인들의 귀의를 받음 ▪1341년 염상(1282~1341), 《불조역대통재》 저술 ▪1351년 강남의 백련교도 홍건적의 난 일으킴	▪1300년 수선사 제10세 만항(1249~1319), 《덕이본육조단경》 간행 ▪1304년 몽산덕이의 제자 철산소경 고려 방문. 이후 덕이의 선사상이 크게 유포됨 ▪1319년 충선왕, 항주 환주암으로 중봉명본 참배하고 법문 받음

국가 / 시대	인도·아시아불교사	중국불교사	한국불교사
1300~	*라오스, 16세기 중엽, 란상의 파궁 왕(1354~1373년 재위) 캄보디아에서 불교를 수용	▪1354년 각안(1296~1355), 《석씨계고략》 저술 ▪1368년 명 건국, 원 멸망 ▪1398년 명, 〈남장 대장경〉 간행	▪1326년 지공, 고려에 와서 금강산 참배하고 무생선 홍포하고 돌아감. 이후 나옹, 경한 등 고려 승려들 원에 가서 지공에게 수학함 ▪1328년 무기, 《석가여래행적송》 지음 ▪1347년 태고보우(1301~1382), 원나라 석옥청공의 법을 잇고 귀국 ▪1348년 개성 경천사 대리석탑 세움 ▪1354년 백운경한(1299~1375), 석옥 청공에게 수학하고 귀국 ▪1356년 공민왕, 태고보우를 왕사로 책봉하고 원융부 설치, 5교 9산 통합 추진 ▪1358년 나옹혜근(1320~1376), 원나라 평산처림의 법을 잇고 귀국 ▪1365년 공민왕, 승려 편조(신돈)을 환속시켜 재상으로 임명하고 국정을 맡김 ▪1371년 공민왕, 신돈을 처형하고, 태고보우와 나옹혜근을 국사와 왕사

국가 시대	인도·아시아불교사	중국불교사	한국불교사
1300~			로 책봉함 ▪1376년 회암사 중창하고 원에서 전해온 지공의 사리 봉안 ▪1377년 백운경한, 금속활자 《불조직지심체요절》 간행 ▪1392년 조선 건국. 태조, 도첩제 강화. 무학자초(1327~1405)를 왕사로 임명 ▪1394년 정도전 《불씨잡변》 편찬 ▪1395년 태조, 삼화사에서 수륙재 개최 ▪1397년 태조, 진관사에 수륙사를 건립하여 국가의 수륙재를 상설화 ▪1398년 대장경 해인사로 이운
1400~	*1401년 티베트, 쫑카빠(1357~1419) 《보리도차제광론》 저술 *1410년 티베트, 간덴사 건립, 겔룩빠 성립 *1427년 베트남, 도교와 유교 유입, 불교 탄압	▪1421년 명, 북경 천도 ▪1440년 명, 〈북장 대장경〉 간행 ▪1440년 명, 승려 2만 명에 도첩 발급	▪1405년 태종, 11개 종단 242개 사찰만 공인하고 나머지 사찰의 토지와 노비를 몰수하는 억불정책 시행 ▪1424년 세종, 선교 양종의 36개 사찰만 공인 ▪1433년 〈훈민정음〉 창제 ▪1447년 《석보상절》, 《월인천강지곡》 편찬

국가 / 시대	인도·아시아불교사	중국불교사	한국불교사
1400~	*1432년 캄보디아, 태국의 침입으로 앙코르 톰 포기, 태국의 상좌부불교 영향 아래로 들어감 *1447년 티베트, 겐둔 둡빠(1391~1474) 제1대 달라이라마가 됨 *1474년 미얀마, 스리랑카에 불교 사절단 파견		▪1448년 세종, 궁궐에 불당 건립, 이때 사리영응이 나타남 ▪1450년 〈대장경〉 1부 일본 왕에게 보냄 ▪1459년 세조, 《월인석보》 편찬 ▪1461년 간경도감 설치, 경전 간행 ▪1467년 원각사 13층탑 건립 ▪1469년 예종, 광릉의 능침사 봉선사 창건 ▪1471년 성종, 염불소와 간경도감 폐지 ▪1492년 성종, 도첩제 폐지
1500~	*16세기 전반 포르투갈이 스리랑카를 침공, 불교 박해 *1578년 티베트, 제3대 달라이라마 쏘남가초(1543~1588), 최초로 '달라이라마'라는 칭호 사용 *1590년 스리랑카, 캔디 왕조의 다르마수리야 1세(1591~1604), 불치사 건립	* 운서주굉, 자백진가, 감산덕청, 우익지욱 등 4대 고승, 삼교일치와 선정융합의 사상으로 불교 홍포 ▪운서주굉(1535~1615), 《선관책진》, 《죽창수필》, 《왕생집》 등 저술 ▪자백진가(1543~1603), 대장경 출판 기여 ▪감산덕청(1546~1623), 《화엄경강요》, 《법화통의》, 《관능가경기》, 《대승기신	▪1504년 연산군, 승과 폐지 ▪1510년 중종, 사원의 토지와 노비를 향교에 배속 ▪1526년 함허(1376~1433)의 《현정론》 간행 ▪1536년 《유석질의론》 간행 ▪1550년 문정왕후, 보우(1515~1565) 등용, 선교 양종 복구, 불교 부흥 ▪1552년 명종, 도첩제와 승과 부활

국가 / 시대	인도·아시아불교사	중국불교사	한국불교사
1500~		론소략》 등 저술 ▪우익지욱(1599~1655), 《법화경현의절요》, 《주역선해》, 《능엄경문구》, 《유식심요》, 《아미타경요해》 등 저술 ▪1589~1707년 명, 〈가흥대장경〉 간행	▪1564년 서산휴정(1520~1604), 《선가귀감》 저술 ▪1565년 문정왕후 사망, 보우 제주도 유배, 처형됨 *1592~1598년 임진왜란, 서산휴정, 사명유정, 뇌묵처영, 영규, 벽암각성 등 의승군 구국 활동
1600~	▪1600년 영국 동인도회사 창설(1874년 해산) - 기독교의 동양 전파 - 유럽에 불교 소개됨 - 초기불교 문헌, 불교 문화재 유출, 18세기 영국 불교학 연구에 영향 ▪1602년 네덜란드 동인도회사 창설(1799년 해산)	▪1616년 여진 누루하치, 후금 건국 ▪1617년 명, 여성《대명고승전》 지음 ▪1636년 후금, 청으로 국호 고침 ▪1644년 명 멸망 ▪1651년 달라이라마 5세, 북경 방문 ▪1652년 청 순치제, 달라이라마 5세 북경 초청	▪1604년 사명유정(1544~1610), 일본에 가서 강화회담, 포로 송환 ▪1606년 각화사에 태백산 사고 설치, 월정사에 오대산 사고 설치, 한양에 춘추관 사고 설치 ▪1614년 안국사에 적상산 사고 설치 ▪1616년 법주사 대웅전 중창 ▪1624년 벽암각성(1575~1660), 남한산성 축성 ▪1635년 금산사 미륵전 중창 ▪1636년 병자호란, 벽암각성 승군 활동 ▪1641년 통도사 대웅전 중창 ▪1647년 편양(1581~1644), 《편양당집》 간행 ▪1660년 전등사에 정족산 사고 설치 ▪1661년 백곡(1617~1680), 〈간폐석교소〉를 현종에게 상소

국가 시대	인도·아시아불교사	중국불교사	한국불교사
1600~			▪1669년 해남 대흥사에 구국삼화상(서산, 사명, 처영)의 사당 표충사 건립 ▪1688년 여환, 장길산 등 미륵혁명 운동
1700~	*1753년 스리랑카, 태국에서 법통을 역수입, 시암파 성립 ▪1757년 인도 무굴제국 멸망 *1767년 태국, 미얀마에 의해 아유타야 왕조 멸망 *1789년 태국, 빨리 삼장의 개정본인 〈대황금판 삼장경〉 완성	▪1720년 청나라, 티베트 장악 ▪1721년 청, 강희제 금교령, 천주교·선교 금지 칙서 반포 ▪1738년 청, 〈용장대장경〉 완성 ▪1790년 청, 한문대장경을 만주어로 번역, 〈만문대장경〉 완성 ▪팽제청(1740~1796), 거사불교 운동 전개 ▪1796~1804 백련교의 난	▪1703년 화엄사 각황전 중창 ▪1711년 북한산성 수축, 승군 주둔 ▪1738년 밀양에 서산휴정과 사명유정, 기허당을 제향하는 표충사 건립 ▪1764년 채영, 《불조원류》 편찬 ▪1769년 진허팔관, 《삼문직지》 편찬 ▪1790년 현륭원 수복사로 용주사 창건 ▪1794년 보현사에 서산대사의 사당 수충사 건립 ▪1799년 연담(1720~1799), 《연담대사 임하록》 저술 ▪연담과 인악(1746~1796), 다수의 사기 찬술
1800~	*1822년 태국, 아라야까 문자 창제, 《바라제목차》 경전 간행 *1868년 미얀마, 〈석장경〉 완성 *1871년 미얀마, 제5차 불교경전 결집 대회 소집, 〈석판 삼장〉 공인함	▪1850년 태평천국의 난, 불교사원 파괴 ▪1891년 청, 신활자 〈본상해빈가정사판 대장경〉 간행	▪1802년 건봉사 2차 염불만일회 결성 ▪1817년 해인사 대적광전 중수 ▪1823년 《대둔사지》 편찬(제4권에 정약용이 편찬한 《대동선교고》 수록)

국가 시대	인도·아시아불교사	중국불교사	한국불교사
1800~	*1881년 리즈데이비스, 빨리성전협회 창립, 팔리어 경전을 로마자로 표기하고 영어로 번역하여 간행 *1891년 스리랑카 다르마빨라(1864~1933), 대각회 설립하고 불교 부흥운동 전개 *1893년 미국 시카고 세계종교회의에서 다양한 불교전통 소개	▪1866년 양문회거사(1837~1911), 남경 금릉각경처의 석씨학당 설립, 불전 출판 ▪허운(1840~1959), 중국 선종 5가 법맥을 계승, 선종 사찰과 총림 복구함 ▪인광(1861~1940), 정토종 제13대 조사. 아미타불의 가피력 중시	▪1826년 백파(1767~1852), 《선문수경》 저술 ▪1826년 초의(1786~1866), 《선문사변만어》, 《동다송》 저술 ▪1874년 정암사 수마노탑 중수 ▪1877년 일본 정토진종 부산에 별원 건립, 이후 다수의 일본 사찰 건립 ▪1894년 갑오농민전쟁에 민중불교세력 참가 ▪1897년 승려의 도성출입금지 해제
1900~	*1907년 영국과 아일랜드 불교회 창립 *1932년 태국 붓다다사(1906~1933), 사원공동체운동 전개 *1936~1942년 일본, 팔리어대장경을 일본어로 번역한 〈남전대장경〉 간행 *티베트, 1940년 달라이라마 14세 뗀진갸초 즉위(1940~현재) ▪1947년 인도 암베드까르(1891~1956), 불교부흥운동 전개 ▪1947년 인도공화국 독립	▪1900년 돈황문서 발견 ▪1903년 축운, 장사 개복사에 설치한 호남승학당 설립 ▪1907년 양문회, 《대승기신론》 영역 ▪1911년 신해혁명, 불교사원 파괴 ▪1912년 태허, 양문회 등과 함께 중국불교협진회 결성 ▪1913년 '불교3대혁명' 발표 ▪1922년 태허, 무창불학원 개원	▪1906년 원흥사에 불교연구회 설치, 명진학교(동국대학교 전신) 설립 ▪1907년 경허(1849~1912), 《선문촬요》 간행 ▪1910년 임제종 설립 ▪1911년 일본의 〈사찰령〉 반포, 30본산주지회 설치 ▪1912년 관음사 창건 ▪1913년 만해(1879~1944), 《조선불교유신론》 출간 ▪1919년 만해, 용성 3·1 독립운동 참가 ▪1920년 조선불교청년회 창립 ▪1921년 선학원 설립

국가 시대	인도·아시아불교사	중국불교사	한국불교사
1900~	*1950년 스리랑카, 세계불교도우의회(WFB) 창립 *1950년 중국의 티베트 침공 ▪1956년 암베드까르, 불가촉천민과 함께 불교로 집단 개종 *1956년 제4차 세계불교도우의회(네팔), 불기 2500년 채택	▪1931년 〈적사대장경〉 영인판 간행 *1924~1934년 일본에서 한문 불전을 집대성한 〈대정신수대장경〉 간행 ▪1935년 〈금각대장경〉 간행 ▪1953년 중국불교협회 결성 ▪1966~1976년 문화대혁명, 사찰 파괴 ▪1966년 대만, 증엄(1937~현재), 자제공덕회 창립 ▪1967년 대만, 성운 (1927~현재), 불광산사 건립	▪1921년 용성(1864~1940), 한글판 《금강경》, 《화엄경》 출간 ▪1922년 조선불교교무원 설립 ▪1929년 조선불교선교양종승려대회 개최, 종헌 제정 및 종회와 중앙교무원 설치 의결 ▪1930년 중앙불교전문학교 개교(1940년 혜화전문, 1945년 동국대학교로 개칭) ▪1931년 전조선 수좌대회 개최 ▪1938년 총본산 태고사 준공 ▪1941년 '조선불교조계종' 출범 ▪1945년 해방. 교단 명칭을 '조선불교조계종'에서 '조선불교'로 변경 ▪1946년 가야총림(해인사) 결성 ▪1947년 봉암사 결사, 고불총림(백양사) 개설 ▪1950년 한국전쟁으로 총림 폐지

국가 / 시대	인도·아시아불교사	중국불교사	한국불교사
1900~			▪1954년 불교정화운동 시작, 교단 명칭을 '대한불교조계종'으로 변경 ▪1962년 대한불교조계종 역경원 설립 ▪1962년 '대한불교조계종' 통합종단 출범

색인

ㅇ

불교성전 편찬 봉정 대중질

증명

종정 진제법원

원로회의

원로의장 수봉세민, **부의장** 학산대원, 원경성진, **원로의원** 태공월주, 불국정관, 현봉근일, 단옹정련, 일응지성, 중봉성파, 무봉성우, 나가성타, 지하법융, 상월보선, 중화법타, 지공철웅, 달하우송, 석림현호, 두산일면, 자광원행, 불영자광, 허허지명, 익산도후, 삼이우경, 보륜성오

명예원로 청운도원, 대응원명, 고산혜원, 밀운부림, 원명지종, 금성명선, 불심도문, 천호월서, 송암혜승, 연암현해, 은암고우, 도연법홍, 송원설정, 월파선진, 진산종하, 미룡월탄, 여산암도

고문

태공월주, 임담의현, 해봉자승, 송원설정

전계대화상

태허무관

지도위원

월주, 의현, 월서, 월탄, 종하, 설정, 지하, 법등, 자승, 보선, 향적, 성문, 원행, 범해
원산, 암도, 일면, 무비, 청화, 현응
성타, 정련, 도영, 혜총, 지원, 지홍
월서, 법등, 일면, 자광, 무상
도법, 원택, 선용, 현고
김의정, 이기흥

추진위원장

총무원장 벽산원행

추진위원회

중앙종회의장 정문
교육원장 진우
호계원장 보광
포교원장 범해

중앙종무기관 종무원

총무부장 금곡, 총무국장 원묵, 승려복지회 사무국장 덕엄, 직할교구 사무처 사무국장 진광, 기획실장 삼혜, 기획국장 철견, 홍보국장 상준, 감사국장 성주, 재무부장 탄하, 재무국장 혜등, 문화부장 성공, 문화국장 법성, 박물관장 탄탄, 박물관국장 법은, 연등회보존위원회 사무국장 선효, 사회부장 원경, 사회국장 선도, 호법부장 태원, 호법국장 응묵, 조사국장 지오, 상임감찰 석명, 정오, 효일, 법정, 인우, 호법과장 석화, 조사과장 정혜, 사업부장 주혜, 사업국장 법수, 사서실장 송하, 사서국장 능엄, 사서 성엄, 종책특보실 단장 혜일, 종책특보 보인, 정현, 성행, 진각, 덕조, 혜도, 황성태, 교육부장 서봉, 교육국장 무일, 연수국장 일엄, 불학연구소장 보문, 사무국장 영조, 포교부장 정인, 포교국장 혜교, 신도국장 혜안, 포교연구실장 용주, 사무국장 현주, 백년대계본부장 정념, 사무총장 신공, 사무국장 운문, 불교사회연구소장 원철, 원로회의 사무처장 남전, 종단불사추진위원회 총도감 현고, 한국불교문화사업단장 원경, 사무국장 원돈, 문화사업국장 원걸, 민족공동체추진본부 본부장 월우, 사무총장 지상, 한국문화연수원 연수원장 현담, 사무국장 법원, 불교문화재연구소 소장 제정, 부소장 호암, 도반HC 대표이사 지현, 사장 주혜, 불교신문사 사장 현법, 주간 오심

직영사찰 및 특별분담금 사찰 주지

지현(조계사), 원명(봉은사), 선조(보문사), 도서(도선사), 금곡(낙산사), 성조(보리암), 대원(내장사)

조계사 신도회장 김의정, **봉은사 신도회장** 김상훈, **보문사 신도회장** 배정만

중앙종무기관 차장

전창훈, 윤승환, 공승관, 이상봉, 윤영희, 전인동, 김용구, 황충기

17대 중앙종회

의장 정문, **수석부의장** 각림, **부의장** 만당, **사무처장** 우봉, **의원** 이암, 법진, 진화, 무관, 장명, 정범, 성우, 효림, 심우, 성행, 혜일, 제정, 선광, 환풍, 도현, 호산, 태효, 보인, 정덕, 현민, 진각(15), 도성, 덕현, 일감, 탄원, 원명, 지우, 연광, 우석, 재안, 성화, 설암, 원경, 법원(22), 일화, 법원(직할), 제민, 삼조, 도심, 석장, 진각(교육), 종호, 효명, 경암, 보운, 성광, 묘장, 진경, 원돈, 탄웅, 도림, 보림, 현담, 가섭, 성로, 종봉, 범종, 대진, 법일, 연규, 등안, 인오, 향문, 향림, 상덕, 정운(4), 정현, 정운(15), 대현, 철우, 진명, 운산, 혜도, 정관

호계원

재심호계위원

위원장 보광, **위원** 진만, 심경, 대원, 법광, 인묵, 원명, 도신, 대오

초심호계위원

위원장 호성, **위원** 효성, 선조, 태허, 법성, 법진, 양관, **호계원 사무처장** 원명

종정기관

법계위원회
위원장 원경, **위원** 무관, 법산, 도영, 지원, 동광, 현고, 정여

계단위원회
위원장 무관, **위원** 혜남, 지현, 수진, 지운, 경성, 덕문, 효명, 경암, 서봉

법규위원회
위원장 혜경, **위원** 도일, 도호, 철산, 보경, 진성, 정상, 범종, 성요

중앙선거관리위원회
위원장 세영, **위원** 태성, 진산, 혜민, 선우, 성곡, 득우, 현담, 법해

소청심사위원회
위원장 동명, **위원** 보경, 본오, 덕림, 탄무, 정수, 도륜

종립학교관리위원회
위원장 혜일, **부위원장** 탄원, **위원** 화평, 천웅, 도현, 정오, 탄탄, 우봉, 설도, 법원(22), 법원(직), 효신, 인오, 대현, 정운(4)

어산어장 인묵, 어산종장 화암, 법안, 정오, 동희, 동환

사찰음식명장 계호, 선재, 적문, 대안

교구본사

방장
진제법원(팔공총림), 벽산원각(해인총림), 남은현봉(조계총림), 중봉성파(영축총림), 달하우송(덕숭총림), 고산혜원(쌍계총림), 지유철주(금정총림)

조실・회주(교구순-미취합교구 제외)
우송, 월서, 월탄, 철웅, 혜창, 법타, 돈명, 성타, 근일, 월주, 명선, 종열, 보선, 우경, 월운, 밀운, 지선

교구본사주지
지현(조계사), 성법(용주사), 지혜(신흥사), 정념(월정사), 정도(법주사), 원경(마곡사), 정묵(수덕사), 법보(직지사), 능종(동화사), 덕관(은해사), 종우(불국사), 현응(해인사), 영담(쌍계사), 경선(범어사), 현문(통도사), 등운(고운사), 일원(금산사), 무공(백양사), 덕문(화엄사), 자공(송광사), 법상(대흥사), 허운(관음사), 경우(선운사), 초격(봉선사), 혜자(군종특별교구), 정우(해외특별교구)

교구본사 문도대표(교구순-미취합교구 제외)
정휴, 성월, 정완, 정념, 월성, 도공, 설정, 혜국, 법등, 종상, 원택, 도성, 대원, 법인, 성법, 세민, 원명, 홍교, 혜성, 도영, 종국

종단 중진(가나다순)
각묵, 각운, 계성, 고경, 구과, 노현, 능도, 담전, 대림, 대성, 대안, 대오, 덕산, 도공, 도명, 도문, 도민, 도신, 도완, 도진, 도형, 돈관, 동법, 동선, 동성, 마근, 몽산, 무각, 무애, 범각, 범여, 범조, 법광, 법만, 법상, 법성, 법안, 법오, 법용, 법의, 법인, 법장, 법정, 법진, 법현, 보경, 보화, 삼보, 삼지, 상수, 상운, 상훈, 선각, 선웅, 선해, 설송, 성관, 성문, 성오, 성우, 성운, 성웅, 성주, 성직, 성효, 세영, 송묵, 수경, 수불, 수안, 수암, 승원, 심경, 여연, 영관, 영배, 영산, 영조, 옹산, 용주, 원범, 원일, 원정, 원학, 원혜, 유승, 의연, 의정, 인행, 일감, 일관, 일문, 장곡, 장적, 재곤, 적천, 정만, 정산, 정수, 정안, 정여, 정호, 정인, 정찬, 장윤, 종고, 종광, 종삼, 종성, 종훈, 주경, 지만, 지석, 지운, 지원, 지은, 진허, 청전, 철안, 탁연, 태관, 토진, 평상, 학담, 허운, 현근, 현조, 현지, 혜명, 혜오, 혜조, 화범, 효광, 효담, 효명, 효탄, 홍선

한국불교종단협의회
회장 원행, **사무총장** 도각, **사무처장** 진경

선원

선원수좌회
공동대표 영진, 일오, **의장** 선법, **부의장** 혜우, 덕원

선원장
능철, 각현, 일문, 도오, 성묵, 일우, 대전, 대성, 철산, 태영, 호성, 의정, 법만, 벽담, 오성, 덕원, 불산, 의성, 노옹, 묵연, 월암, 일수, 성담, 본해, 명달, 선공, 자광, 행돈, 영운, 자행, 지견, 무진, 도문, 혜운

전국비구니회

원로 명성, 수현, 일법, 운달, 명수, 행돈, 묘관, 보각, 자민, 법희, 재희, 혜준, 혜운, 자행, 불필, 자광, 재운, 대인, 적조, 명우, 도문, 육문, 성일, 영운, 묘순
회장 본각, **부회장** 현정, 능인, 성본, 광용, 정명, 정운

교육기관

동국대학교
이사장 성우, **총장** 윤성이(서울), 이영경(경주), 이승덕(L.A)

중앙승가대학교
이사장 원행, **총장** 원종, **동문회장** 성행

불교학 자문
월운, 우룡, 각성, 덕민, 법산, 종범, 무관, 태원, 혜남, 종광, 연관, 보광

승가대학원장
석현, 법장, 효천, 대경, 영도, 효명, 덕문, 금강, 적연, 지형, 덕민, 원일, 명성, 등현, 일초, 정원, 원철, 환성, 일장, 묘순

승가대학장
종인, 정한, 혜수, 정수, 인해, 보일, 진원, 원오, 연각, 법종, 진광, 명선, 상현, 의천

특수교육기관장
법안, 철산, 정오, 영산

전국승가대학강사
눌주, 능주, 법현, 능서, 법열, 종곡, 해덕, 해가, 연범, 성화, 정안, 일선, 정원, 천산, 진오, 석명, 법장, 심공, 현장, 진휴, 인법, 연학, 무경, 진정, 일귀, 대정, 승범, 대각, 일용, 운산, 영덕, 은광, 원법, 현견, 동욱, 성현, 불림, 도민, 동하, 대일, 법신, 혜전, 오상, 설오, 도연, 효석, 정현, 도혜

종립대학 불교학 교수
종호, 정도, 정덕, 서광, 유진, 혜명, 범우, 혜주, 법현, 철우, 금강, 승원, 정각, 자현, 오인, 지은, 조길문, 정승석, 김호성, 박인성, 김성철, 우제선, 신성현, 지창규, 고영섭, 황순일, 허남결, 김상영, 김응철, 유승무, 김용태, 김종욱, 김경래, 김호귀, 이자랑, 김천학, 석길암, 윤영해, 안양규, 이수경, 카메론 베일리, 강소연, 이주연, 최태선, 최종남, 최영신, 정승국, 손강숙, 박수호

교육아사리
자목, 경문, 현암, 도업, 원철, 법상, 현견, 일현, 태경, 정화, 향산, 혜인, 정운, 지은, 정도, 혜명, 철우, 탄호, 법지, 청강, 진관, 철우, 덕림, 원상, 탄공, 자현, 보운, 유정, 법장, 담준, 도문, 정관, 금강, 원법, 선암, 명준, 지현, 반산, 법우, 금강, 정각, 범우, 혜장, 재마, 경완, 현욱, 효석, 동환, 묘광, 허허, 우관, 탄탄, 현주, 효신, 선지, 하원, 초연, 청진, 형운, 정천, 문광, 정완

종단 위원회

의례위원회
위원장 원명, **위원** 인묵, 화암, 법안, 계호, 금곡, 보문, 용주, 주경, 경암, 수암

교육위원회
위원장 승원, **위원** 정묵, 정덕, 지우, 덕문, 일묵, 원영, 진상, 안양규

고시위원회

위원장 수진, **위원** 일귀, 대전, 무애, 승원, 여연, 상덕, 수경, 운산

장학위원회

위원장 종호, **위원** 금곡, 지현, 원명, 도서, 선조, 법성, 승원, 정덕, 계호, 혜수

백만원력결집위원

위원장 금곡, **위원** 원경, 장명, 지현, 원명, 도서, 삼혜, 주혜, 서봉, 정인, 보인, 일화, 선조, 법성, 신공, 정현, 주윤식, 방창덕, 이은희, 류병선

화합과혁신위원회

위원장 정념, **위원** 삼혜, 신공, 원철, 만당, 호산, 효명, 법성, 지우, 묘장, 덕림, 우석, 재안, 우봉, 법원, 법원(직), 대현, 운산, 진명, 정관, 김상규, 이정기, 김상인, 유승무, 유정길

화쟁위원회

위원장 호성, **부위원장** 금강, 황도근, **위원** 원소, 동은, 화평, 진경, 신공, 원철, 계호, 혜범, 곽병찬, 김선아, 김용현, 박사, 신호승, 이채은, 조형일, 최영기, 허우성

문화창달위원회

위원장 원명, **위원** 성공, 신공, 원철, 법안, 경암, 범종, 정명, 대안, 주석, 강선정, 강소연, 구미래, 김호석, 이종만

환경위원회

위원장 무관, **위원** 성공, 백성, 부공, 성오, 현종, 제정, 인광, 인경, 이병인, 정연만, 신준환, 이영경, 서재영, 김규효, 최송현, 오충현, 유정길, 홍석환

종교평화위원회

위원장 도심, **위원** 만당, 성공, 정인, 일감, 이병두, 유지원, 김상겸, 주윤식, 방창덕

군종특별교구

교구장 혜자, **부교구장** 능원, 성광, 성진, **종책특보** 정우(육군), **종책실장** 보우, **해군** 일공, **공군** 진홍

우수 포교도량

전등사(장윤), 구룡사(정우), 여래사(각심), 수현사(일원), 홍법사(심산), 안국선원(수불), 한마음선원(혜솔), 감로사(혜총), 대관음사(우학), 길상사(덕일), 정혜사(남전), 법련사(진경), 만불사(학성), 전북불교회관(일원), 무각사(청학), 석불사(경륜), 불영사(일운), 동학사(정엽), 영화사(평중), 진관사(계호), 수원사(세영), 금륜사(본각), 정목, 혜담, 법장, 지정, 월호, 해성, 경암, 명훈, 연규, 보문, 원용, 성행, 각현, 정엄, 현법, 일지, 의정, 계선, 무주, 정공, 성공, 정운, 청운, 환성, 각연, 지운, 무아, 지현, 종호, 범산, 혜원, 황산, 해득, 자도, 운담, 등안, 도선, 서경, 대인, 정무, 남곡, 무언, 무아, 법일, 정환, 회일, 덕림, 희정, 일경

중앙신도회

총재 원행, **부총재** 범해

상임고문 김의정, 안동일, 양계숙, 이용희, 강창일

회장 주윤식, **부회장** 정연만, 김상규, 권순찬, 김용주, 이범식, 도승희, 이금석, 김봉영, 이보연, 추성호, 신경희, 김봉석, 정충래, 이혁렬, 박창범, 조규원, 김정우, 김용빈

직할교구신도회 회장 최상원, **2교구 신도회장** 민학기, **3교구 신도회장** 김시성, **4교구 신도회장** 고광록, **5교구 신도회장** 연경희, **6교구 신도회장** 안병권, **7교구 신도회장** 박숙자, **8교구 신도회장** 강병직, **9교구 신도회장** 장세철, **10교구 신도회장** 이연화, **11교구 신도회장** 이영숙, **12교구 신도회장** 진인성, **16교구 신도회장** 이재업, **17교구 신도회장** 이근재, **18교구 신도회장** 김광태, **19교구 신도회장** 장재만, **21교구 신도회장** 이병학, **23교구 신도회장** 김문자, **25교구 신도회장** 김남명

신도단체 대표

전국교사불자연합회 김화연, **전국교정인불자연합회** 김행규, **한국세무사불자연합회** 남창현, **한국교수불자연합회** 송일호, **체육인불자연합회** 문홍식, **한의사불자연합회** 정주화, **대한불교조계종 경제인불자연합회** 조승섭, **대한불교조계종 산악회** 엄홍길, **한국대학생불교연합회** 안현민, **서울교통공사법우회** 심재창, **언론사불자연합회** 표만석, **대한불교청년회** 장정화, **불교차인중앙회** 박선우, **전국병원불자연합회** 류재환, **인천공항불자회** 오충훈, **대불련 총동문회** 홍경희

재가 지도위원

명호근, 정창렬, 김진태, 남지심, 홍사성, 이중표

포교사단

단장 방창덕, **수석부단장** 김영석, **부단장** 윤중근, 여갑동, 이정기, 전상웅

서울지역단장 정청현, **부산지역단장** 정분남, **대구지역단장** 장건환, **대전충남지역단장** 윤나겸, **광주전남지역단장** 강윤구, **전북지역단장** 김용수, **강원지역단장** 김효현, **충북지역단장** 김명동, **인천경기지역단장** 배동학, **경남지역단장** 박해덕, **울산지역단장** 이병연, **제주지역단장** 이명직, **경북지역단장** 강의수, **LA지역단장** 이영미

감사 강학수, 이정상

국회 정각회

회장 이원욱, **명예회장** 주호영, 강창일, **고문** 정갑윤, 서병수, 홍문표, 이명수, 김영주, **부회장** 이종배, 이헌승, 이광재, 박재호, **수석간사** 조명희, **간사** 이수진, 이용, **감사** 김두관, 김형동, **홍보위원장** 유정주, **종단지원위원장** 김종민, **정각회원** 이개호, 서영교, 박완주, 김석기, 어기구, 송언석, 정춘숙, 권칠승, 오영훈, 하영제, 엄태영, 소병철, 송재호, 윤두현, 김병주, 문진석, 권인숙, 임호선, 양정숙, 김영배, 이규민, 민병덕, 이정문, 황보승희, **사무국장** 조기열

불교리더스포럼

상임대표 이기흥, **상임부대표** 주윤식, **공동대표** 이원욱, 이철희, 육현표, 이귀남, 김민배, 차승재, 최영현, 윤종원, 한자경, 손창동, 이인정, 최현국, 정연만, 윤성이, 고유환, **감사** 선상신, 김정만

고문단장 김동건, **고문단** 강윤구, 고영일, 공창석, 김상규, 김의정, 김장실, 김종규, 김종화, 김태영, 김희옥, 문홍식, 박순, 박기련, 박범훈, 박준현, 박진열, 설동근, 성상철, 손수일, 원태호, 유민봉, 이대원, 이정길, 이진호, 이철규, 이춘호, 이택순, 이희구, 정경연, 정구정, 정연만, 조준희, 하복동, 한미영, 홍상표

공무원불자연합회

회장 손창동, **고문** 하복동, 설동근, 김상인, 김상규, **수석부회장** 이영하, **부회장** 김우호, 박상희, 김동구, 장호연, 김인, 김영수, 윤영철, 최대경, 김형일, 류택렬, **회원** 김진구, 장병원, 최영민, 한상우, 구성룡, 이화용, 정경주

서울특별시의회 의원불자회

회장 최기찬, **간사** 경만선, **총무** 임만균, **회원** 김광수, 황규복, 이현찬, 송명화, 이은주, 이광호, 신정호, 정지권, 최영주, 김경, 김상훈, 김태호, 김재형, 이호대, 여명, 양민규, 이경선, 한기영, 추승우

대불청 역대 회장

배조웅, 김기, 배영진, 이상번, 이상대, 전안호, 김규범, 정상옥, 김익석, 박법수, 정웅정, 정우식, 전준호, 김성권, 하재길, 장정화

대불련 역대 회장

신호철, 양근하, 이무웅, 김춘송, 김선근, 윤제철, 조용길, 조항원, 이병걸, 임동주, 성기태, 윤세원, 전재성, 최연, 김영헌, 김태영, 박용환, 최주선, 신규탁, 정용학, 홍종표, 김영국, 노태훈, 권태정, 이광재, 강태진, 이영철, 정삼환, 윤예중, 오도선, 성광모, 김대광, 장혁, 곽상인, 하재길, 고영삼, 박성철, 한승희, 이향노, 이승배, 박문수, 박종찬, 강지혜, 김홍현, 신보라, 조용석, 김정현, 이경환, 박경호, 이인근, 최경환, 박지연, 신경선, 이채은, 박태우, 이경수, 양희동, 박유진, 윤정은

불자대상

황우석, 박세리, 박영석, 박지성, 김윤규, 권영기, 김용림, 용태영, 강부자, 김병관, 권익현, 김태영, 고두심, 윤원호, 임충빈, 김태균, 한주호, 한혜숙, 조용석, 앙드레 김, 김상기, 이기흥, 김혜옥, 방귀희, 이수근, 민병덕, 장미화, 박범훈, 김의정, 한국대학생불교연합회, 김동건, 루이스 랭카스터, 선우용녀, 정연만, 김현집, 구본일, 허용범, 남상일, 양학선, 안동일, 정상석, 금나나, 이용대, 엄현성, 김영임, 엄홍길, 김춘수, 이상호, 홍윤식, 이현세, 김병주, 전원주, 강창일, 문명대, 허재, 동국대학교경주병원, 박권흠, 한금순, 부석종

포교공로자

정우, 혜거, 보광, 지공, 우학, 웅관, 운성, 성원, 상덕, 정현, 탄경, 도신, 경륜, 인해, 법해, 수암, 혜도, 보운, 묘장, 성연, 공영호, 함현준, 정갑윤, 강창일, 신영훈, 윤창화, 어윤식, 김미숙, 이두석, 이승표, 우인보, 김인수, 김윤봉, 김선희, 김임중, 정광진, 김영만, 전상삼, 김기호, 이정옥, 곽명희, 정주화, 조명하, 연복흠, 윤청광, 전완중, 주윤식, 송정숙, 남창현, 김영주, 신기열, 최대경, 이연화, 김행규, 이옥희, 최은주, 김나희

교법사단 임원
단장 백미나, **부단장** 박동창, 김덕진, **사무총장** 김동섭, **총무위원장** 우수형, **수련활동위원장** 김권태, **연수교육위원장** 김윤경, **문서출판분과위원장** 이학주

불교언론사 사장
현법(불교신문), 김형규(법보신문), 혜도·김재진(현대불교), 구본일(BTN), 이선재(BBS)

종단 역대 변호사
안동일, 김정만, 김봉석, 정병택, 이정미, 문지원

불교성전편찬추진위원회

상임위원회
범해, 무비, 혜거, 혜국, 지안, 종호, 경우, 법원, 금곡, 삼혜, 서봉, 정인, 본각, 해주, 이중표

기획위원회
기획위원 용주, 법인, 덕문, 원철, 보문, 정덕, 박영동, 김상영, 이미령
전문위원 원묵, 휴담, 도문, 이진영, 권기찬

사무국
현주, 권기찬, 김소의

불교성전 기금 보시자
낙산사, 한마음선원, 서울불교전문강당 2기 동문회, 송일호, 이정옥

불교성전

초판 1쇄 펴냄 | 불기 2565(2021)년 2월 24일
초판 14쇄 펴냄 | 불기 2568(2024)년 1월 26일

편찬 | 대한불교조계종 불교성전편찬추진위원회
감수 | 무비, 지안, 혜거

발행인 | 원행
편집인 | 지홍

펴낸곳 | (주)조계종출판사
서울 종로구 삼봉로 81 두산위브파빌리온 1308호
전화 | 02-720-6107, 팩스 02-733-6708
출판등록 | 제2007-000078호(2007. 04. 27.)

ISBN 979-11-5580-157-4 03220